小さな家の間取り解剖図鑑

本間 至
Itaru Homma

X-Knowledge

はじめに

家を建てるとき、できるだけ広くしたいと願うのは当然のことです。ところが、広さだけを追い求めても、居心地のよい家は生まれません。この本を書いたのは、実際に私が設計した家の間取りを眺めてもらえれば、必要以上に広くしなくても居心地のよい家が実現できる、ということを理解していただけるのではないかと思ったからです。

住宅をつくる設計者として事務所を立ち上げて30年以上がたちました。その間に１５０軒以上の住宅を設計してきましたが、延べ床面積で考えると20坪弱から１００坪以上と大小さまざまです。14坪にも満たない狭小敷地に建てたこともあります。そこでわかったのは、大きい家だから住みやすく、小さい家だから住みにくいというわけではない、ということ。広さにかかわらず、それぞれ独自の暮らしやすさがあるのです。

この本では狭小住宅と呼ばれる、延べ床面積が20坪弱から30坪程度の家を41軒取り上げ、その間取りと設計時に考えたさまざまな工夫を記しています。工夫といっても特別なことをしたわけではありません。あくまでも暮らしに則りながら、当たり前のことを繰り返し無理なく家づくりに反映させてきただけです。そしてそれこそが、居心地のよい家を実現する基本だと、今さらながら思っています。

家づくりでは、いろいろと頭のなかで考えたことが、建物のかたちとして現れます。なかでも「間取り」を考えることは、その出発点となります。特に、広さが限られる小さな家では、間取り次第で暮らしかたに大きな影響が出ます。家は一度建ててしまうと簡単にはやり直しがきかず、何十年もそこで暮らし続けなくてはなりません。ですから、基本中の基本となる間取りをじっくり考えることが重要なのです。

1章では、延べ床面積30坪以下でも、十分に居心地のよい家が実現できることを知っていただきつつ、狭小住宅をつくる際に目安となる、各部屋の面積割合を示してみました。

2章では、小さな家づくりの原理原則を10の項目と49の細目に分けて紹介しています。

3章では、41軒の間取り全体を解説しています。限られた敷地のなかで、ＬＤＫ、個室、ユーティリティをどの階に、どの部屋の隣に置くのか、その構成次第で暮らしかたが大きく変わることを読み取っていただけるようにしています。

小説のように最初から読み進める必要はありません。ページをぱらぱらとめくり、気になる項目から読んでみてください。それを繰り返すうちに、小さな家の魅力と可能性が見え、そして、小さな家での暮らしにリアリティを感じることでしょう。家づくりへの夢が広がり、居心地よく、暮らしやすい家の実現に向けて、この本が役に立てば幸いです。

２０１７年８月　本間至

目次

ブックデザイン：米倉英弘（細山田デザイン事務所）

編集協力：市川幹朗

図面協力：清木 緑

印刷・製本：シナノ書籍印刷

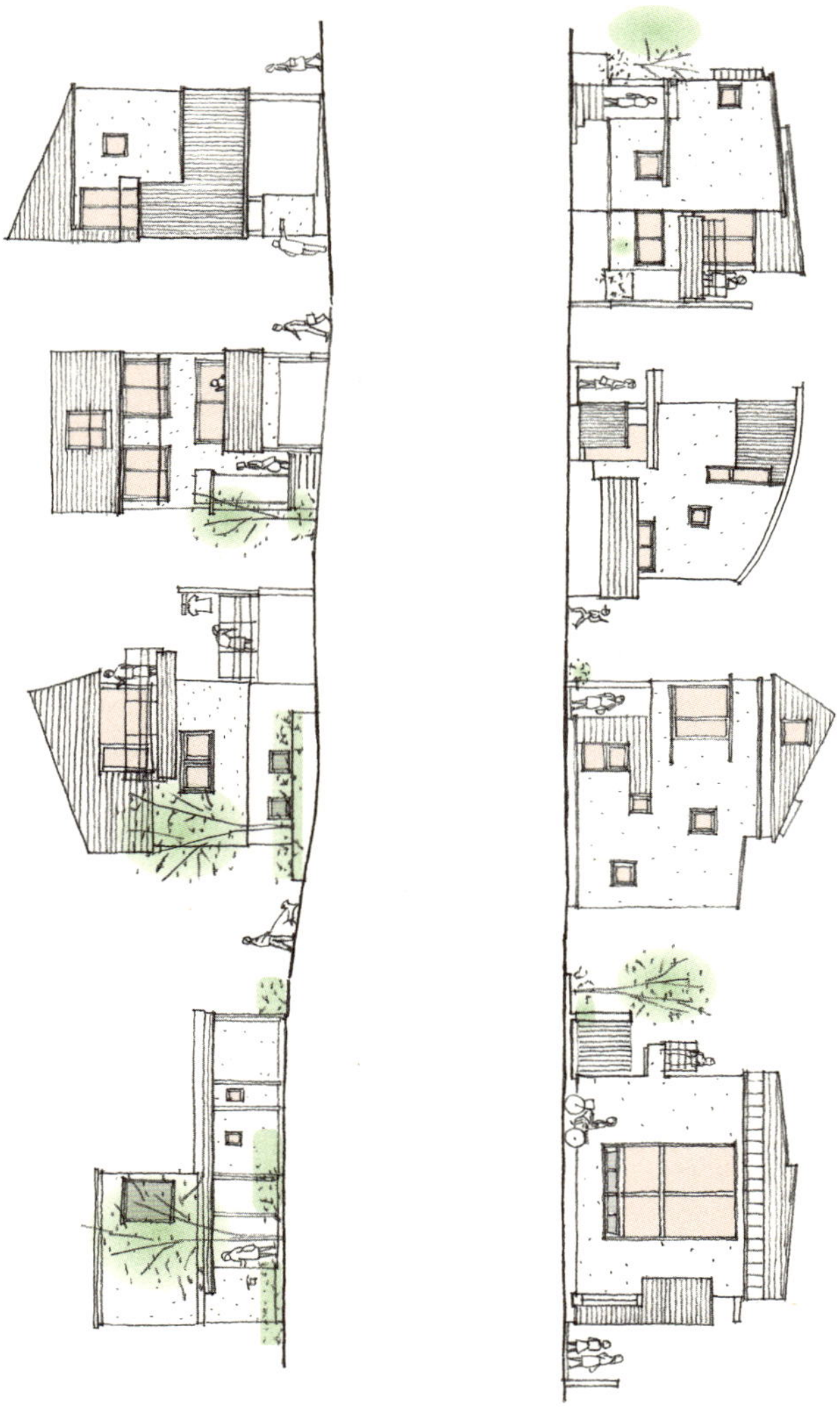

chapter 1

30坪以下でも居心地のよい家が実現できるワケ

なにごとも「小」より「大」のほうがよいと思いがちですが、住宅の床面積に限っては、必ずしもそうとは限りません。家が大きければ冷暖房などのコストもかかりますし、掃除する手間も増えてしまいます。

特殊な希望がないかぎり、家族の人数によって、居心地よく暮らせる広さ、大きさがあります。無理を重ねて大きくしなくても、居心地のよい家は実現できるのです。

標準的な家族構成となる3人から5人が暮らす家であれば、延べ床面積30坪以下でも、過ごしやすい間取りは十分実現できます。

人数と延べ床面積の関係

家族の人数が増えれば、個室の数が増えます。部屋数が増えると、それらの部屋を行き来するための移動スペースも増えます。たとえば、3階に1部屋増やすと、増やした部屋の広さに加えて、階段と廊下もしくは階段ホールとして、少なくとも3畳近くは必要になります。

つまり家族の人数が増え、部屋数が増えると、部屋の面積以上に延べ床面積は増えることになるのです。それを踏まえ、家族の人数に対して、どのくらいの延べ床面積が必要なのかを考え、間取りを検討していくことになります。

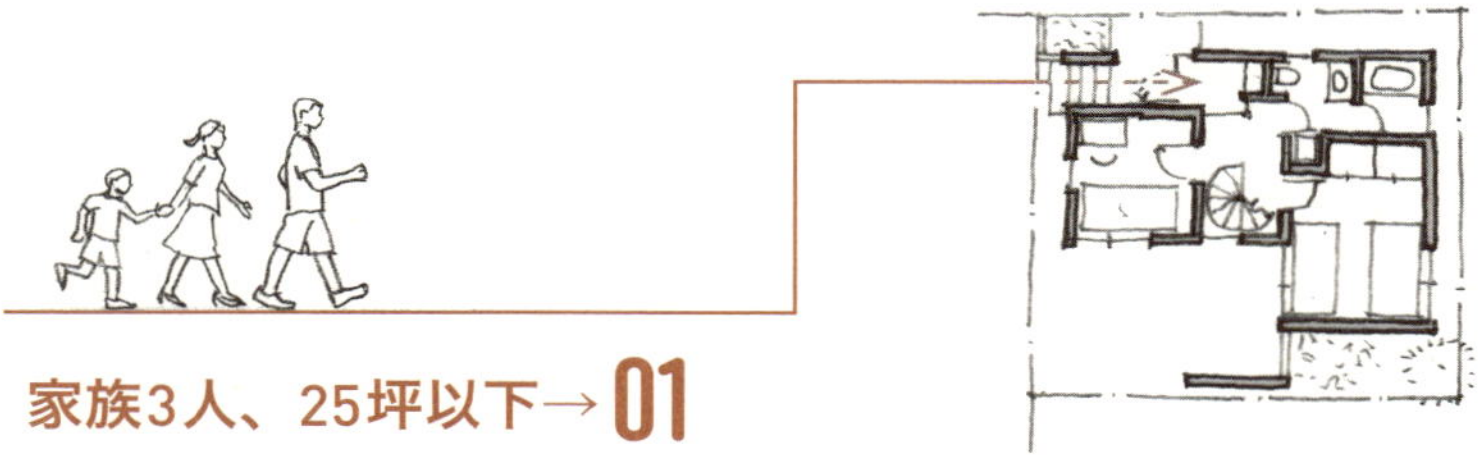

家族3人、25坪以下→ 01

家族4人、27坪前後

→ 02

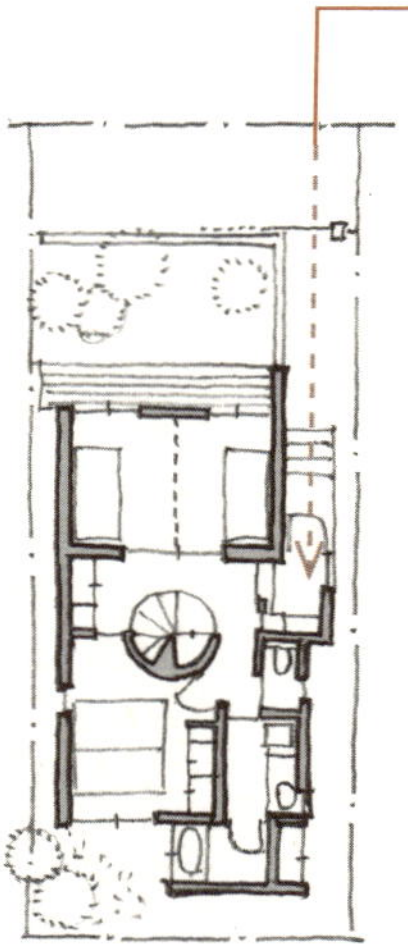

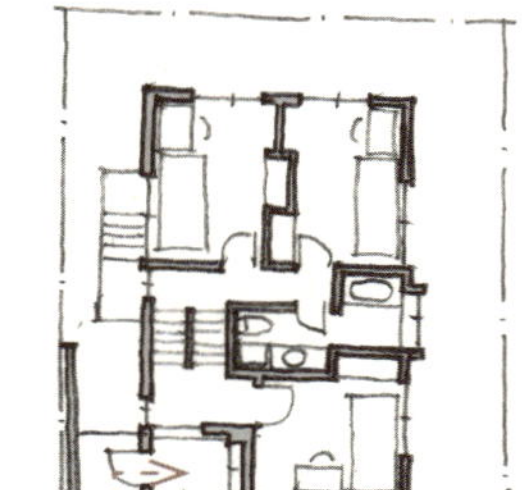

家族5人、30坪→ 03

01 家族3人なら延べ床面積25坪以下で大丈夫

家族３人であれば延べ床面積25坪以下の家でも、十分に快適な家ができます。それには単純に各部屋の面積を小さくするのではなく、廊下などの移動スペースを限りなく省略した間取りにすることがポイントです。

階段ホールも回遊動線の一部に

キッチンから居間と食堂にアクセスできます

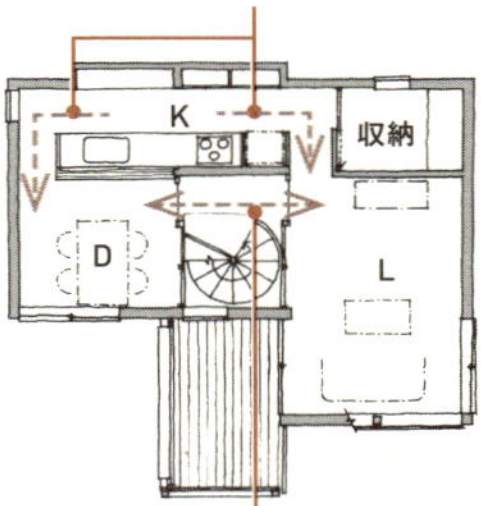

2F

階段室と廊下兼階段ホールは合わせて3畳弱。両サイドの居間と食堂へアクセスでき、キッチンも含めて回遊動線に

移動スペースは必要最小限に

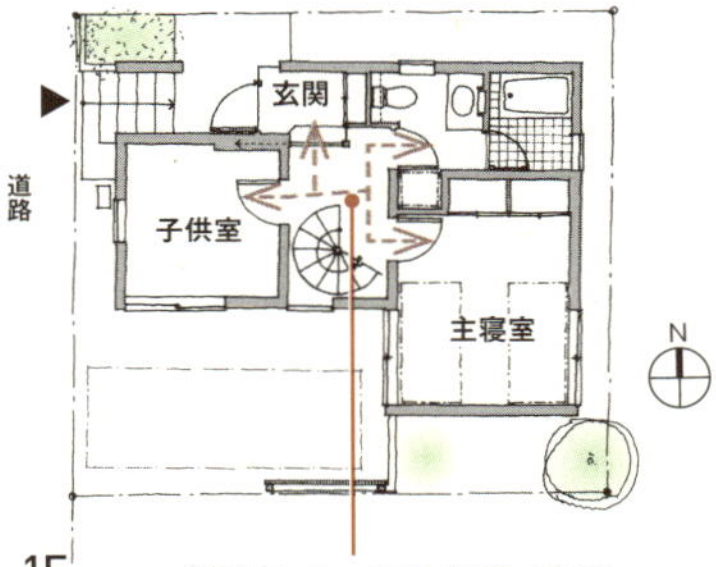

1F

移動スペースは玄関、玄関ホールと階段のみ。玄関ホールから放射状に各部屋にアクセスします

小さな家・21.7坪

（3章　P114へ）

階段ホールから放射状にアクセス

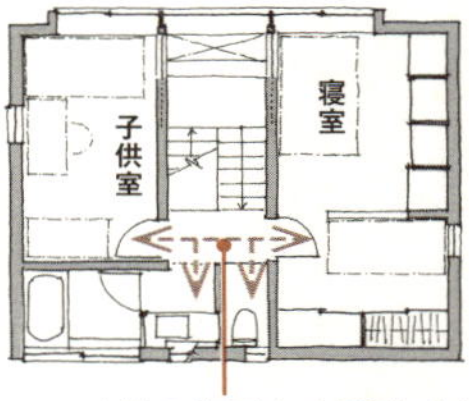

2F

1畳の廊下から両サイドの個室、洗面室、トイレと4つのスペースにアクセスできます

キッチン、ユーティリティを回る回遊動線をつくる

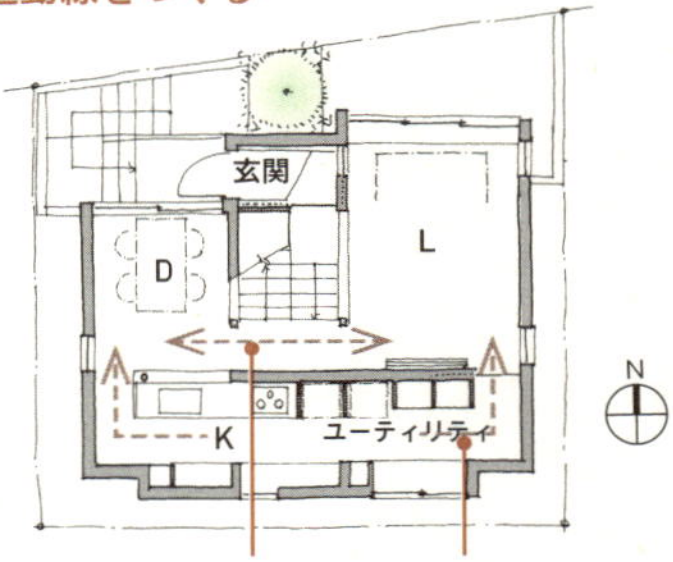

1F

居間と食堂は階段を挟んで1つのスペースとしてつながっています

キッチンはユーティリティを経由して居間へアクセスできます

地下を収納スペースに利用

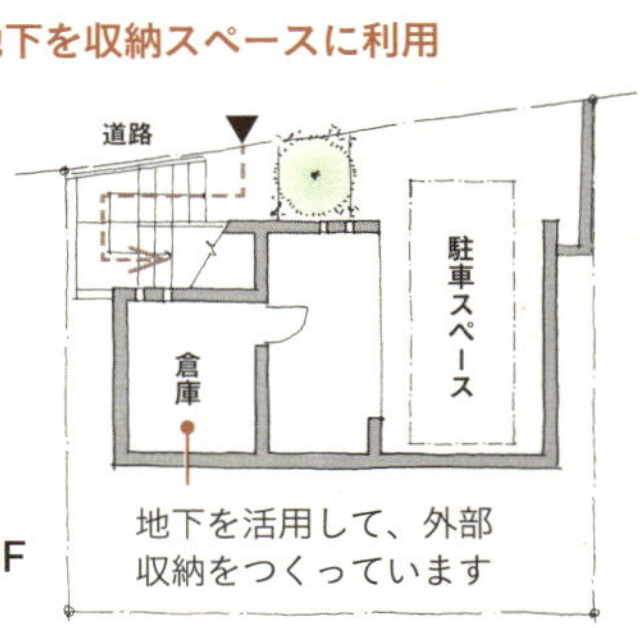

BF

地下を活用して、外部収納をつくっています

大倉山の家・24.2坪

（3章　P104へ）

02 家族4人、延べ床面積27坪前後で快適な暮らしができる

夫婦と子供2人の家族4人なら、プライベートルームが3室必要。それでも延べ床面積27坪前後で、十分に快適な暮らしができる間取りが可能です。移動のためのスペースが若干増えることになりますが、廊下などから各部屋へのアクセスを放射状にすることで、延べ床面積の無駄を省くことができます。

移動スペースを極力省く

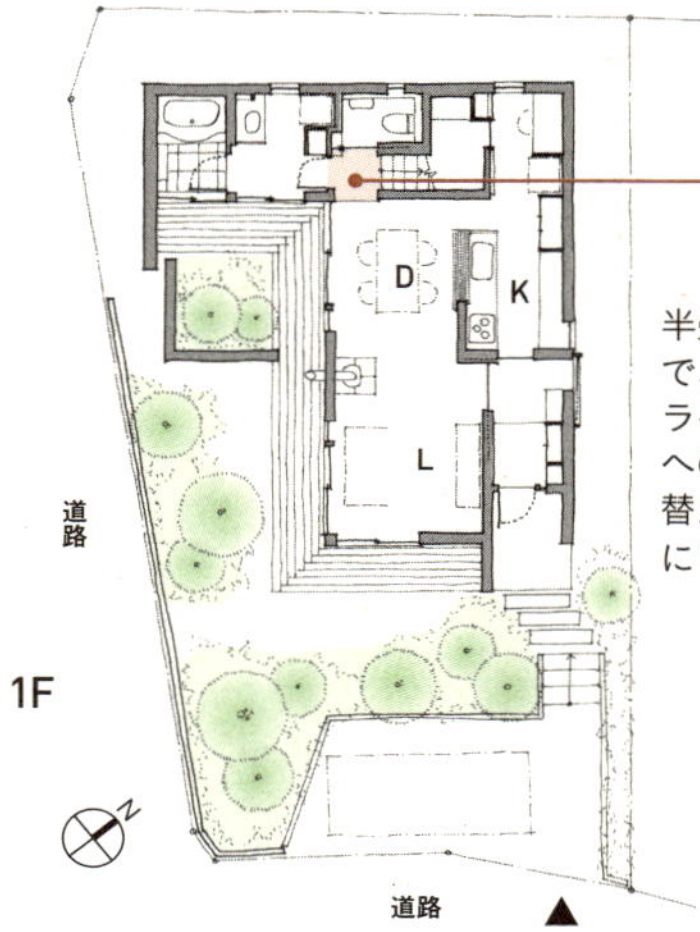

半畳分の踏み込みで、LDKからプライベートゾーンへの気持ちの切り替えができるようにしています

1F

放射状アクセスでコンパクトに

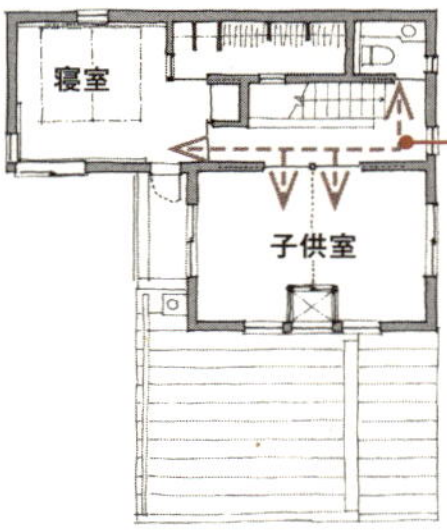

2F

廊下から放射状に寝室、子供室、トイレにアクセス。子供室の引戸を開け放つと、廊下は子供室の一部となります

本牧の家(28.2坪)
(3章　P98へ)

回遊動線で効率よく

階段とキッチンを中心とする回遊動線をつくり、廊下を省いています

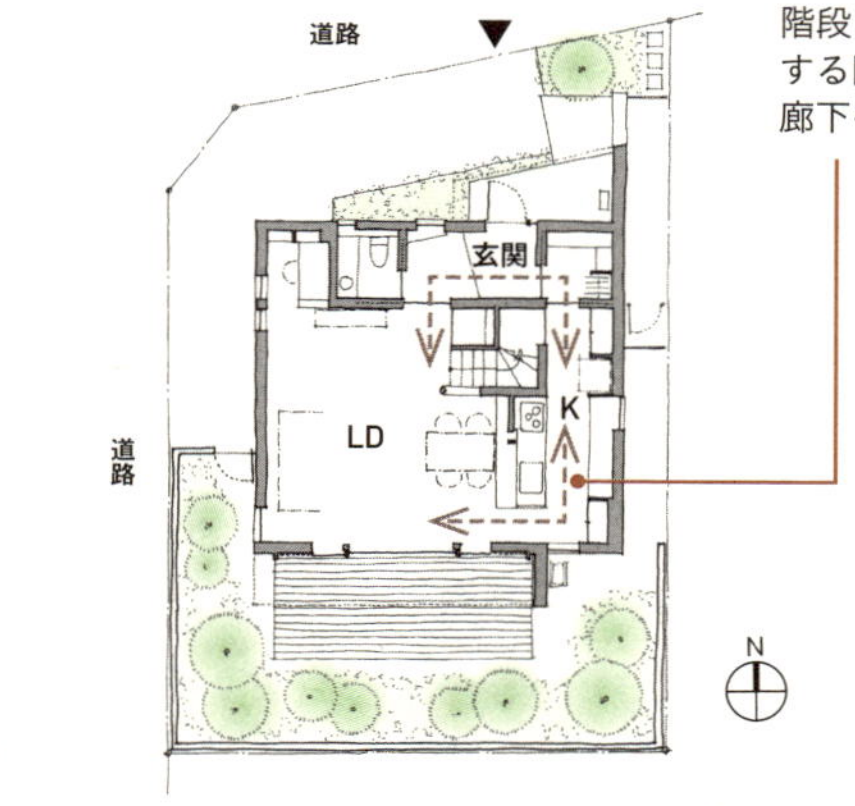

1F

中廊下から各部屋へ

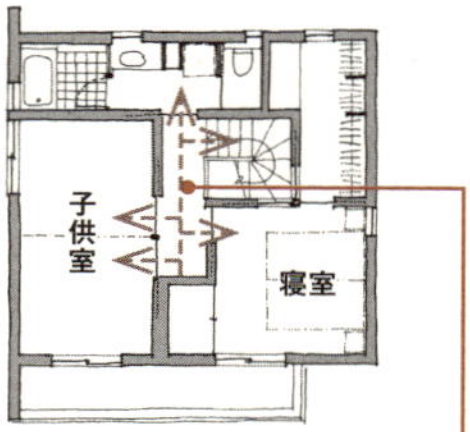

2F

中廊下から各部屋に放射状にアクセスする無駄のない生活動線

清水ヶ丘の家・28.40坪
(3章　P106へ)

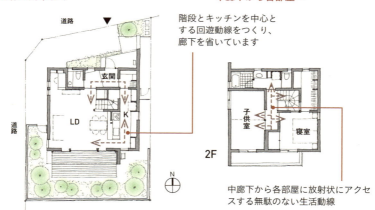

03 家族5人でも30坪あれば居心地よく暮らせる

家族5人の場合、夫婦と子供3人の構成となることが多く、子供室が3つ必要です。その分の床面積と移動スペースが増えますが、家族4人が延べ床面積27坪以下で十分なことを考えれば、廊下や階段を合理的に配置することで、30坪もあれば十分に快適な間取りが可能です。

中2階から半階上がる小屋裏収納

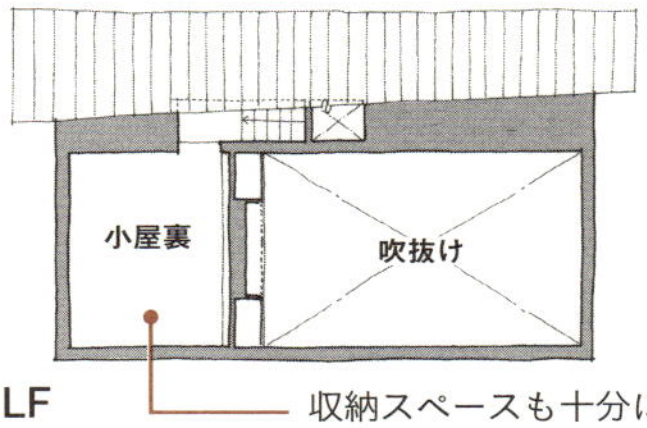

収納スペースも十分に確保できます

踊り場から入る

踊り場が各部屋に入る廊下の役割も果たします

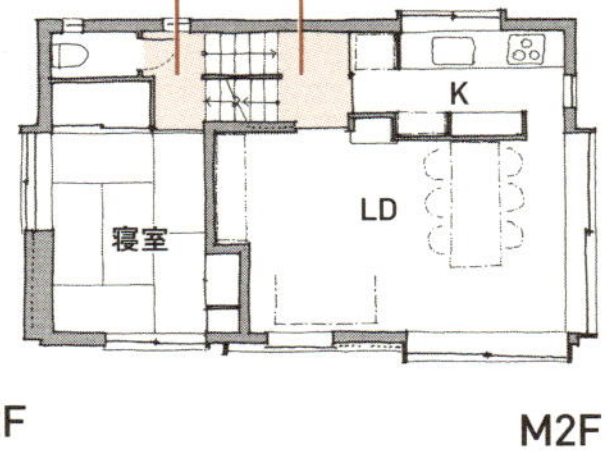

階段が横移動スペースも兼ねる

スキップフロアにより、縦移動が目的の階段が横移動のためのスペースにもなります

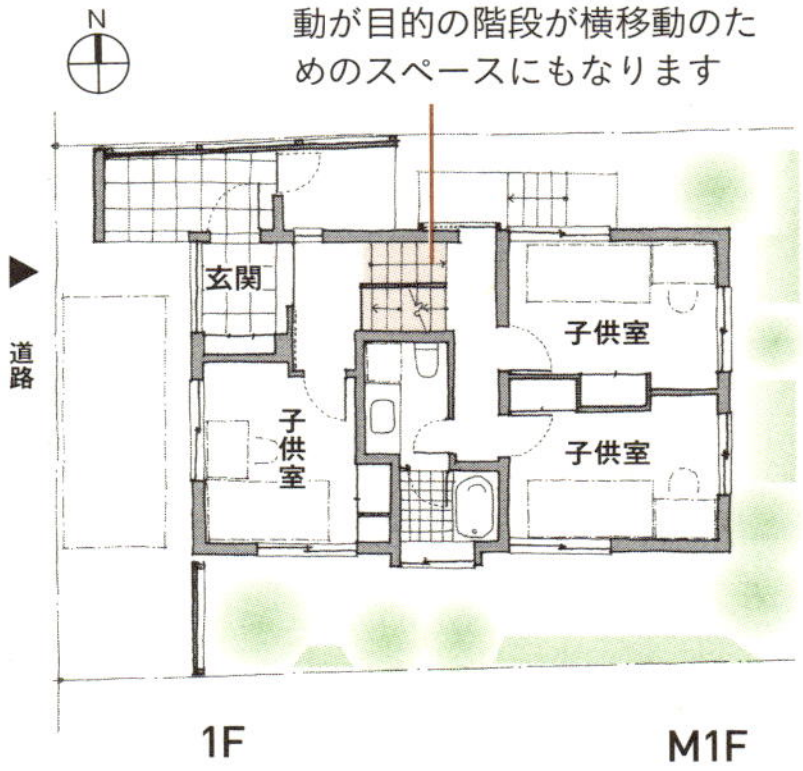

吉祥寺の家・27.7坪（3章　P128へ）

固定階段で行き来しやすい小屋裏収納

使いやすい小屋裏収納には固定階段が必須

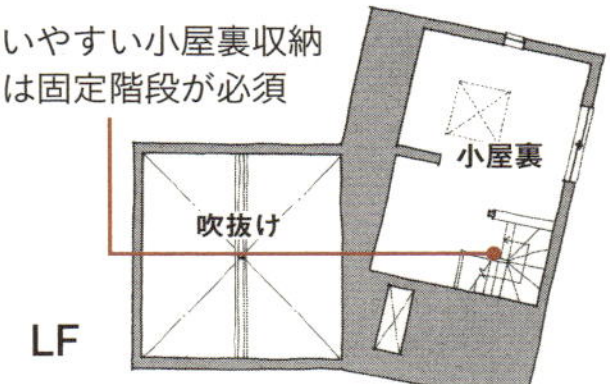

1畳半の廊下からアクセス

個室のうち夫婦の寝室だけ2階に

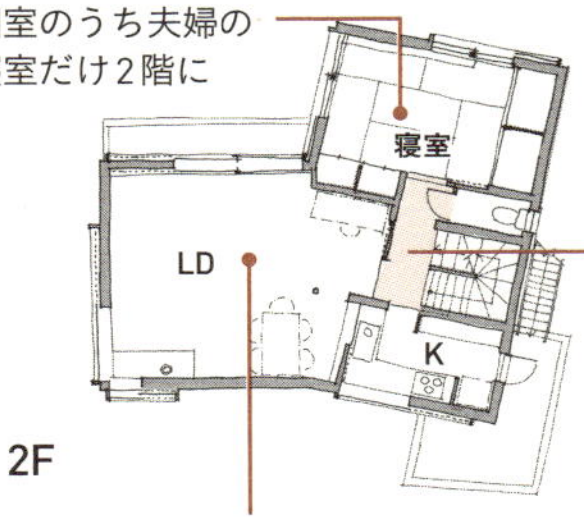

16畳の広さを確保した2階LDK

1畳半の廊下から部屋にアクセス

玄関ホールも廊下の一部

玄関ホールを中心にして、各部屋に廊下が伸びていきます

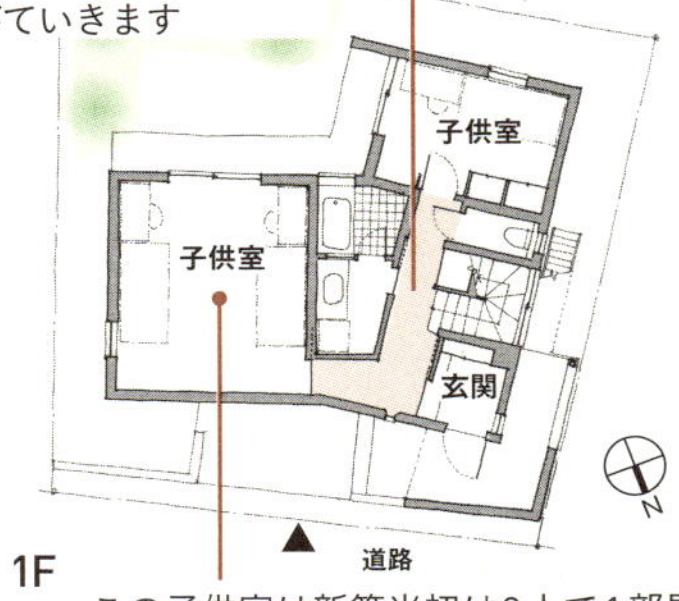

この子供室は新築当初は2人で1部屋。将来はパーティションで仕切ります

鎌倉の家・29.4坪[＋小屋裏5.88坪]
（3章　P130へ）

家族4人・26〜28坪でも夢はかなう

家族4人で暮らす家なら、せめて延べ床面積30坪はほしくなるようです。しかし、もう少し小さくすることで、工事費を抑えることもできますし、同じ金額であれば、つくる家のクオリティーを高めることもできます。たとえば2〜3坪小さくすると、工事費は150万円から250万円も下がります。

延べ床面積を27坪前後で収めること自体、特殊解ではありません。暮らし方や敷地状況に合わせながら、その広さで十分に快適な間取りが可能です。

LDKは1階か2階か→01

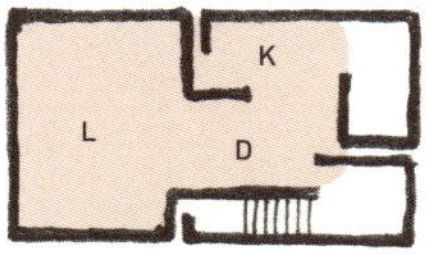

30坪以下でも20畳以上のLDKはつくれる→02

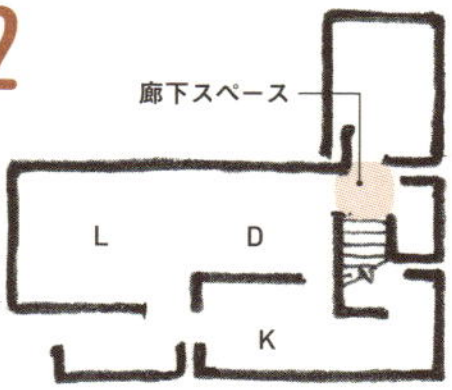

廊下を減らせばLDKスペースは広くなる→03

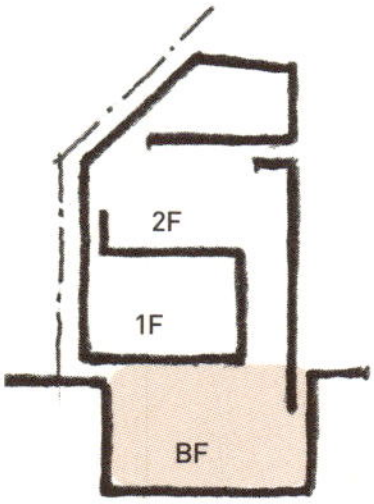

3階が無理なら地下付きに→04

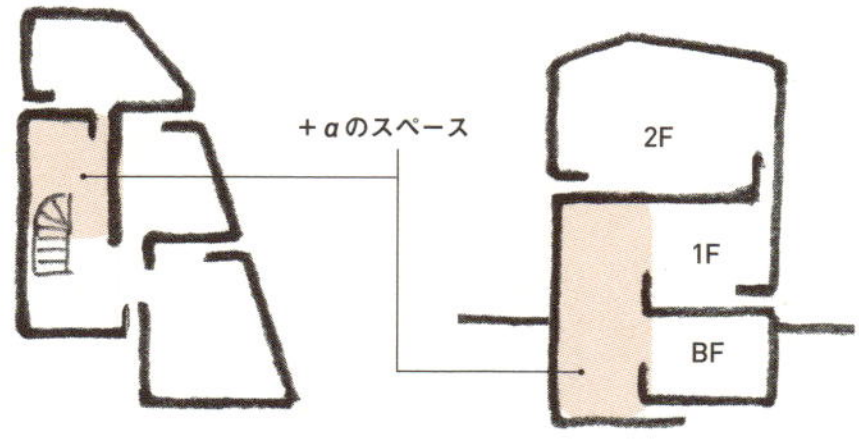

ゆとりの＋αスペース付きでも27坪台に→05

01 1階LDKと2階LDK、どちらがいいの？

LDKを1、2階のどちらに置くかは、敷地の状況もしくは暮らし方で決まります。敷地状況で決まる場合は部屋への採光が判断の分かれ目となり、暮らし方で決まる場合は庭とどうつながりたいかで判断が分かれます。どちらを選んだとしても、動線や部屋の配置次第で暮らしやすい家にすることができます。

1階にLDKを配置すれば庭が身近に

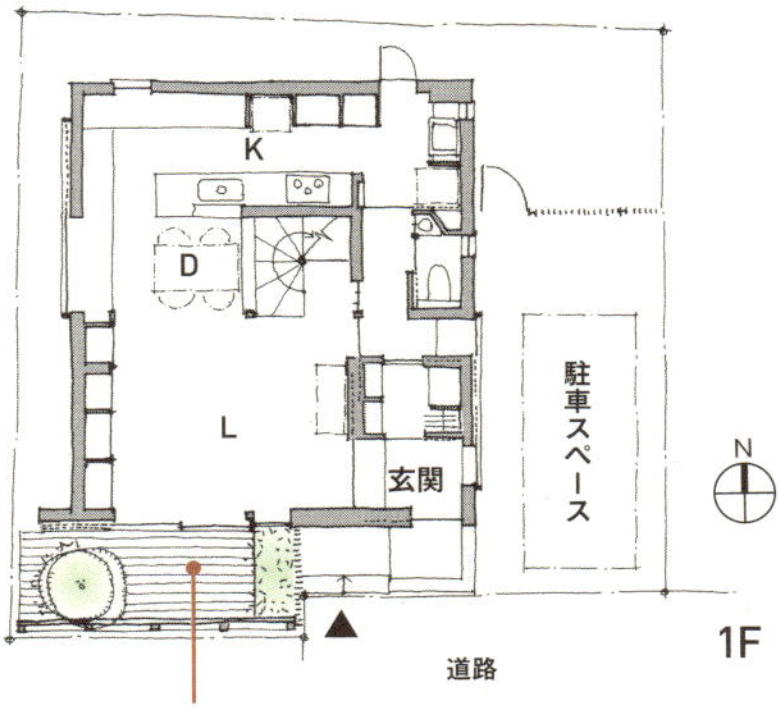

南側隣家は多少離れていて、1階LDKでも採光には問題なし。南側の残されたスペースにウッドテラスをつくり、居間とつながりがもてます

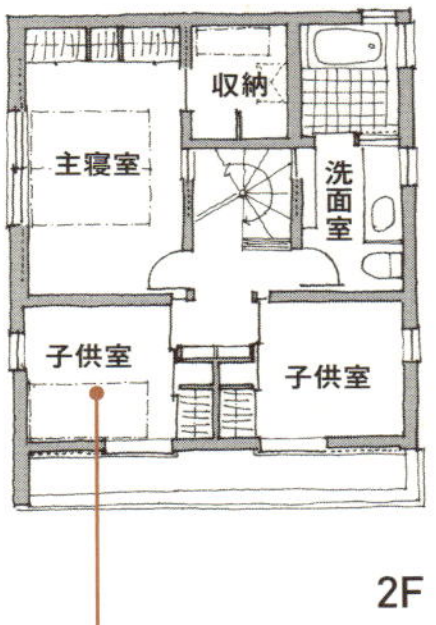

2階は、寝室と収納、2つの子供室、サニタリーを置いて、完全なプライベートゾーンに

東久留米の家・28.7坪(3章　P108へ)

2階にLDKを配置すれば明るいLDKに

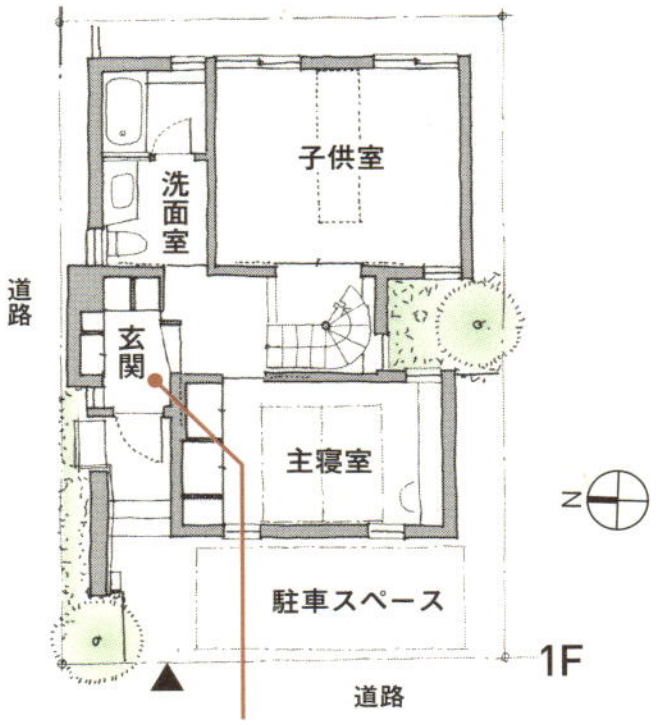

1階には玄関も配置されるので、寝室や子供室、サニタリーは少しコンパクトに

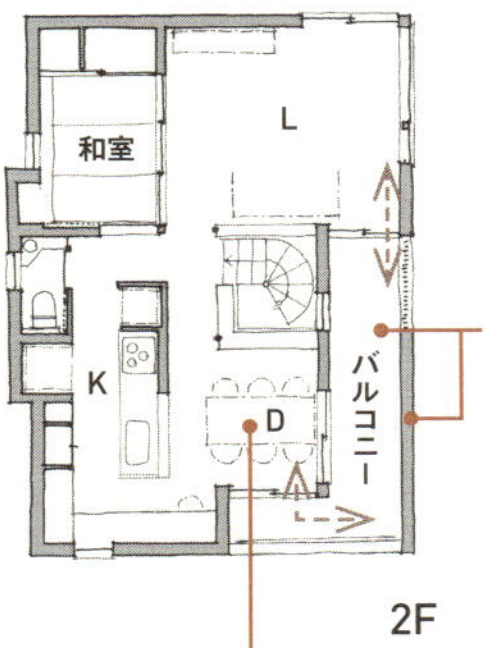

居間と食堂の両サイドから出入り可能なバルコニーには洗濯物を干すので、南側隣家からの視線をさえぎる壁を立ち上げています

南側に隣家が迫っていたため、LDKを2階に配置することで採光を十分に確保しています

錦の家・26.7坪(3章　P118へ)

02 20畳以上のLDKも夢ではない

延べ床面積が27坪前後なら、部屋やスペースが小さくなると思われるかもしれません。でもすべてを小さくする必要はないのです。広くしたいところをよく考え、メリハリをつけていくことが大切です。第一はLDKの広さ、といった場合、どれくらいの広さが可能でしょうか。

LDKの広さにこだわるのであれば、LDKは2階に置く

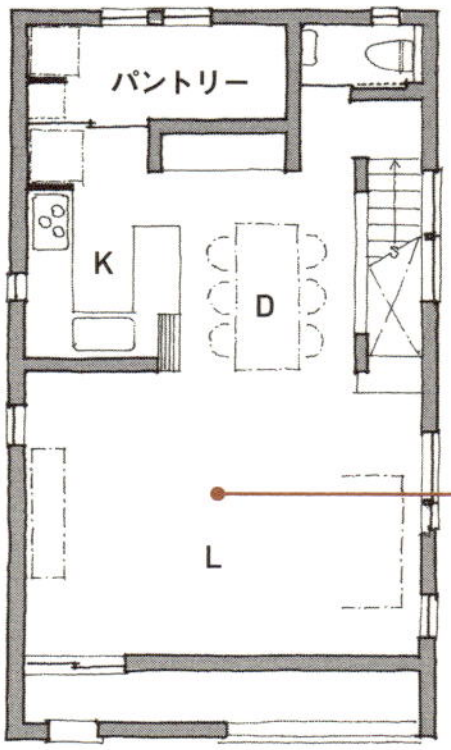

2F

LDKを広く、が一番の要望だったため、LDKは2階に配置。オープンな階段やパントリーも含めて、20畳の広さを確保しています。玄関の置かれることが多い1階では、こうした広さの確保は難しくなります

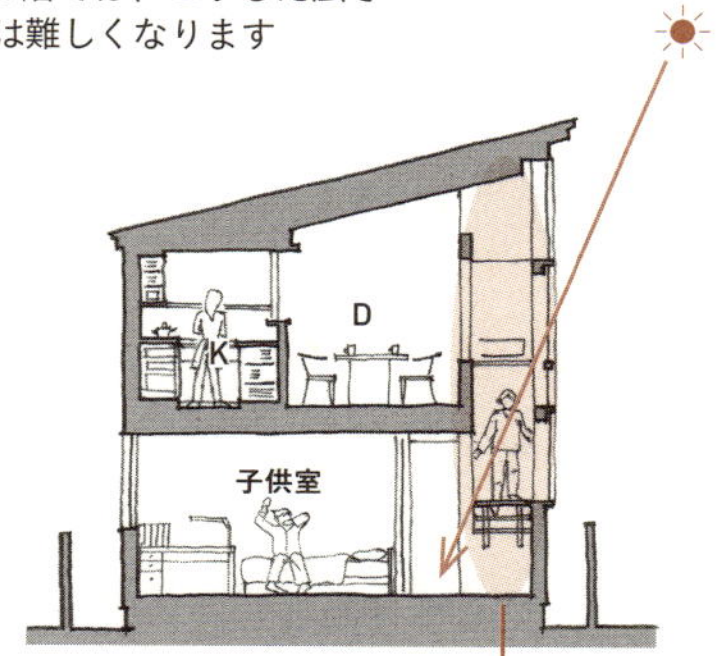

階段室を南側に配置。南からの採光を1階子供室まで誘い込み、また上下階の気配を伝え合うようにしています

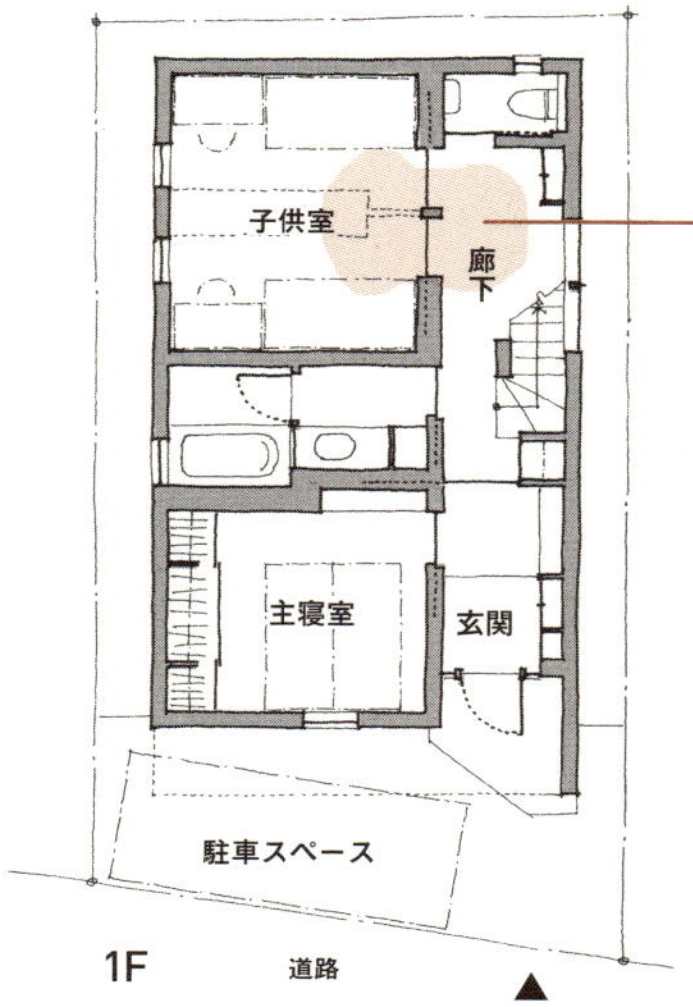

1F

子供室の引戸を開けると、階段室と廊下が子供室の前室となります。廊下まで部屋の一部とする工夫の1つです

豪徳寺の家・28.72坪

（3章　P122へ）

03 廊下を減らしてLDKを広くする

延べ床面積を抑えようとすると、各スペースは面積の取り合いになります。LDKや個室はできるだけ広くしたいとなると、廊下や階段などの動線スペースを減らすしかありません。しかし平屋でなければ階段は必要です。すると廊下をできる限り少なくする方法を考えることになります。

1階は廊下を取り込み、2階は廊下をなくす

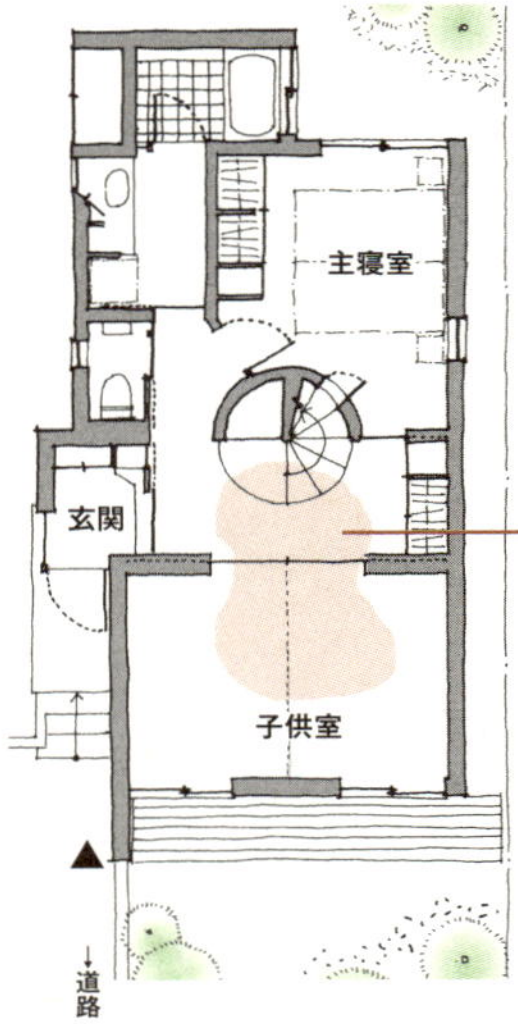

1F

子供室の引戸を開け放つと、廊下が子供室の一部となります

階段を部屋の中央に置けば、廊下をなくせます。階段周辺は居間と食堂の一部となり、キッチンを含めゆるやかなワンルーム空間になっています

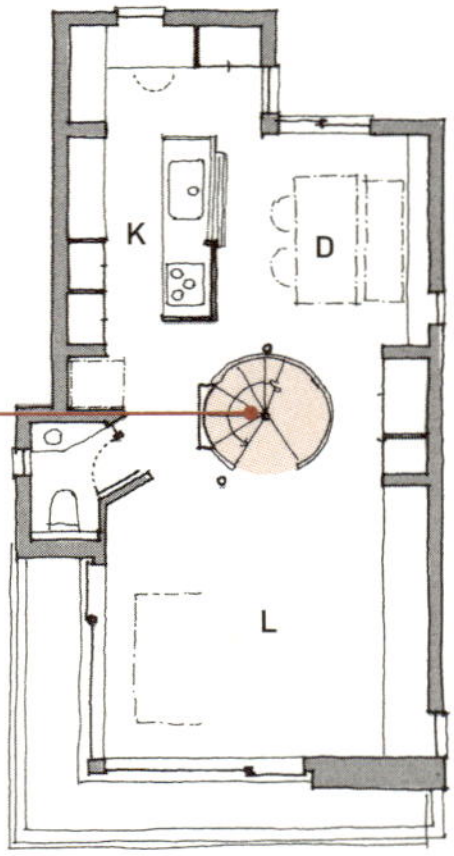

2F

大宮の家・28.2坪

(3章　P120へ)

22坪ならLDKはその他のスペースと共有させる

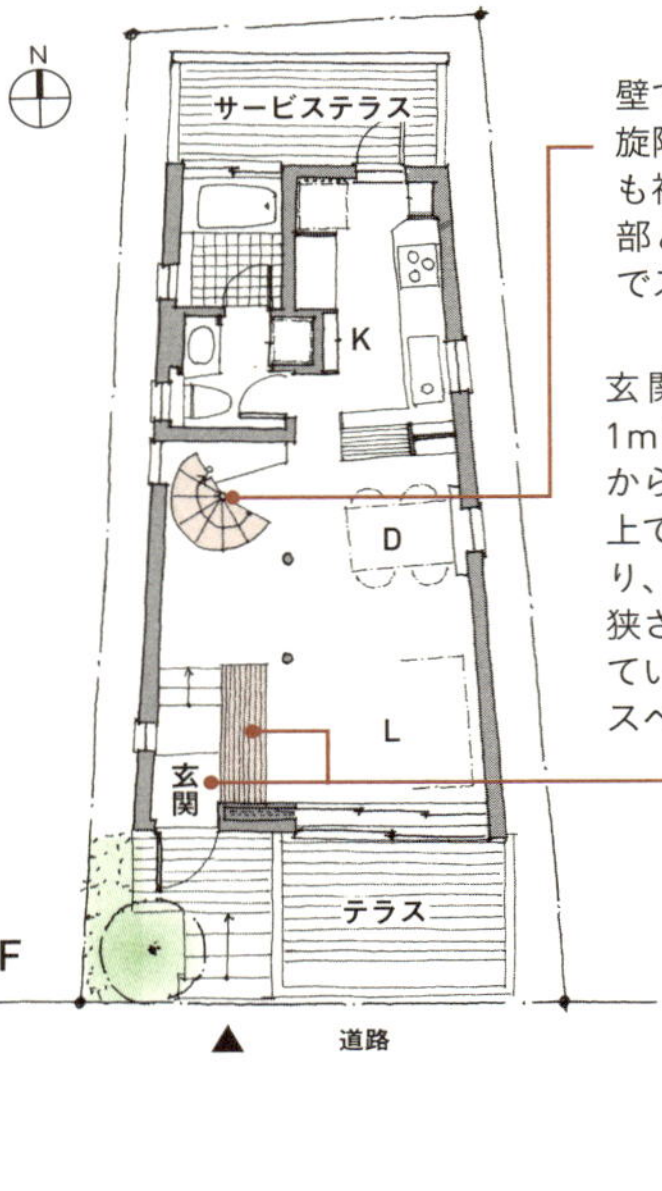

1F

壁で囲わないオープンの螺旋階段とすることで、階段も視覚的に居間・食堂の一部となります(階段とLDKでスペースを共有)

玄関は収納棚(床から1m50cm)により居間側からは見えませんが、棚上で空間がつながっており、玄関でもLDKでも狭さを感じないようにしています(玄関とLDKでスペースを共有)

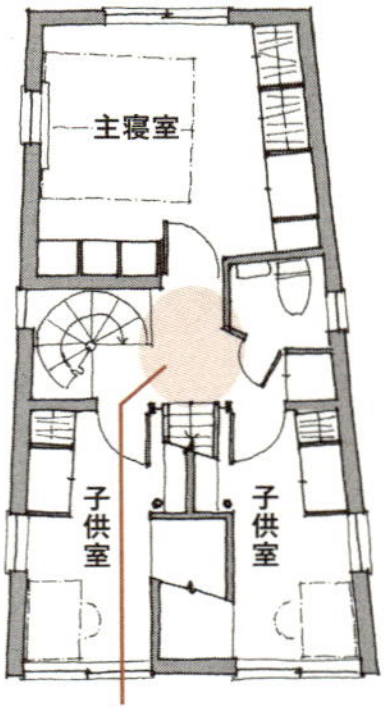

2F

建物の中心を廊下とすることで、階段室、寝室、2つの子供室、トイレ、小屋裏への階段と、5つのスペースに向かう起点となります

桜上水の家・22.46坪(3章　P94へ)

04 上に伸ばせないなら地下付き3層、27坪に

小さな敷地で家族4人が暮らそうとすると、2階建てでは面積が足りないことがあります。そうなると、3階建てや地下室＋地上2階建てとなりますが、3層になると階段などの動線スペースが増え、また地下に寝室や子供室を設けることもあり得ます。それゆえ地上2階建てとは少し違った配慮も必要になります。

北側斜線制限から地下をつくる

小屋裏をつくって、収納不足を補います

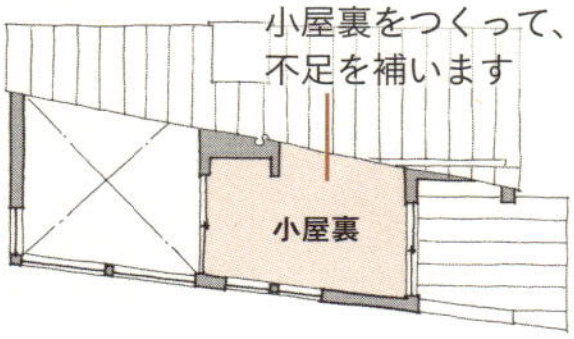

RF

サニタリーはLDKとともに2階に

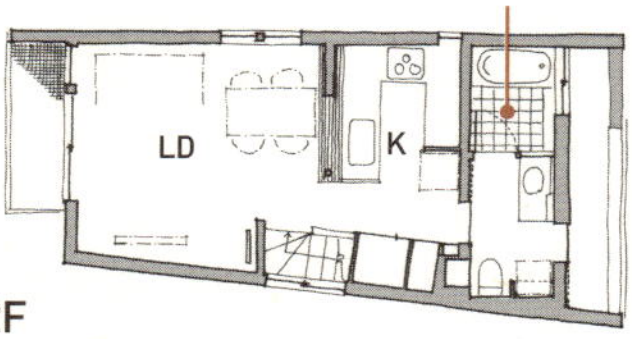

2F

インナーガレージに面積を取られるので、1階は階段室と廊下、子供室2つがあるだけ

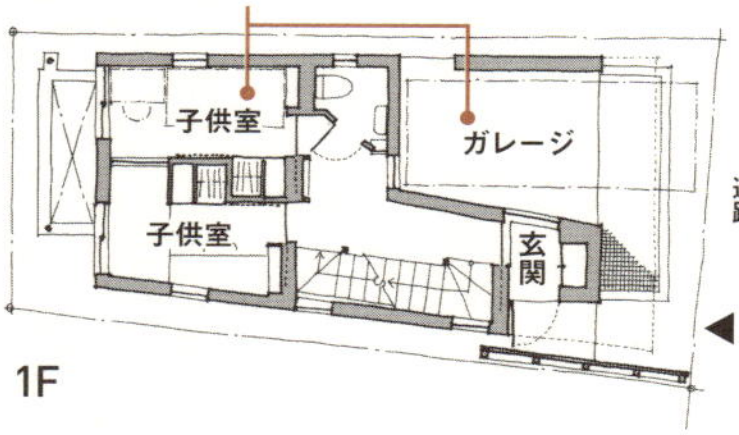

1F

北側斜線制限により3階建てが難しく、地下をつくって必要な広さを確保しています

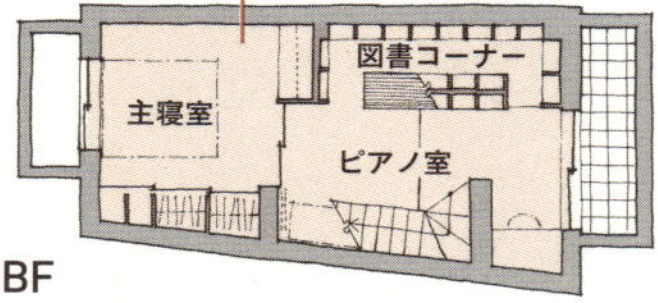

BF

上原の家・28.26坪
[＋ガレージ2.93坪]
（3章　P172へ）

容積率の制限から地下をつくる

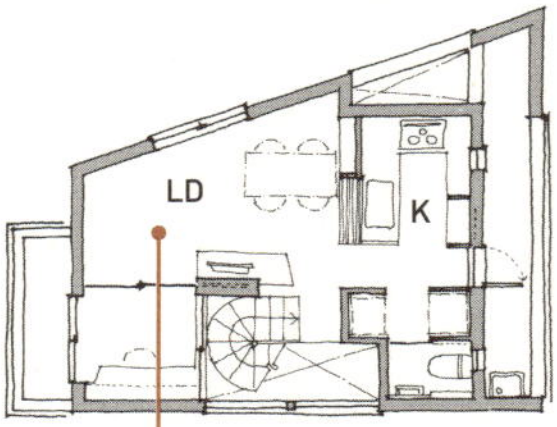

2F

敷地面積22.2坪で建ぺい率40％、容積率80％の条件。1階に寝室とサニタリー、2階にLDKを置き、子供室などは地下室へ

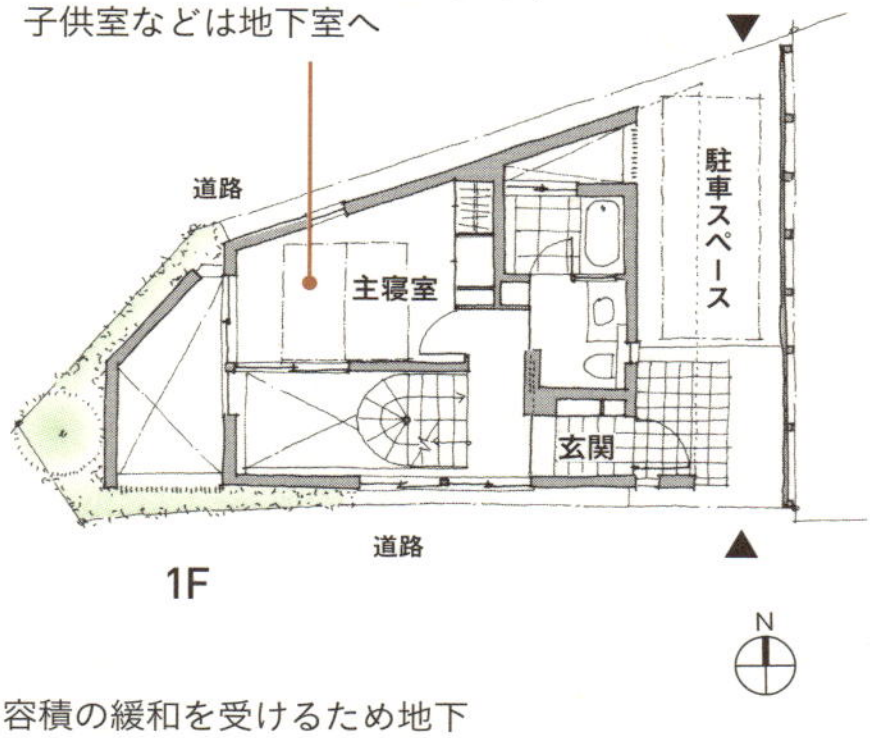

1F

容積の緩和を受けるため地下をつくり、子供室2つとピアノスペースを配置

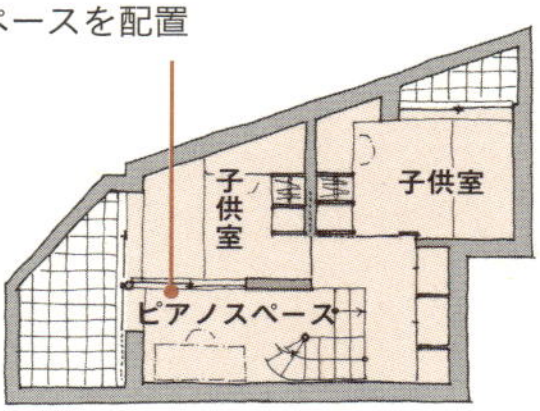

BF

井の頭の家・25.90坪
（3章　P164へ）

05 趣味室、予備室、多目的室＋αでも27坪で十分

4人家族では、一般的に3つの個室が求められます。さらに趣味室や予備室を希望されると、LDK以外に4つの個室が必要です。27坪台で4つの個室＋LDKを収めようとすると、各スペースをコンパクトにする必要がありますが、空間の構成次第で床面積以上の広がりが感じられます。

坪庭が4つの個室をゆるやかにつなげる

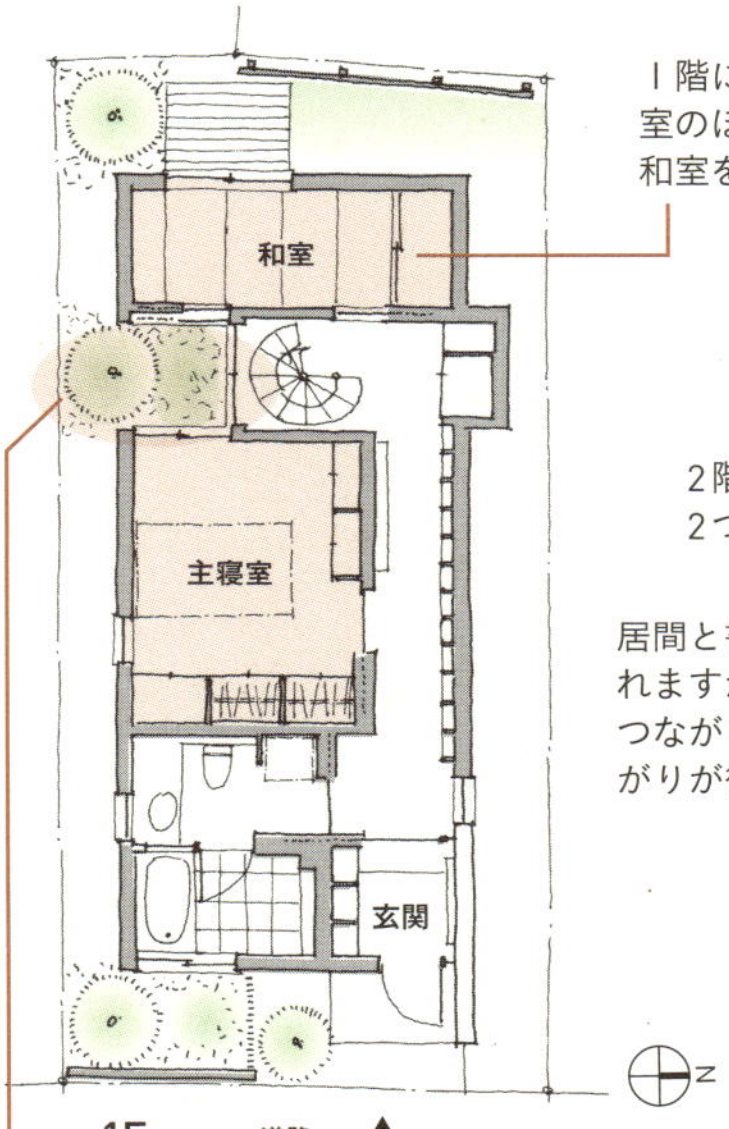

1F　道路 ▲

1階にはサニタリー、寝室のほか、客室にもなる和室を置いています

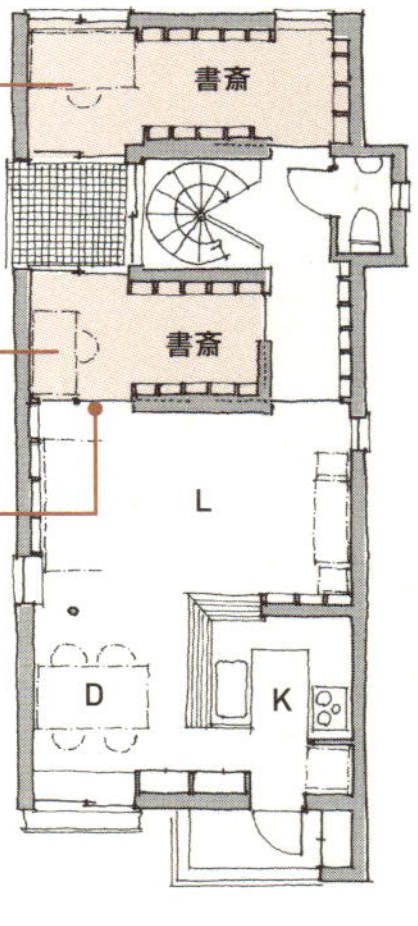

2F

2階はLDKと書斎が2つあります

居間と書斎は引戸で仕切られますが、引戸を開けるとつながり、空間としての広がりが得られます

階段室の南側に小さな坪庭を設け、1、2階とも個室で坪庭を挟み込み、個室〜坪庭〜個室の関係をつくっています。坪庭を挟むことで、両側の個室にゆるやかなつながりが生み出されます

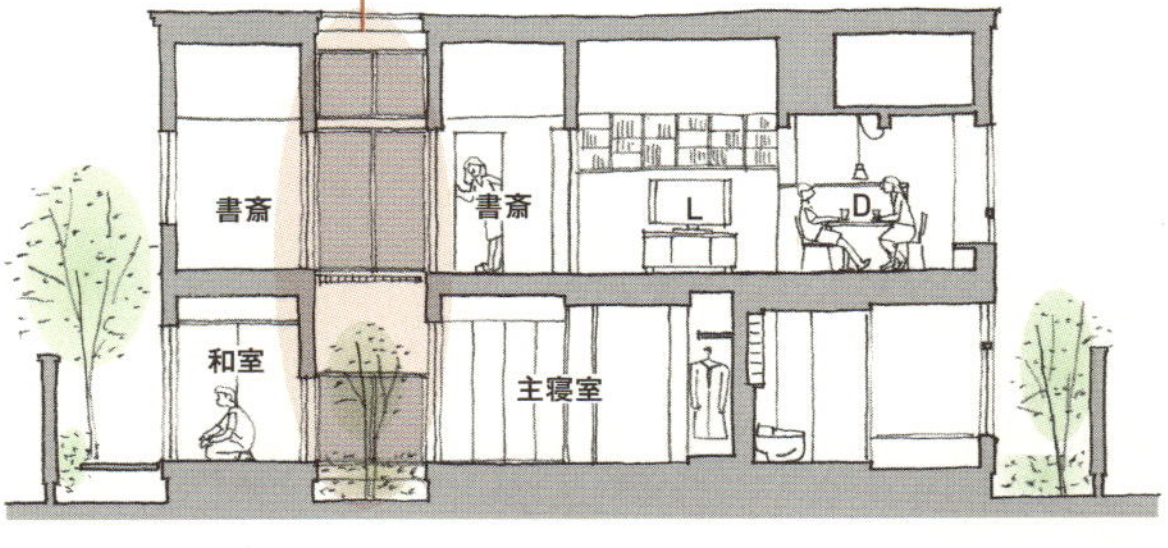

奥沢の家・27.4坪

（3章　P132へ）

	個室			サニタリー	移動空間				その他	規模
	寝室	子供室	クロゼット・収納		玄関	シュークローク	階段	廊下		
	13.87 ㎡	16.45 ㎡	—	8.00 ㎡	2.32 ㎡	—	5.78 ㎡	2.21 ㎡	—	2 階
	18 畳（41%）			**5 畳（11%）**	**6 畳（14%）**					
	11.57 ㎡	14.53 ㎡	—	8.27 ㎡	3.69 ㎡	—	6.84 ㎡	5.40 ㎡	—	2 階
	16 畳（30%）			**5 畳（9%）**	**10 畳（18%）**					
	11.45 ㎡	13.20 ㎡	—	11.47 ㎡	2.34 ㎡	—	5.10 ㎡	7.37 ㎡	—	2 階
	15 畳（27%）			**7 畳（12%）**	**9 畳（16%）**					
	11.18 ㎡	14.81 ㎡	4.62 ㎡	12.47 ㎡	2.40 ㎡	—	4.59 ㎡	7.91 ㎡	—	2 階
	19 畳（33%）			**8 畳（14%）**	**9 畳（16%）**					
	11.68 ㎡	15.00 ㎡	6.06 ㎡	10.08 ㎡	2.32 ㎡	2.40 ㎡	6.12 ㎡	5.38 ㎡	—	2 階
	20 畳（35%）			**6 畳（11%）**	**10 畳（17%）**					
	13.58 ㎡	14.89 ㎡	3.89 ㎡	10.37 ㎡	2.43 ㎡	2.34 ㎡	6.48 ㎡	6.03 ㎡	—	2 階
	20 畳（34%）			**6 畳（11%）**	**10 畳（18%）**					
	11.00 ㎡	14.20 ㎡	—	10.29 ㎡	2.41 ㎡	—	5.89 ㎡	8.30 ㎡	—	2 階
	15 畳（27%）			**6 畳（11%）**	**10 畳（17%）**				—	
	12.05 ㎡	14.73 ㎡	4.86 ㎡	10.14 ㎡	2.56 ㎡	2.37 ㎡	5.83 ㎡	6.09 ㎡		
	7.3 畳	8.9 畳	3 畳	6 畳	1.5 畳	1.4 畳	3.5 畳	3.7 畳		
	12.6%	15.4%	5.2%	—	2.6%	2.4%	6.1%	6.4%		
	19.2 畳（33%）			**6 畳（11%）**	**10.1 畳（17%）**					
	11.77 ㎡	16.65 ㎡	—	8.41 ㎡	2.33 ㎡	—	11.11 ㎡	7.60 ㎡	6.24 ㎡（ピアノ室）	地下＋2 階
	17 畳（32%）			5 畳（9%）	13 畳（24%）				4 畳（7%）	
	12.80 ㎡	13.68 ㎡	—	9.60 ㎡	2.88 ㎡	—	5.78 ㎡	13.49 ㎡	7.92 ㎡（和室）	2 階
	16 畳（29%）			6 畳（11%）	13 畳（25%）				5 畳（9%）	
	13.45 ㎡	12.32 ㎡	—	9.11 ㎡	2.40 ㎡	—	10.02 ㎡	4.90 ㎡	17.90 ㎡（図書コーナー）	地下＋2 階
	16 畳（27%）			6 畳（10%）	10 畳（18%）				11 畳（19%）	

プラスαのスペースはLDKとトレードオフの関係

プラスαのスペースをもつことで、どこかのスペースが削られることになります。表中の井の頭の家、奥沢の家、上原の家では、削られるスペースはLDKとなっています。個室やサニタリー、移動のためのスペースは、その用途から、必要以上に面積を削ることが難しく、部屋の広さに自由がきく居間の床面積が削られる対象になるのです。

06 10軒の住宅の各スペースを比べてみる

	名称	敷地面積	延べ床面積	床面積				LDK		
				地下	1階	2階	屋上	LD	K	家事コーナー・パントリー
4人家族・LDK＋個室3の家の面積配分	桜上水の家（P19,P94）	22.66坪	22.46坪	—	11.23坪	11.23坪	—	17.85㎡	7.65㎡	—
								15畳（34%）		
	錦の家（P17,P118）	24.20坪	26.70坪	—	12.84坪	13.86坪	—	29.38㎡	8.43㎡	—
								23畳（43%）		
	大宮の家（P19,P120）	35.50坪	28.16坪	—	14.08坪	14.08坪	—	29.95㎡	8.00㎡	4.05㎡
								23畳（45%）		
	本牧の家（P14,P98）	53.40坪	28.23坪	—	15.76坪	12.47坪	—	23.17㎡	6.93㎡	5.08㎡
								20畳（37%）		
	清水ヶ丘の家（P14,P106）	41.45坪	28.40坪	—	14.20坪	14.20坪	—	24.62㎡	7.36㎡	2.70㎡
								21畳（37%）		
	東久留米の家（P17,P108）	36.20坪	28.66坪	—	14.33坪	14.33坪	—	20.74㎡	9.94㎡	3.89㎡
								21畳（37%）		
	豪徳寺の家（P18,P122）	26.21坪	28.72坪	—	14.19坪	14.53坪	—	31.45㎡	5.94㎡	5.30㎡
								25畳（45%）		
	平均		27.33坪（90.20㎡）					25.30㎡	7.75㎡	4.20㎡
								15.3畳	4.7畳	2.5畳
								26.5%	8.1%	4.3%
								22.5畳（39%）		
＋αの部屋がある場合	井の頭の家（P20,P164）	22.20坪	25.90坪	8.81坪	8.14坪	8.95坪	—	16.22㎡	8.69㎡	—
								15畳（28%）		
	奥沢の家（P21,P132）	27.50坪	27.40坪	—	13.70坪	13.70坪	—	18.30㎡	5.46㎡	—
								14畳（26%）		
	上原の家（P20,P172）	18.64坪	28.26坪	10.40坪	7.46坪	10.40坪	3.37坪	16.20㎡	7.88㎡	—
								15畳（26%）		

面積配分はLDK：個室：動線＋水廻りで1：1：1

1章で取り上げた14軒のうち、4人家族で暮らす家10軒の床面積を表にしてみたところ、28坪以下の延べ床面積に対して、各部屋やスペースとして確保できる広さの概要が見えてきました。必要な部屋やスペース以外にプラスαのスペースをもつ、井の頭の家、奥沢の家、上原の家は特殊解になりますが、それ以外の家での面積配分の平均は次の通りです。家事コーナーやパントリーを含んだLDKは約22畳。クロゼットを含んだ個室として約19畳。サニタリーと移動空間を合わせると約16畳です。つまり延べ床面積約28坪に対して、LDK廻りに1／3強、個室廻りに1／3、そして水廻りと動線に1／3弱といった割合で面積配分されています。

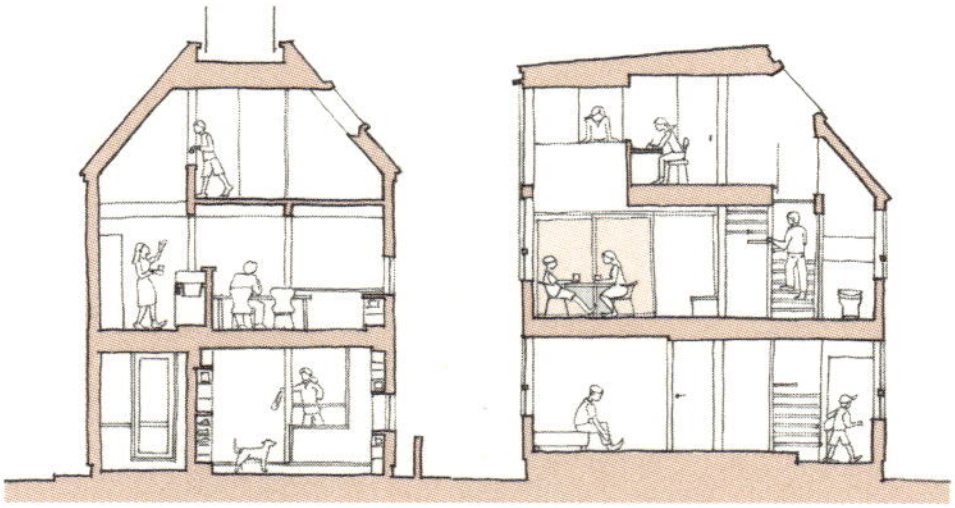

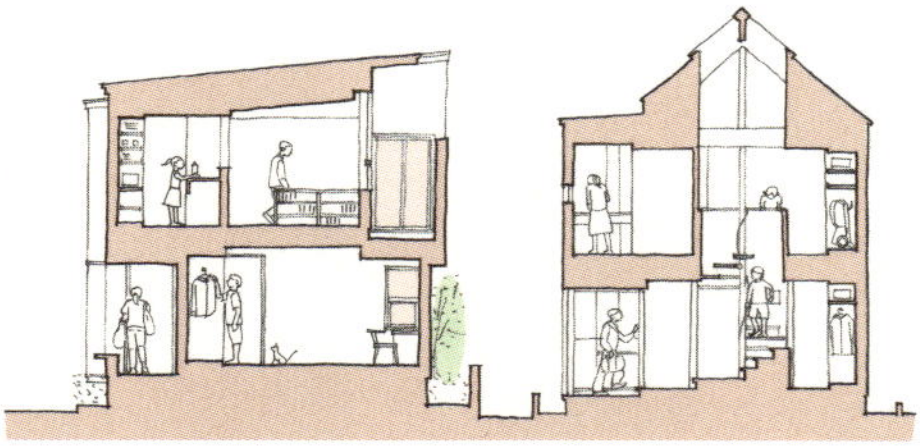

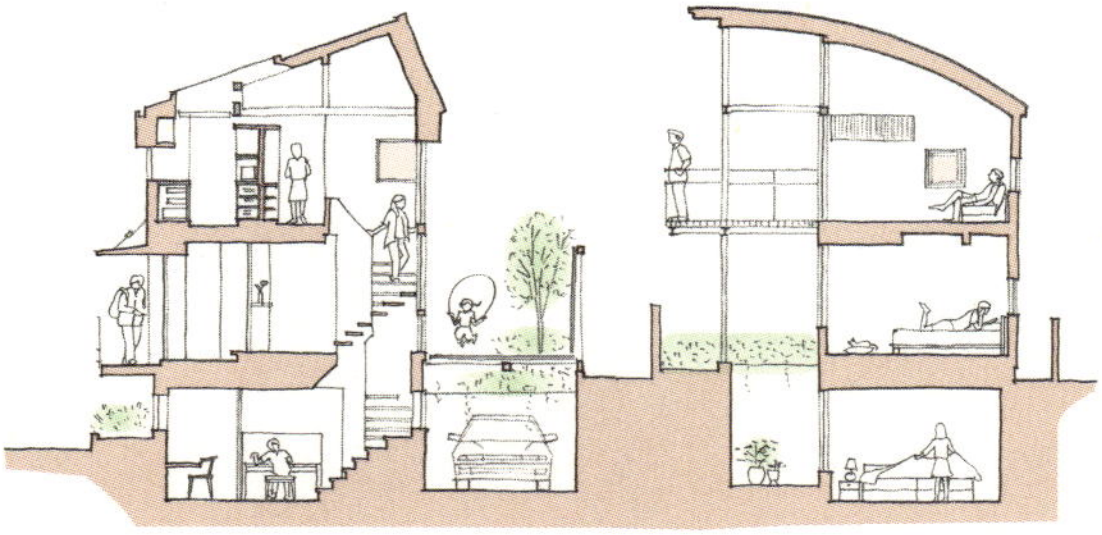

chapter 2

小さな家の「間取り」10の原理原則

家をつくるのであれば、なにかに捉われることなく、自由な発想でつくりたいと思うのは自然なことです。しかし、住宅はファインアートとは違い、さまざまな条件をクリアしながらつくっていかなければなりません。

間取りは、できる限り希望する暮らしを実現させるべく考えるものですが、特に小さな敷地の小さな家の場合、条件はなおさら厳しくなります。そうした数々の制約のなかでも自由に発想していくためには、いくつかの原理原則を知ることが大切です。

原則1　小さな間取りは矩形《くけい》が基本

大きな家でも小さな家でも、そこで営まれる暮らしは基本的には同じもの。寝る、食べる、排泄するという基本にそれぞれの家族に応じた行為が加わり、少しずつ違いが生まれてきます。

　これを間取りに置き換えると、基本的な間取りに、家族によるさまざまな要素が加わり、機能や大きさが変化していくことになります。部屋の広さも、その部屋での行為を合理的に考えていけば、必要以上の広さはいらないはずです。

　間取りを考えることは、生活を考えることです。生活をベーシックなものと考えれば、その生活を落とし込む間取りもベーシックなかたちであることが望まれます。

　ベーシックな平面のかたちには正円、正多角形がありますが、暮らしを考え、その器として住宅を組み立てていくのであれば、その間取りは矩形（長方形）をもとにすることをお勧めします。

　矩形というしばりを設けることで、無駄な贅肉が削ぎ落とされ、無駄のない間取りが生まれます。この方法は、特に小さな家を考えるのに適しています。

暮らしの基本行為をもとに面積を最小限に収める

最小限の床面積に基本以外のスペースが付加されていく

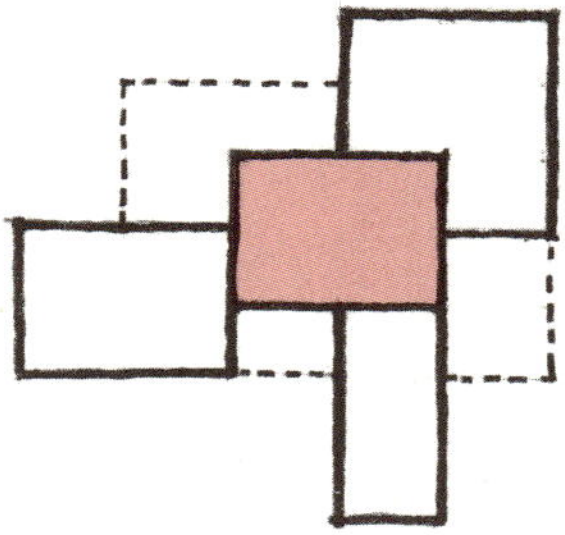

付加されたスペースを構成し直し、大きく床面積を変えることなく、再び矩形に収めていく

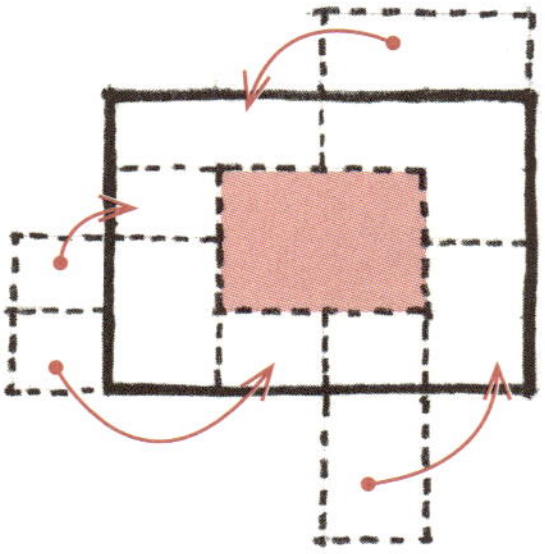

田の字形プランとは

日本の民家の間取りは、4つの部屋が襖《ふすま》戸や板戸で仕切られた田の字形を原型としていると言えます。田の字形ですから矩形をしており、そこにさまざまな部屋（機能）が付加されて田の字形が変形し、外形に凹凸が生まれます。

小さな家の設計は、生活に最低限必要な諸室の組み合わせから始めます。田の字形を意識しながら、そのなかで交錯する2本の軸線を少しずつずらし、各スペースに必要な床面積を与えてみてください。そして、2本の軸線以外に、新たな線を足したり、軸線を途中で切ったりすることで、無駄が省かれた合理的な間取りが生まれてきます。

田の字形プランには2本の軸線がある

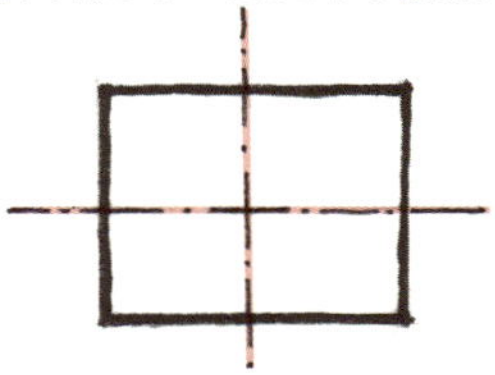

必要なスペースに則して2本の軸線を移動する

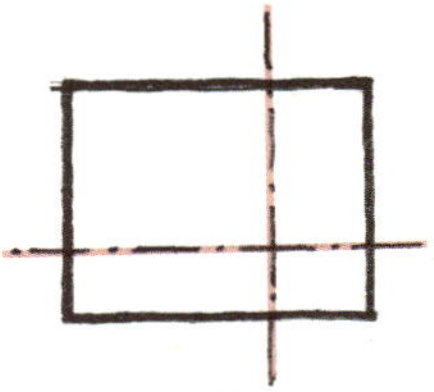

2本の軸線以外に線を足したり軸線の一部を省いたりしながら面積を調整し、各スペースをつなげていく

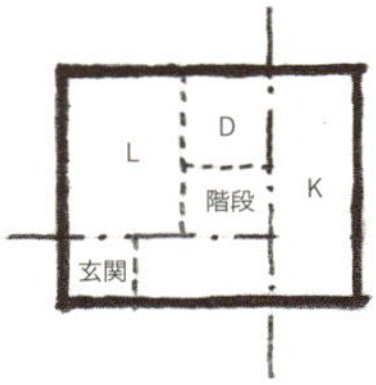

4つの部屋が田の字形に配置されたプランが基本

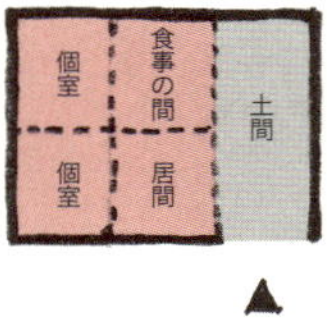

田の字形の間取りに機能が付加され、外形に凹凸が生まれ変形する

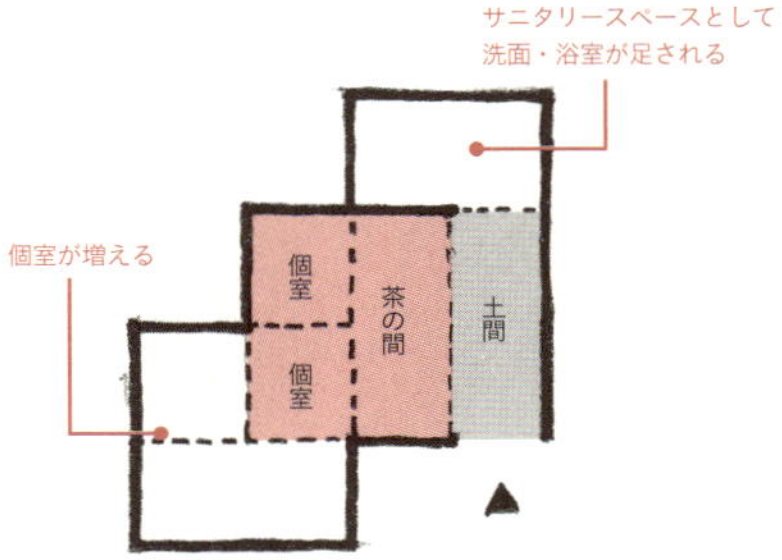

01 田の字形プランが基本中の基本

田の字形プランでは、矩形のなかの直交する2本の軸線によって4つのスペースがつくられます。この4つのスペースを基本としながら、2本の軸線を上下左右に動かし、さらに軸線を一部省いたり加えたりしながら、各階の部屋割りを決めていきます。こうすることで、特に小さな家の間取りでは、無駄を省いた生活動線をつくることが可能となります。

正方形に近い矩形で、田の字形プランの基本です（矩形平面は6.6m×7.1m）。
1階が回遊、2階が放射状の生活動線となっています。

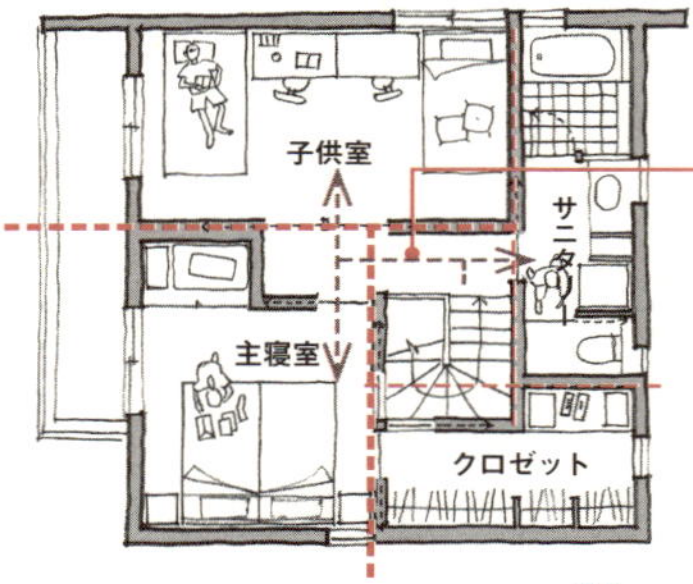

2F

2階は階段を中心に、サニタリー、子供室、主寝室、クロゼットの4つのスペースを、軸線をずらすことで確保。廊下から各スペースへ放射状にアクセスする生活動線となっています

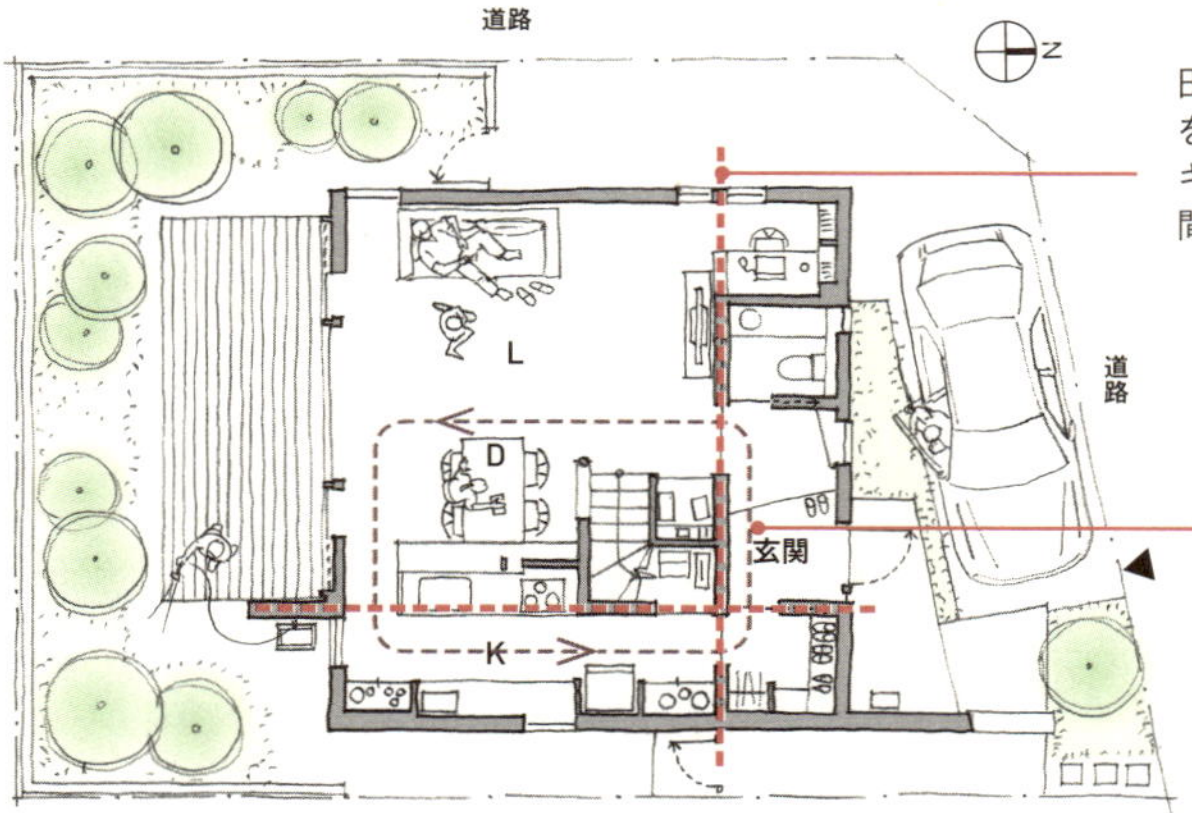

1F　S＝1：200

田の字形をつくる2本の軸線をずらして、動線スペースやキッチンを外周側に置き、居間と食堂を広く取っています

生活動線は、階段を中心に回遊できるようになっています

清水ヶ丘の家・28.40坪(3章　P106へ)

その他実例　東久留米の家（28.7坪、3章P108へ）

長方形のプランでも、田の字形から始めてみます（矩形平面は4.9m×6.9m）。
各階とも、直並列型の生活動線によってつながります。

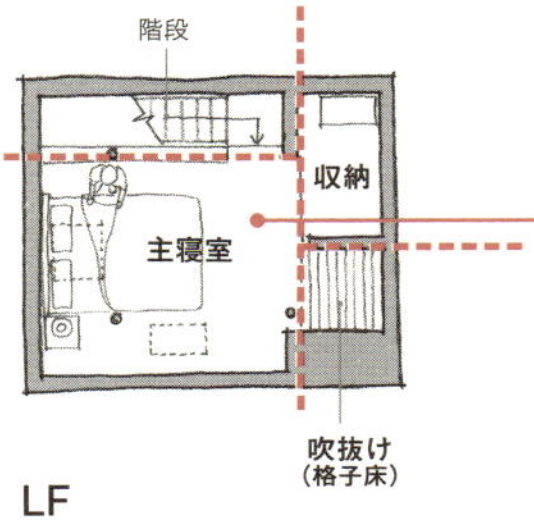

LF

L階は主寝室がメインスペース。2本の軸線をずらすことでつくった階段と収納、2階からの吹抜けスペースで主寝室を囲んでいます

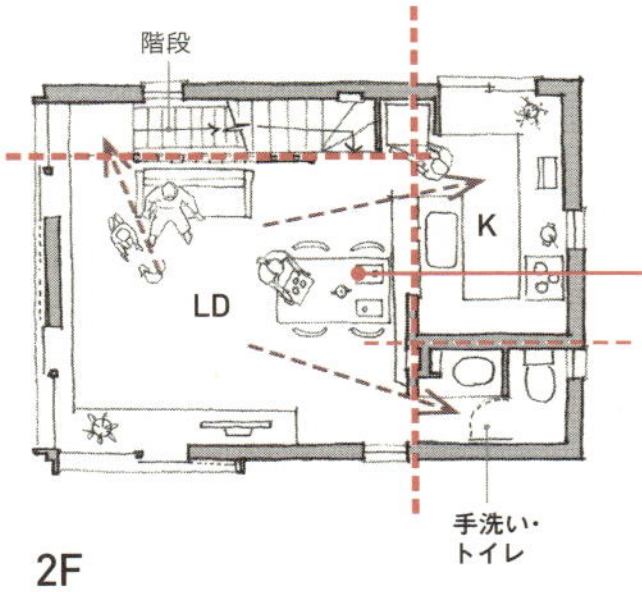

2F

2階は、軸線をずらしてキッチンと階段、トイレ・手洗いコーナーを置き、残りを居間・食堂としています。生活動線は、居間・食堂から直接それぞれのスペースにつながります

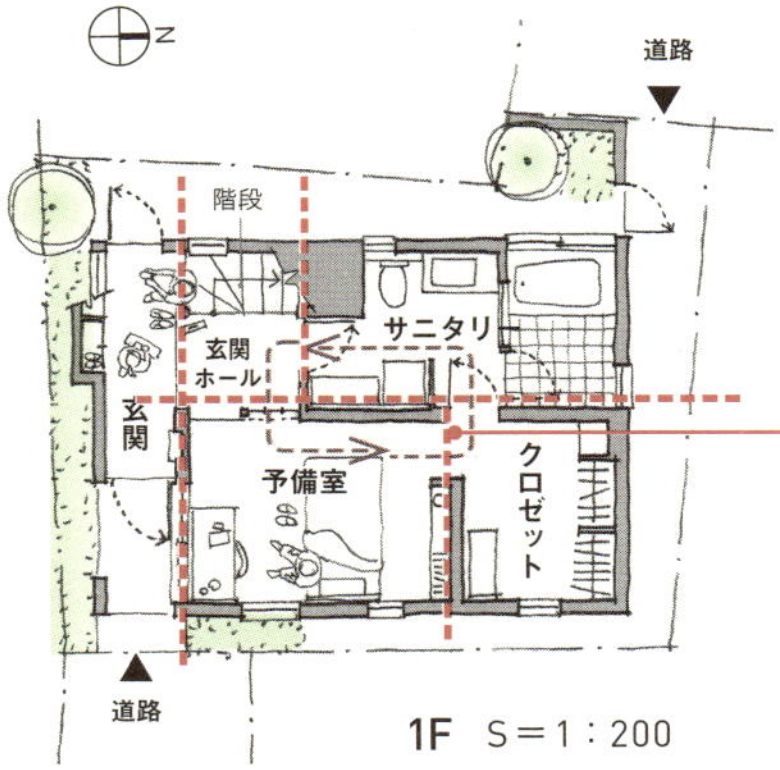

1F　S＝1：200

1階はエントランス廻り以外が田の字形の変形間取りで、サニタリー、ホール・階段、クロゼット、予備室の4つに分かれています。生活動線は各スペースを通過しながらつながります

祐天寺の家・26.2坪（3章　P142へ）

その他実例　吉祥寺の家（27.7坪、3章P128へ）

02 矩形プランの特徴的な階段配置

平屋であれば、間取りを矩形で納めることはそれほど難しくはありません。しかし、2階建てや3階建てになると、階段の位置が問題になってきます。階段は、それぞれの階で生活動線の起点（要）となります。階段を的確な位置に置くことで、各階を矩形で納めつつ、かつ生活に負担をかけない動線をつくることができます。

正方形に近いプラン
階段を間取りのヘソの位置に置いてみます。
1階は回遊式の生活動線、2階は放射状の生活動線になりました。

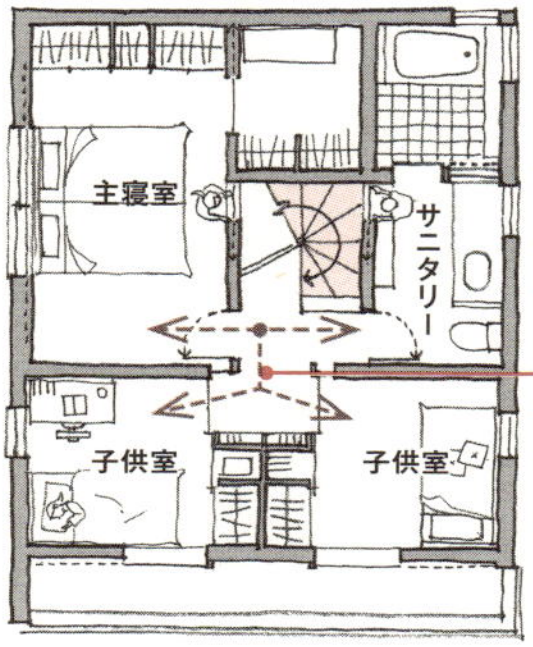

2F

階段を間取りのヘソに置くと、それとつながる廊下も間取りの中央付近となり、寝室・子供室・サニタリーへと放射状にアクセスできます

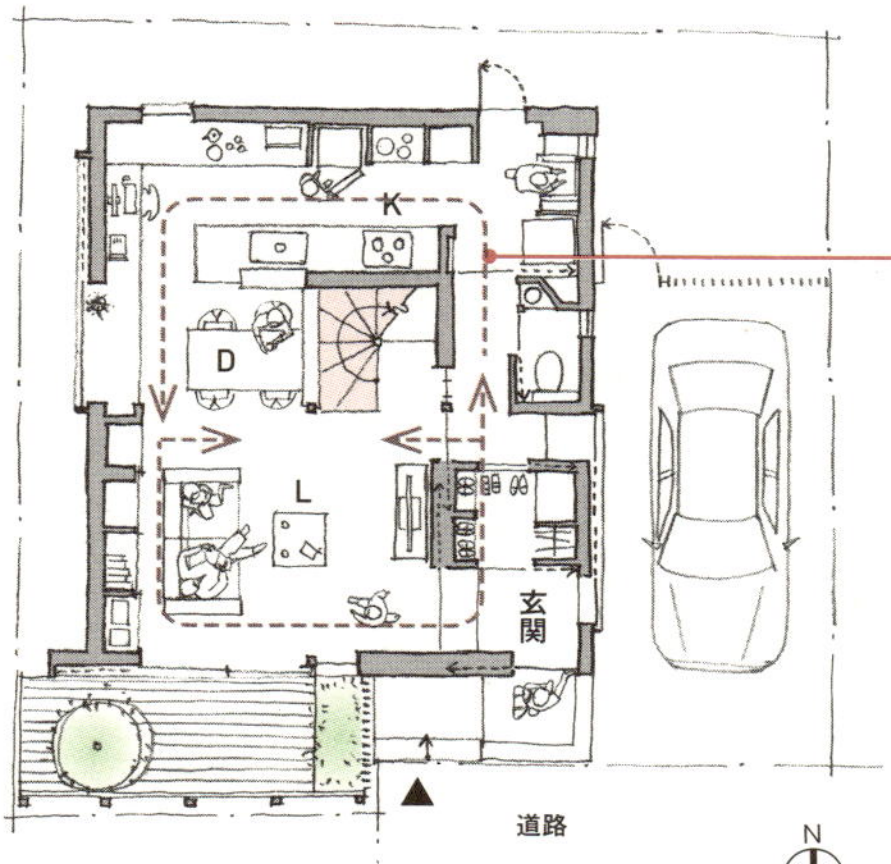

1F　S＝1：200

1階にLDKを置き、階段を間取りのヘソに置くと、玄関からの生活動線に回遊性が生まれ、玄関からキッチンへ直接アクセスできる裏動線がつくれます

東久留米の家・28.7坪
（3章　P108へ）

その他実例　清水ヶ丘の家（28.40坪、3章P106へ）

長方形に近いプラン

長方形に近いプランでは、正方形に近いプランで間取りのヘソに置いた階段を、端に寄せます。いわゆる鉄砲階段（直階段）と行って来い階段（折れ曲がり階段）、2つの選択肢があり、居間と食堂の関係が変わってきます。

引戸を開け放つと、階段ホールによって2つの子供室がつながり、広がりが生まれます

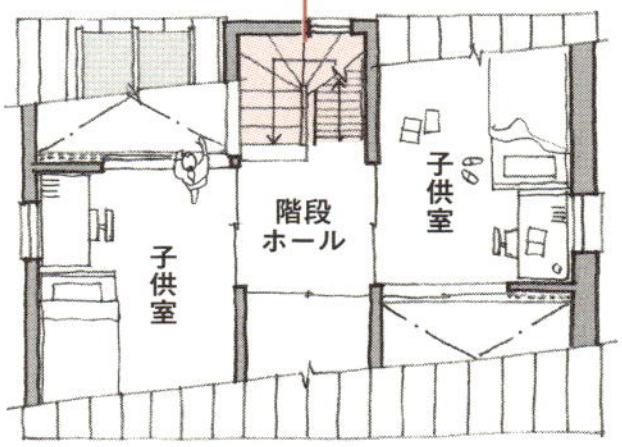

3F

居間と食堂で階段を挟み込んでいます。階段室が両スペースに開いているので、居間と食堂と階段がひとつながりの空間となります

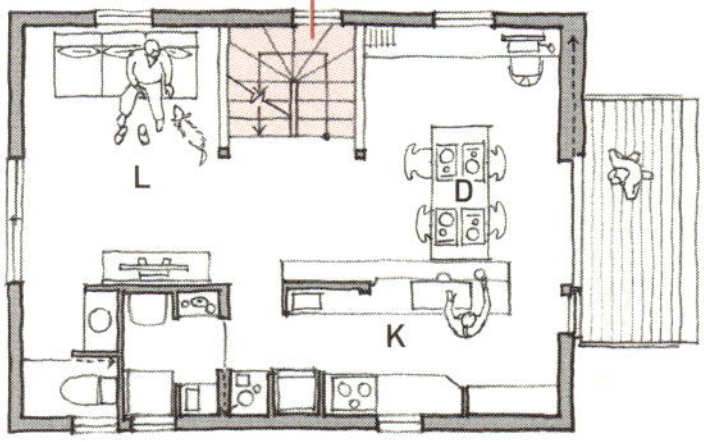

2F

広くとった階段ホールは玄関ホールも兼ね、多目的に使える玄関土間と一体になります

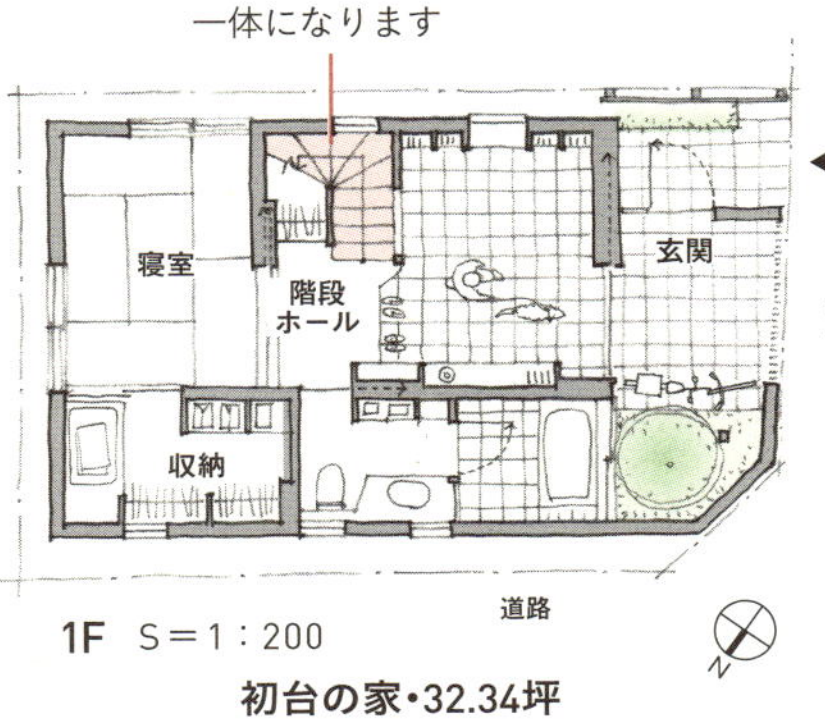

1F　S＝1：200

初台の家・32.34坪

（3章　P146へ）

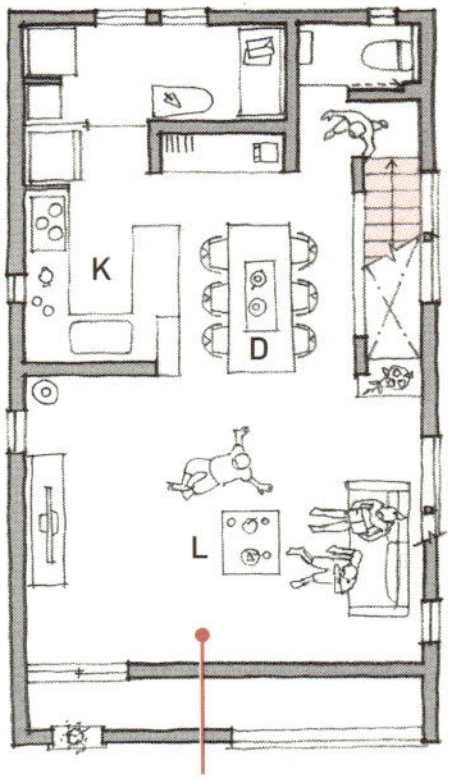

2F

片寄せの鉄砲階段とすることで、LDKは広いワンルーム型の空間となります

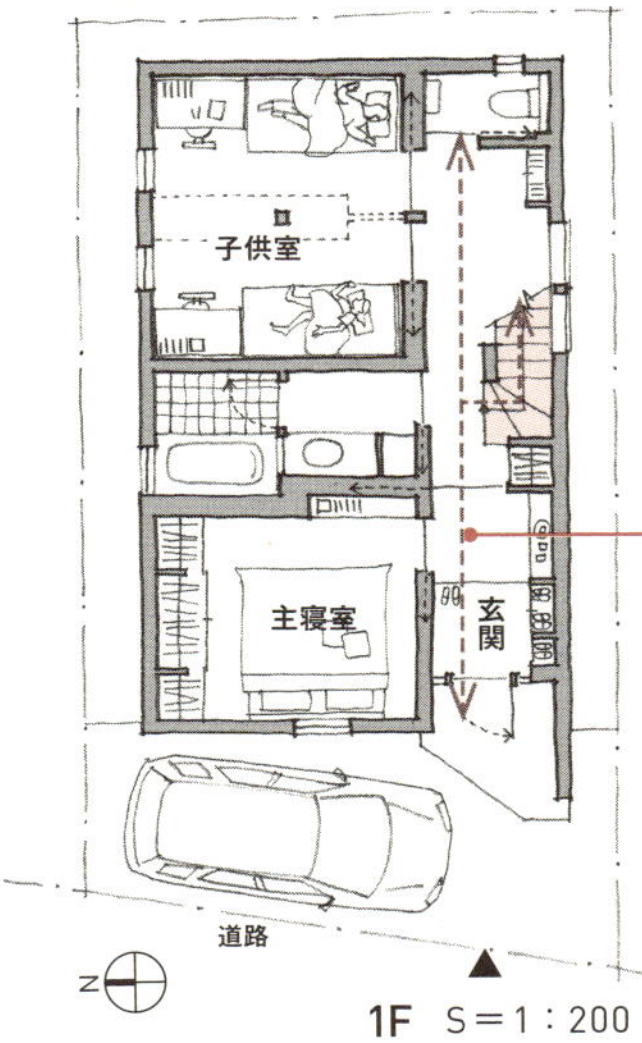

1F　S＝1：200

玄関から長手方向に延びる生活動線を階段と平行に置くことで、動線スペースと居室スペースを明確に分けることができます

豪徳寺の家・28.72坪

（3章　P122へ）

その他実例　祐天寺の家（26.2坪、3章P142へ）

原則2　敷地の個性を間取りの個性にする

敷地は、それぞれに個性をもっています。たとえば、同じ広さ同じかたちの2つの敷地が隣り合っていたとしても、隣家の建物によって、それぞれの敷地の置かれる状況は大きく変わります。ましてや敷地が変形していたり、細長い敷地であったり、道路との間に高低差があったりすれば、その敷地の特殊事情となり、計画する建物は多大な影響を受けることになります。

しかし、その影響をマイナス要因してと捉えるのではなく、前向きに、むしろ敷地の特長だと考え、建物や間取りの個性に置き換えることで、暮らしやすい家にすることができるのです。

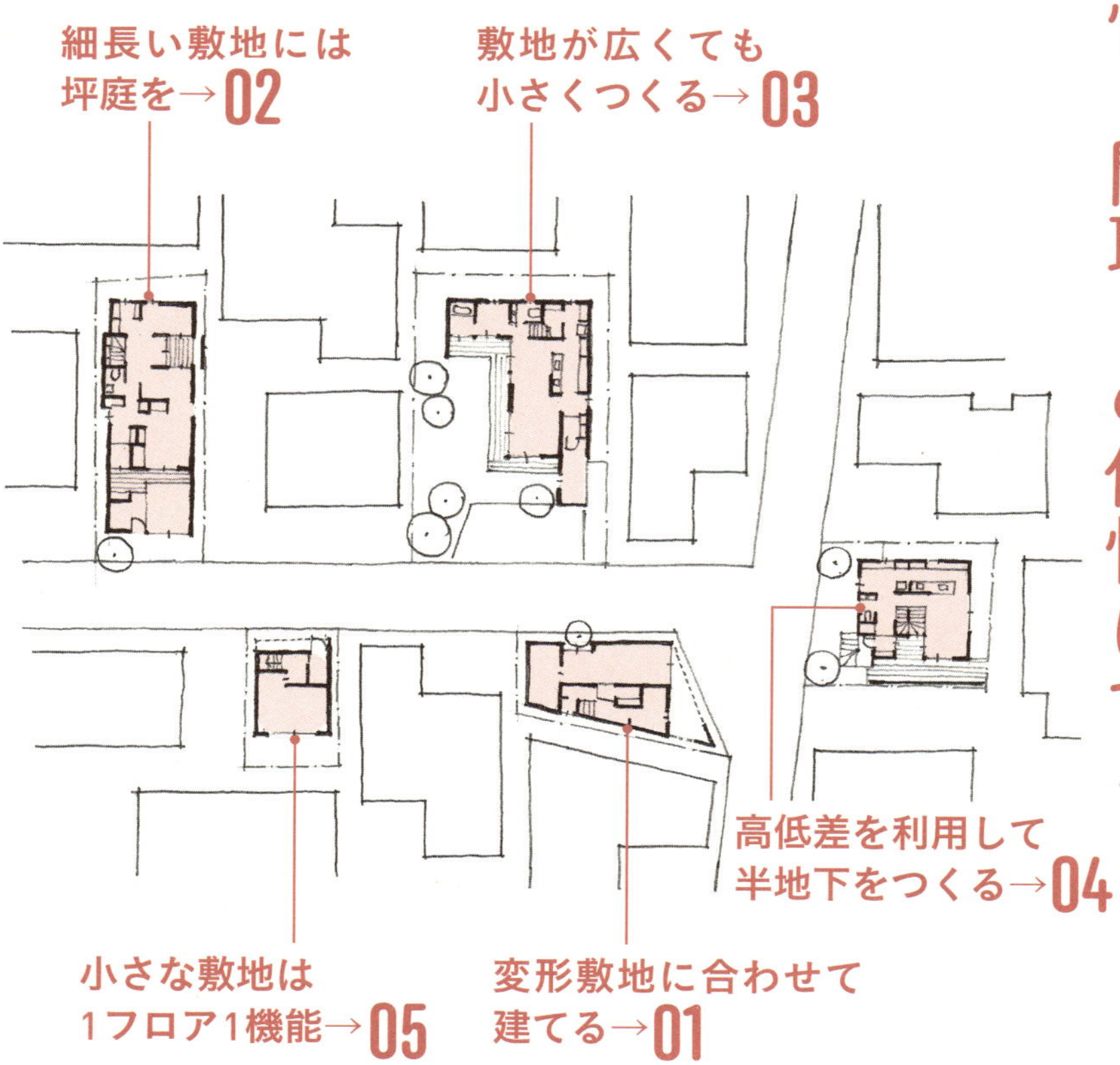

01 変形敷地に合わせて建てる

家具などを置くことを考えると、室内のどのスペースであれ、平面形は矩形であるほうが合理的に納まります。そこで、変形敷地に合わせて建物平面を変形させる場合には、使い勝手が悪くならないように注意する必要があります。そうすることで、変形による不自然さを感じさせず、それでいて矩形ではつくり得ない空間が生まれ、家の個性につながります。

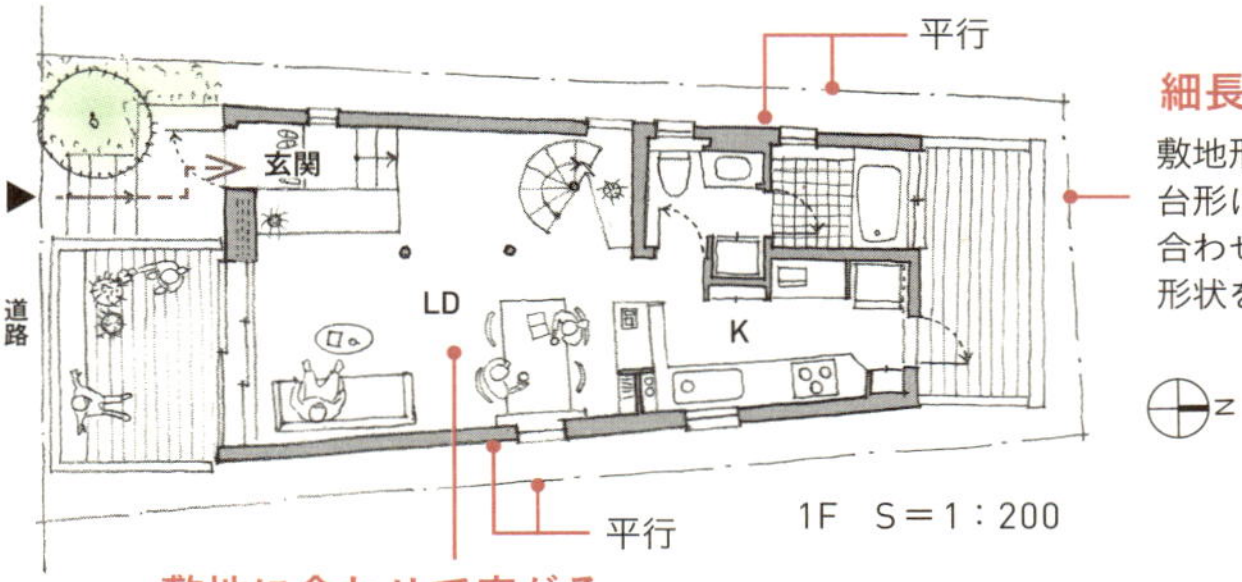

細長い台形

敷地形状は、南北に細長く台形に近い形。その形状に合わせるように建物の平面形状を決めています

敷地に合わせて広がる

北側奥から、キッチン、食堂、居間と並べ、南に行くに従って空間の広がりをもたせています。矩形では感じることができない広がりです

桜上水の家・22.46坪
(3章　P94へ)

変形を利用する

敷地は、平行線をもたない歪んだ四角形。敷地の2辺と建物の外周壁の2辺を平行にして、庭に対して広がりをもったL形の間取りに

変形でもOK

子供室などの個室は、ベッドや机を置くことになるので矩形とし、サニタリーで変形している平面形の調整をしています

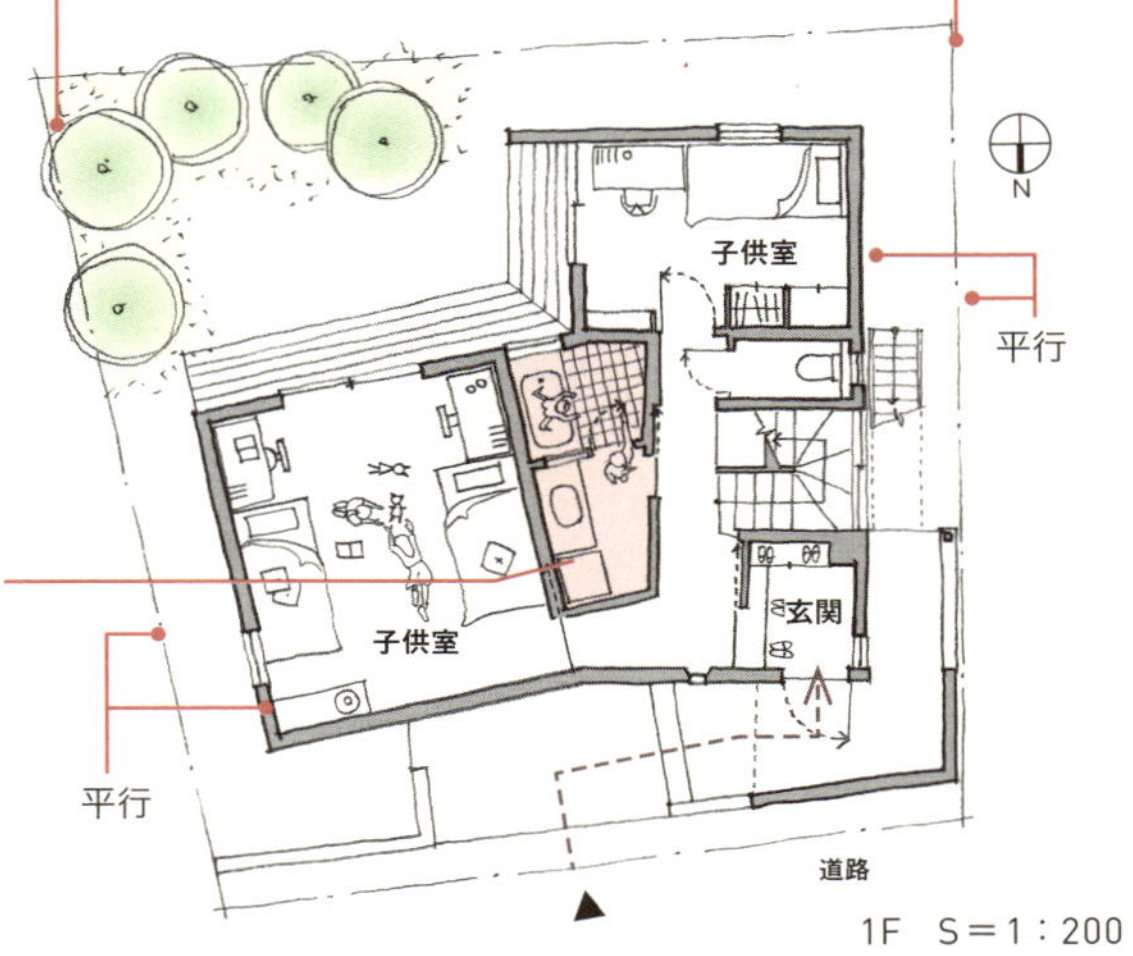

鎌倉の家・29.4坪
[＋小屋裏5.88坪]
(3章　P130へ)

その他実例　井の頭の家(25.90坪、3章P164へ)、
上原の家(28.26坪[ガレージ2.93坪]、3章P172へ)、
経堂の家(28.81坪[ガレージ4.67坪]、3章P138へ)

02 細長い敷地には坪庭を

細長い敷地でのセオリーの1つとして坪庭を挟み込む方法があります。東西に長いのか南北に長いのかにより、坪庭をもつ意味合いは変わります。東西に長い場合は、建物の南面が長く取れるので採光の心配はなく、坪庭は東西に流れる風の抜けをよくする役割が期待されます。一方、南北に長い敷地では、風通しとともに、坪庭を通じて北側の奥の部屋に光を届ける役割が大きくなります。

ほぼ相似形

敷地の縦横の比が約1：3で、建物の縦横比も約1：3の細長い建物に

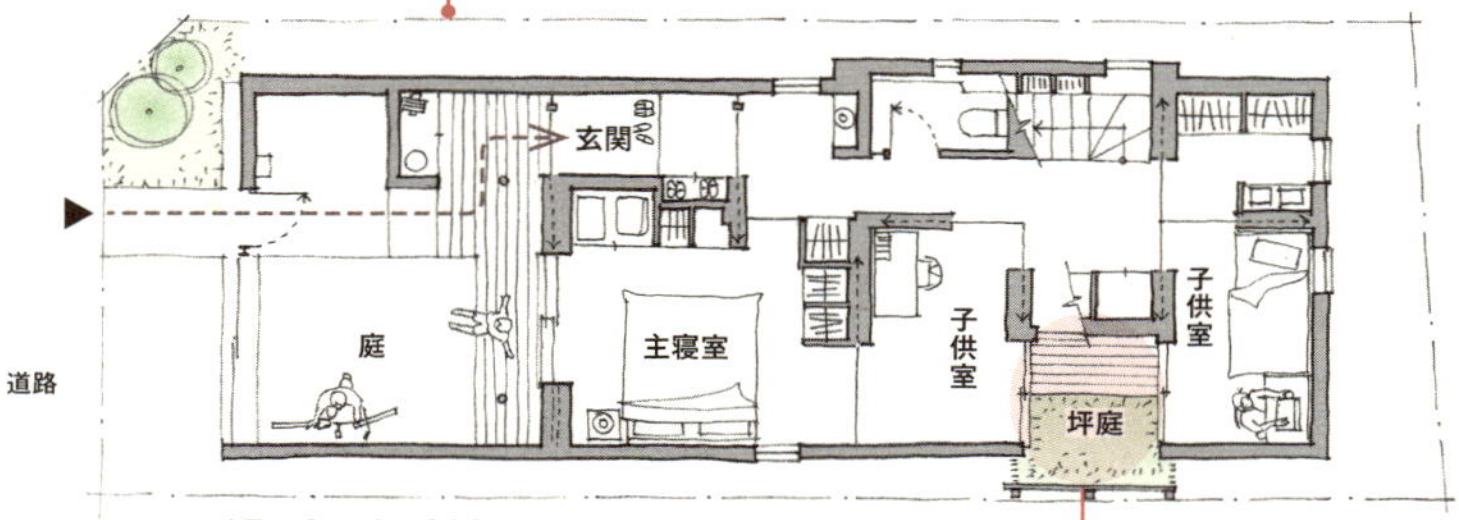

1F　S＝1：200

1坪の坪庭

南北に細長い敷地なので、1坪近い坪庭をつくり、北側の奥の部屋にも採光と通風を獲得

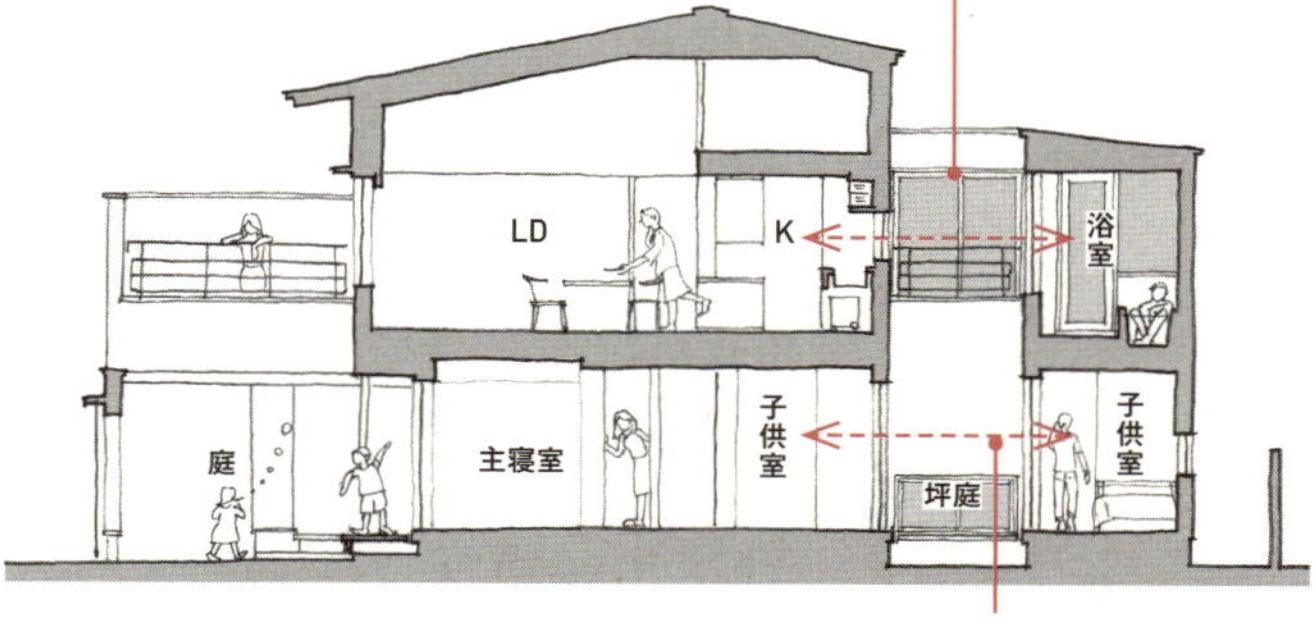

S＝1：200

視覚的なつながり

1階では2つの子供室、2階ではキッチンと浴室が、坪庭によって視覚的つながります

下井草の家・29.14坪

(3章　P110へ)

その他実例：奥沢の家(27.4坪、3章P132へ)、小金井の家(30.80坪[＋ガレージ3.87坪]、3章P148へ)

03 敷地が広くても小さくつくる

ある程度、敷地に余裕があっても、あえて建物を小さくつくれば、庭やエントランス廻りは、より広くとることができます。広くとったそれらの場所を、どううまく活用するかで室内の暮らしの場も大きく変わります。外だと考えていたところを上手に取り込んで間取りを考えれば、4人家族で30坪以下の建物でも、十分に暮らしやすい家になります。

ゆとりをもたせる

エントランス廻りにゆとりをもたせ、植栽に囲まれたアプローチとしています

内外の一体感

L型の建物で庭を囲み、その大半をウッドテラスとすることで、室内と庭の一体感をつくり出しました

囲われ感

あえて袖壁をつくり、ウッドテラススペースに囲われ感をつくり出しています

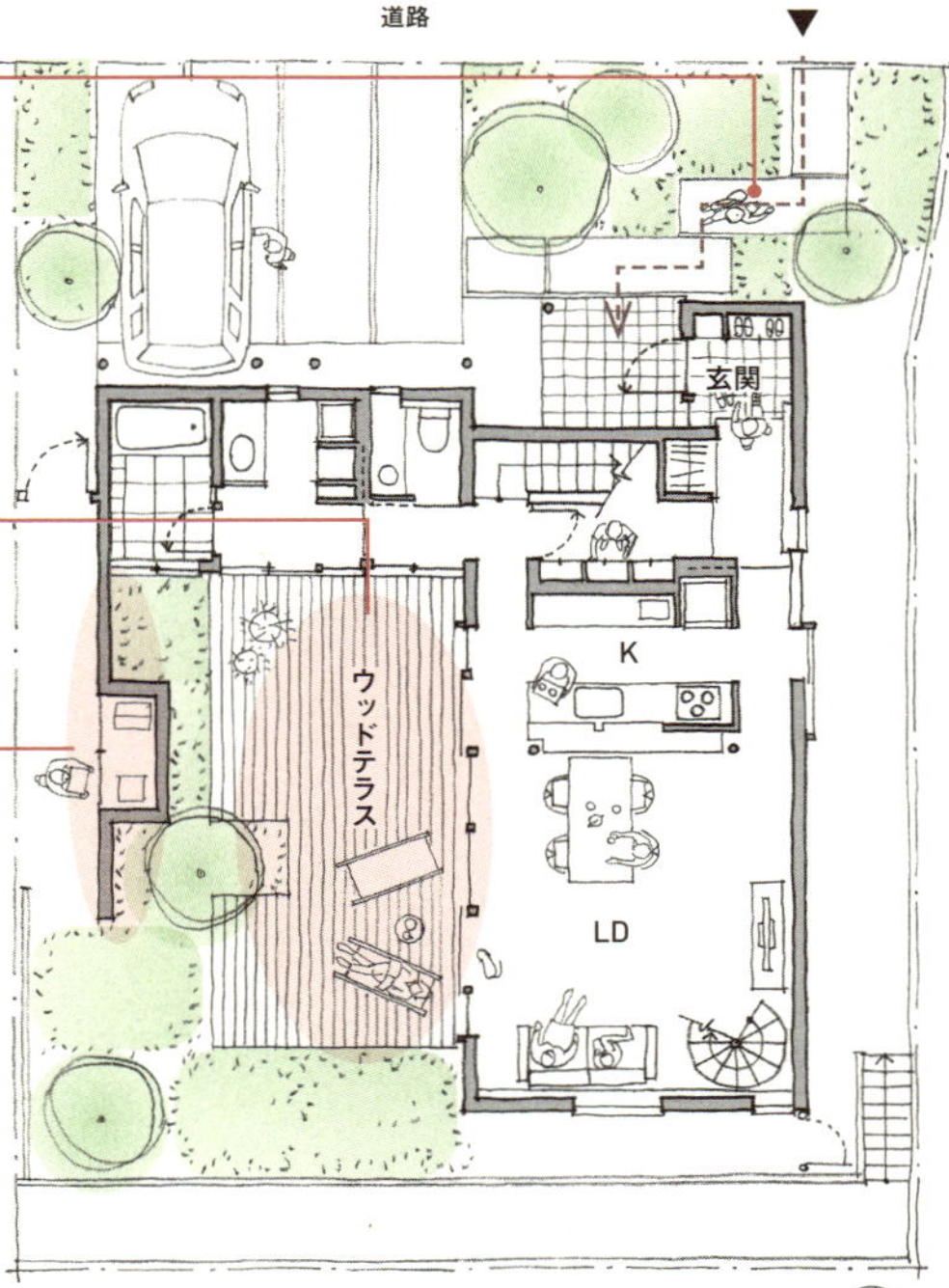

1F　S＝1：200

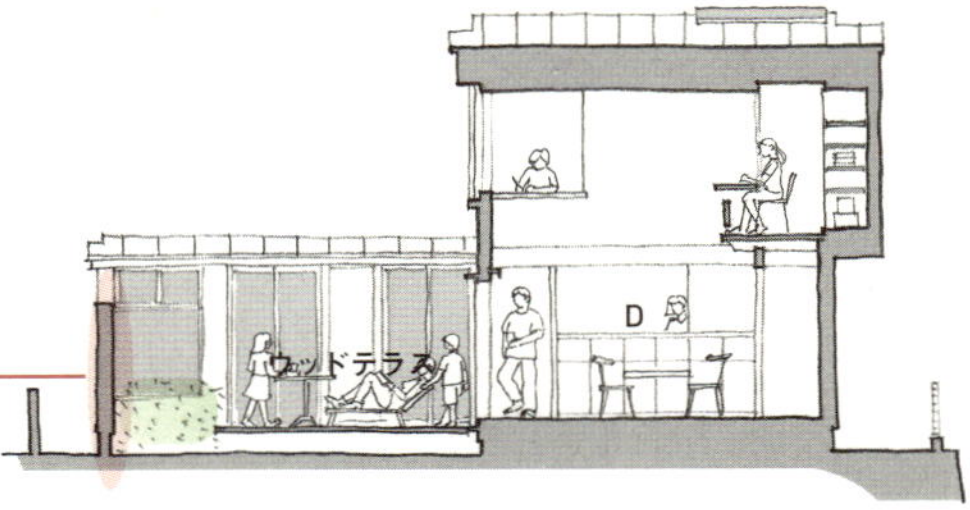

S＝1：200

鳩山の家・27.7坪(3章　P96へ)

その他実例：本牧の家（28.23坪、3章P98へ）、清水ヶ丘の家（28.40坪、3章P106へ）

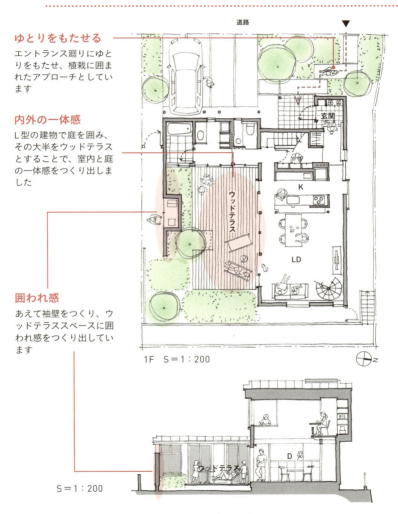

04 高低差を利用して半地下をつくる

地下室をつくる場合、道路と敷地の間の高低差を利用して半地下にすると、部屋すべてを地下に埋め込む場合と比べて工費を抑えられる場合があります。地下室を居室とするときには、採光や通風のためドライエリアが必要になりますが、半地下とした場合には、地上に出ている部分に窓をつけることで採光や通風が可能になり、ドライエリアは不要となります。

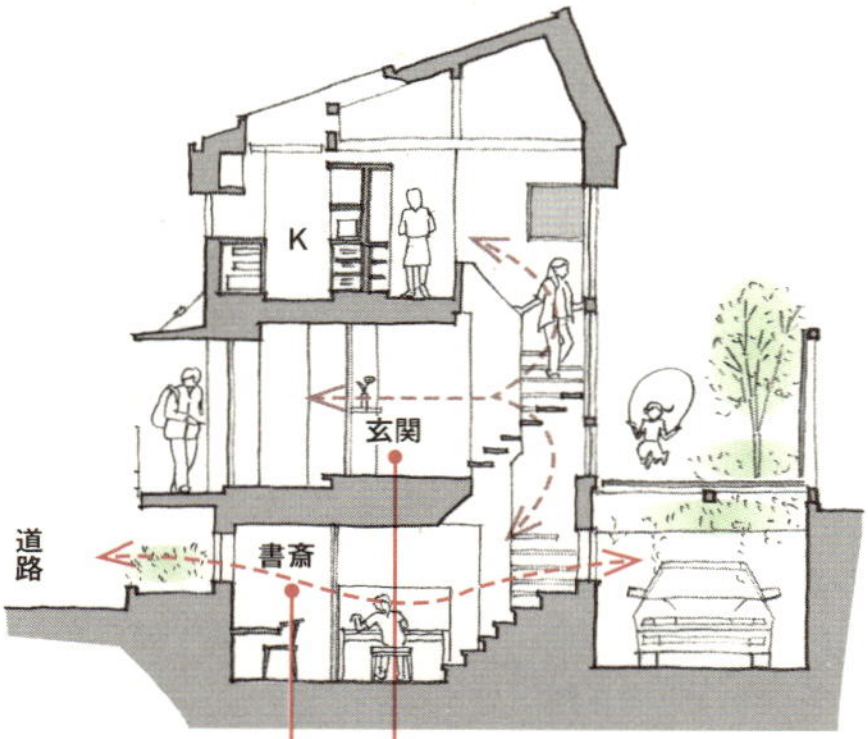

S＝1：200

地下にも窓

地上に出ている部分に高窓をつくり、地上階に近いかたちで採光と通風を可能にしています

玄関は中間階に

玄関は、道路から外階段で半階分上がった建物の中間階（1階）に置き、生活動線上もっとも合理的な位置にしています

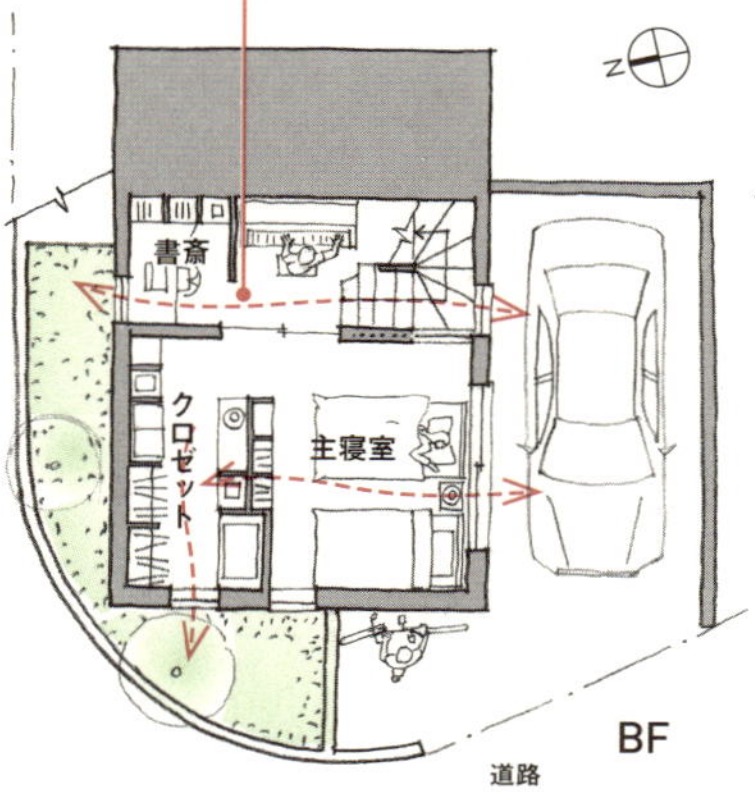

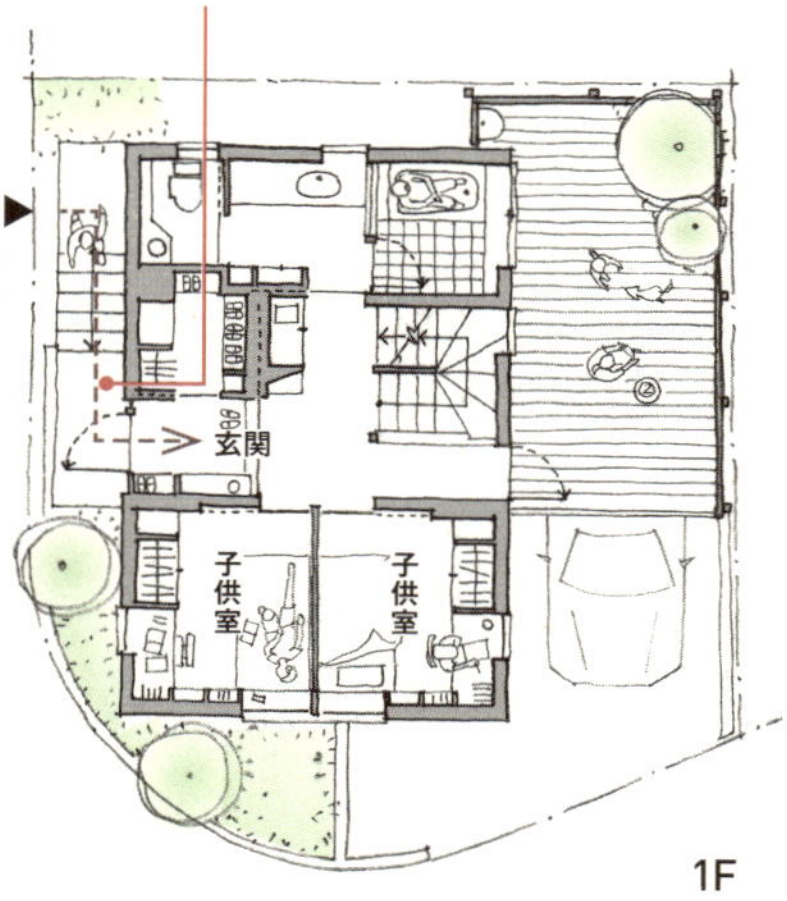

S＝1：200

桜ケ丘の家・30.5坪

（3章　P168へ）

その他実例：大倉山の家（24.20［＋ガレージ7.98坪］、3章P104へ）、
鵠沼桜が岡の家（31.35坪、3章P160へ）

05 小さな敷地は1フロア1機能

家族4人で、敷地面積が15坪より小さくなると、寝る、くつろぐなどの機能は1フロアに1つか2つしか入れ込むことができず、4層の建物になることがほとんどです。4層の建物は階段室の面積比率は高くなりますが、ワンフロアが小さい分、横移動の動線スペースも小さくてすみ、さらに階段室廻りを上手に居室に取り込めば、実際の数字（面積）以上の広がりを得ることができます。

本棚共有でつなぐ

子供室の入口前に、2つの子供室共有の本棚をつくり、子供室と階段ホールのつながりを強くしています

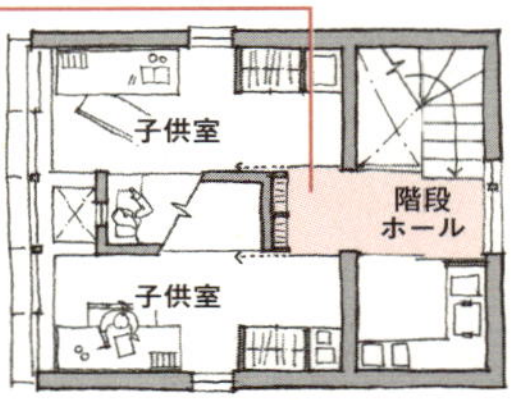

階段ホールを取り込む

階段ホールと茶の間（LDK）の間にある引戸の幅を広くとり、引戸を開けた際には、階段ホールと茶の間が一体のスペースとなります

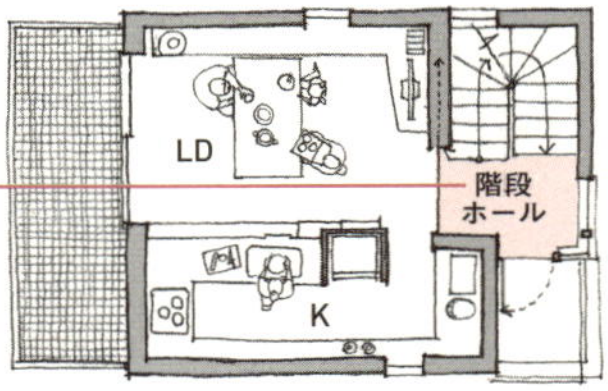

距離感は同じ

子供室と寝室は1階と3階に分かれていますが、茶の間（LDK）を中間階（2階）に置き、茶の間への距離を同じにしています

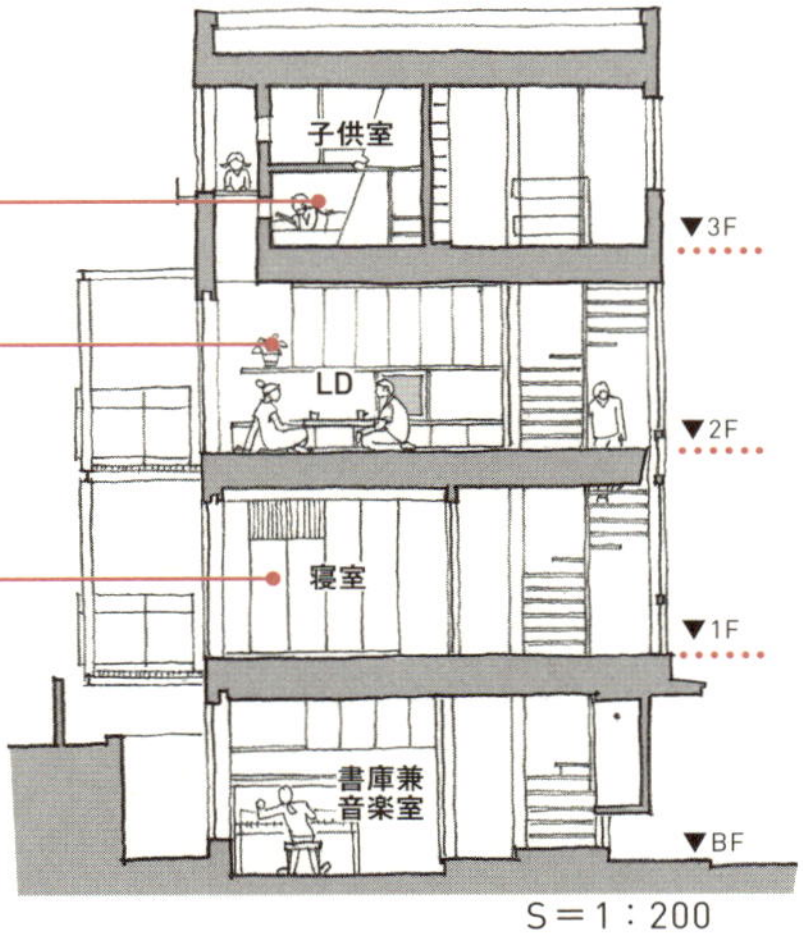

S＝1：200

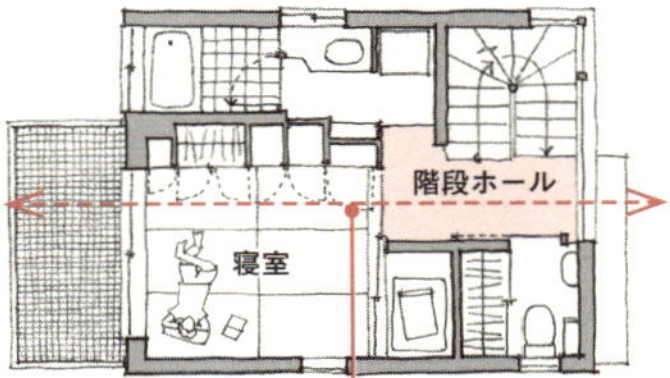

視線軸で広がり

寝室から階段ホールにつながる視線軸が、長くなるようにしています

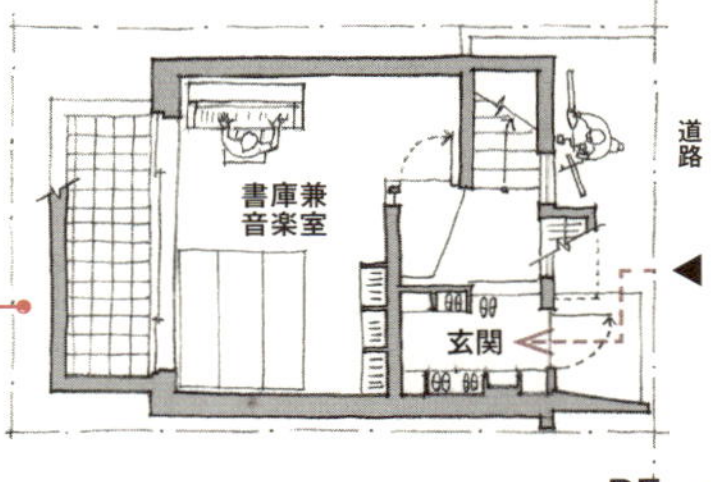

S＝1：200

BF

建ぺい率いっぱい

敷地面積13.9坪、建ぺい率60％で、ワンフロアの床面積は最大で8.34坪

赤堤通りの家・31.88坪

（3章　P180へ）

その他実例：千駄木Ⅱの家（30.35坪、3章P176へ）

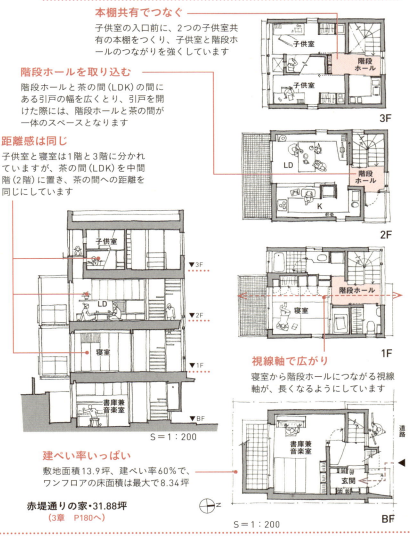

原則3 階段の位置こそが「要」

玄関を家に入るときの出発点と考えれば、階段は各階それぞれの出発点と言えます。そしてこの出発点の位置が、間取りに大きな影響を与えます。

まず階段は上下階を結ぶ移動スペースなので、生活動線上に無理があってはなりません。また階段は上下階をつなぐ吹抜けとなり、光や風の通り道にもなるので、隣接する居室への採光や通風も考える必要があります。さらに階段には、螺旋階段、直階段（鉄砲階段）、折れ曲がり階段（行って来い階段）などがあり、種類により昇り口降り口の位置が変わります。どんな階段をどう置くかは、まさに間取りの「要」と言えるのです。

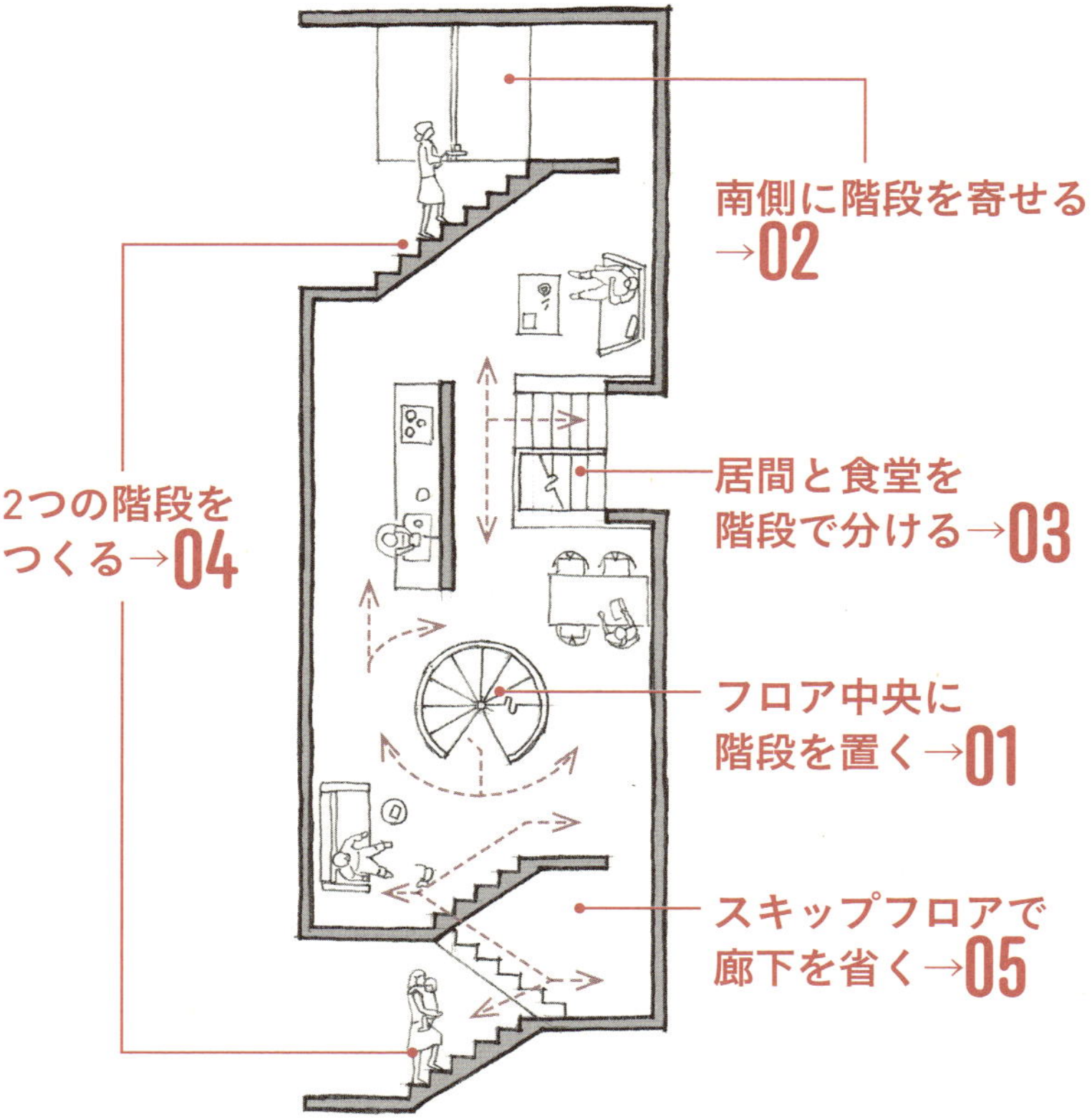

01 フロア中央に階段を置く

階段を家のヘソの位置に置くことで、階段を中心とした無駄のない生活動線とすることができます。特に小さな家でその効果は大きく、廊下を最小限に抑えた間取りが可能です。また、LDKのある階では、階段によって回遊動線をつくり出せることもあります。

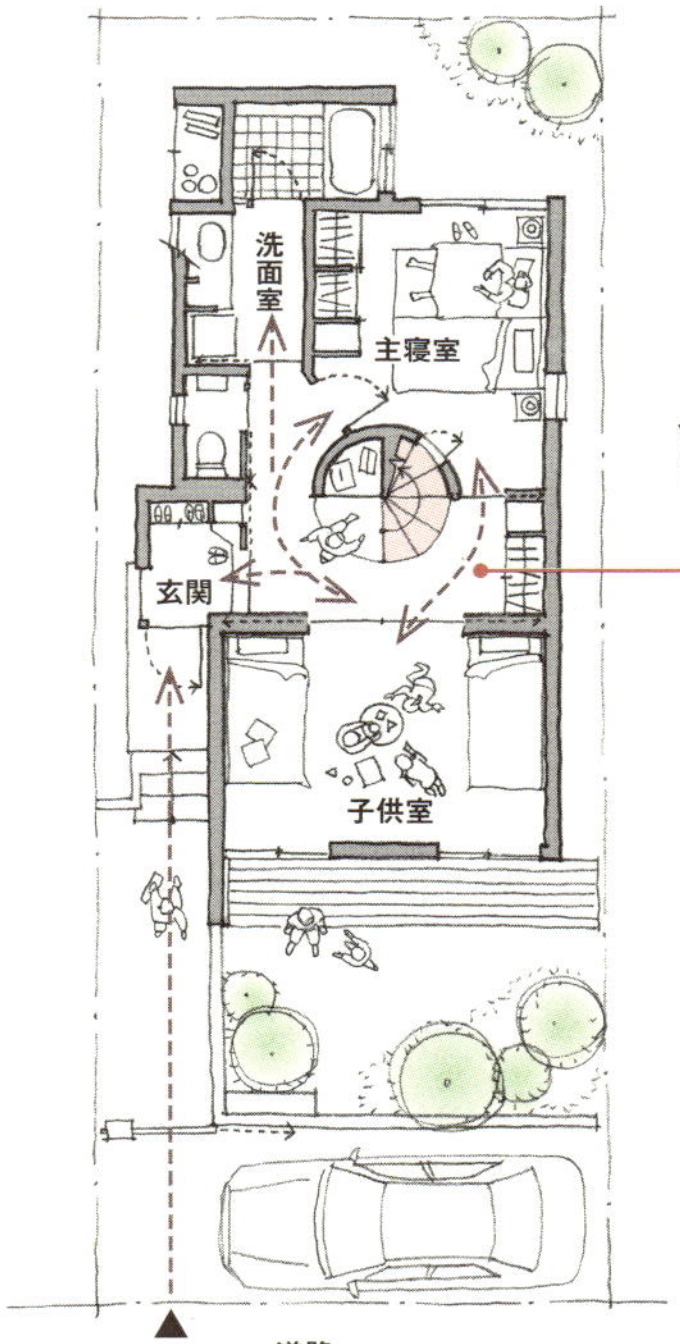

1F　S＝1：200

回遊と放射動線

階段を動線スペース（廊下）が囲み、主寝室、子供室、サニタリーへと放射状にアクセスできます。廊下は、各部屋の引戸を開け放つことで部屋の一部となり、ひとつながりの空間になります

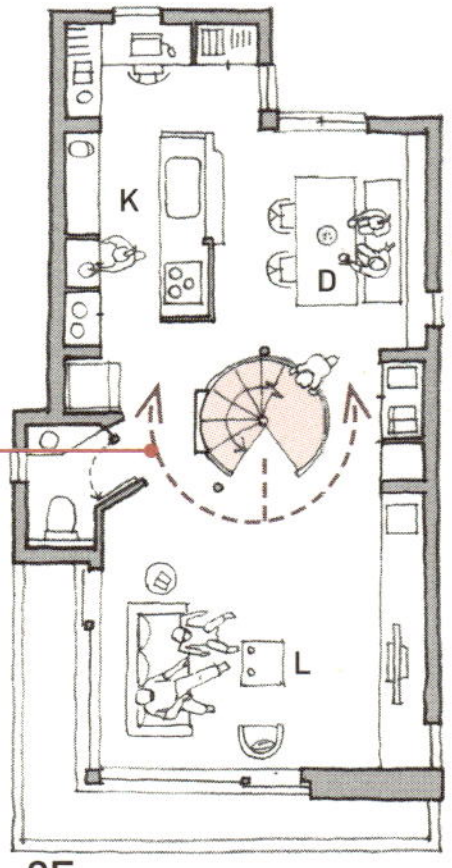

2F

階段上の天窓

階段上にはトップライトをつくり、2階だけでなく1階にも光が入るようにしています

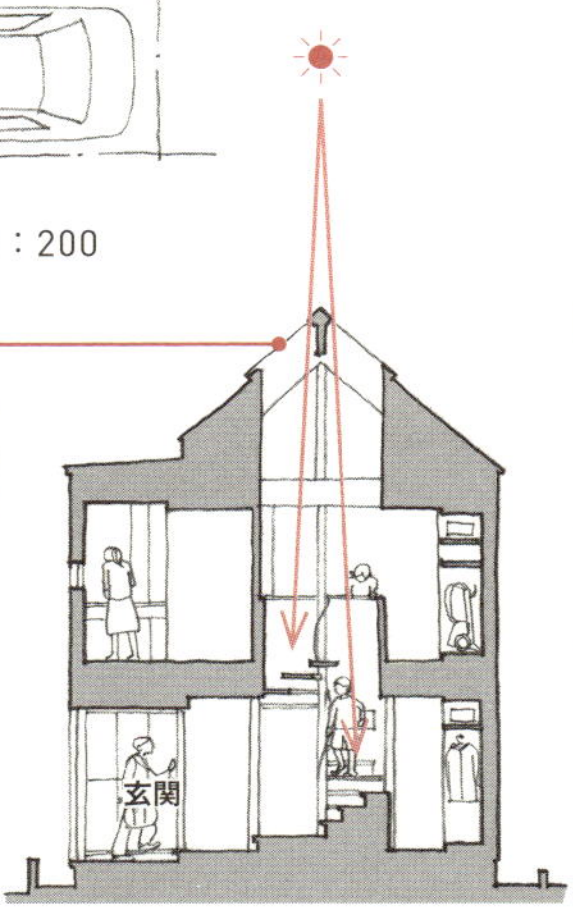

S＝1：200

回遊動線

階段には手すり壁がついているだけなので、居間と食堂はひとつながりの空間です。階段を中心とした回遊動線で、行き止まりのない使いやすい生活動線になっています

大宮の家・28.15坪
（3章　P120へ）

その他実例　上祖師谷の家（25.3坪、3章P116へ）、清水ヶ丘の家（28.40坪、3章P106へ）、東久留米の家（28.7坪、3章P108へ）、国立の家（30.8坪、3章P126へ）

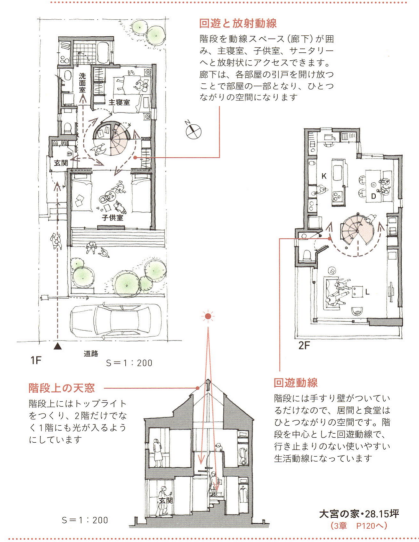

02 南側に階段を寄せる

南側に居室を配置すると、北側に追いやられる廊下や階段室に光が届かなくなることがあります。順番を入れ替えて、廊下や階段室を居室の前、つまり南側に置くと、廊下や階段室に入る光を、奥にある居室に届けることができます。階段室は吹抜け空間なので、2階から射し込む光は階段室伝いに1階にも届きます。階段を南側に寄せると、メリットがたくさんあるのです。

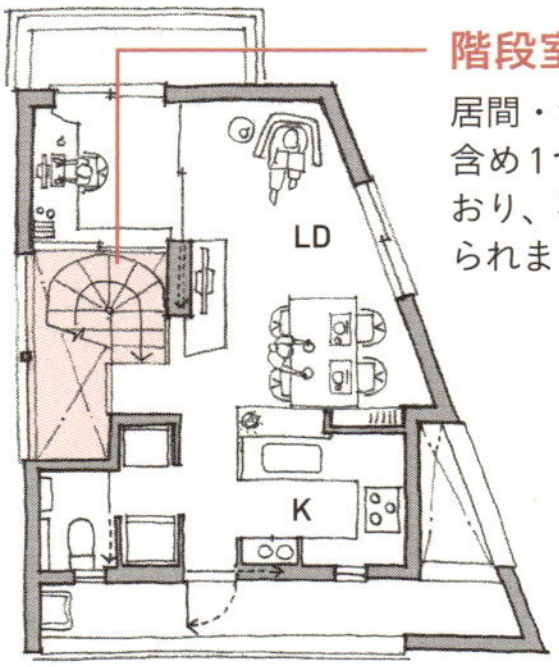

2F

階段室も取り込む

居間・食堂は、階段室を含め1つの空間となっており、視覚的に広く感じられます

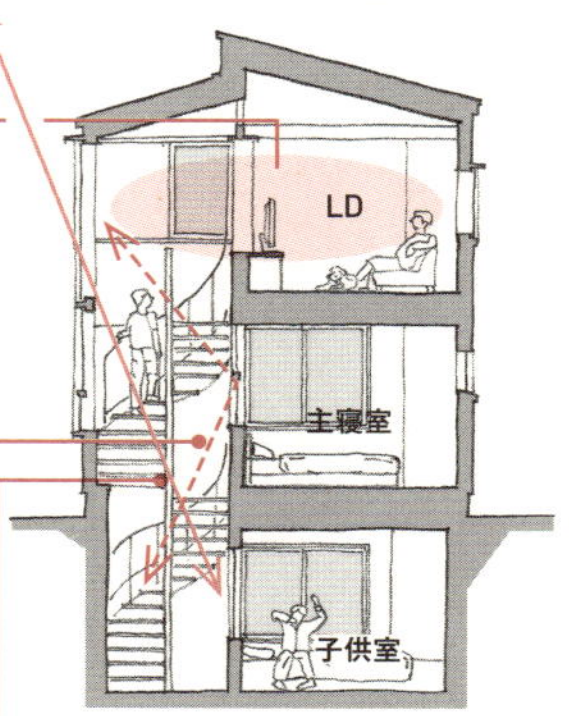

S＝1：200

光の通り道

階段室の窓から射し込む自然光は地下にも届き、ピアノを置いた音楽スペースを経由して、隣の子供室も明るくします

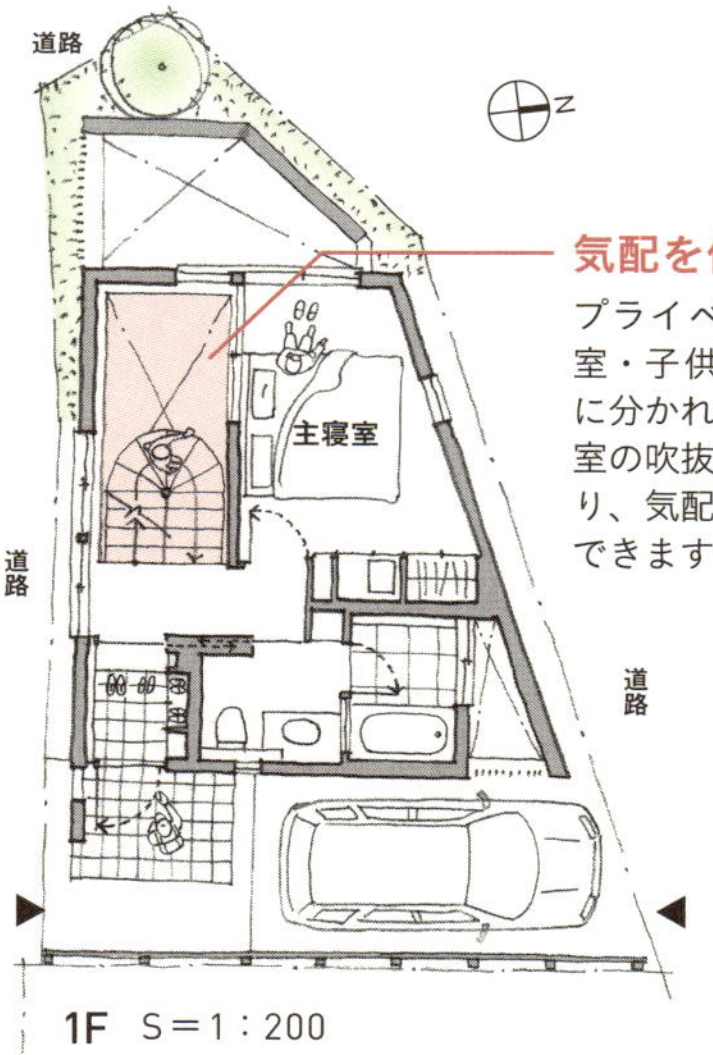

1F　S＝1：200

気配を伝え合う

プライベートスペース（寝室・子供室）は1階と地下に分かれていますが、階段室の吹抜けによってつながり、気配を伝え合うことができます

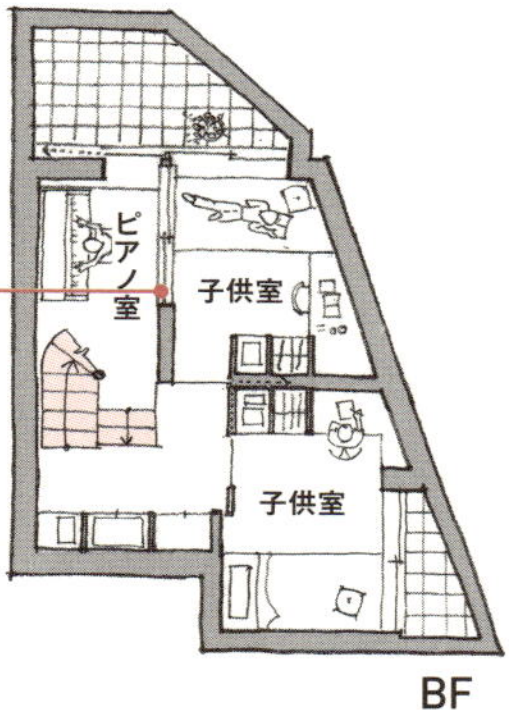

BF

井の頭の家・25.90坪

（3章　P164へ）

その他実例　小さな家（21.7坪、3章P114へ）、錦の家（26.7坪、3章P118へ）、経堂の家（28.81坪[+ガレージ4.67坪]、3章P138へ）、豪徳寺の家（28.72坪、3章P122へ）、武蔵小金井の家（29.8坪、3章P166へ）、宮坂２丁目の家（30.40坪[+ガレージ4.81坪]、3章P150へ）、鵠沼桜が岡の家（31.35坪、3章P160へ）

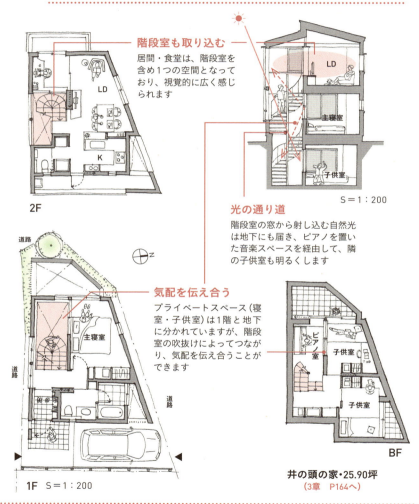

03 居間と食堂を階段で分ける

LDKという言葉が浸透して、居間・食堂・キッチンを一部屋にまとめることが当たり前のようになっています。その場合、一部屋にまとめるだけでなく、生活動線がより使いやすくなるように階段を挿入すると、付かず離れずのほどよい距離感をもつ居間と食堂にすることができます。挿入する際には、居間、食堂、階段室に視覚的なつながりをもたせることが大切です。

天井高さで「場」をつくる

居間と食堂は、空間としてはつながっていますが、天井の高さを変えることでそれぞれの場をつくり出し、落ち着きが生まれています

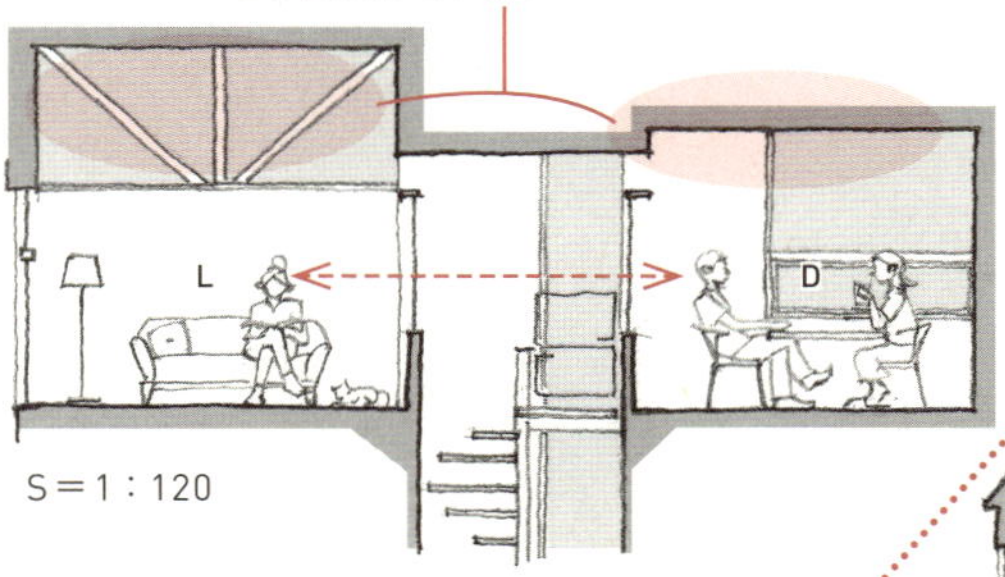

S＝1：120

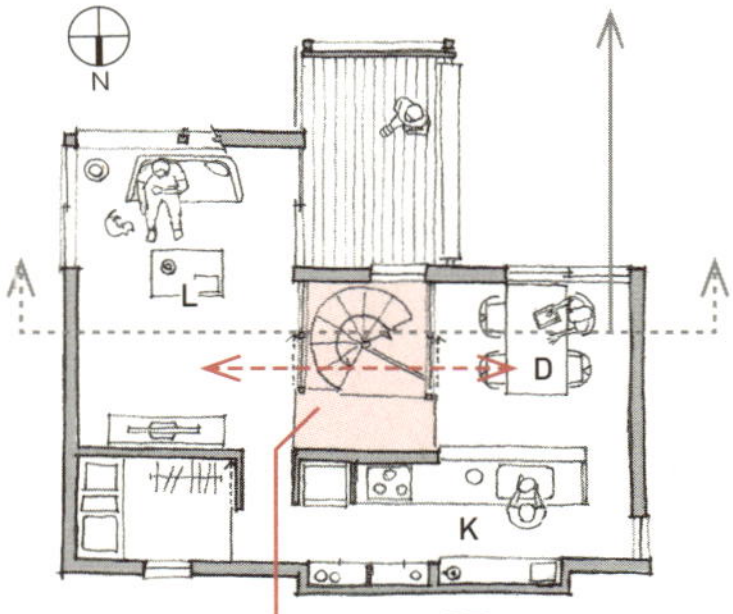

2F　S＝1：200

つながりながら仕切る

階段室は、透明ガラスの壁と引戸で居間食堂と仕切られています。ガラスで視覚的につなげつつ、引戸の開閉により居間・食堂の温熱環境の調整ができます

小さな家・21.7坪

(3章　P114へ)

上町の家・29.64坪
[＋ガレージ4.71坪]

(3章　P154へ)

階段上でつながる

階段廻りは低い手すり壁で仕切られているだけなので、居間と食堂は視覚的につながっています

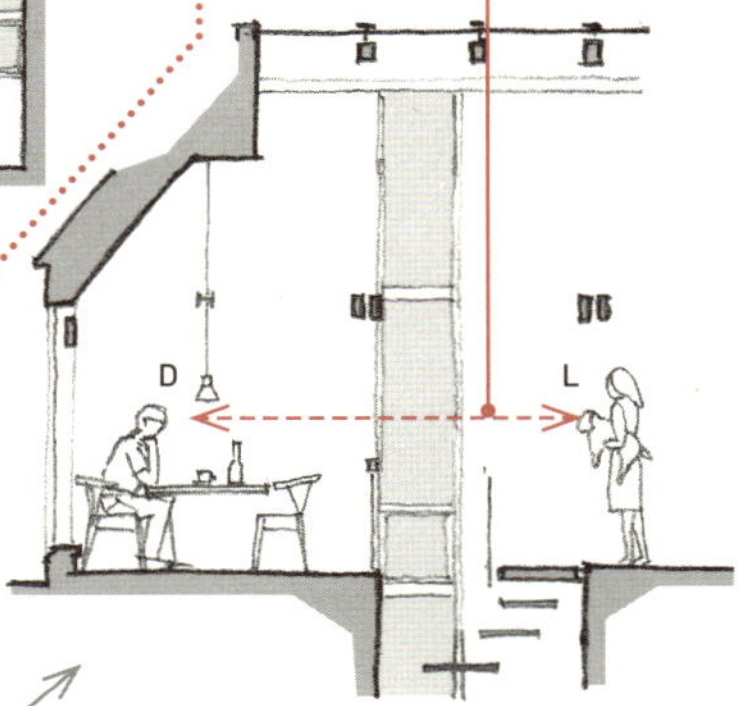

S＝1：120

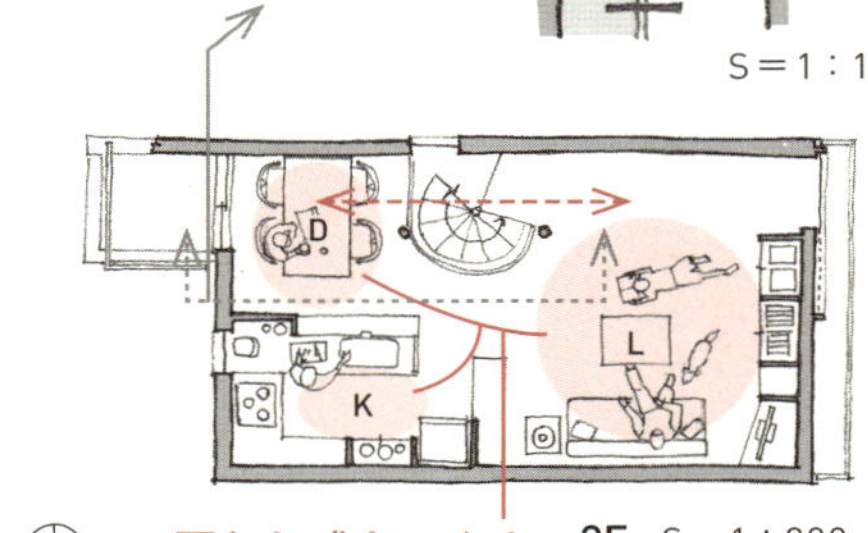

3F　S＝1：200

囲われ感をつくる

視覚的につながりながらも、居間、食堂、キッチンは階段の手すり壁や腰高の収納で仕切られているので、それぞれの場に囲われた落ち着き感が生まれます

その他実例　大倉山の家(24.2坪[＋ガレージ7.98坪]、3章P104へ)、
錦の家(26.7坪、3章P118へ)、大宮の家(28.15坪、3章P120へ)、
小金井の家(30.80坪[＋ガレージ3.87坪]、3章P148へ)、
初台の家(32.34坪、3章P146へ)

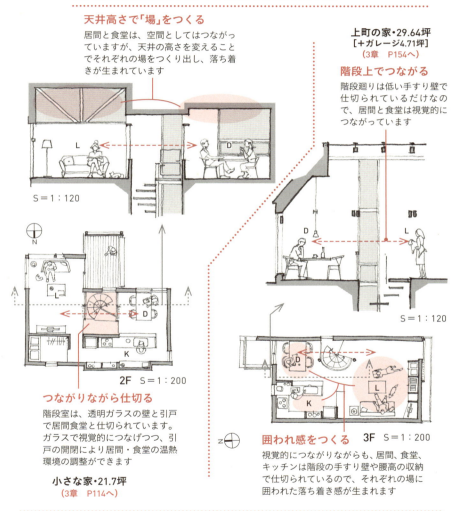

04 2つの階段をつくる

小さな家で階段を2つつくると、その分、部屋として使える面積が少なくなりますが、それを補って余りある効果が得られます。2つの階段により、生活動線は格段に効率がよくなり、さらに上下階を含めた立体的な回遊動線が生まれて、家のなかが実際より広く感じられるようになります。

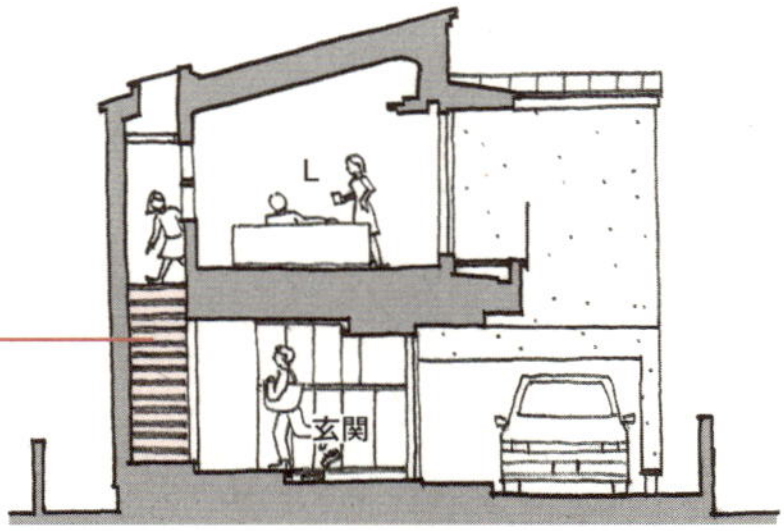

S＝1：200

パブリックな階段

玄関から直接、2階の居間に向かう階段です。1階の和室に宿泊する客人も気兼ねなく使えるパブリックな階段と言えます

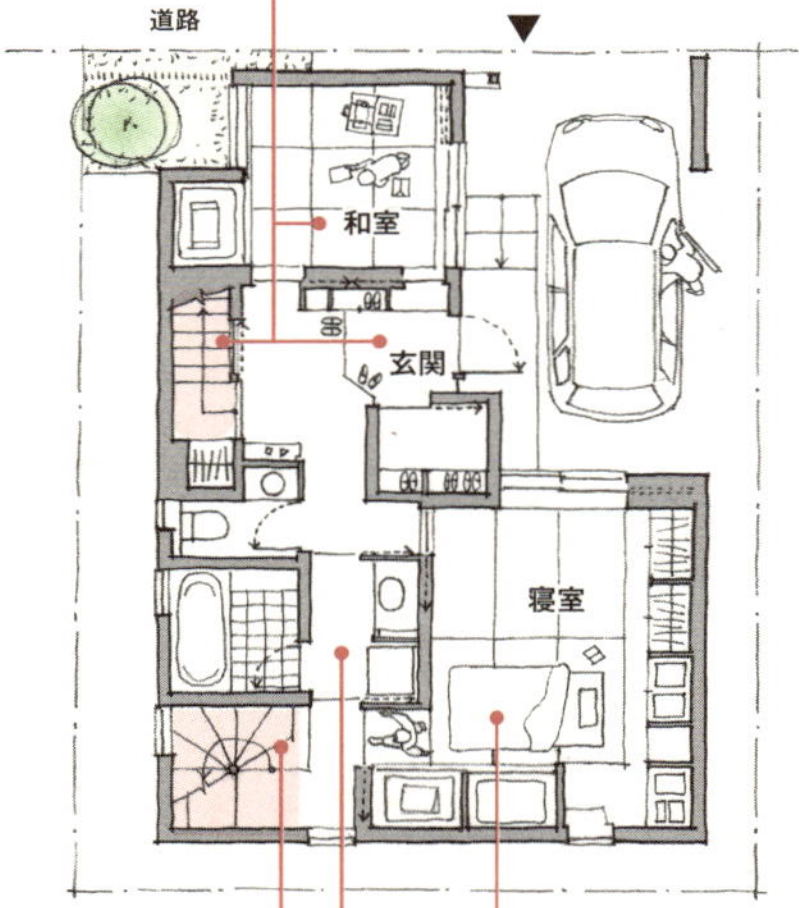

1F
S＝1：200

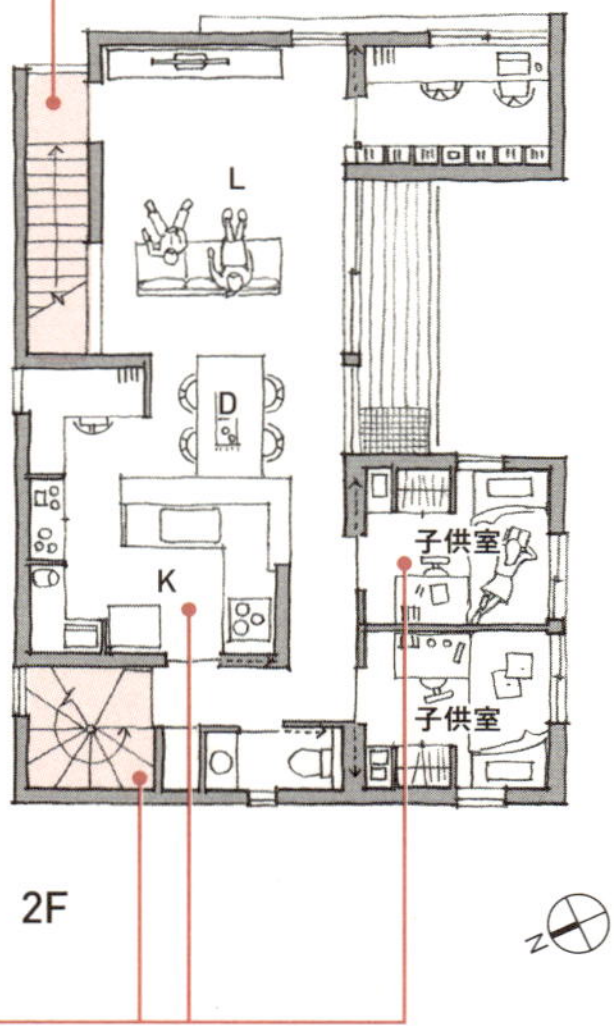

2F

プライベートな階段

1階の寝室及びサニタリーと2階の子供室とキッチンを、この階段が最短の距離で結びます。プライベートゾーンの階段として使われます

梅ヶ丘の家・34.41坪(3章　P134へ)

その他実例　鳩山の家（27.7坪、3章P96へ）

05 スキップフロアで廊下を省く

スキップフロアとは、半階ずつの昇り降りで各フロアがつながっていく構成です。階段を建物の中央付近に置くと、昇り降りしながら屋内を行ったり来たりすることになり、階段が廊下の役割も果たすことになります。つまり、階段が廊下にもなり、無駄な動線スペースを省くことにもつながるのです。

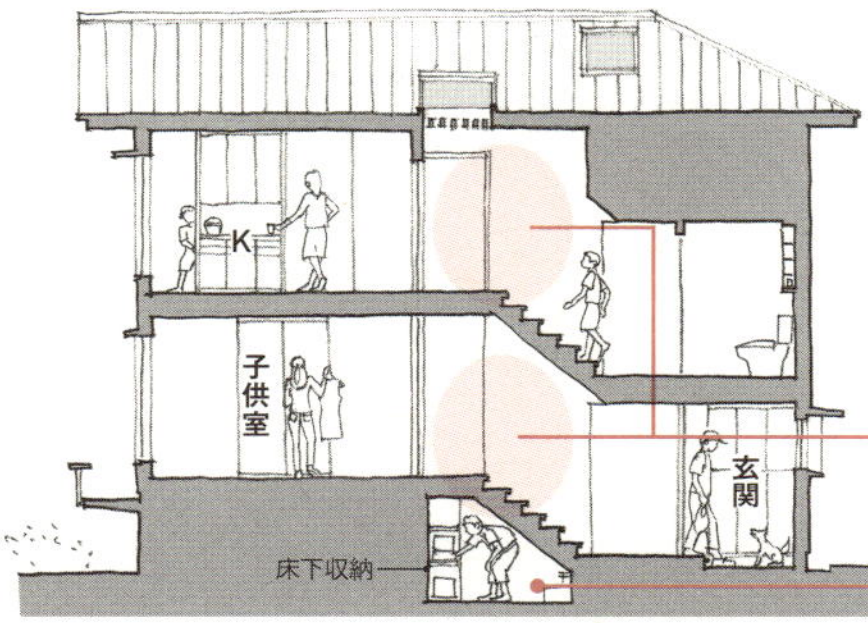

S＝1：200

前進と後退で上がる

奥に進みながら上がり、戻りながらまた上がる。その繰り返しで半階ずつ上がっていくので、階段が廊下の役割も果たします

簡単に行き来できる1

玄関ホールから数段下がると床下収納があります

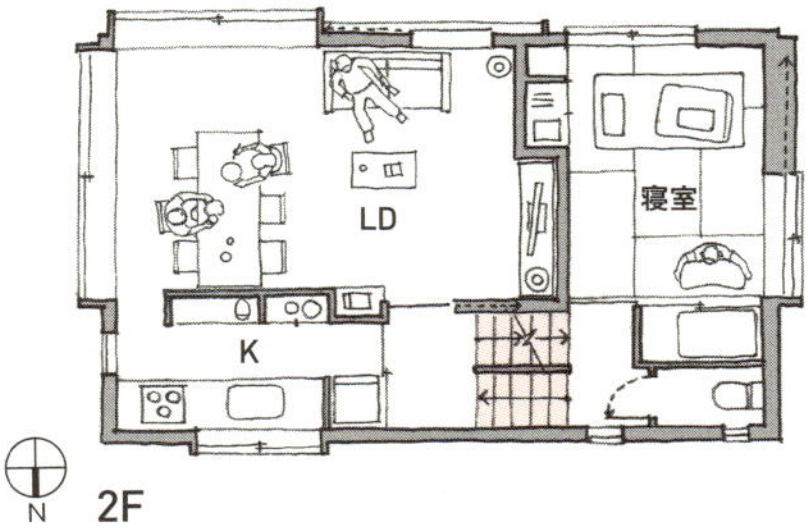

2F

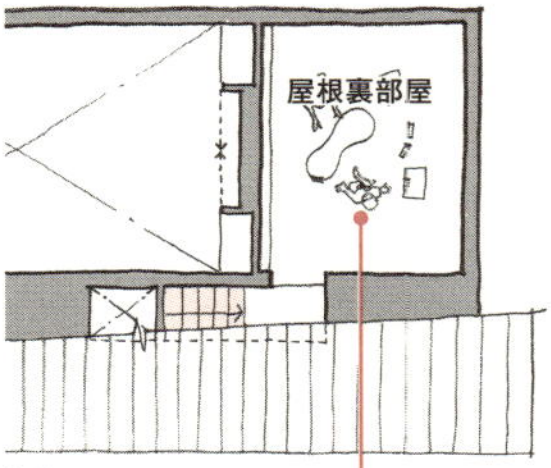

LF

簡単に行き来できる2

2階から半階だけ上がる固定階段で屋根裏部屋に行けます

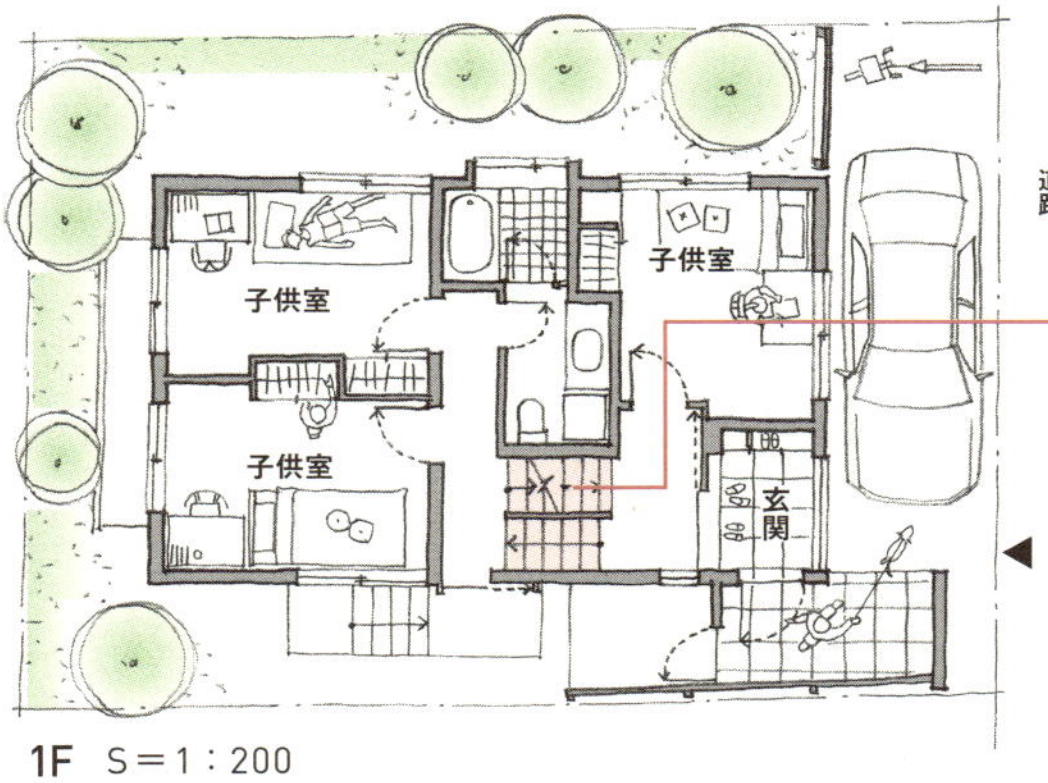

1F　S＝1：200

簡単に行き来できる3

サニタリーは1階から半階上がったところにあるので、2階の寝室（和室）からも、1階の子供室からも半階分の移動だけでアクセスできます

吉祥寺の家・27.7坪［＋小屋裏収納2.9坪］（3章　P128へ）

原則4 スペースのつながりで広がりをつくる

家の広さを知る手だてとして、n＋ＬＤＫという言い方が一般的になっています。nは個室の数。つまりＬＤＫと個室数さえ分かれば、家の広さがおおよそわかる、というわけです。しかし、果たしてそうでしょうか。

間取りを考えることは、さまざまな部屋やスペースの配置を考えることですが、同時にそれぞれの関係性を考えることでもあります。各スペースをどうつなげるか、逆にどのように離すか。壁で仕切るだけではなく、曖昧で緩やかつながりをつくりだすことで、数字だけでは見えない、実際の面積以上の広がりを得ることができます。

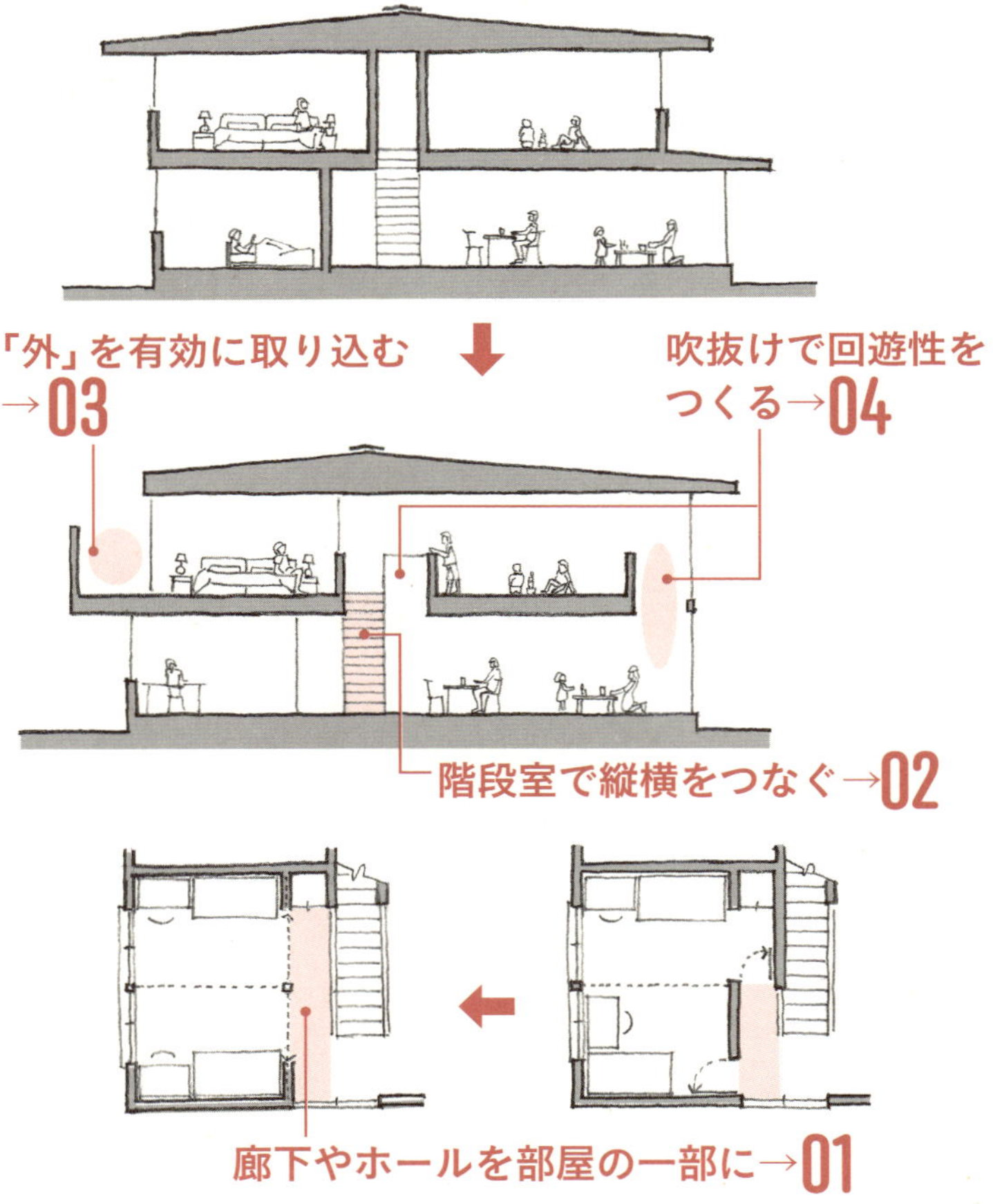

01 廊下やホールを部屋の一部に

居間・食堂から直接入れるようにしない限り、個室には必ず廊下や階段ホールから出入りすることになります。この廊下や階段ホールを、個室と上手に関係づけると有効なスペースとして生かせます。個室の出入り口を引戸とし、引戸を壁に引き込めるようにすると、廊下や階段ホールは個室とひとつながりの空間となって、広がりを得ることができるのです。

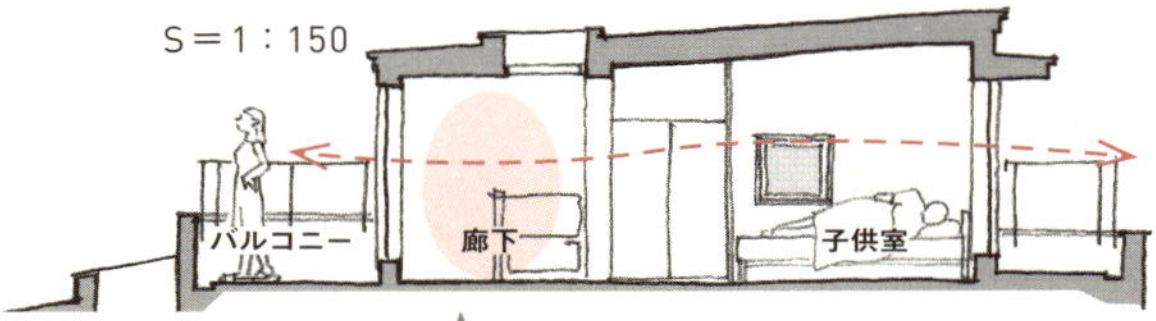

廊下を前室扱いに

3階の廊下（階段ホール）を、2畳の広さにして前室扱いとしています。子供室の引戸を開け放つと、子供室、前室、バルコニーとつながって、広がりが生まれます

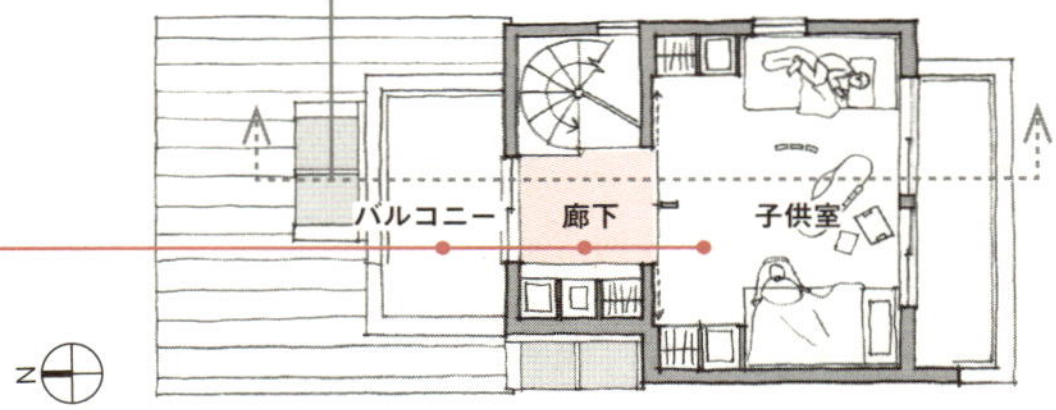

3F　S＝1：200

赤堤2丁目の家・35.77坪［＋ガレージ2.04坪］（3章　P152へ）

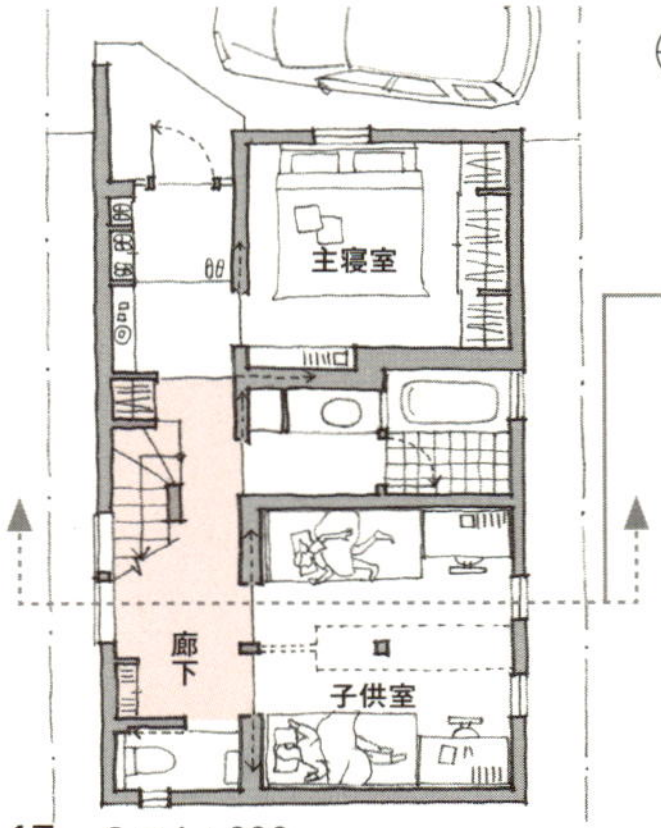

1F　S＝1：200

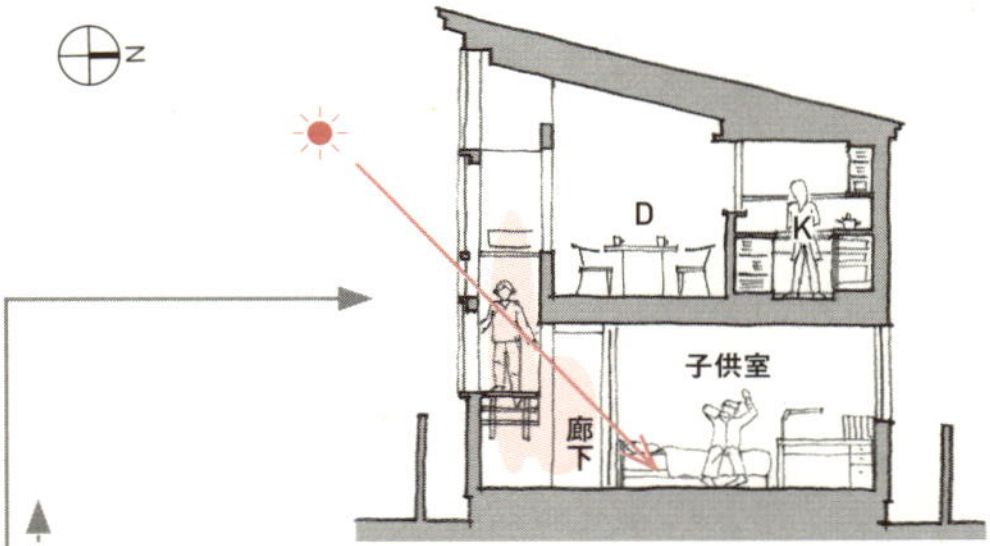

S＝1：200

広げて採光

階段と廊下を並べ、階段下をオープンにして廊下に広がりをつくり、子供室に光と広がり感を与えています

豪徳寺の家28.72坪（3章　P122へ）

その他実例　大宮の家（28.15坪、3章P120へ）、本牧の家（28.23坪、3章P98へ）、下井草の家（29.14坪、3章P110へ）、武蔵小金井の家（29.8坪、3章P166へ）、桜ヶ丘の家（30.5坪、3章P168へ）、高砂の家（30.8坪、3章P144へ）、初台の家（32.34坪、3章P146へ）、狛江の家（33.36坪、3章P100へ）

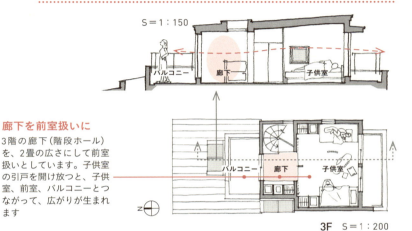

02 階段室で縦横をつなぐ

階段室は上下移動のための動線スペースでありながら、上下階をつなぐ吹抜けでもあります。その階段室が、隣にある部屋やスペースとつながると、階段室は縦横に空間をつなげる役割も果たしてくれます。上下階に分かれていた部屋やスペースが、階段室を介してひとつながりの空間となることで、家のなかの広がりは一挙に大きくなります。

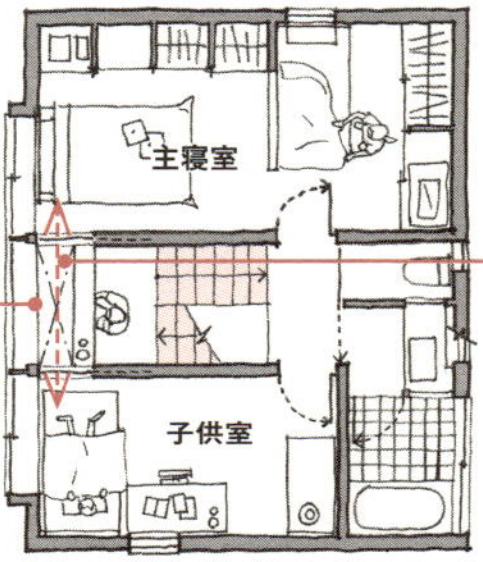

2F

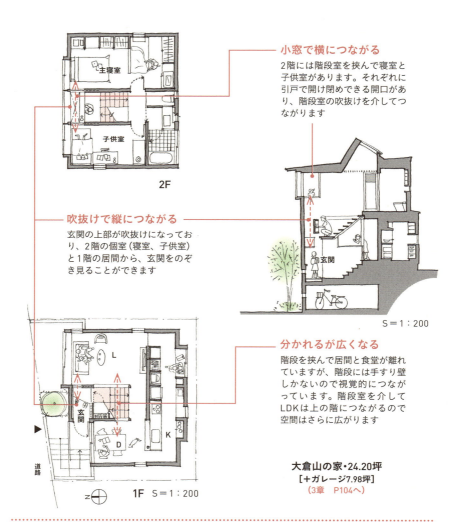

小窓で横につながる

2階には階段室を挟んで寝室と子供室があります。それぞれに引戸で開け閉めできる開口があり、階段室の吹抜けを介してつながります

吹抜けで縦につながる

玄関の上部が吹抜けになっており、2階の個室（寝室、子供室）と1階の居間から、玄関をのぞき見ることができます

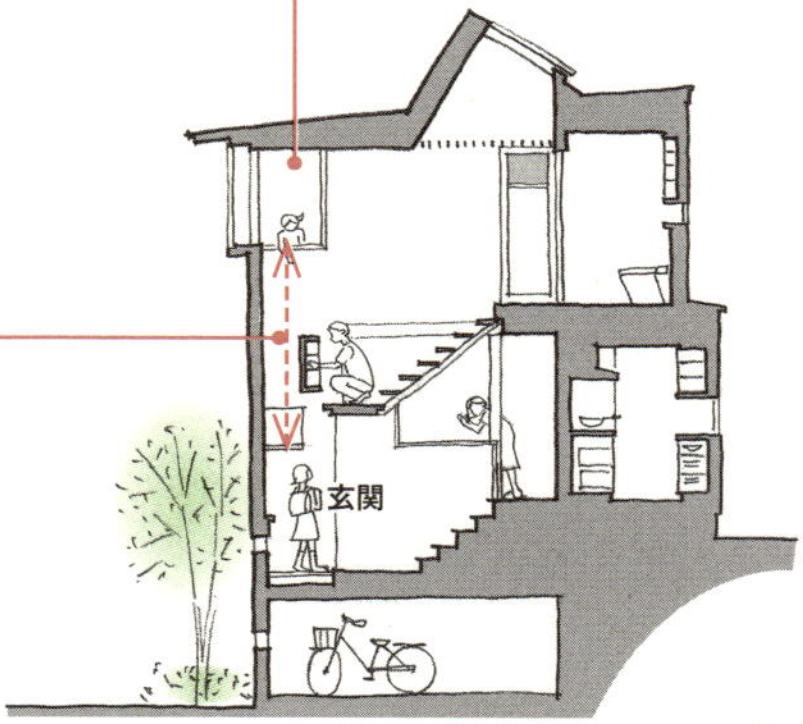

S＝1：200

分かれるが広くなる

階段を挟んで居間と食堂が離れていますが、階段には手すり壁しかないので視覚的につながっています。階段室を介してLDKは上の階につながるので空間はさらに広がります

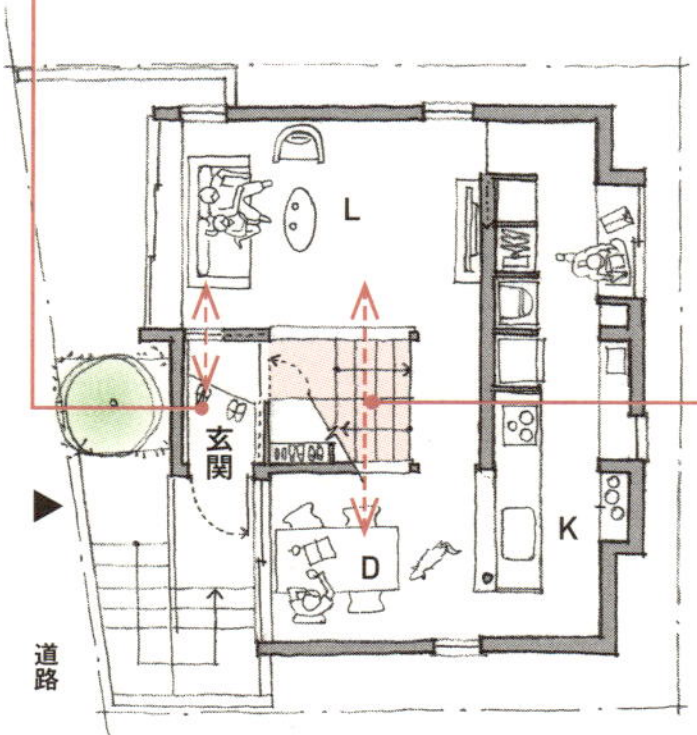

1F　S＝1：200

大倉山の家・24.20坪
［＋ガレージ7.98坪］
（3章　P104へ）

その他実例　井の頭の家（25.90坪、3章P164へ）、東久留米の家（28.7坪、3章P108へ）、国立の家（30.8坪、3章P126へ）

03 「外」を有効に取り込む

たとえ小さくても、室内の一部に外部空間があったほうが広がりを強く感じることがあります。外部が身近にあることで上に視線が抜け、空間の広がりを感じることができるのです。外部スペースを確保したことで室内面積が減ったとしても、すぐ近くにある外部から取り込まれる光と風によって、その広がり感はさらに強まります。

敷地の端から端まで

引戸を開けると、居間・食堂は居間側の書斎とつながり、さらに坪庭、もう1つの書斎を抜けて西側の小さな庭までつながっていきます。敷地の東端から西端まで、室内と外部を交互に抜けながら見通せるため、実際よりも広く感じられます

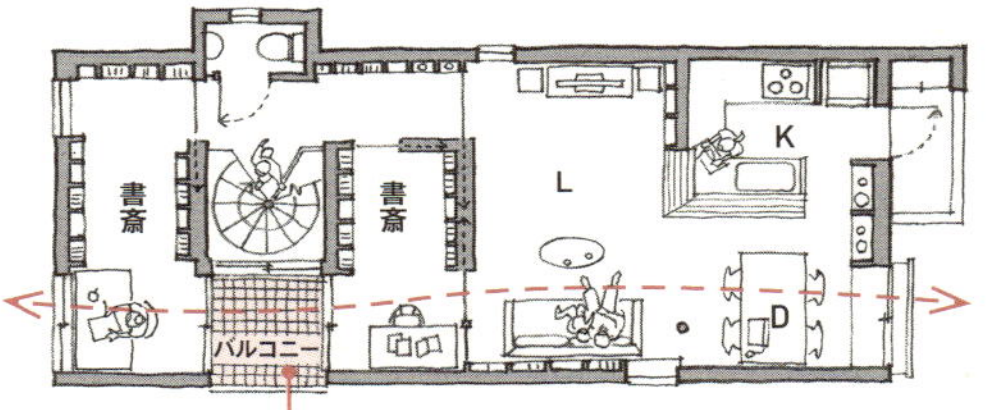

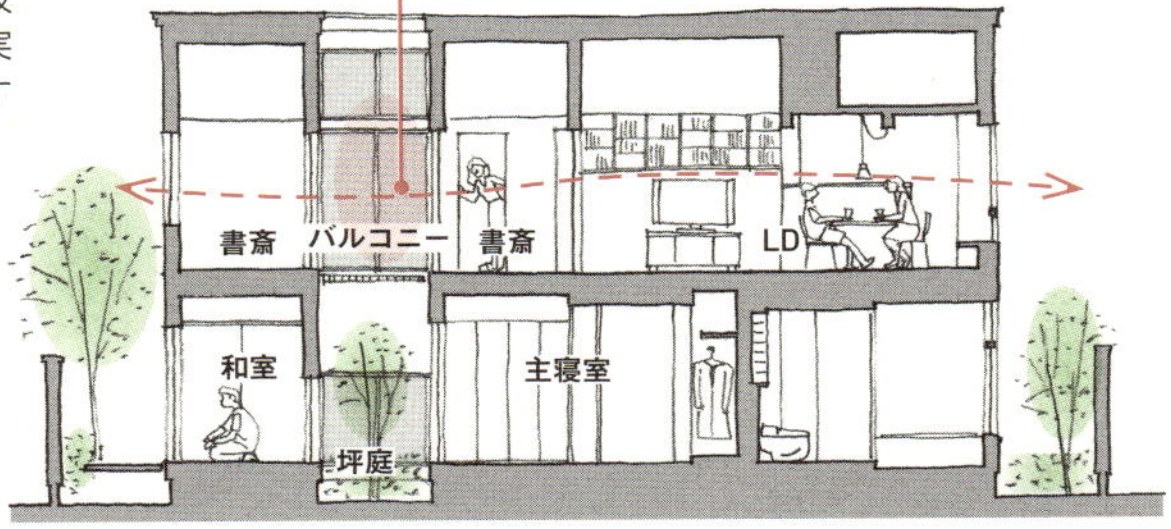

S＝1：200

一体感が生まれる

坪庭の植栽を、和室、寝室、階段室の3か所から楽しむことができます。坪庭によって、3つのスペースに一体感が生まれます

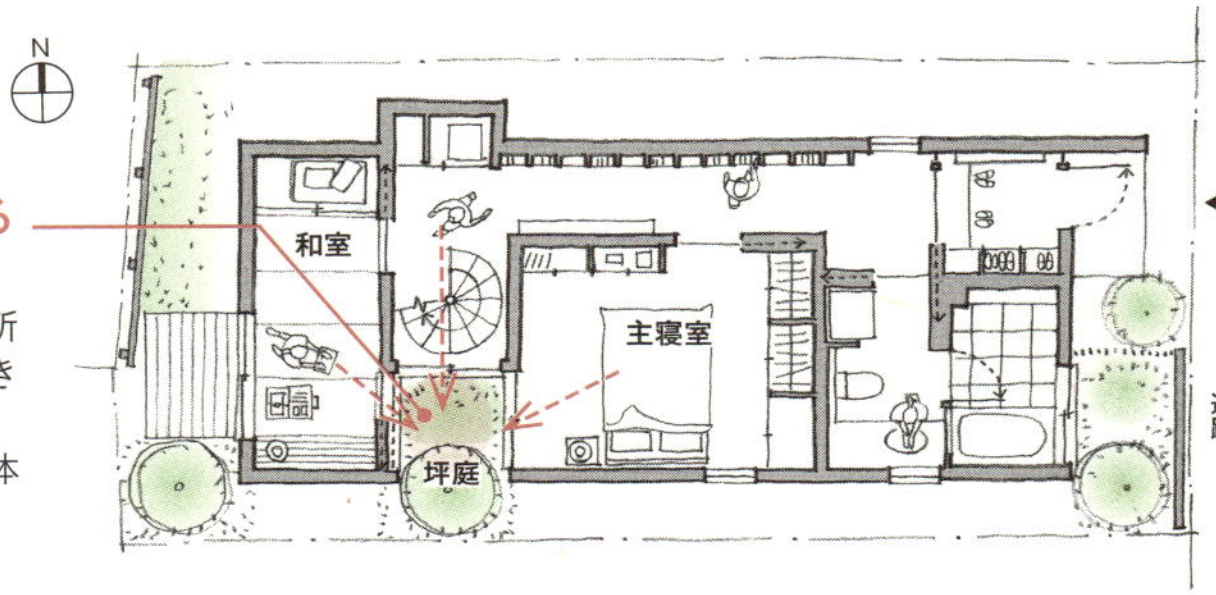

1F　S＝1：200

奥沢の家・27.4坪 (3章　P132へ)

その他実例　下井草の家(29.14坪、3章P110へ)、桃井の家(29.24坪、3章P124へ)

04 吹抜けで回遊性をつくる

吹抜けは、下の部屋と吹抜けに面した上の階の部屋のつながりをつくります。さらに吹抜けを2つつくると、上下階に立体的な回遊性が生まれます。立体的な回遊性は、各部屋のさらなるつながりと空気の流れを生み出し、より空間的な広がりを感じることができます。

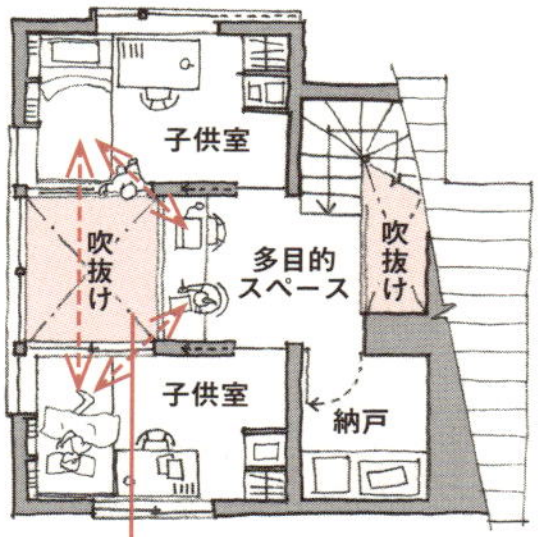

3F

縦の回遊をつくる

階段ホールの上部も吹抜けとなり、2階と3階で縦に回遊する空間がつくられています

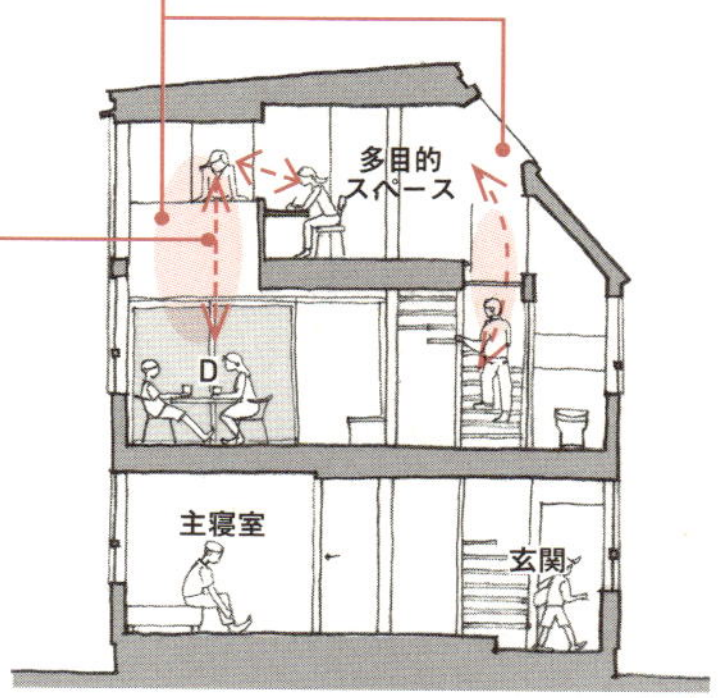

S＝1：200

上下階が1つの空間になる

2階の食堂の吹抜けは、3階の子供室2つと、その前室となる多目的スペースで囲まれています。2階LDKと3階の各スペースは、吹抜けによって緩やかにつながります

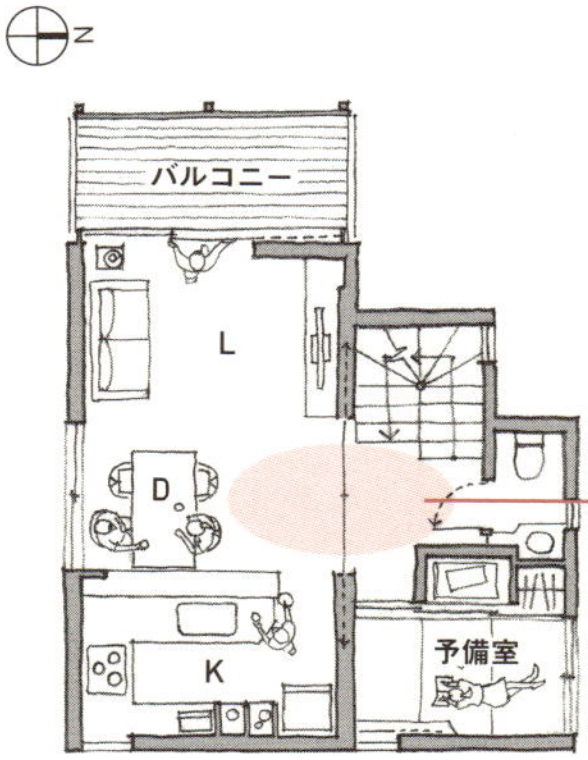

階段ホールも居室となる

2枚の引戸を壁に引き込めば、居間・食堂と階段ホールは一体的な空間になります

2F　S＝1：200

高砂の家・30.8坪(3章　P144へ)

その他実例　下高井戸の家（20.9坪、3章P140へ）

原則5　生活からコンパクトな寸法を決める

家を建てるとき、大きい家にしたいと考える人はいても、小さな家にしたいと考える人は少ないようです。しかし現実問題として、敷地面積は限られ、予算にも上限があります。そのなかで、暮らしにフィットした大きさを模索していかなければなりません。

とはいえ、すべてを小さく狭くする必要はありません。コンパクトに納められる場所はコンパクトに、逆に広くしたい部屋やスペースは、ある程度の広さを確保するのです。そのためには、コンパクトに納めるための寸法を考える必要があります。日常の動き方や収納量を考え、最小限の寸法を探り出し、必要な広さを決めていくことが大切です。

使いやすいコンパクトキッチン→01

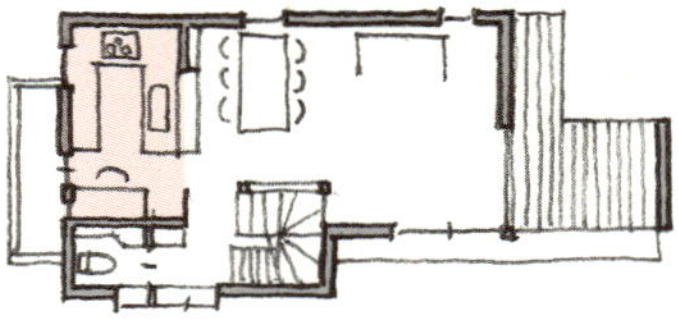

洗面、脱衣、トイレを兼ねる→02

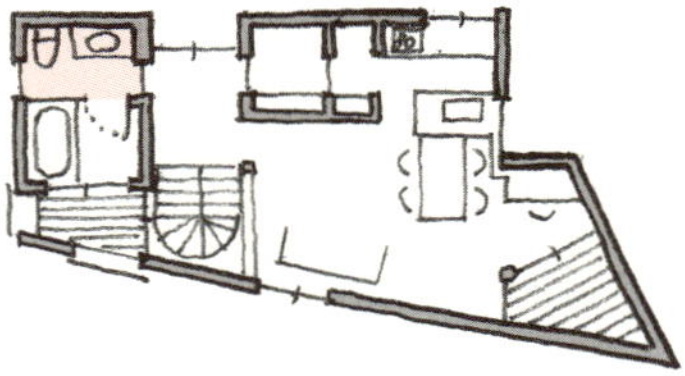

広さにとらわれないLDK→03

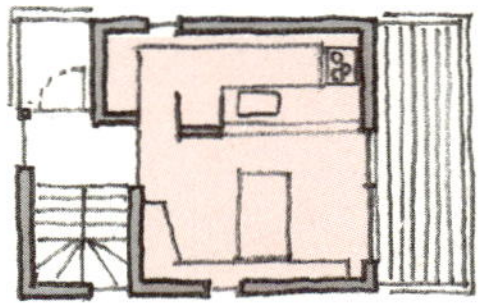

使い勝手のよい小さな玄関→04

小さくて落ち着く子供室→05

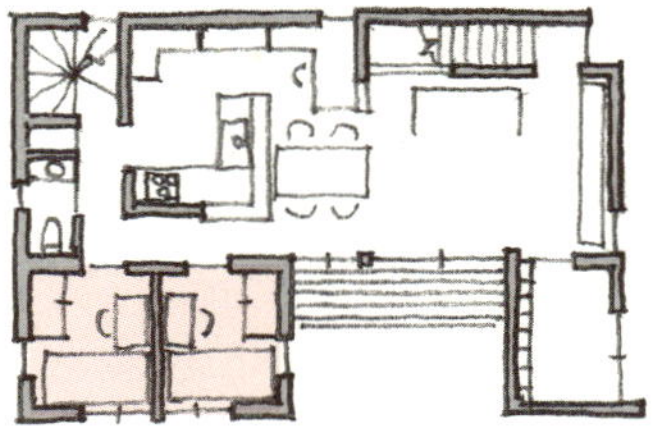

01 使いやすいコンパクトキッチン

キッチンは、家のなかでもっとも作業効率が優先される場所と言えます。調理スペースに加え、収納も必要です。また作業効率ばかりでなく、そこで働く際の快適性も考える必要があります。作業性と快適さを保ちつつ、コンパクトなキッチンにするには、作業の流れを整理したうえで、収納量や収納位置を決めていくことが大切です。

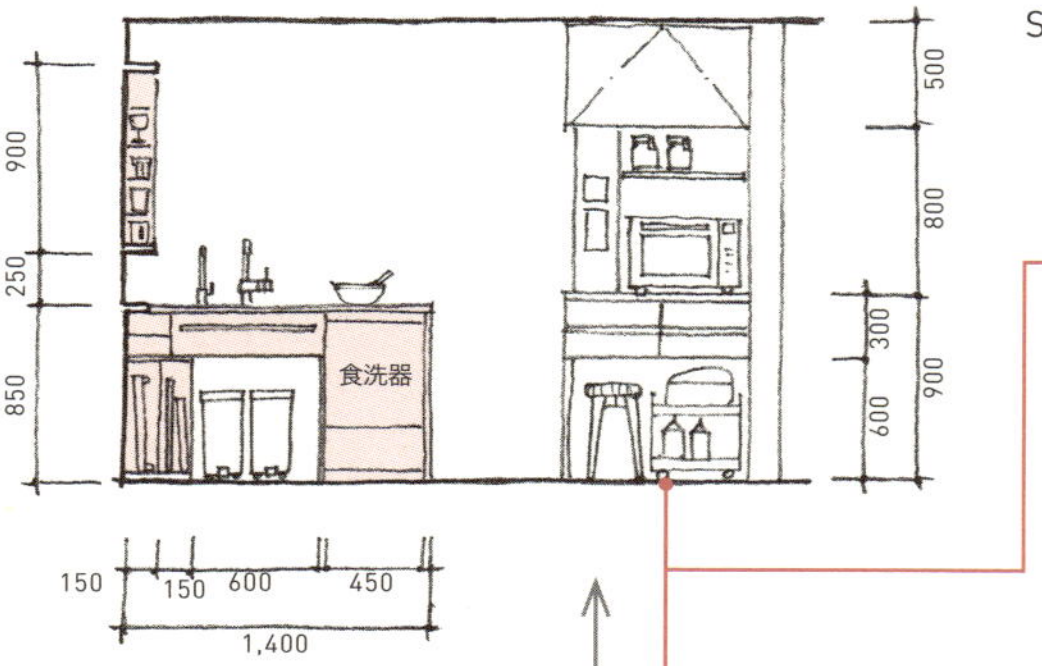

機器類の位置関係

Ⅱ形に近い、コの字形のキッチン。シンクとコンロは斜めに振り向く位置に置き、それぞれ横に作業スペースを確保しています。冷蔵庫、電子レンジ等は、パントリー側に置いて居間・食堂側から見えにくくしています

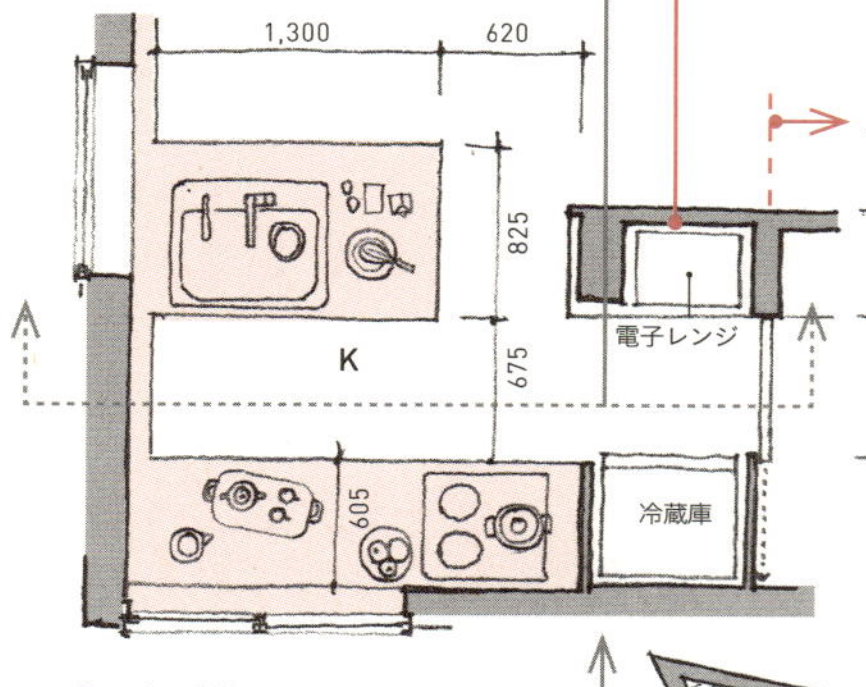

広さよりも動線

キッチン3.1畳、洗濯機も置くパントリー1.5畳、合計4.6畳と広くはありません。しかし、パントリーを通り抜ける回遊動線をつくっているので、家事がしやすい間取りとなっています

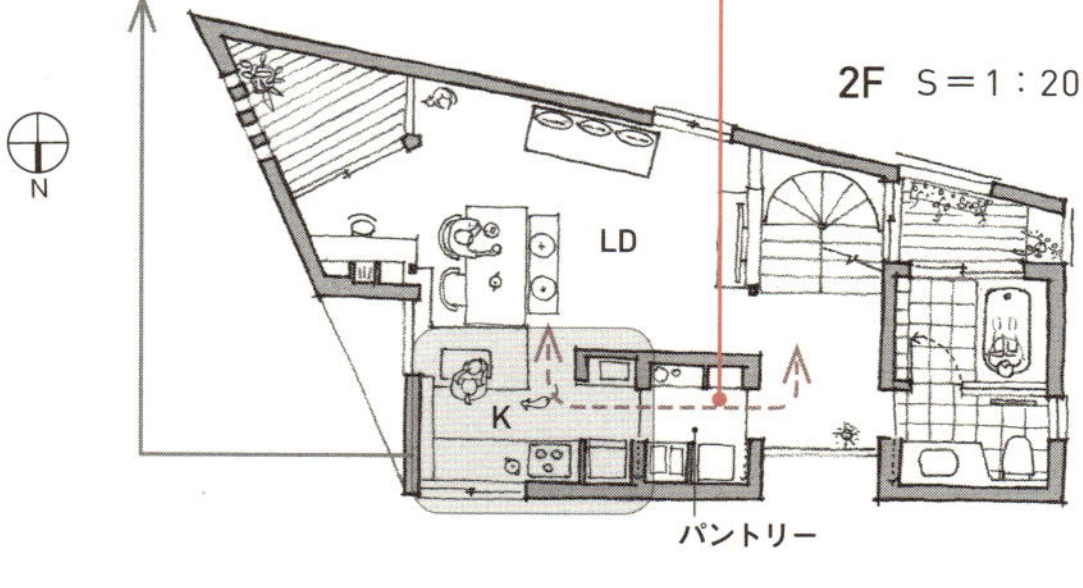

経堂の家・28.81坪
[+ガレージ4.67坪]
(3章 P138へ)

その他実例　下高井戸の家（20.9坪、3章P140へ）、井の頭の家（25.90坪、3章P164へ）、奥沢の家（27.4坪、3章P132へ）、上町の家（29.64坪［+ガレージ4.71坪］、3章P154へ）、武蔵小金井の家（29.8坪、3章P166へ）、日野の家（32.16坪、3章P178へ）

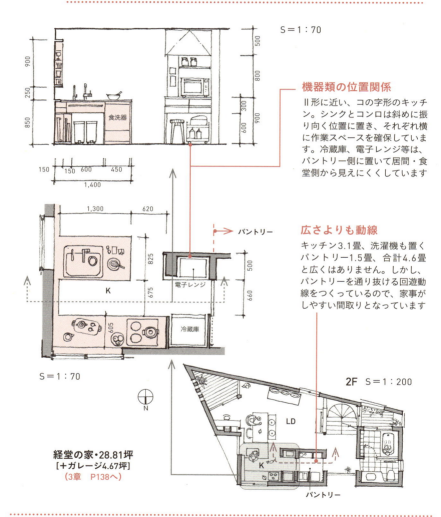

02 洗面、脱衣、トイレを兼ねる

浴室、洗面脱衣室、トイレの3つのスペース（サニタリー）は、多くの場合別室として計画されます。しかし小さな家では、別室にこだわっていられないことがあります。その場合、洗面脱衣室とトイレを同じスペースにすると、窮屈な感じにならずにサニタリーを小さくできます。洗濯機の置き場なども踏まえつつ、使いやすい寸法設定をすることで、無駄のないサニタリーが実現します。

上町の家・29.64坪
［＋ガレージ4.71坪］
（3章　P154へ）

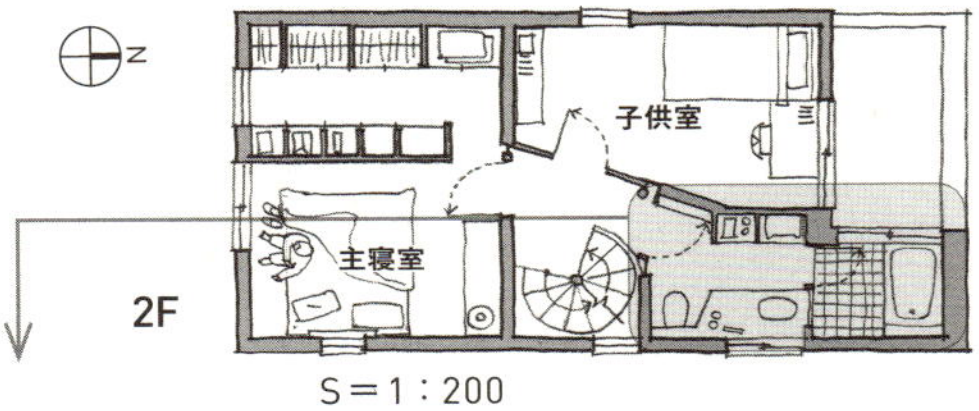

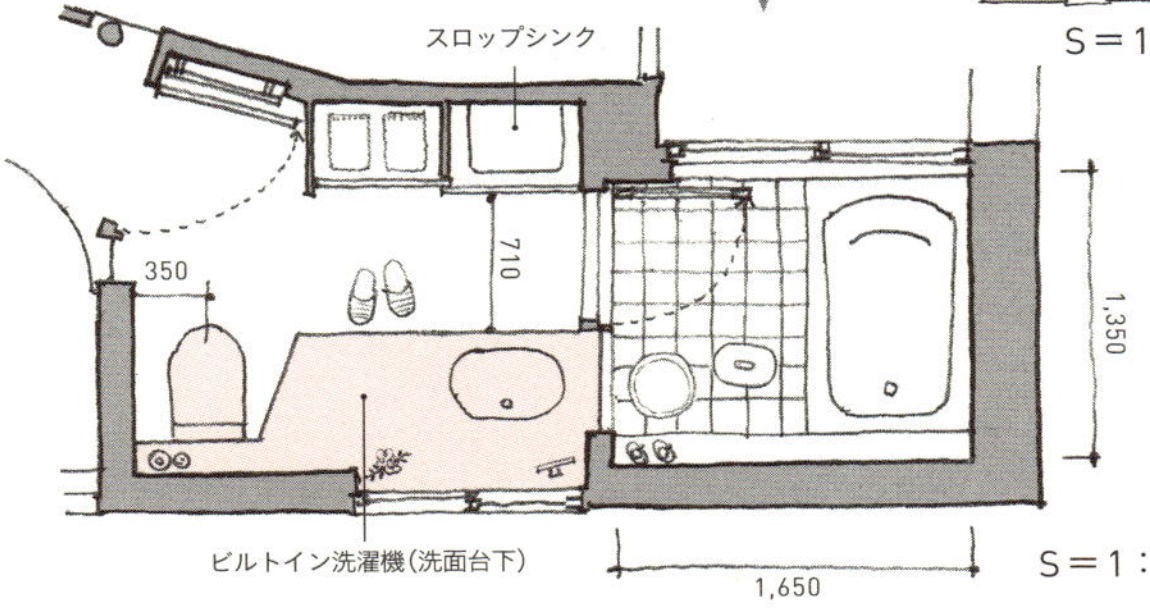

一列に並べる

便器、洗濯機、洗面台を一列に並べ、通路兼作業スペースを71㎝幅としました。洗濯機は洗面カウンター下にビルトインするタイプを選び、上には脱衣カゴを置けるようにしています

高砂の家・30.8坪
（3章　P144へ）

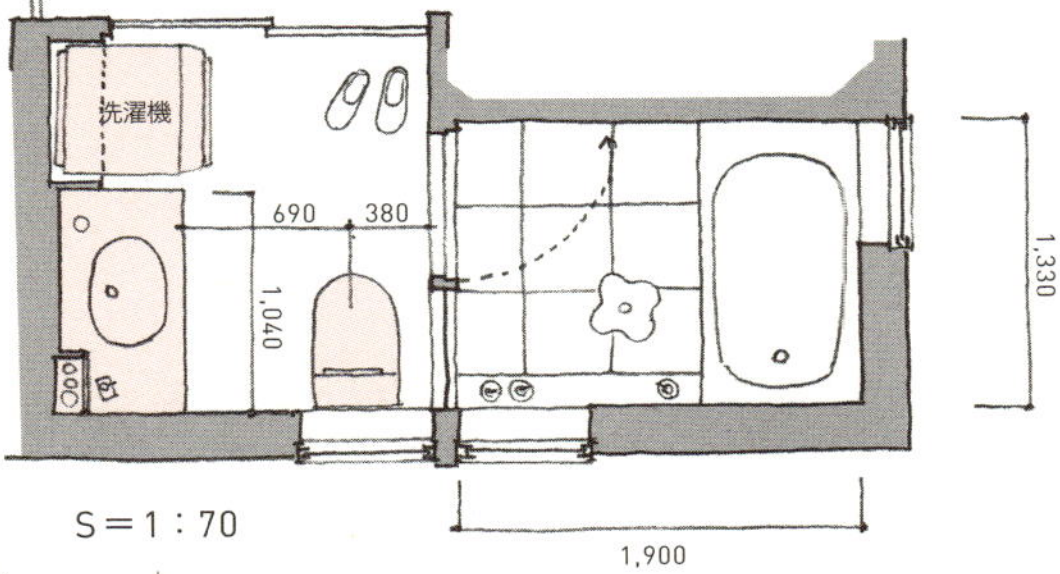

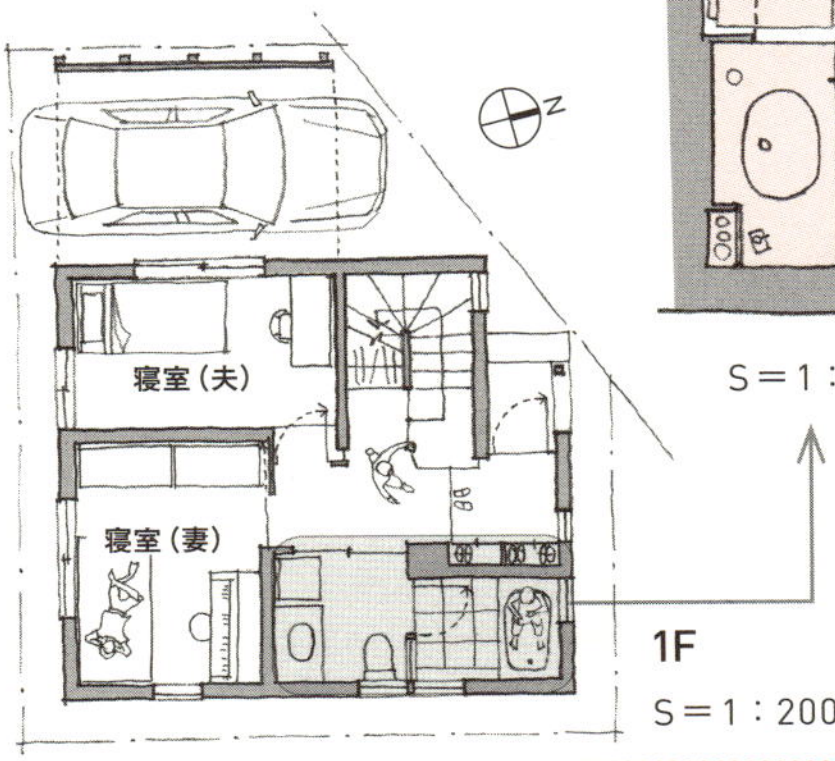

正方形に収める

洗面台、洗濯機、便器を、2.2畳の正方形平面に収めています。半歩もないような距離関係ですが、それぞれの行為に支障がない寸法を見極めて配置しています

その他実例　小さな家（21.7坪、3章P114へ）、桜上水の家（22.46坪、3章P94へ）、
祐天寺の家（26.2坪、3章P142へ）、奥沢の家（27.4坪、3章P132へ）、
上原の家（28.26坪［＋ガレージ2.93坪］、3章P172へ）、
経堂の家（28.81坪［＋ガレージ4.67坪］、3章P138　へ）

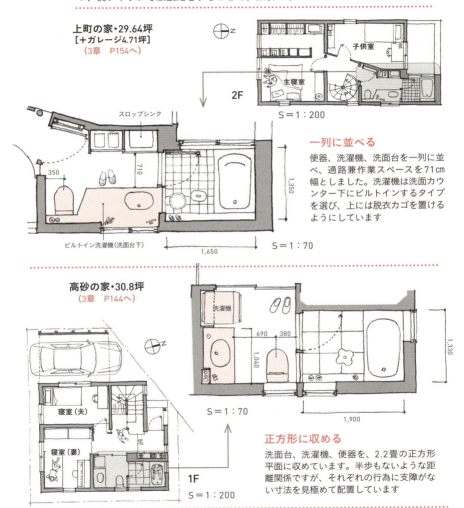

03 広さにとらわれないLDK

昭和の茶の間は、食事時以外でもなんとなく家族が集まる、暮らしの中心となっていました。特別に広くなくても、家族が何気なしにいられる、落ち着きのある部屋だったのではないでしょうか。現代の居間・食堂も、広さに関わらず、落ち着きのある部屋にすることが大切です。

千駄木の家2・30.35坪
(3章　P176へ)

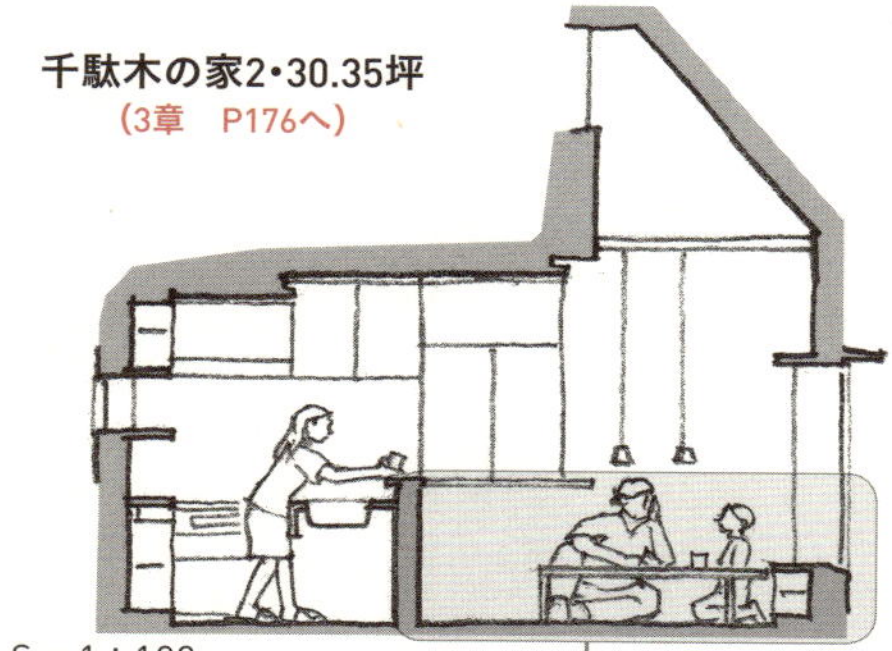

S＝1：100

置くのは座卓だけ

キッチン5畳、居間・食堂8畳、合計でも13畳。昔ながらの茶の間と考え、この部屋のサイズに合わせた座卓をつくりました

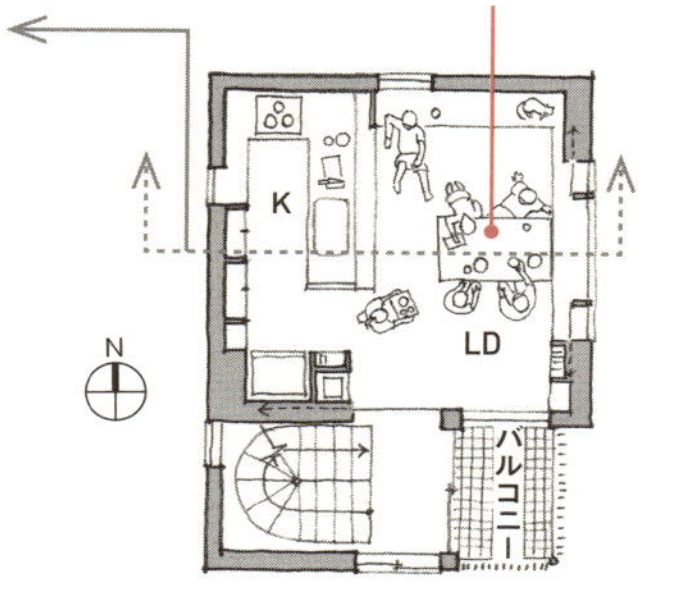

2F　S＝1：200

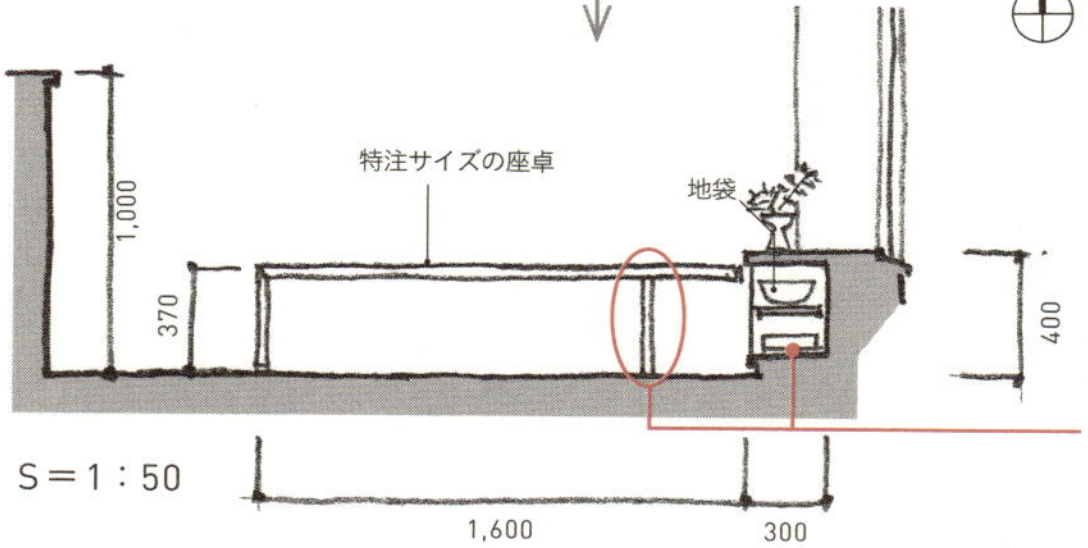

S＝1：50

座卓と地袋の関係

座卓の足を中心寄りにずらし、地袋が、座卓を動かさずに使えるようにしています

書斎コーナーも取り込む

7.5畳の居間・食堂には、4人掛けダイニングテーブルとイスを置いているので、残りのスペースはわずかです。しかし、書斎(2.3畳)との間の引戸を開け放つことで、書斎もLDスペースの一部となり、広がりが得られます

乾燥室としても使う

書斎の引戸を閉めれば、洗濯物の室内干しをする乾燥室として使えます

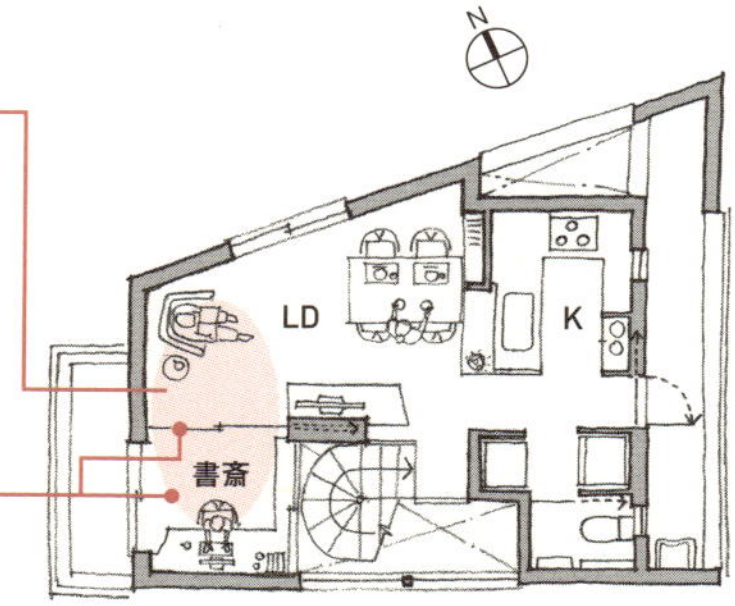

2F　S＝1：200

井の頭の家・25.90坪(3章　P164へ)

その他実例　経堂の家(28.81坪[+ガレージ4.67坪]、3章P138へ)
鵠沼桜が岡の家(31.35坪、3章P160へ)、赤堤通りの家(31.88坪、3章P180へ)

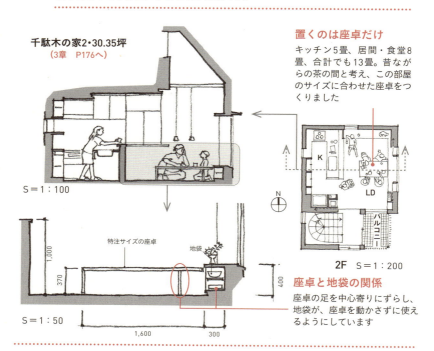

04 使い勝手のよい小さな玄関

機能重視で考えれば、靴の脱ぎ履きが玄関に求められる唯一の機能ということになります。人ひとり、問題なく靴を脱いだり履いたりできる広さを確保し、付随する靴や傘、それにまつわる小物類を収納することができれば、玄関としては十分に機能を果たせることになります。

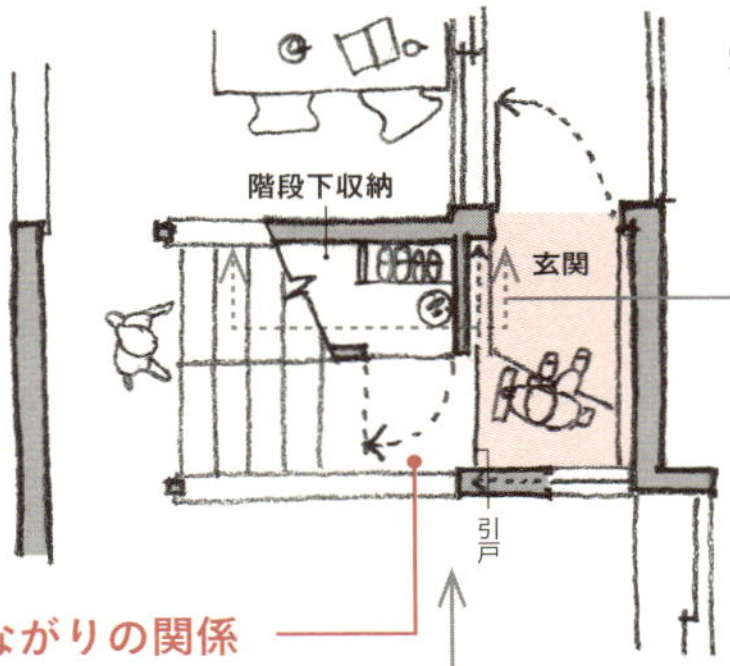

S＝1：100

階段下の収納

階段下は玄関収納として、靴や傘、コートなどがしまえるようになっています

つながりの関係

玄関は土間とホールを合わせても1.2畳の広さしかありません。しかし階段室への引戸を開けると半畳ほどの踏み込みがあり、そこも玄関ホールとして使うことができます

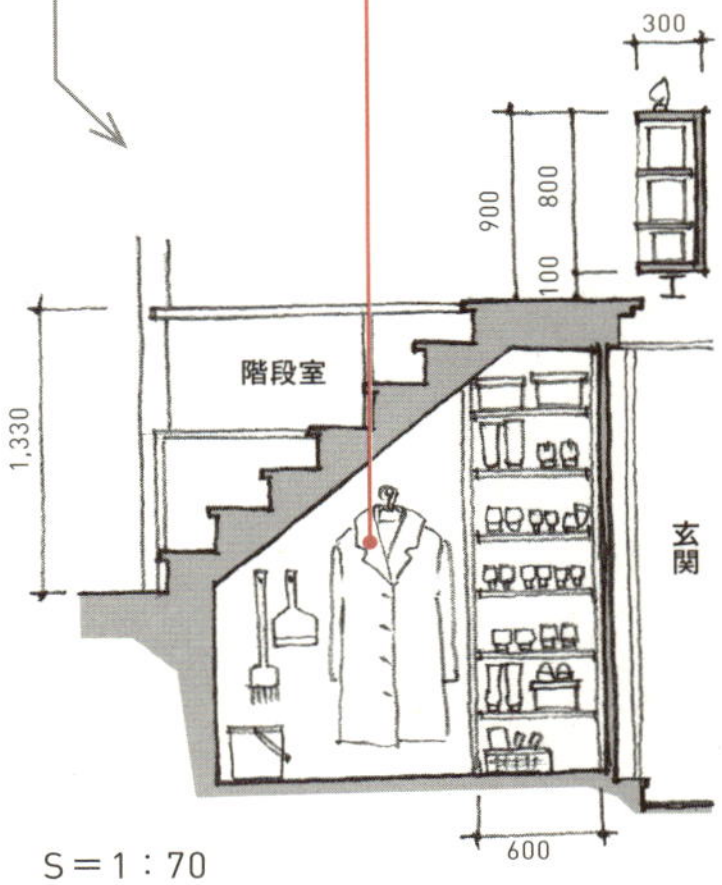

S＝1：70

動線空間を極力小さく

玄関と階段室を約3畳に収めたことで、キッチン横のユーティリティを含め、LDKに十分な広さを確保できました

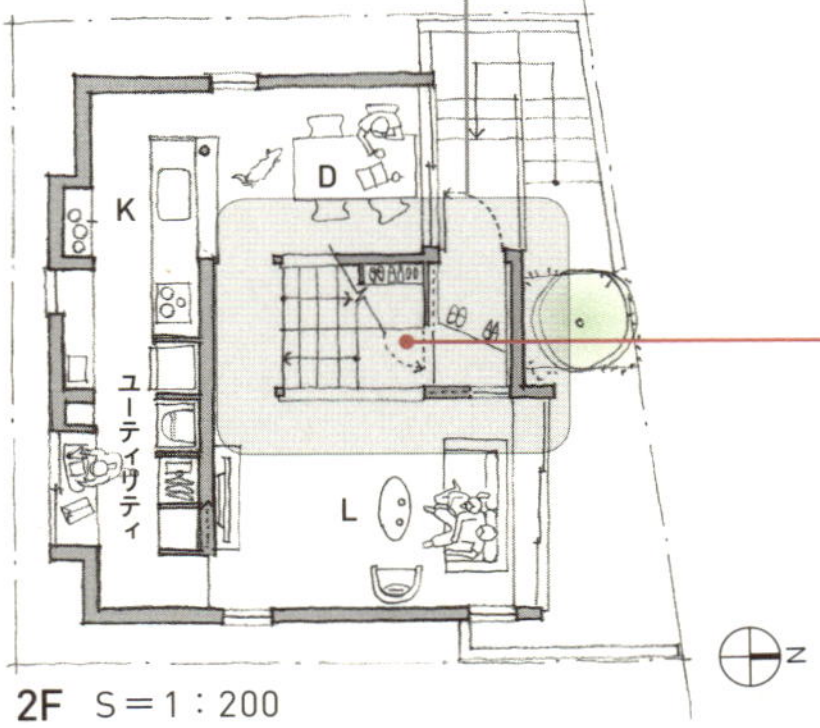

2F　S＝1：200

大倉山の家・24.2坪
[＋ガレージ7.98坪]
(3章　P104へ)

その他実例　桜上水の家（22.46坪、3章P94へ）、瀬田2の家（27.2坪、3章P162へ）、
上原の家（28.26坪[＋ガレージ2.93坪]、3章P172へ）、
赤堤通りの家（31.88坪、3章P180へ）、鵠沼桜が岡の家（31.35坪、3章P160へ）、

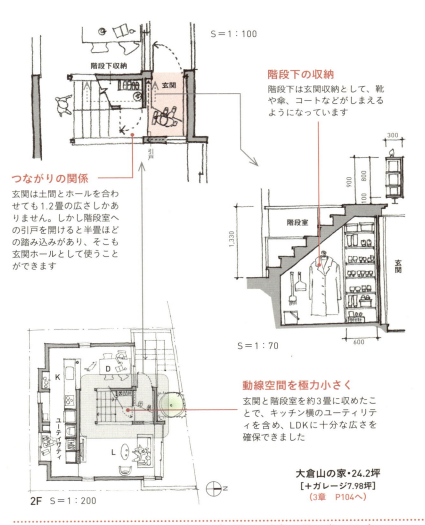

05 小さくて落ち着く子供室

部屋の広さを畳数で考えると、子供室もキリのいい6畳、4畳半などと設定しがちです。しかし、ベッド、勉強机、本棚、洋服などの収納、と部屋に置くものを予測し、居場所となる残りの広さを考えていくと、意外に小さな部屋でも大丈夫なことが分かります。キリのいい数字に捉われることなく、子供室での生活を想定して、必要な広さを考えてみることをお勧めします。

両サイドから使う

少しでも広く使えるように、2つの部屋で挟むかたちで2段式のベッドをつくり、上下段をそれぞれ別の側から使うようにしています

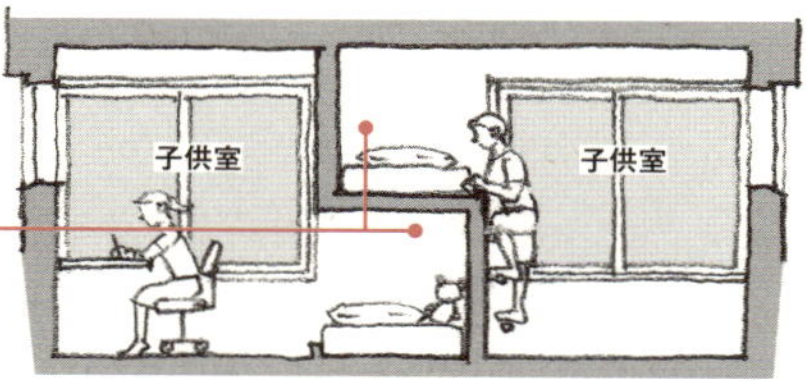

S＝1：100

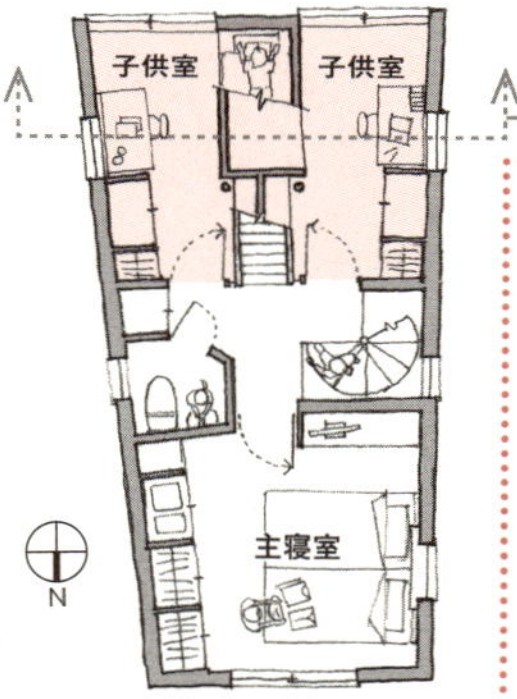

2F S＝1：200

桜上水の家・22.46坪(3章　P94へ)

前室の効果

子供室は前室と収納を含めて8畳。それぞれの子供室は3畳と小さな部屋です。しかし廊下に続く前室によって2部屋がつながることで、その狭さが払拭されます

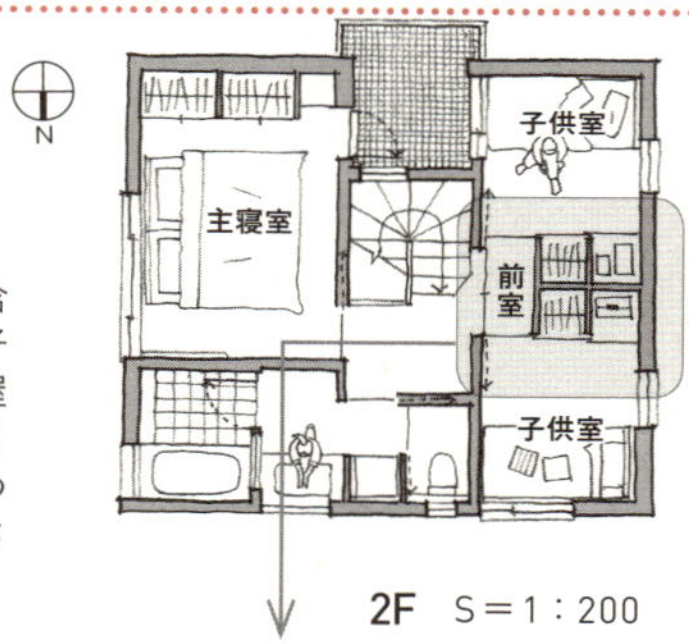

2F S＝1：200

S＝1：130

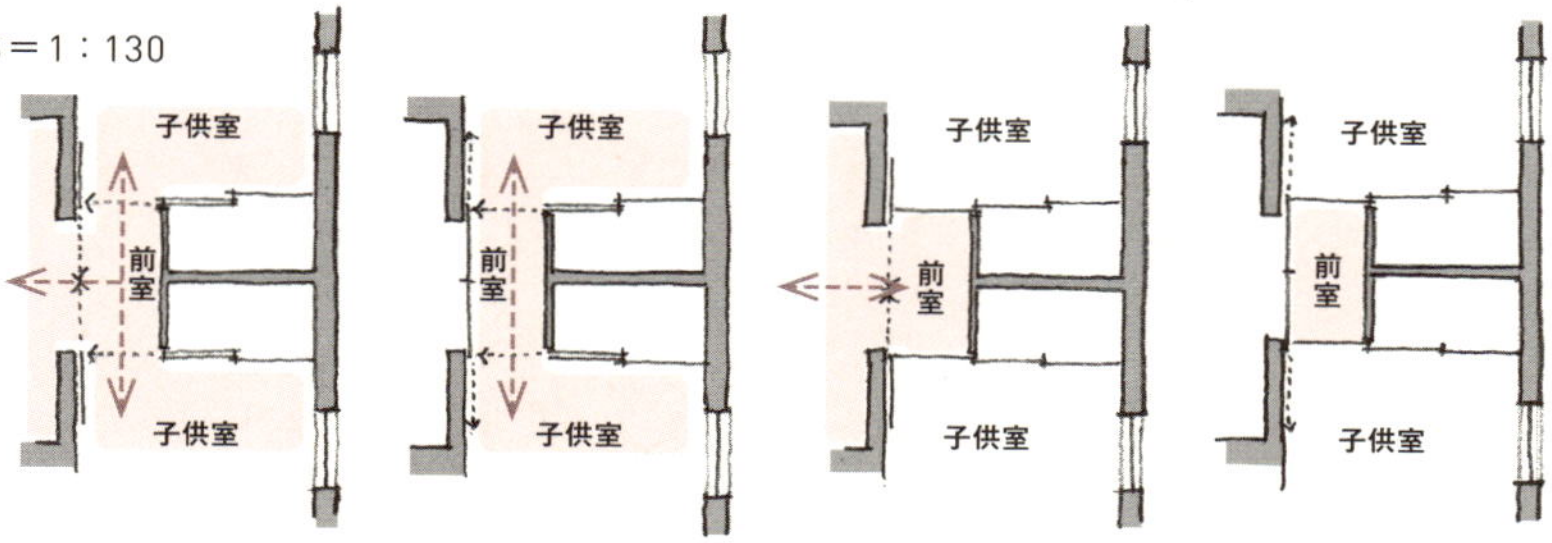

4枚の引戸の開け閉めで空間の広がりが変化し、子供室や階段ホールの視覚的な広がりも変わります

鵠沼桜が岡の家・31.35坪(3章　P160へ)

その他実例　井の頭の家(25.90坪、3章P164へ)、
上原の家(28.26坪[＋ガレージ2.93坪]、3章P172へ)、
桜ヶ丘の家(30.50坪、3章P168へ)、高砂の家(30.80坪、3章P144へ)、
赤堤通りの家(31.88坪、3章P180へ)、梅ヶ丘の家(34.41坪、3章P134へ)

原則6　収納計画は適材適所

収納計画は、家によってそれぞれ異なります。ほとんど収納スペースを設けずに、置き家具で済ますことも考えられますし、逆に置き家具をほとんど使わず、造り付け収納で対応する場合もあります。いずれにせよ、どこに何を収納するか、予測しておかないと、使い勝手のよい収納にはなりません。

小さい家の場合、部屋やスペースがコンパクトなため、置き家具にせよ造り付け家具にせよ、床面積に占める割合は大きくなります。したがって小さな家であるほど、収納の場所、収納量を考えて計画することが大切になるのです。限られた広さなので、固定観念にとらわれないことも重要になってきます。

小さくても納戸兼ウォークインクロゼット→04

廊下の壁面収納→01

和室の寝室では布団をしまう→05

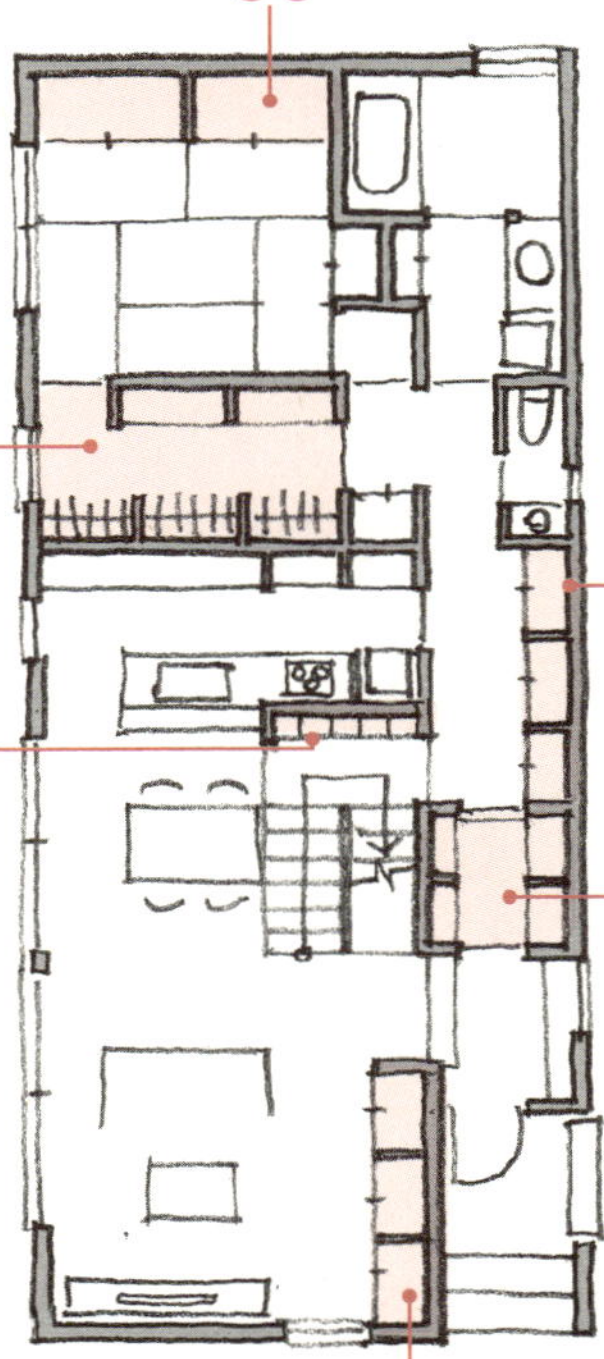

LDの壁面収納→03

小さな家の玄関収納→06

通り道に本棚をつくる→02

01 廊下の壁面収納

すべての部屋に収納をつくれるとは限りません。無理につくろうとすると全体のバランスを欠き、逆に暮らしにくくなることさえあります。その場合、部屋の外の廊下に収納をつくることも1つの方法です。通過するだけの廊下に別の用途が加わり、廊下はさらに意味のある場所になります。

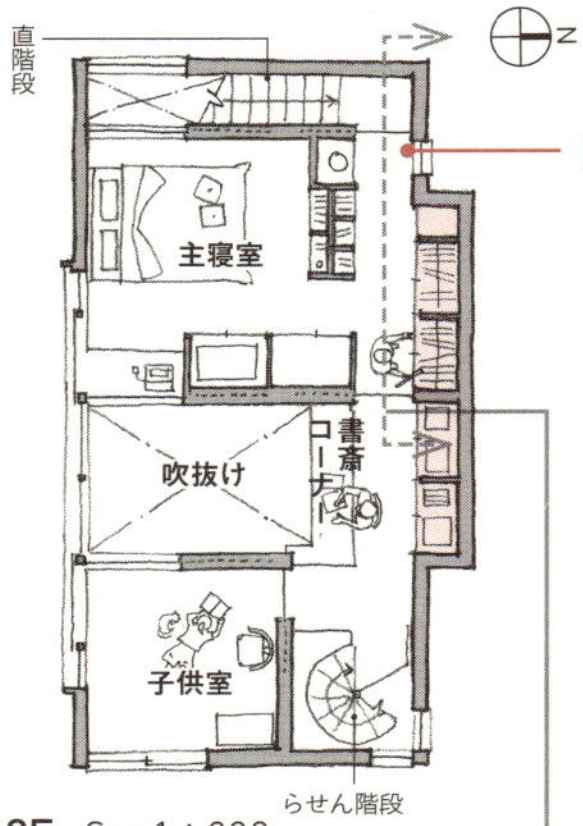

2F　S＝1：200

動線上につくる

直階段と螺旋階段を結ぶ廊下は、生活動線として毎日使う場所。ここに沿わせて収納をつくっています

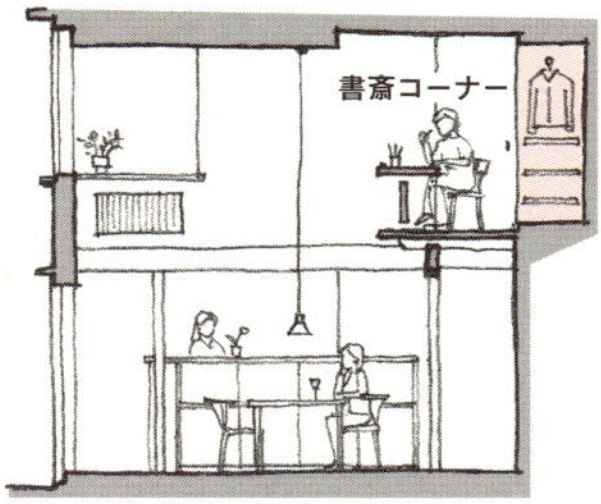

S＝1：150

大まかに分類する

寝室側の収納には主に衣類関係を、書斎コーナー側には衣類を含めもろもろの雑物を収納します

鳩山の家・27.7坪
（3章　P96へ）

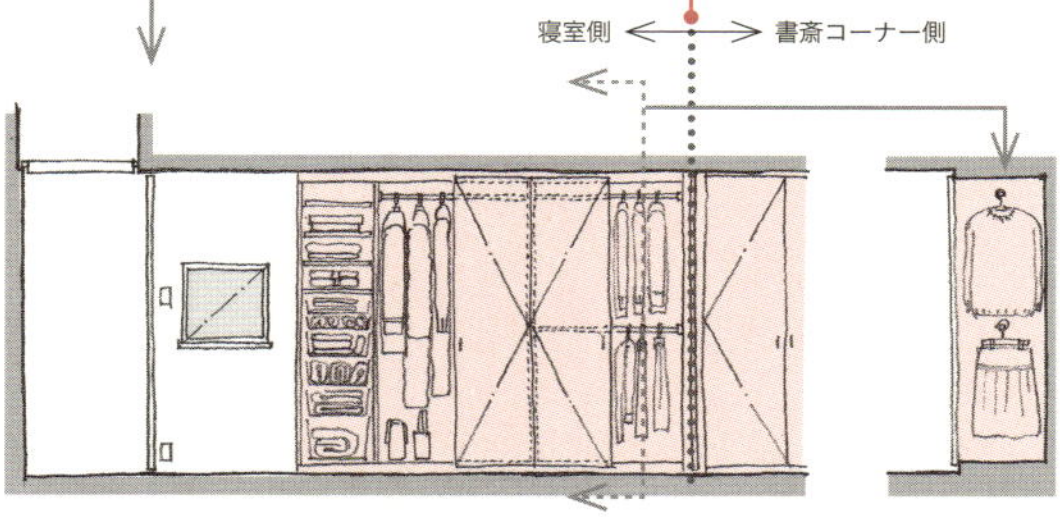

S＝1：100

家族で共有する

フロアの端に階段を置くと個室までの廊下が必要になります。ここでは、小さな子供室に無理して衣類収納をつくらず、廊下に4mの長さの収納をつくりました。主寝室からも使える収納となり、家族で共有する収納となりました

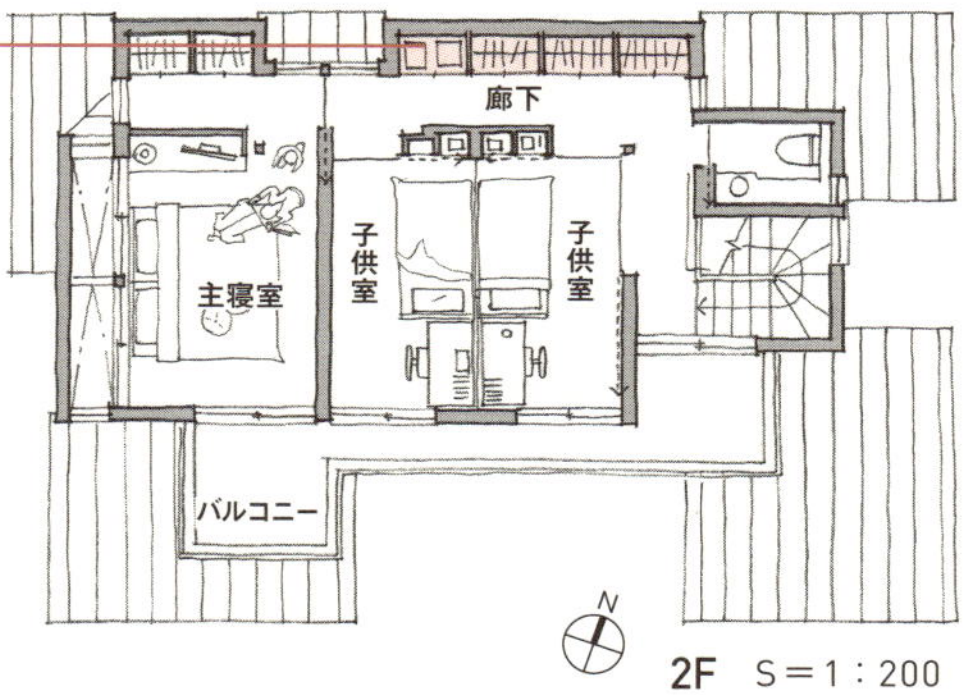

2F　S＝1：200

狛江の家・33.36坪
（3章　P100へ）

その他実例　羽根木の家（34.28坪、3章P102）

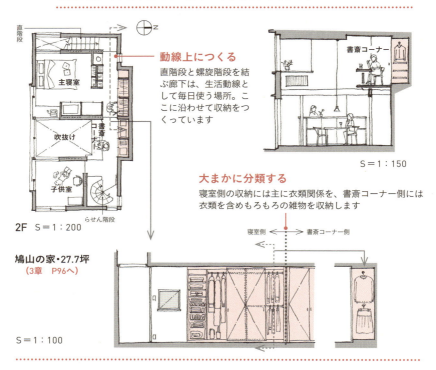

02 通り道に本棚をつくる

仕事や勉強で頻繁に使う本であれば自分の部屋に置いておきたくなりますが、それ以外の本まで、常に自分の部屋に置いておく必要はありません。家族皆の目に触れる廊下や階段に本棚をつくると、本が家族で共有され、共通の話題を提供してくれることもあります。

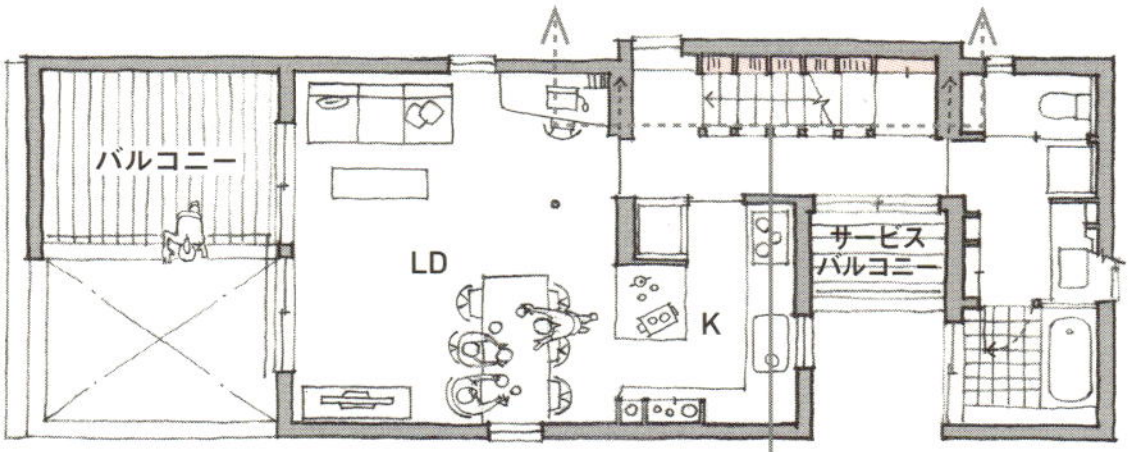

2F　S＝1：200

下井草の家・29.14坪

（3章　P110へ）

足がかりをつくる

通常、階段上部は吹抜けになりますが、その吹抜け部分に足がかりとなる段板を設け、危険がないかたちで本が取れるようにしています

S＝1：150

大きな壁の有効利用

壁際の直階段（鉄砲階段）は長手方向に大きな壁ができるので、その壁を利用して本棚をつくりました。階段は家族みんなが必ず通るため、家族共有の本棚になります

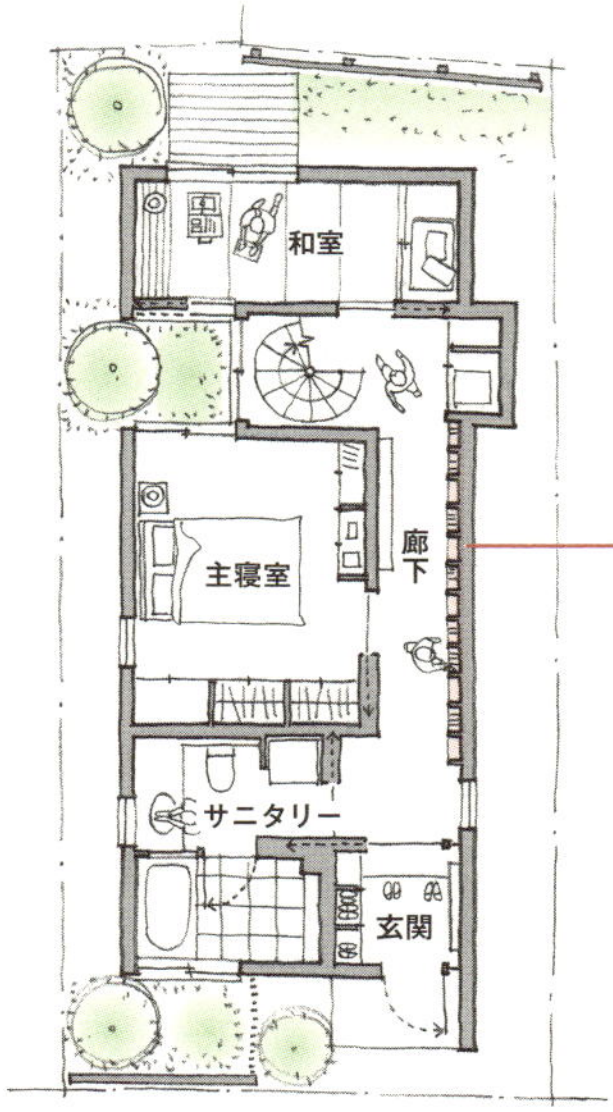

1F
S＝1：200

廊下がライブラリー

本とともに暮らしたいという希望から、常にみんなが行き来する廊下の壁いっぱいに大量の本を収められる本棚をつくりました

奥沢の家・27.4坪

（3章　P132へ）

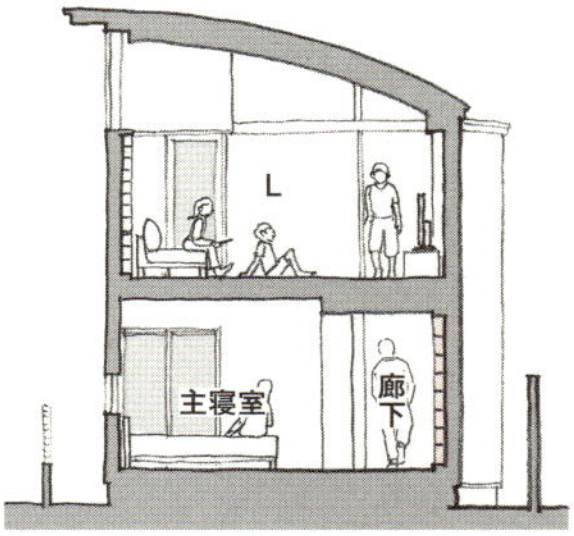

S＝1：150

その他実例　本牧の家（28.23坪、3章P98へ）

03 LDの壁面収納

家族の生活に必要なものは、家の大小に関わらず、それほど変わるものではありません。小さな家では収納計画にも工夫が必要になり、いろいろな場所を探して効率よく収納することが大切です。居間・食堂は、ほかの個室より広い分だけ、壁面も大きく取ることができます。その壁面を収納スペースにすると、思っている以上に容量の大きな収納となります。

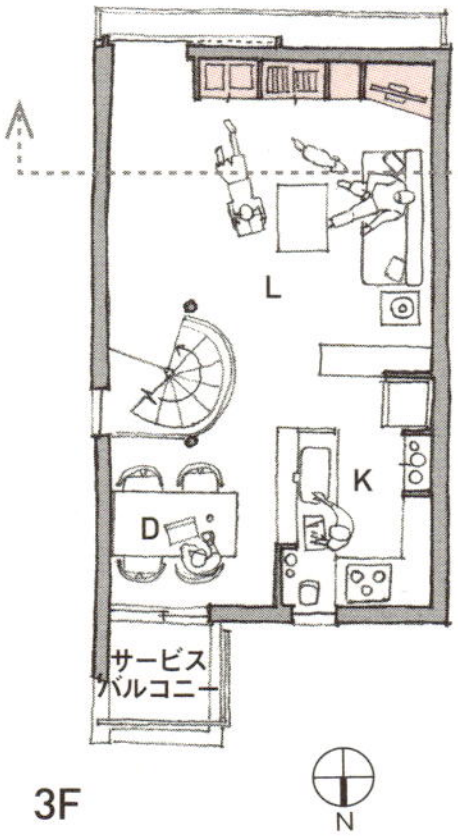

3F
S＝1：200

上町の家・29.64坪
［＋ガレージ4.71坪］
（3章　P154へ）

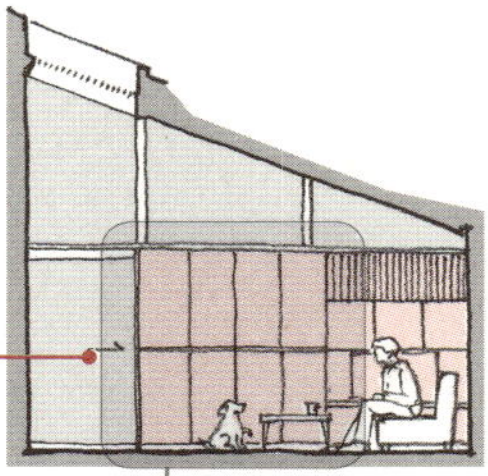

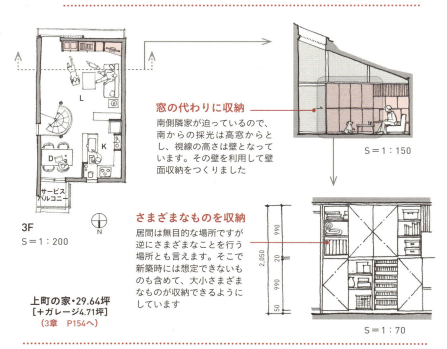

窓の代わりに収納

南側隣家が迫っているので、南からの採光は高窓からとし、視線の高さは壁となっています。その壁を利用して壁面収納をつくりました

S＝1：150

さまざまなものを収納

居間は無目的な場所ですが逆にさまざまなことを行う場所とも言えます。そこで新築時には想定できないものも含めて、大小さまざまなものが収納できるようにしています

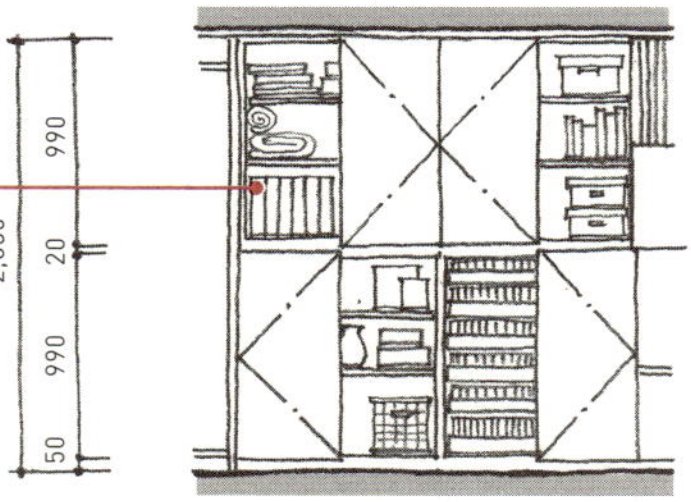

S＝1：70

地袋と天袋

座卓を置いた茶の間風の居間・食堂なので、床座の暮らしに合わせて上下2つに分けた収納をつくりました

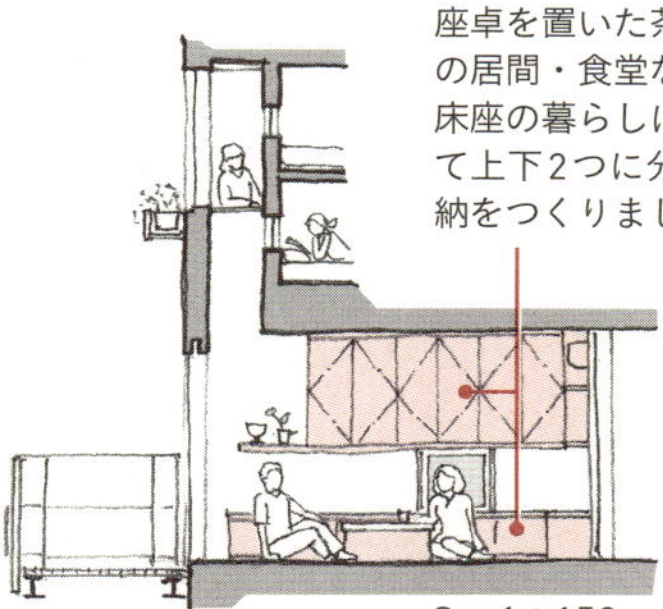

S＝1：150

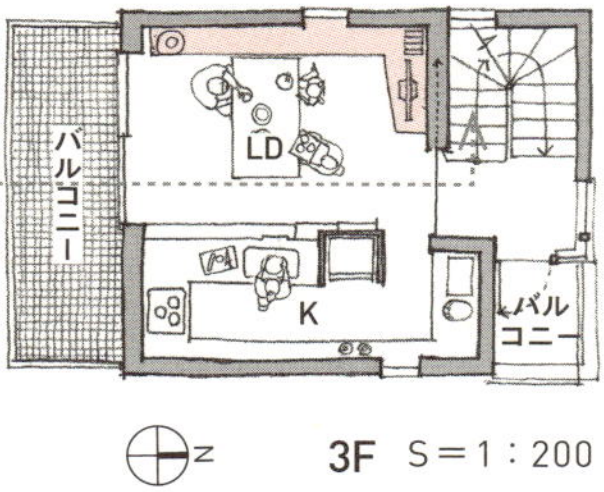

3F　S＝1：200

赤堤通りの家・31.88坪
（3章　P180へ）

その他実例　東久留米の家（28.7坪、3章P108）

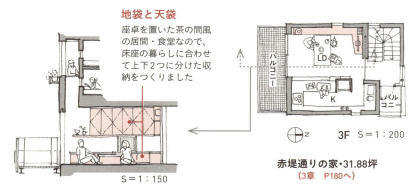

04 小さくても納戸兼ウォークインクロゼット

ウォークインクロゼットは洋服を、納戸は暮らしで使うもろもろのものをしまっておく場所です。1つのスペースにこの2つの機能をもたせることで、より使い勝手のよい収納になります。ただし納戸兼ウォークインクロゼットはそれなりの広さが必要で、その他の部屋を小さくすることにもなりかねませんから、つくるかどうかは慎重な判断が必要です。

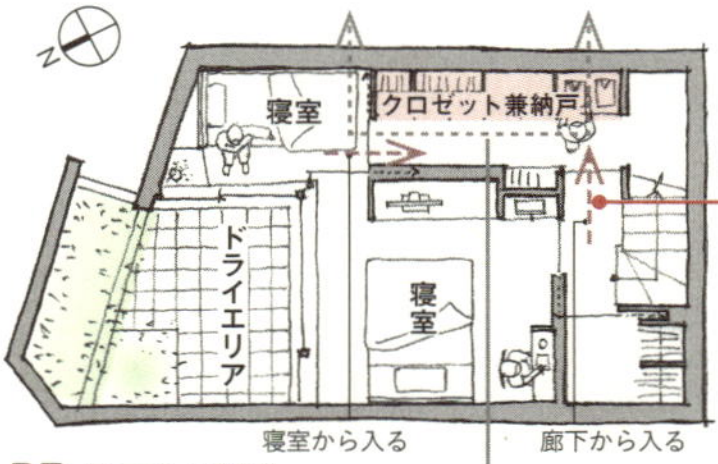

BF　S＝1：200

2方向からの出入り

寝室と廊下の両方から出入りできるようにしています。2方向から出入りできることで使い勝手がよくなり、風の流れも生まれます。地下の収納スペースなので、湿気も軽減できます

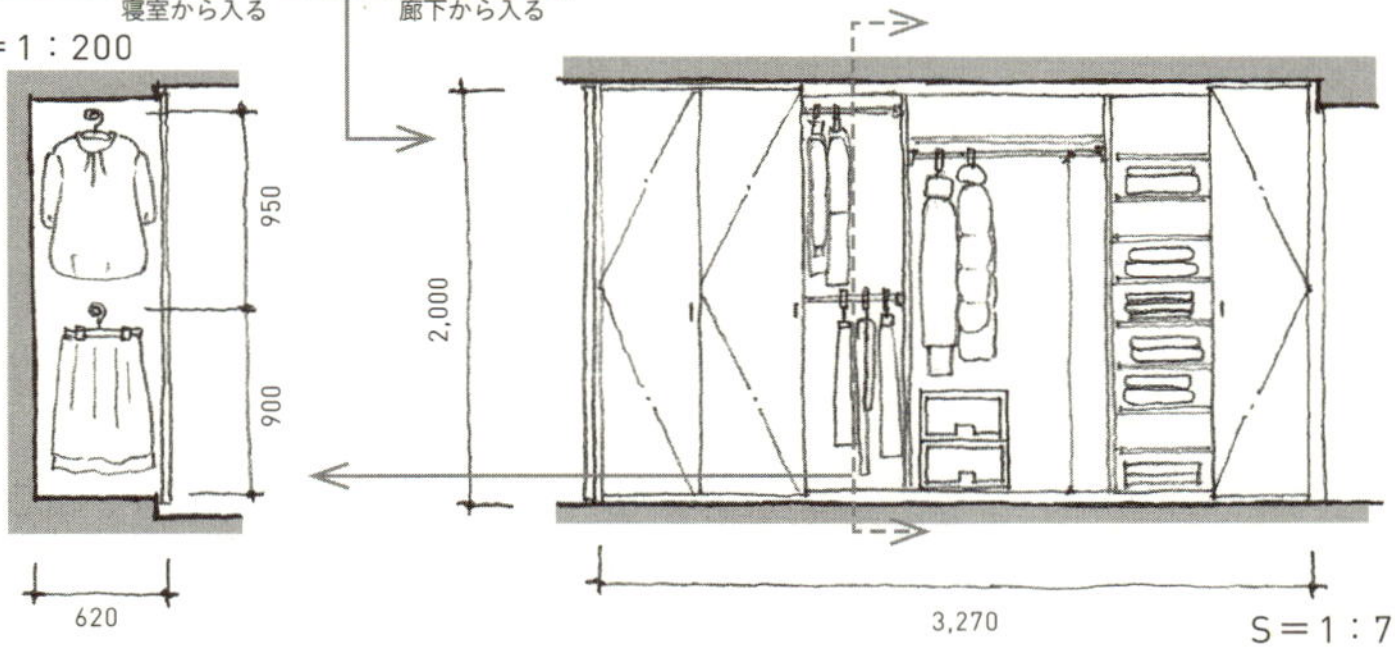

S＝1：70

瀬田2の家・27.2坪（3章　P162へ）

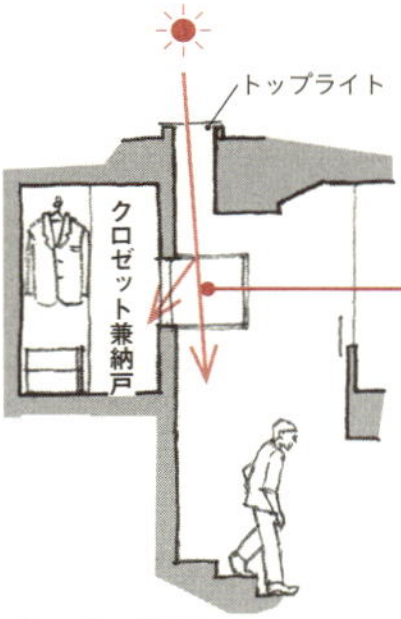

S＝1：150

自然の恵みも

階段室との間の小さな開口の引戸を開けると、階段室のトップライトから採光できます

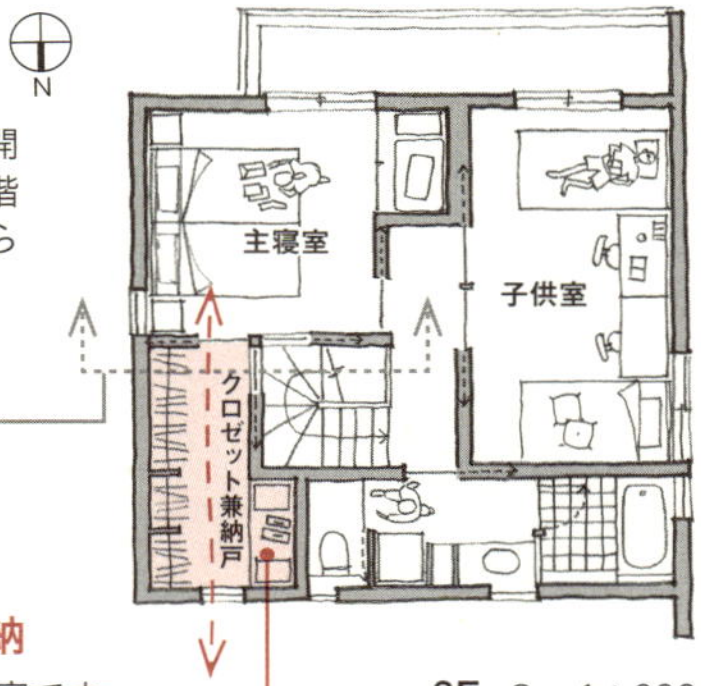

2F　S＝1：200

大きなものの収納

メインは衣類の収納室ですが、約1/3は大きめの家財道具などが収納できるスペースをつくっています

清水ヶ丘の家・28.40坪
（3章　P106へ）

その他実例　桃井の家（29.24坪、3章P124へ）、桜ヶ丘の家（30.5坪、3章P168へ）

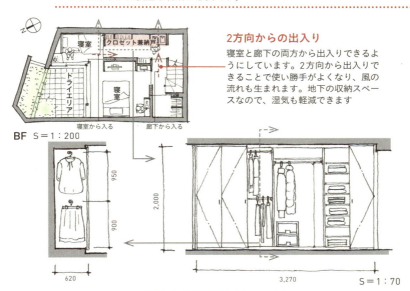

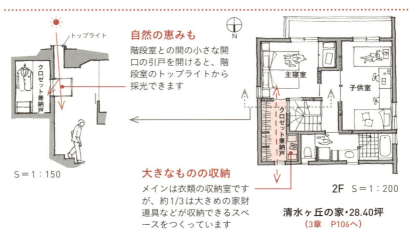

05 和室の寝室では布団をしまう

和室を寝室として使う場合、布団をしまう場所が必要になります。敷き布団やマットレスをしまうためには奥行き必要なので、洋服収納とは異なる収納をつくらなければなりません。寝室であれば洋服収納も必要になり、和室を寝室にする場合は、この2つの収納を忘れずに計画する必要があります。

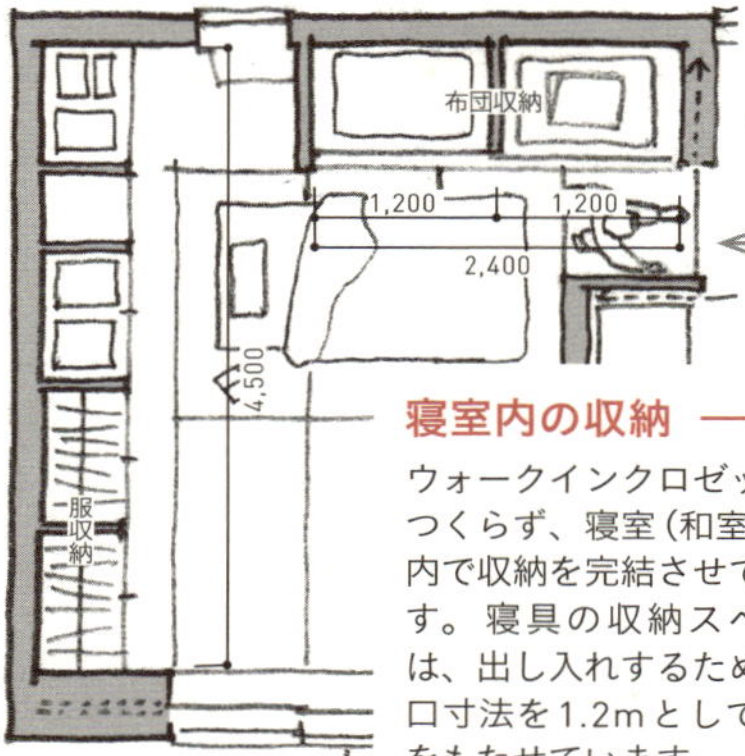

S＝1：100

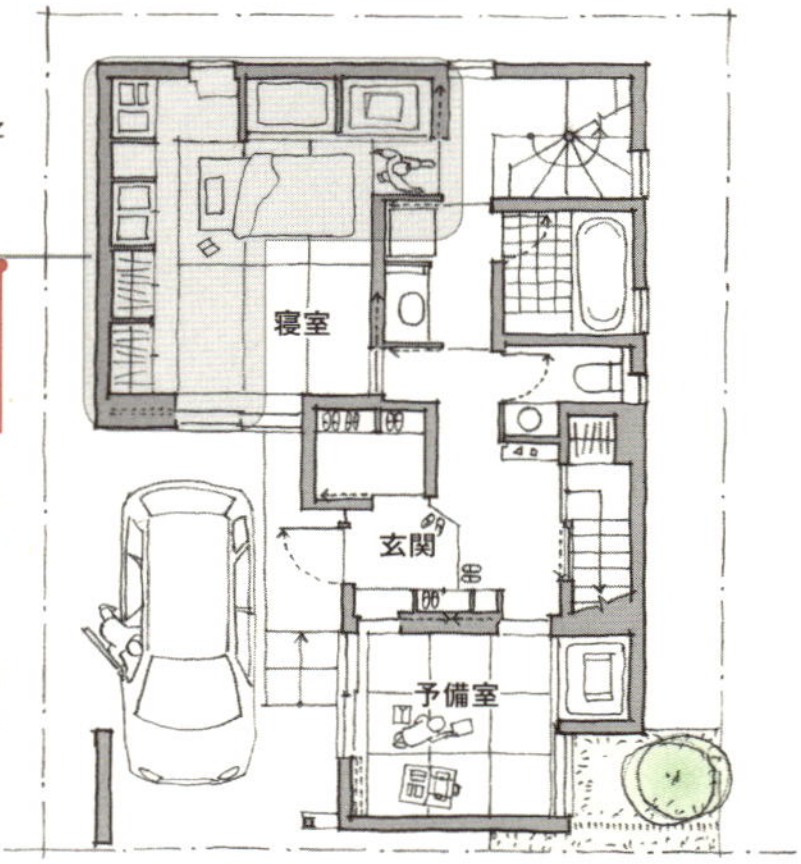

寝室内の収納

ウォークインクロゼットはつくらず、寝室（和室6畳）内で収納を完結させています。寝具の収納スペースは、出し入れするための間口寸法を1.2mとして余裕をもたせています

梅ヶ丘の家・34.41坪
（3章　P134へ）

1F　S＝1：200

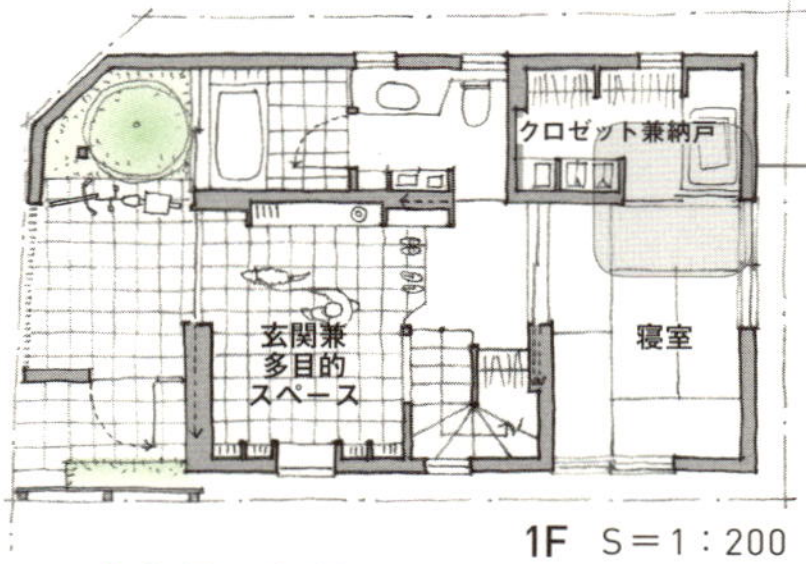

1F　S＝1：200

和室から収納スペースに出入りする

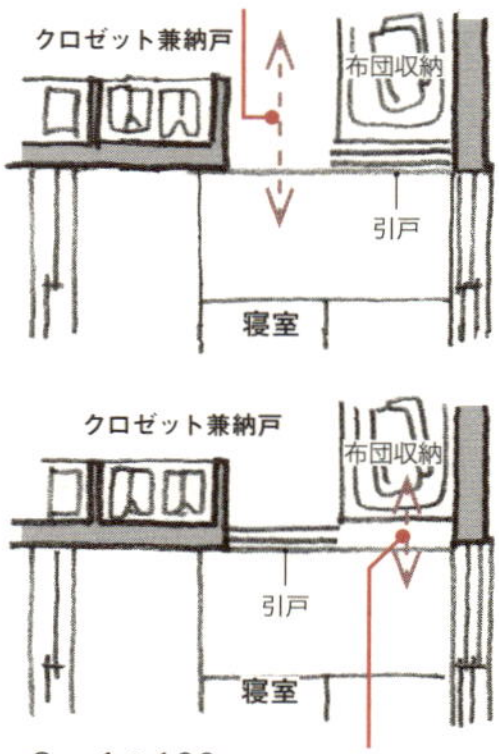

S＝1：100

和室から枕などの小物を取り出す

寝室外の収納

寝室（和室6畳）の隣にウォークインクロゼット兼納戸をつくっています。布団の出し入れ時はクロゼット内に入りますが、枕やタオルケットなどの小物は、和室側からも出し入れできるようにしています

初台の家・32.34坪（3章　P146へ）

その他実例　上祖師谷の家（25.3坪、3章P116へ）、
白金台の家（26.91坪［+ガレージ3.84坪］、3章　P156へ）、
桃井の家（29.24坪、3章P124へ）、鎌倉の家（29.4坪［＋小屋裏5.88坪］、3章P130へ）
国立の家（30.8坪、3章P126へ）、赤堤通りの家（31.88坪、3章P180へ）、

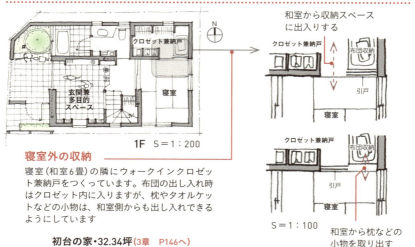

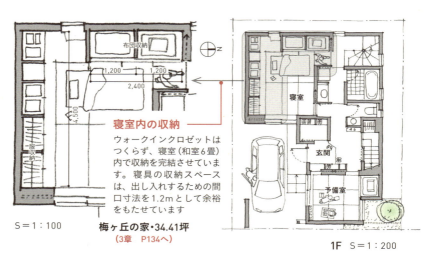

06 小さな家の玄関収納

靴や傘のほかに、コートや屋外で使うものまで収納しようとすると、玄関収納がほしくなります。小さな家では難しいと考えがちですが、生活動線の一部として併用することもできますし、収納方法や使い方の工夫で、小さくても使いやすい玄関収納をつくることができます。

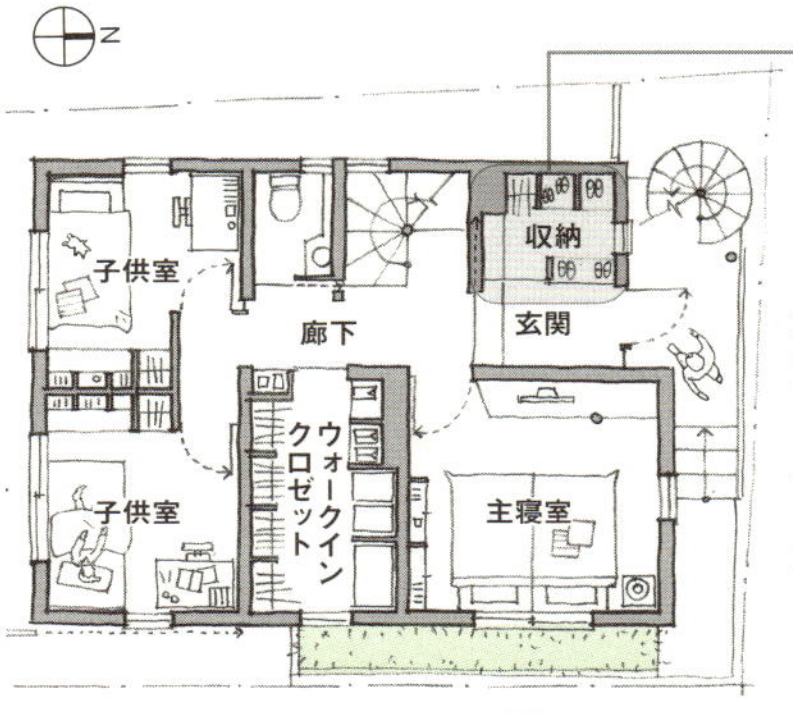

宮坂の家・30.00坪
(3章　P112へ)

どちらからでも

靴の収納スペースを玄関と玄関収納で挟み込んでいます。引戸の開け閉めによって、どちらからでも靴の出し入れができます

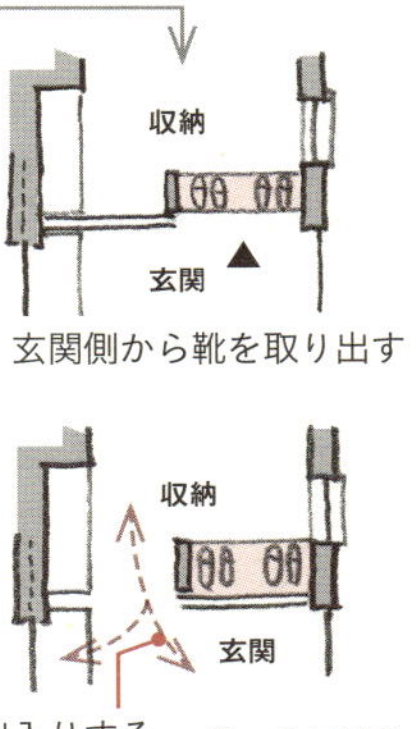

玄関側から靴を取り出す

玄関収納へ出入りする

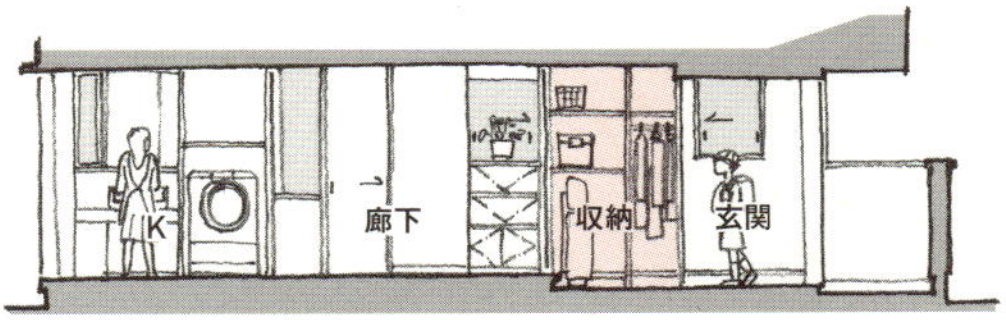

2つの役割

玄関から玄関収納を抜ける通路が、キッチンへの裏動線になっています。つまり玄関収納は廊下の一部で、廊下の両側に収納スペースをつくったことになります。生活動線の一部を玄関収納にあてることで、玄関収納は廊下と収納という2つの役割をもつことになります

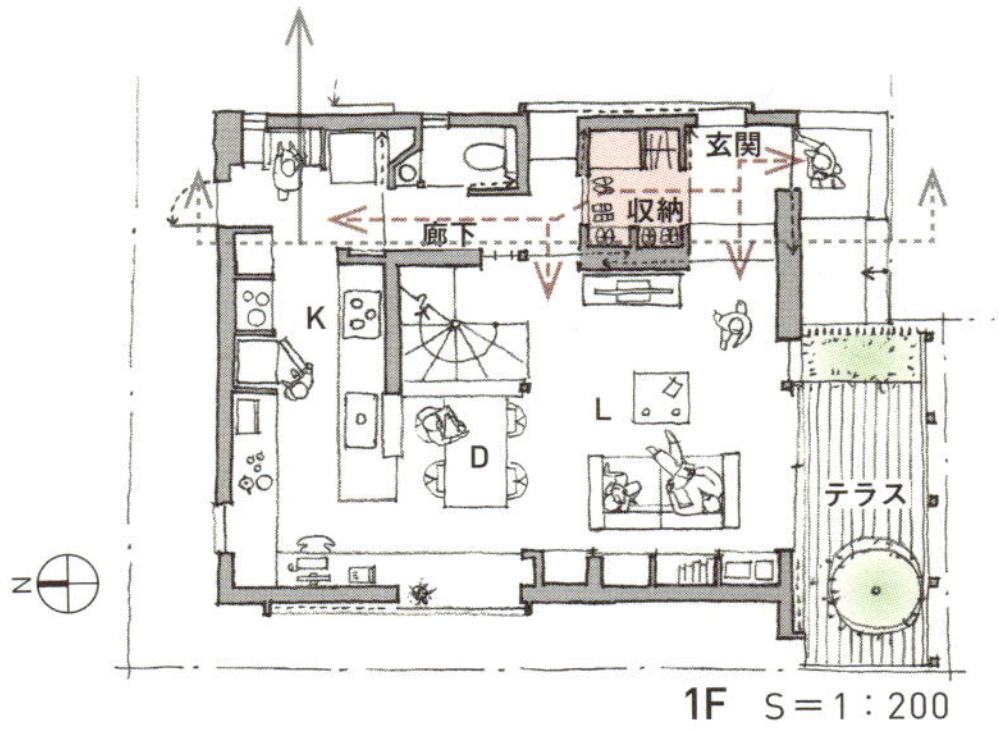

東久留米の家・28.7坪
(3章　P108へ)

その他実例　大倉山の家(24.2坪[+ガレージ7.98坪]、3章P104へ)、
経堂の家(28.81坪[+ガレージ4.67坪]、3章P138へ)、
清水ヶ丘の家(28.40坪、3章P106へ)、桜ヶ丘の家(30.5坪、3章P168へ)、
国立の家(30.8坪、3章P126へ)

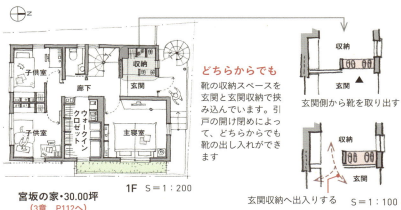

原則7　光を採り入れ、風を抜く

敷地面積が限られた小さな家では、多くの場合、隣家が迫っているので、居心地のよい家にするためには、その対応が大切になります。

特に光と風の採り入れ方には工夫が必要です。工夫というと、何か特別なことをするようですが、難しく考えなくても大丈夫。いたってオーソドックスなことを積み重ねることで、採光や風通しのよい家を実現できます。たとえば隣家に面して窓を大きく開かなくても、窓の位置や壁の高さを調整して風が抜ける家にすることはできます。そうした小さな配慮の積み重ねによって、室内の空間もより豊かになっていくのです。

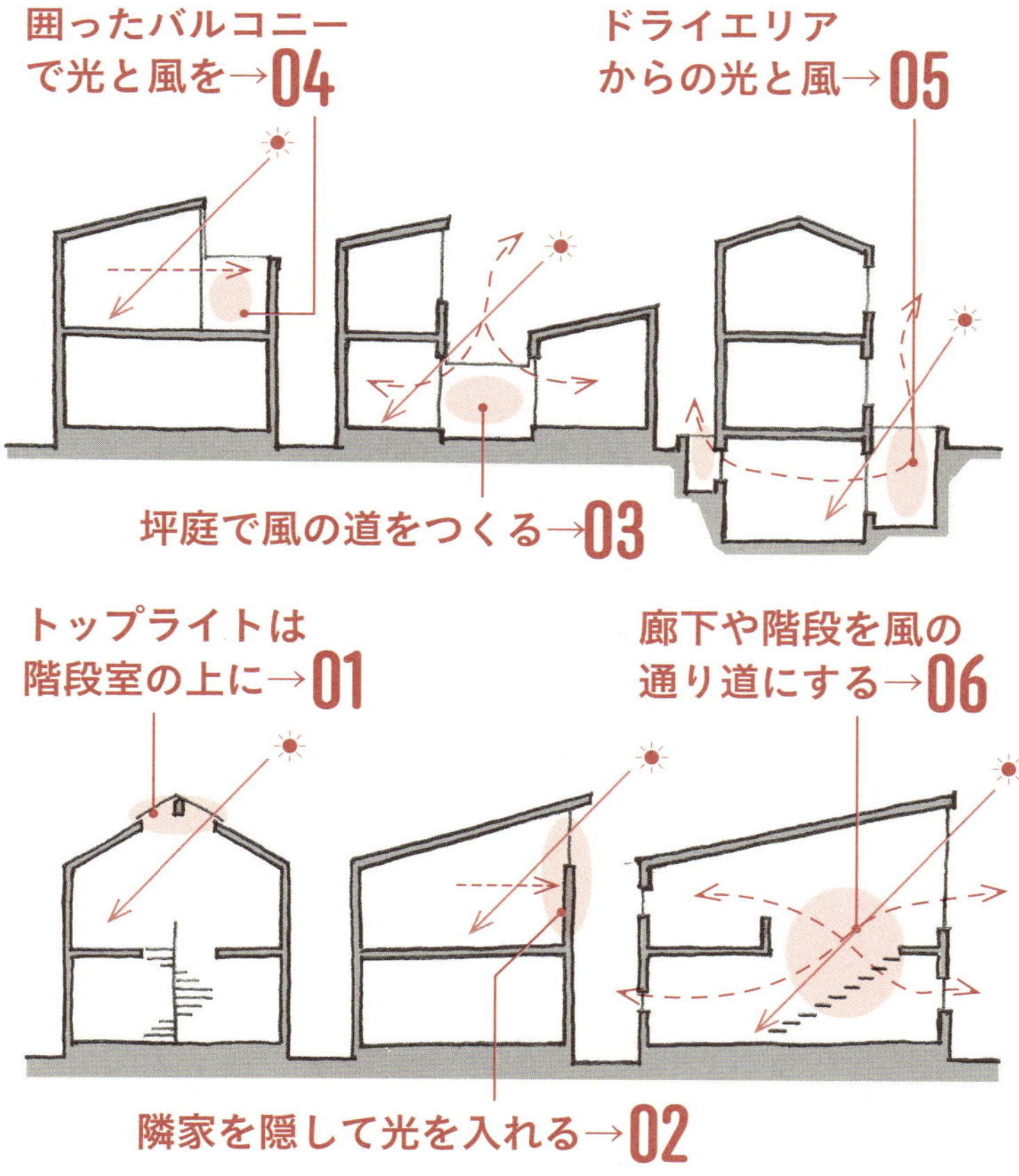

01 トップライトは階段室の上に

家の中央付近に階段室を置き、その上にトップライトを取り付けると、階段室の吹抜けを通じて1、2階ともに自然光の恩恵を受けることができます。階段の配置が中央付近でなくても、そこから落ちてくる光によって室内が豊かな空間になるのであれば、トップライトとしての機能を十分に果たします。

つつじヶ丘の家・33.35坪
(3章　P170へ)

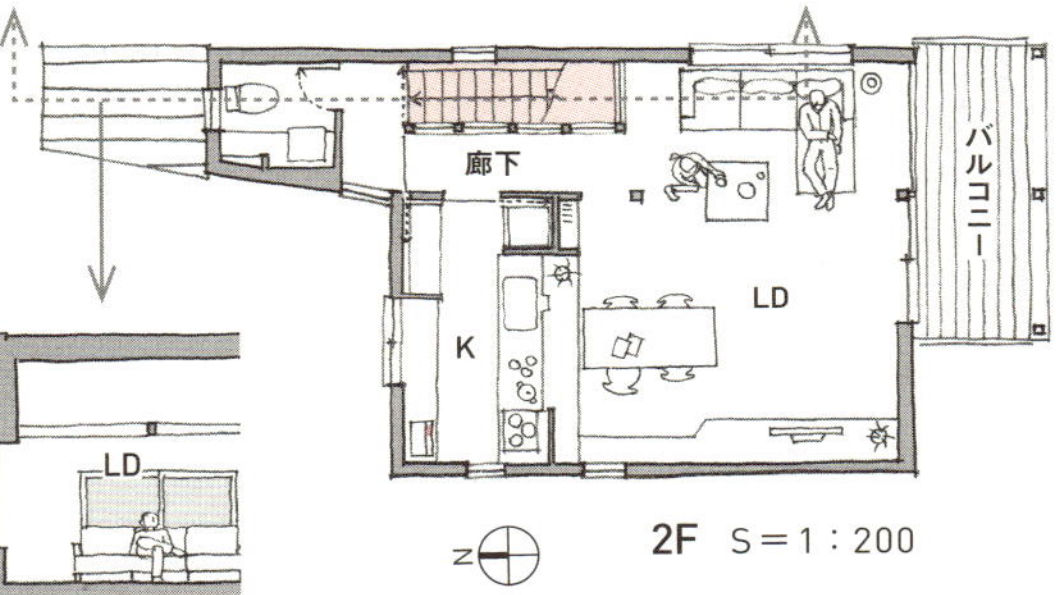

2F　S＝1：200

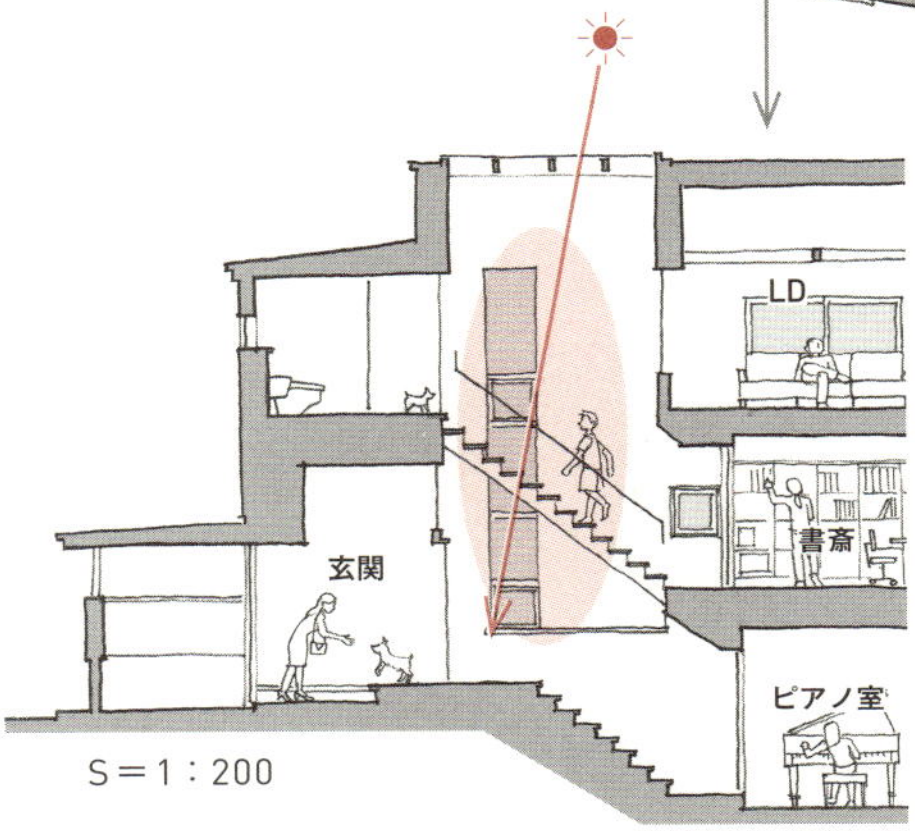

S＝1：200

動線空間にも明るさを

居間・食堂の北側に階段室と廊下があります。北側なので一見すると薄暗そうですが、階段室上部にトップライトをつくり、そこからの光で階段室と廊下を明るくしています。さらに1階の玄関ホールにも柔らかな間接光を落としています

北側でも明るい居間・食堂

居間・食堂を北側に寄せ、その南側に階段を置きました。階段の上部にトップライトと高窓をつくり、そこから入り込む光によって居間と食堂を明るくしています

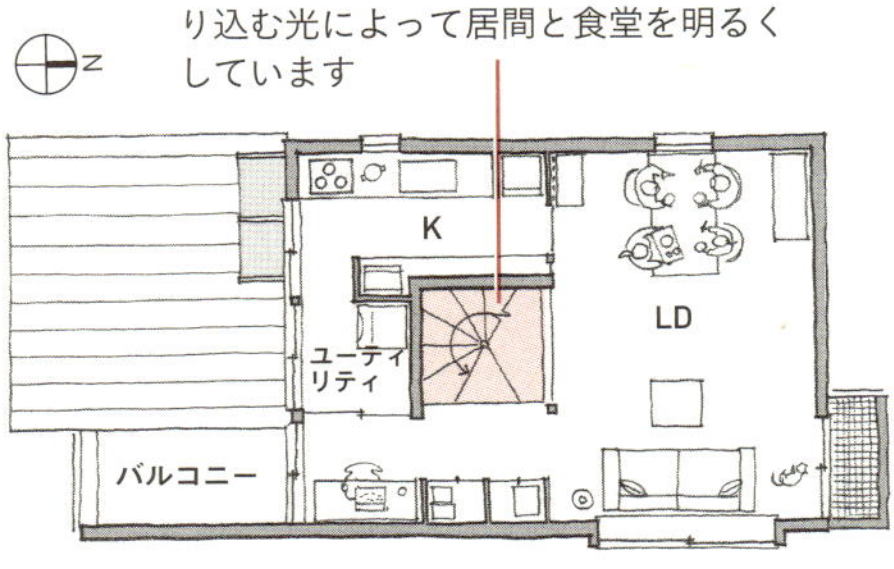

2F　S＝1：200

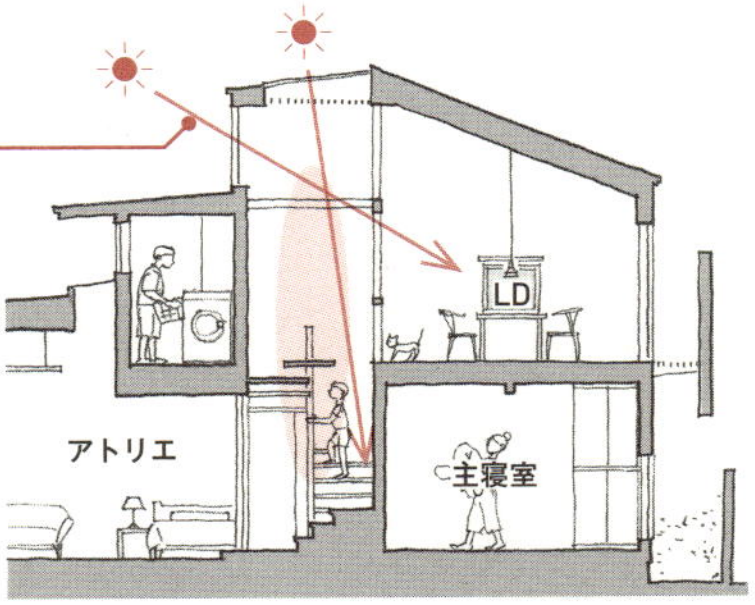

S＝1：200

上祖師谷の家・25.3坪
(3章　P116へ)

その他実例　大倉山の家(24.2坪[+ガレージ7.98坪]、3章P104へ)
大宮の家(28.15坪、3章P120へ)、本牧の家(28.23坪、3章P98へ)、
清水ヶ丘の家(28.40坪、3章P106へ)、東久留米の家(28.7坪、3章P108へ)、
羽根木の家(34.28坪、3章P102へ)、梅ヶ丘の家(34.41坪、3章P134へ)、
赤堤2丁目の家(35.77[+ガレージ2.04坪]、3章P152へ)

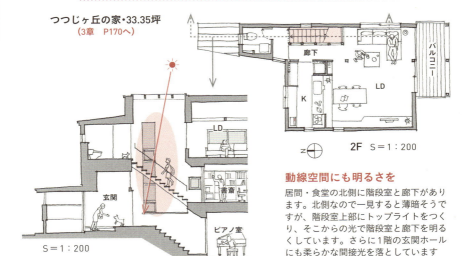

02 隣家を隠して光を入れる

南側でも、隣地境界線ぎりぎりまで寄せて建てなければならないことがあります。南側だからと、お約束のように大きな窓を開けると、いつも隣家を見て暮らすことになってしまいます。南からの採光を得ながら、そんな状況を避けるためには、天井高さを３m前後として高窓をつくる方法があります。

錦の家・26.7坪
(3章　P118へ)

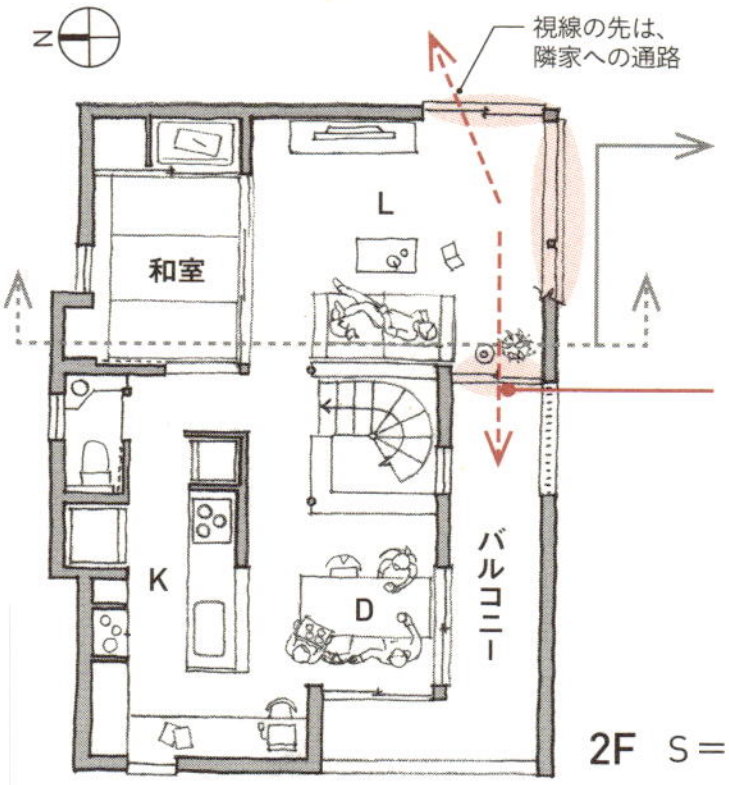

2F　S＝1：200

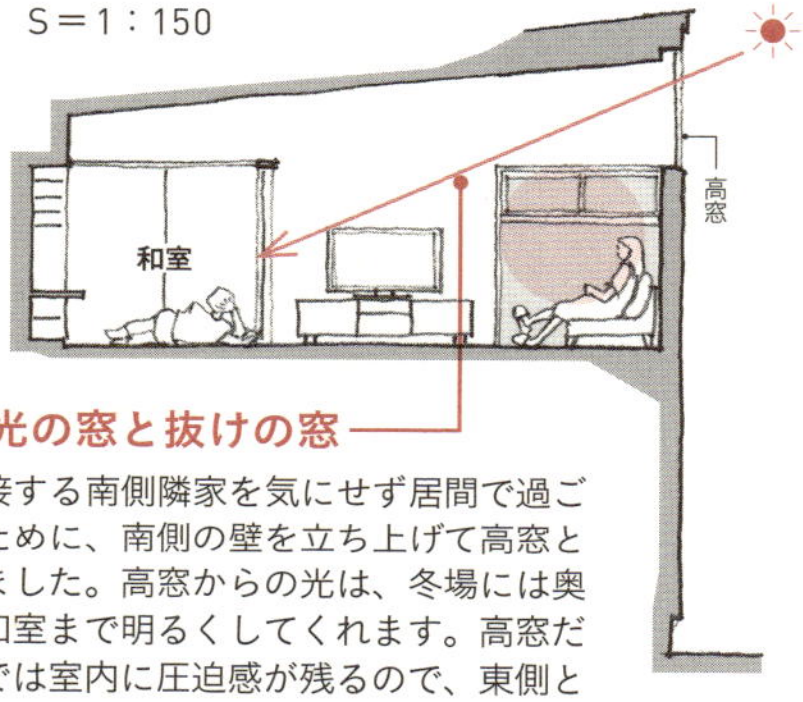

採光の窓と抜けの窓

近接する南側隣家を気にせず居間で過ごすために、南側の壁を立ち上げて高窓としました。高窓からの光は、冬場には奥の和室まで明るくしてくれます。高窓だけでは室内に圧迫感が残るので、東側と西側に視線の高さで窓をつくり、外へ向かう視線の抜けをつくっています

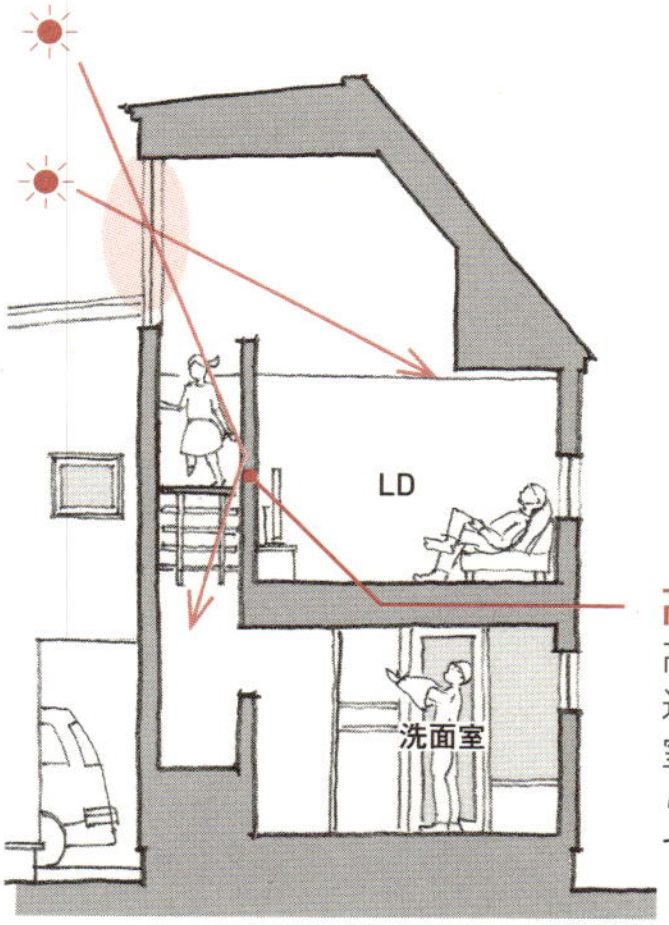

S＝1：150

高窓から採光

高窓からの光は居間に射し込むとともに、居間と階段室を隔てる壁に反射しながら階段室を抜け、1階にまで届きます

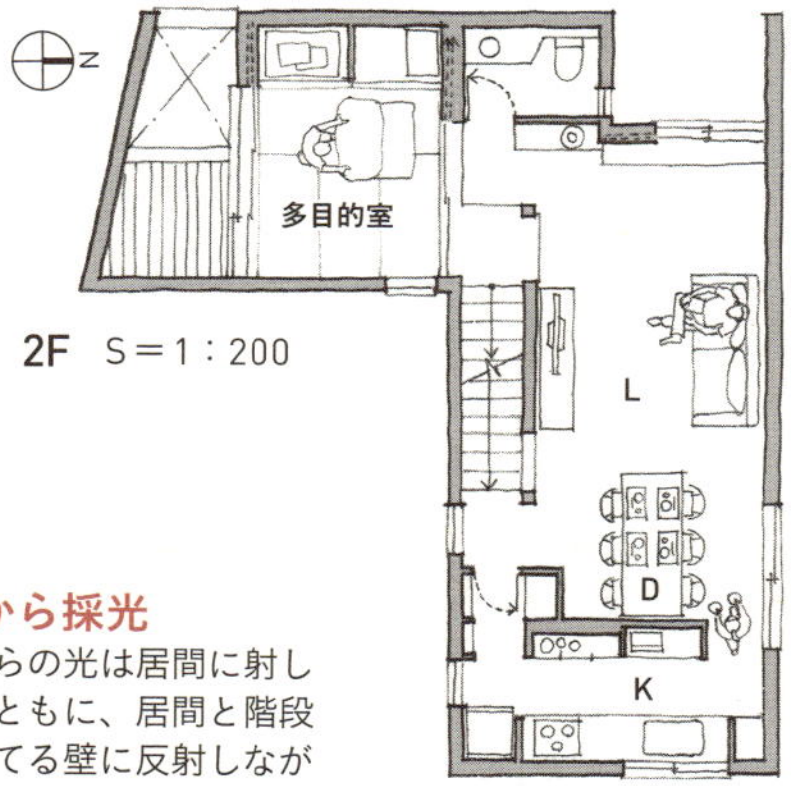

宮坂2丁目の家・30.40坪
[＋ガレージ4.81坪]
(3章　P150へ)

その他実例　小さな家(21.7坪、3章P114へ)、奥沢の家(27.4坪、3章P132へ)、上原の家(28.26坪[+ガレージ2.93坪]、3章P172へ)、豪徳寺の家(28.72坪、3章P122へ)、桃井の家(29.24坪、3章P124へ)、

03 坪庭で風の道をつくる

光庭とも言われる坪庭ですが、光だけでなく風を室内に呼び込むことができます。小さな家の坪庭では、広さも限られ、期待したほど室内に光が入らないこともありますが、風は風の道さえあればよく、逆に小さな坪庭であるほど柔らかな風が室内に入り込んできます。

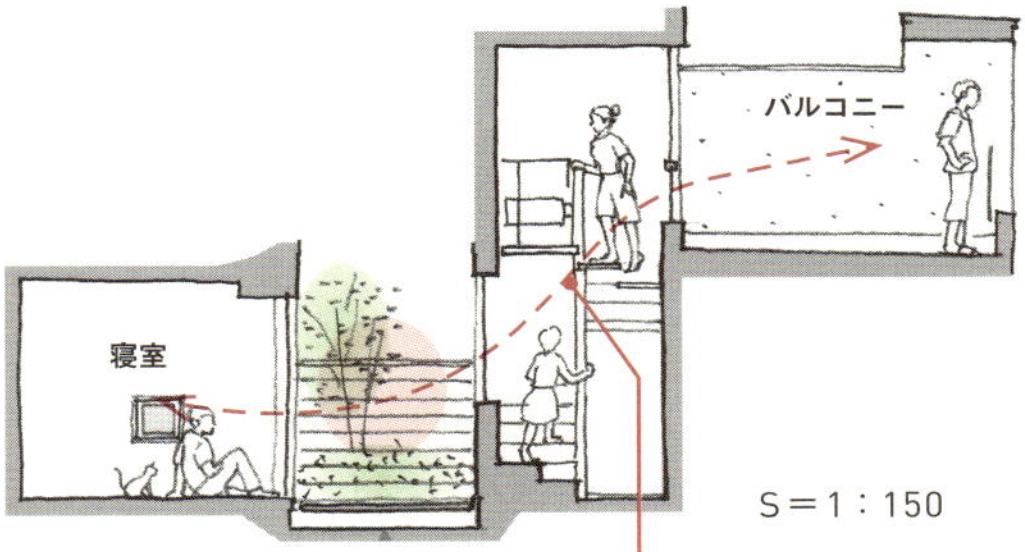

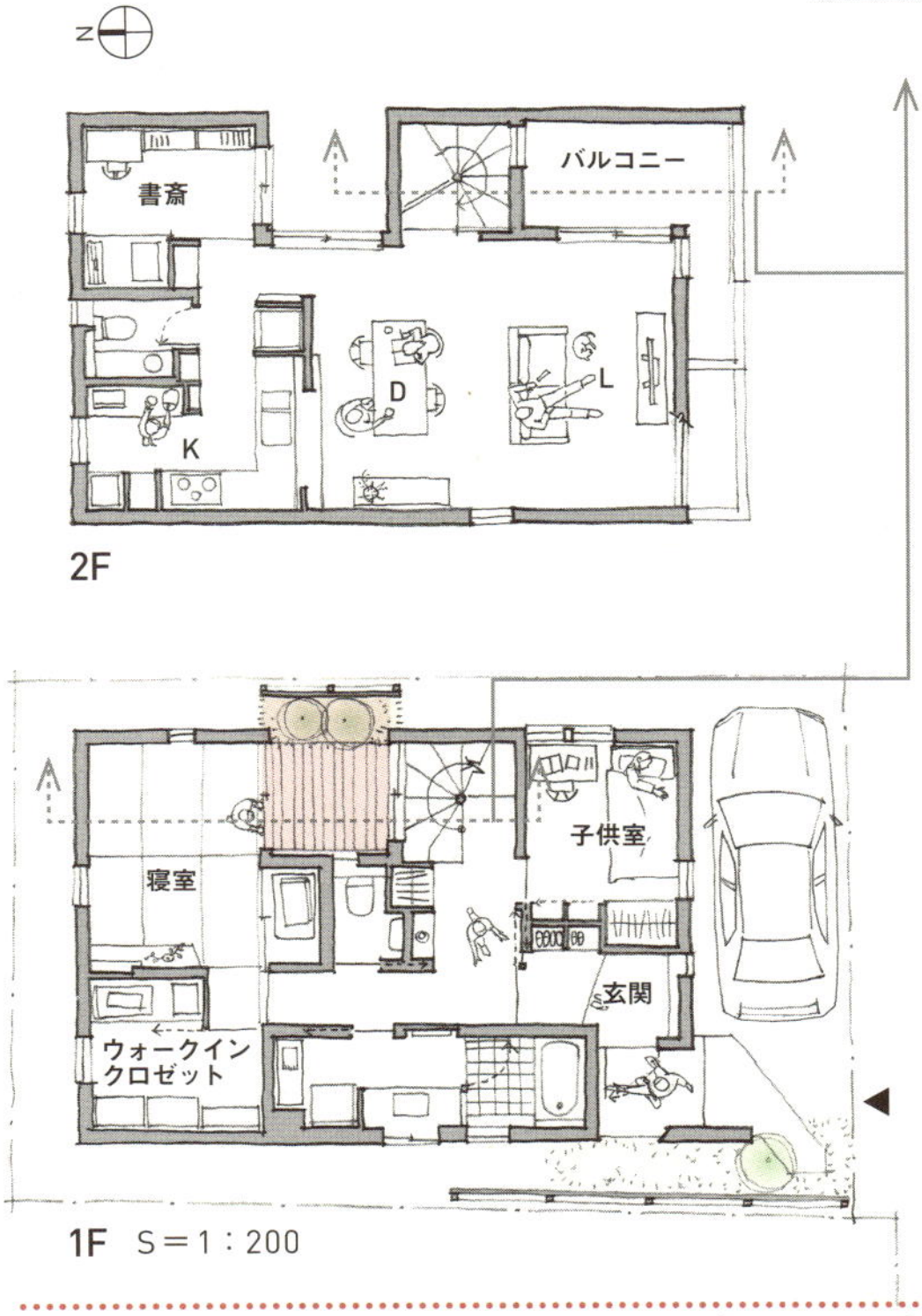

風の通り道

北側にある寝室（和室）に自然光と風を誘い込むため、2畳の広さの坪庭をつくりました。坪庭南側の階段室の吹抜け効果により、2階の南側バルコニーから入り込んだ風が階段室〜坪庭〜寝室（和室）へと流れていきます

桃井の家・29.24坪
（3章　P124へ）

その他実例　奥沢の家（27.4坪、3章P132へ）、大宮の家（28.15坪、3章P120へ）、
下井草の家（29.14坪、3章P110へ）、狛江の家（33.36坪、3章P100へ）、
小金井の家（30.80坪［＋ガレージ3.87坪］、3章P148へ）

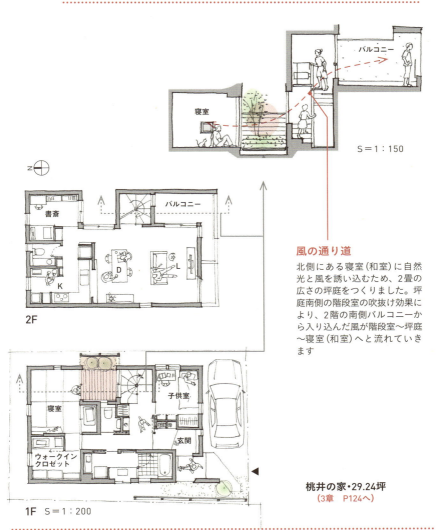

04 囲ったバルコニーで光と風を

小さな敷地では、建物の周りに庭と呼べるような空地が確保できることはめったにありません。それなら「土の庭」にこだわらず、2階の居間や食堂とつながるバルコニーをつくり、庭代わりとすることも考えられます。目隠し壁を立ち上げて、隣家からの視線をカットすれば、さらに使いやすくなります。

下井草の家・29.14坪
（3章　P110へ）

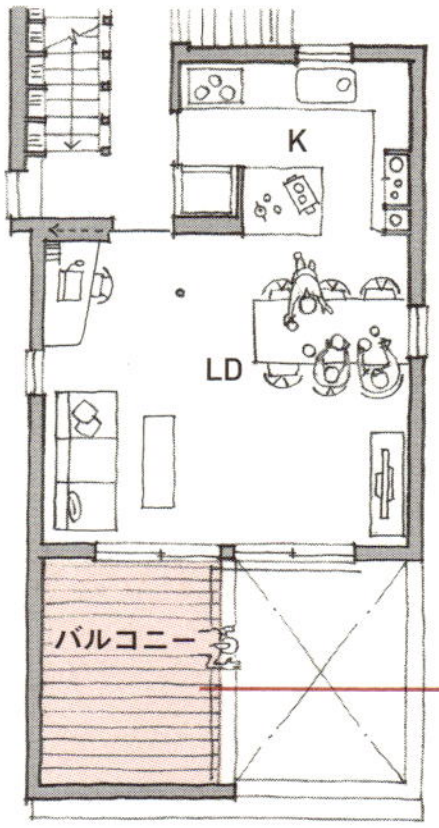

2F

落ち着き感をもつ

2階LDKなので、奥行きのあるバルコニーを居間とつなげてつくりました。隣家からの視線をカットするため、2面の壁を1.7mまで立ち上げると、外からの目が気にならない落ち着いた場所になりました

S＝1：150

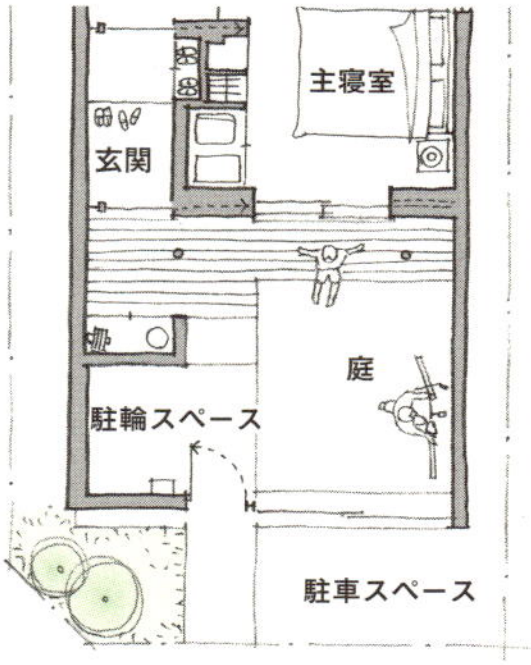

1F　S＝1：200

バルコニーとの一体感

2階南側を少し後退させて、奥行き1.5m、高さ1.7mの壁をもつバルコニーをつくりました。壁で囲われているため居間とバルコニーの一体感が生まれ、室内は実質面積よりも広く感じられます

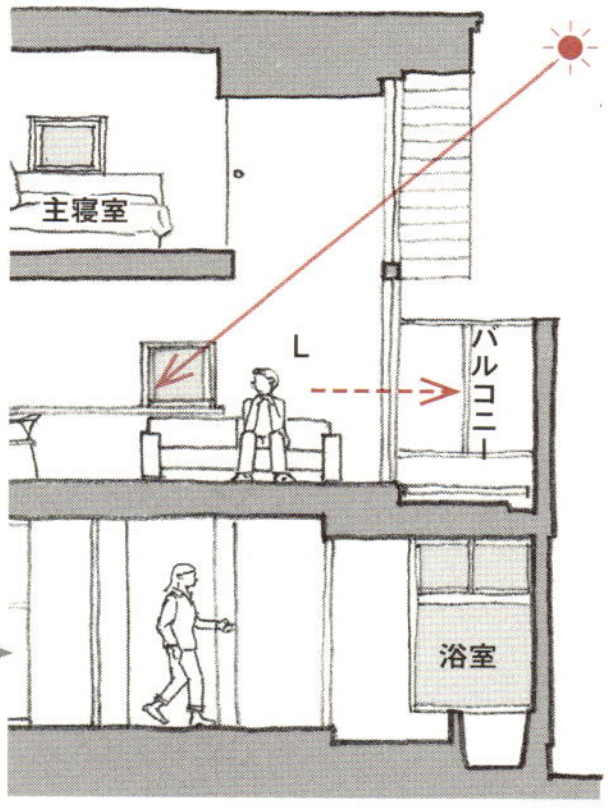

S＝1：150

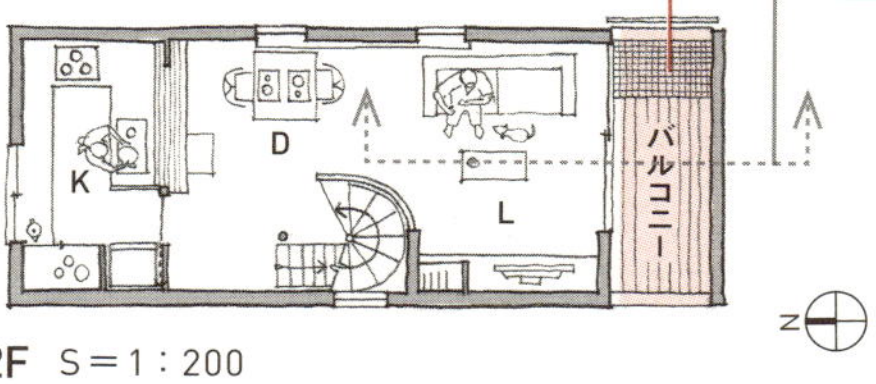

2F　S＝1：200

下高井戸の家・20.9坪
（3章　P140へ）

その他実例　錦の家（26.7坪、3章P118へ）、
白金台の家（26.91坪[+ガレージ3.84坪]、3章P156へ）、
経堂の家（28.81坪[+ガレージ4.67坪]、3章P138へ）
桃井の家（29.24坪、3章P124へ）

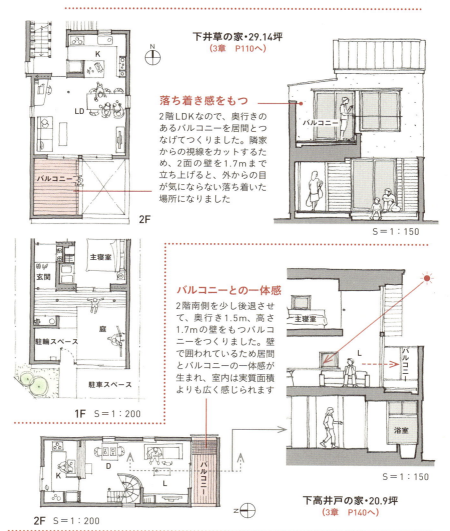

05 ドライエリアからの光と風

地上で必要な諸室が確保できない場合、地下室をつくることがあります。地下室では、ドライエリア（空掘りスペース）をつくり、光と風を室内に入れるようにします。柔らかな間接光を感じられる程度の、小さなドライエリアで十分です。大切なのは、ドライエリアにより地下の閉塞感を拭い去ることです。

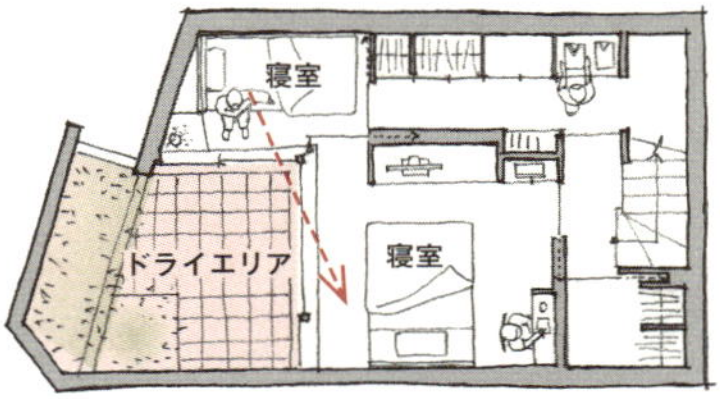

BF S＝1：200

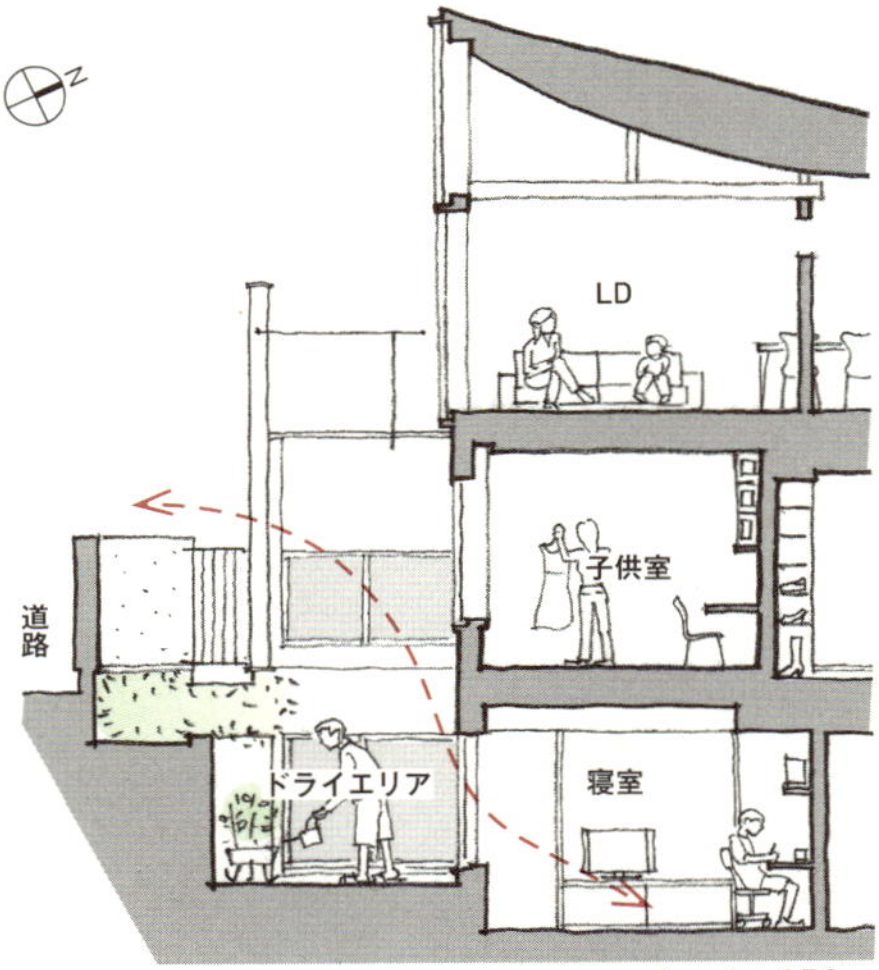

S＝1：150

ひとつながりになる

ドライエリアに対して2つの寝室がL形に接しています。2つの寝室とドライエリアは1つの空間としてつながり、寝室では地下室の閉塞感を感じることがありません

瀬田2の家・27.2坪
（3章　P162へ）

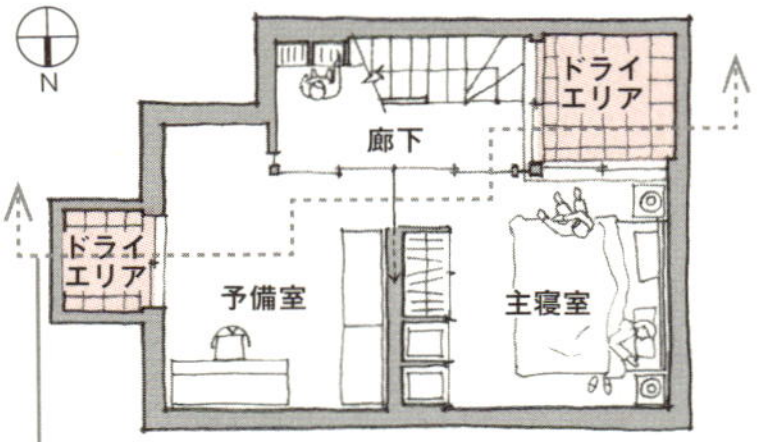

BF S＝1：200

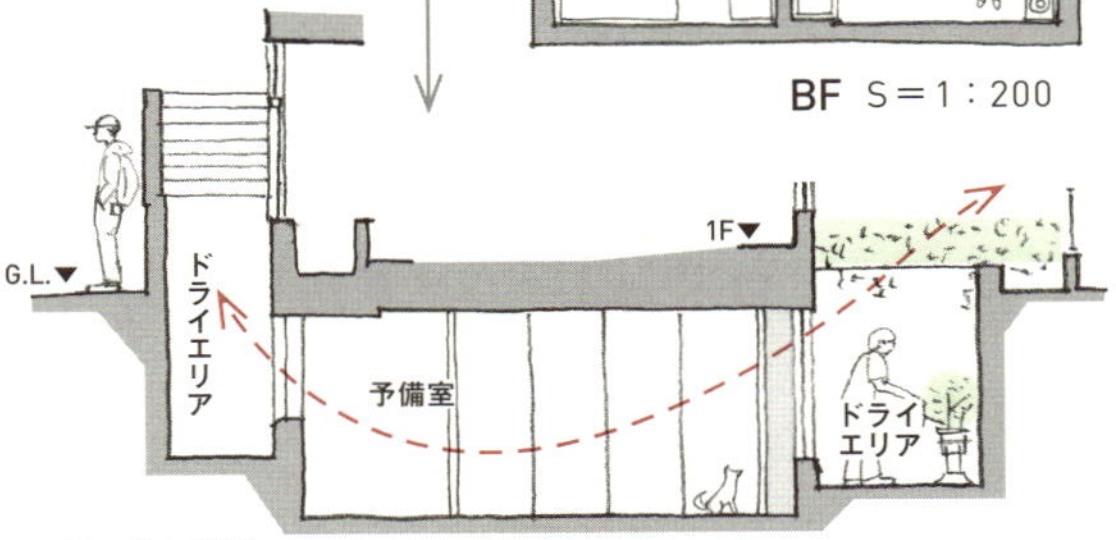

S＝1：150

2つのドライエリア

ドライエリアを地下の角に置くと、寝室と廊下の2つのスペースに採光や通風が可能となります。ここではさらにもう1つ小さなドライエリアをつくり、奥の予備室にも風を通すことができました。そしてなによりも地下の閉塞感が軽減されます

武蔵小金井の家・29.8坪
（3章　P166へ）

その他実例　井の頭の家（25.90坪、3章P164へ）、
上原の家（28.26坪[+ガレージ2.93坪]、3章P172へ）、
千駄木2の家（30.35坪、3章P176へ）

06 廊下や階段を風の通り道にする

なんとなく部屋の風通しをよくしたい、とは考えても、家全体の風通しについて意識することは少ないかもしれません。しかし、家全体に風が流れるのは、人にとっても、家にとってもよいことです。家のなかの動線空間を風の通り道にすると、大きな風の流れが生まれます。

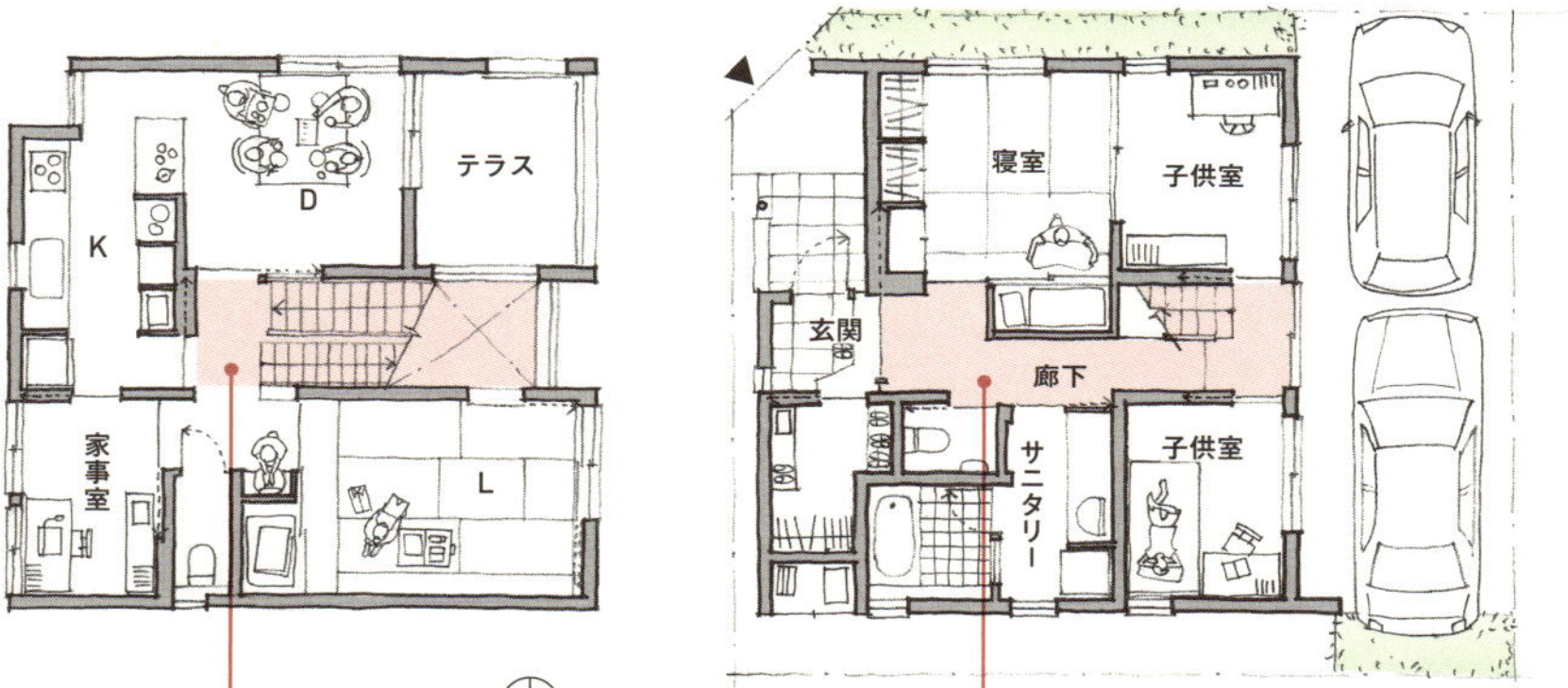

2F　　1F　S＝1：200

フロアを貫く動線

各階フロアの中央に、南北に貫く廊下と階段をつくりました。1階では玄関から階段までが遠くなりますが、廊下を抜ける風が廊下左右のスペースにも流れ、風通しのよい1階となります

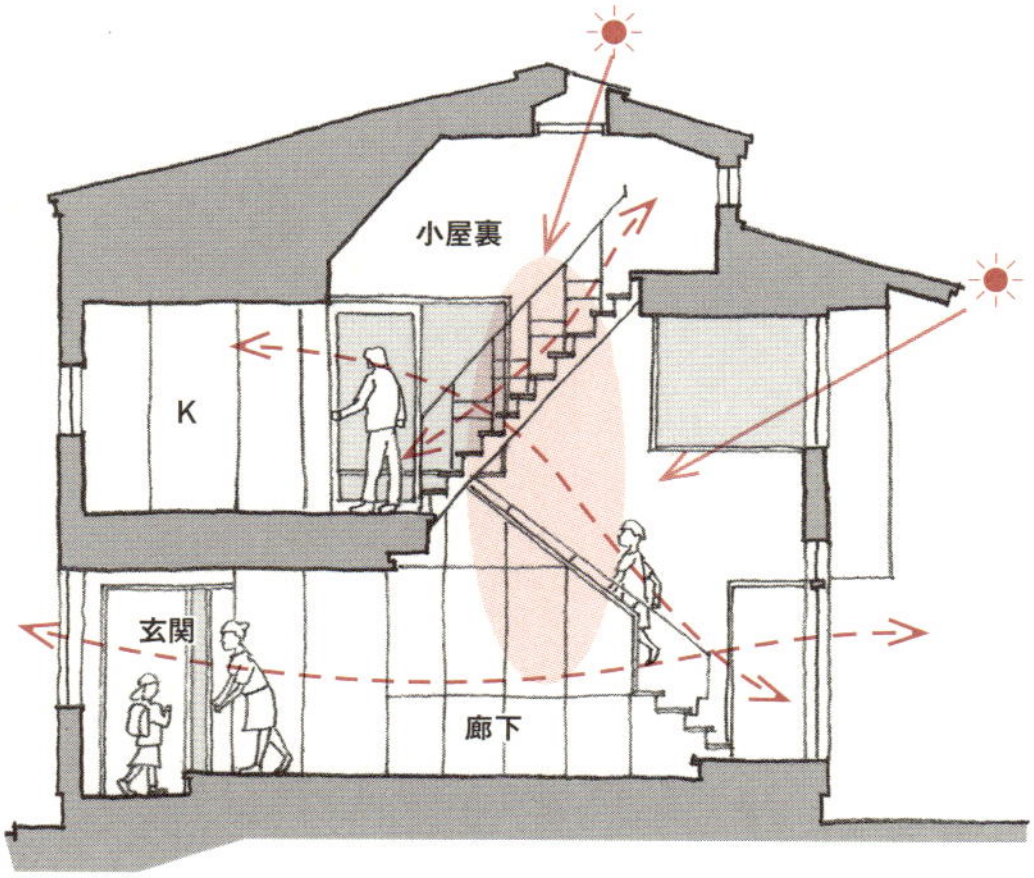

階段室からの光

階段室は吹抜けになるので、トップライトやハイサイドライトからの陽射しが、家の奥まで入り込みます

S＝1：150

国立の家・30.8坪(3章　P126へ)

原則8　縦空間を有効に使う

小さな敷地に家を建てようとする場合、各フロアの広さは限られますので、建物のなかで横方向への伸びやかさをつくり出すことは難しくなります。しかし一方で、3階建てや地下室など縦方向に積み上げていくと、縦方向、つまり上下階の関係を積極的につくり出すことができるようになります。

縦方向のつながりは、横方向のつながりと違って、空間に意外性を生み出すことができますし、小さいがゆえに生じる各階の閉塞感を減らすことにもつながります。そしてなによりも、別の部屋（階）にいる家族の気配をさり気なく伝え合う役目も果たしてくれます。

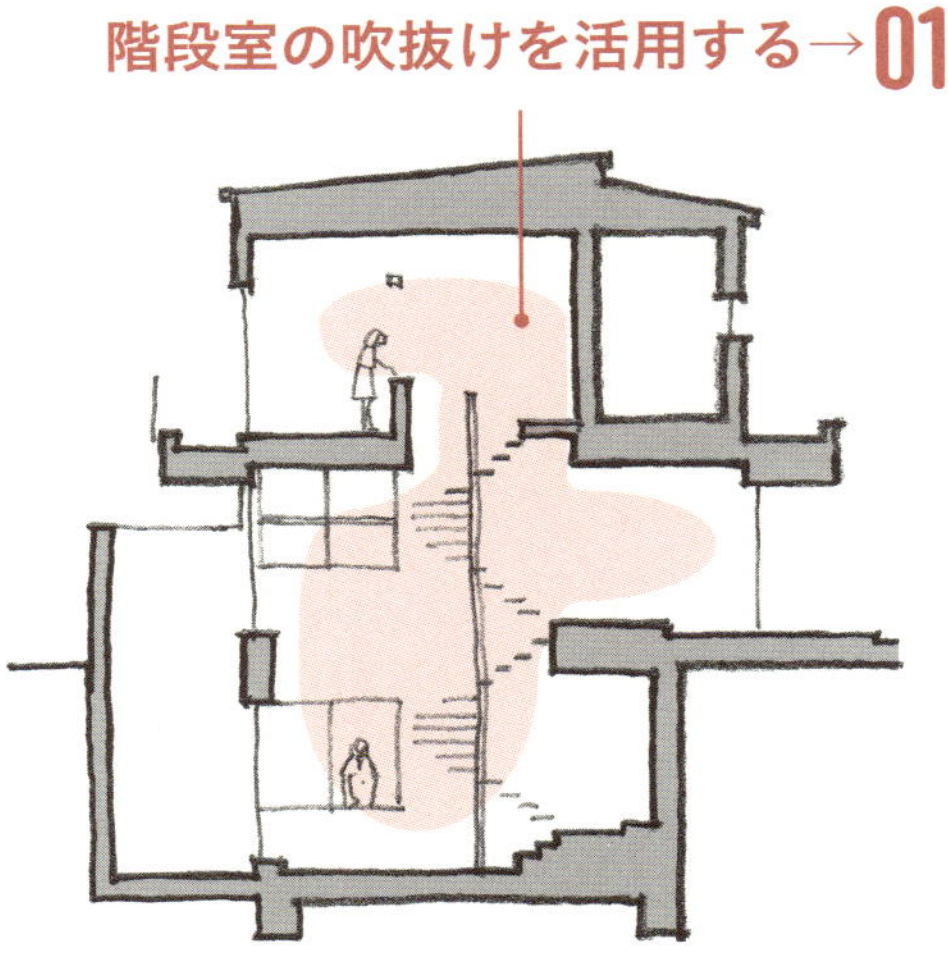

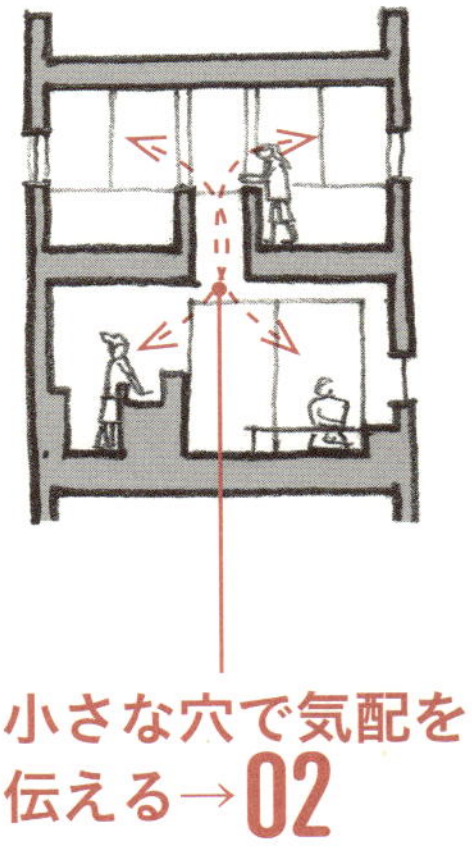

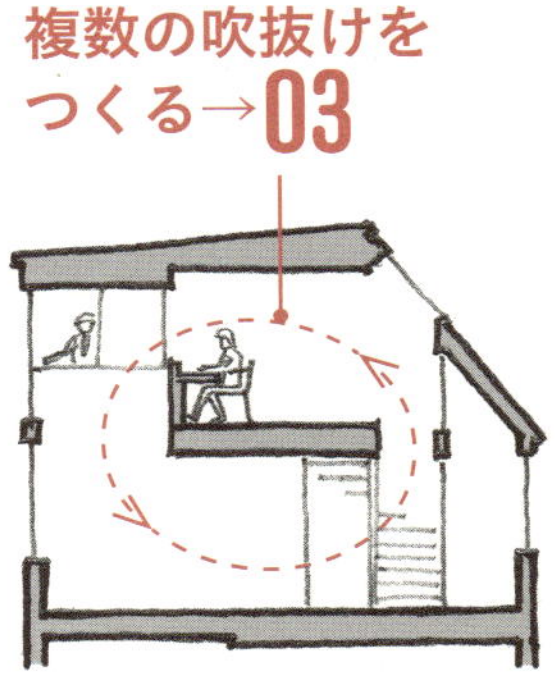

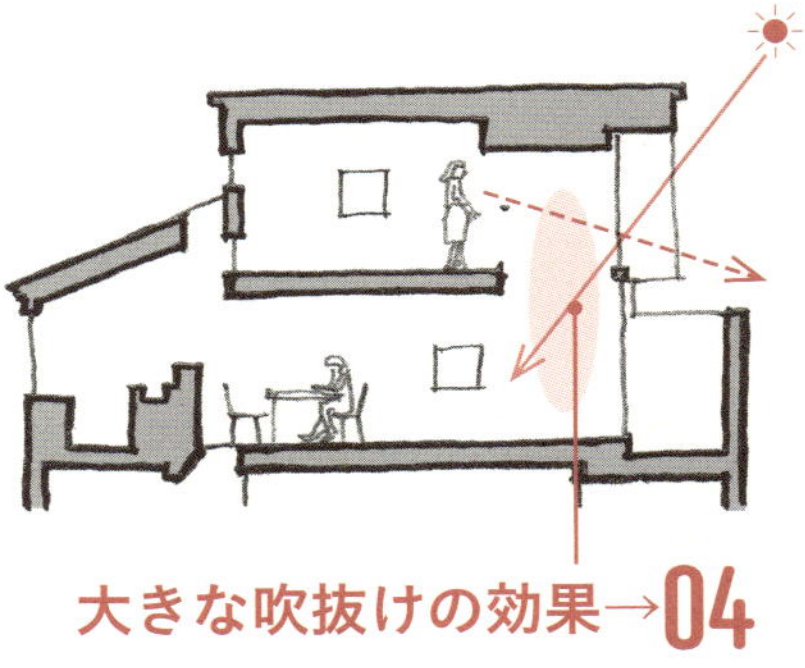

01 階段室の吹抜けを活用する

階段室はそれ自体で吹抜けですが、階段があるだけで上下階の関係性が生まれるわけではありません。ところが階段室の吹抜けを少し大きくすると、まったく別の空間であった上下階が一体となり、家族どうしの気配も伝え合うことができます。吹抜けを増やした分、床面積は減りますが、縦方向と横方向のつながりが、豊かな空間をつくりだします。

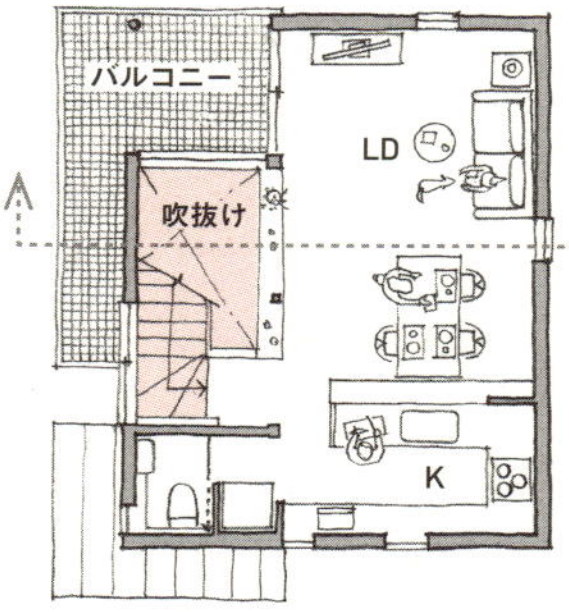

2F

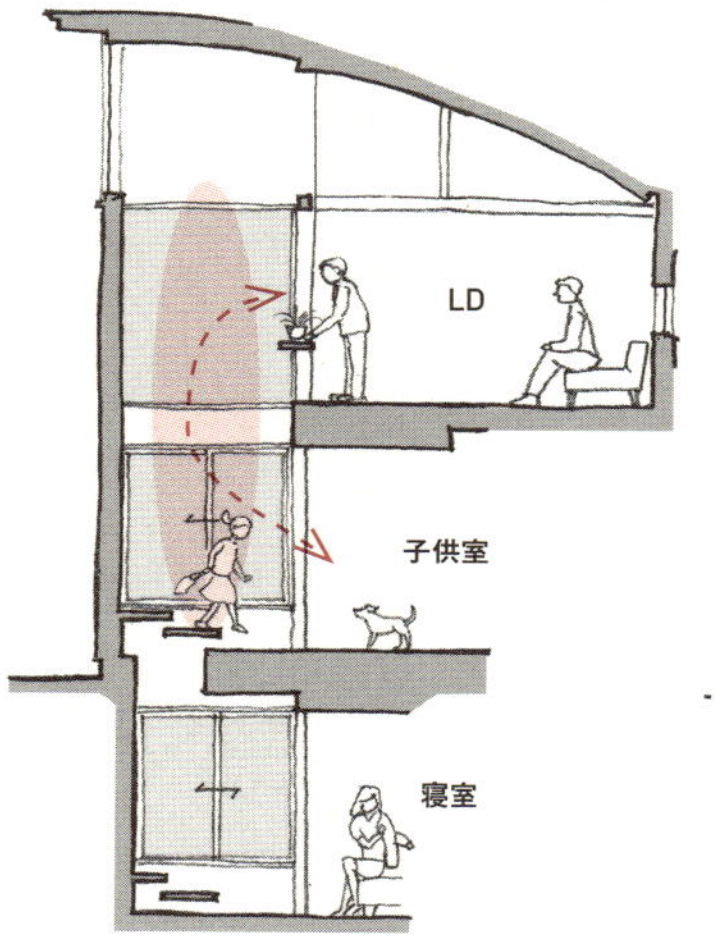

S＝1：150

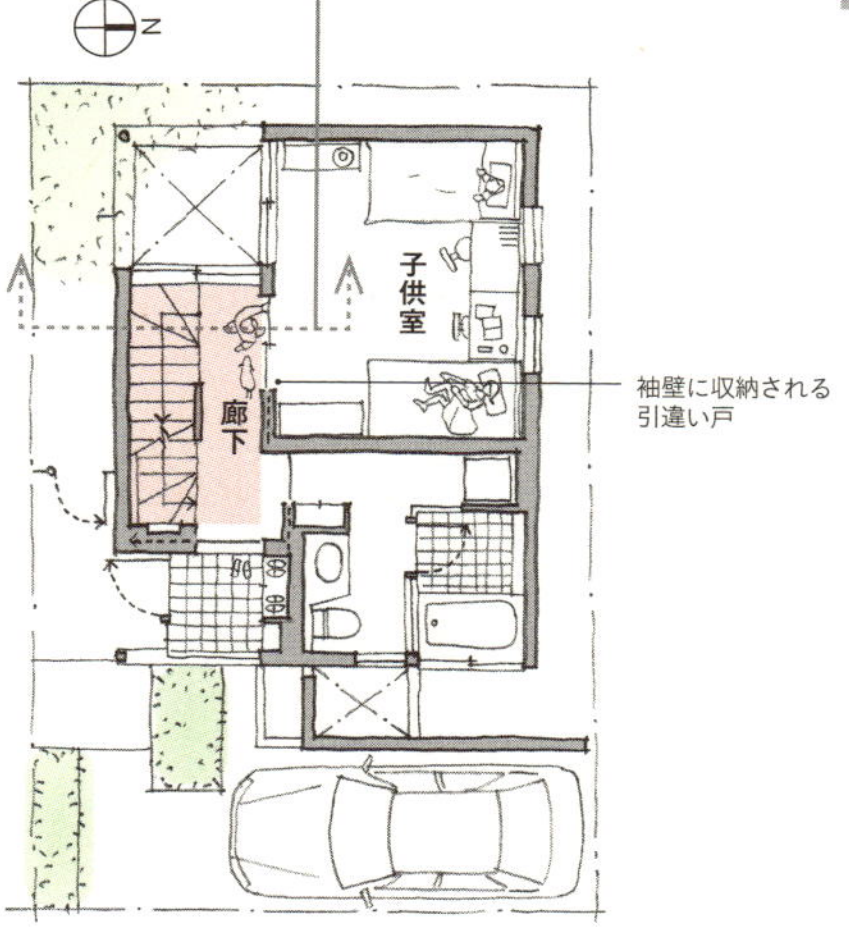

1F S＝1：200

吹抜けを大きくとる

2階の居間・食堂を少し小さくしても、階段室の吹抜けを若干大きめに取りました。1階廊下の隣の子供室は、2枚の引戸を壁に引き込むと、廊下～吹抜け～2階の居間・食堂とつながります

武蔵小金井の家・29.8坪(3章　P166へ)

その他実例　井の頭の家（25.90坪、3章P164へ）、国立の家（30.8坪、3章P126へ）

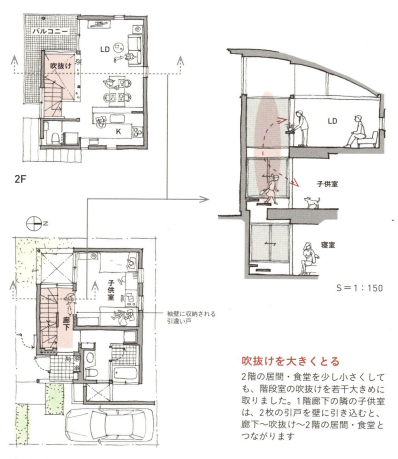

02 小さな穴で気配を伝える

吹抜けと聞くと大空間を思い浮かべるかもしれませんが、生活の気配を伝え合うだけなら大きな吹抜けである必要はありません。小さな穴でも、上下階の空気も人の気配も流れていきます。床で隔てられていた上下階の部屋の距離感が、その小さな穴1つでぐっと縮まることになります。

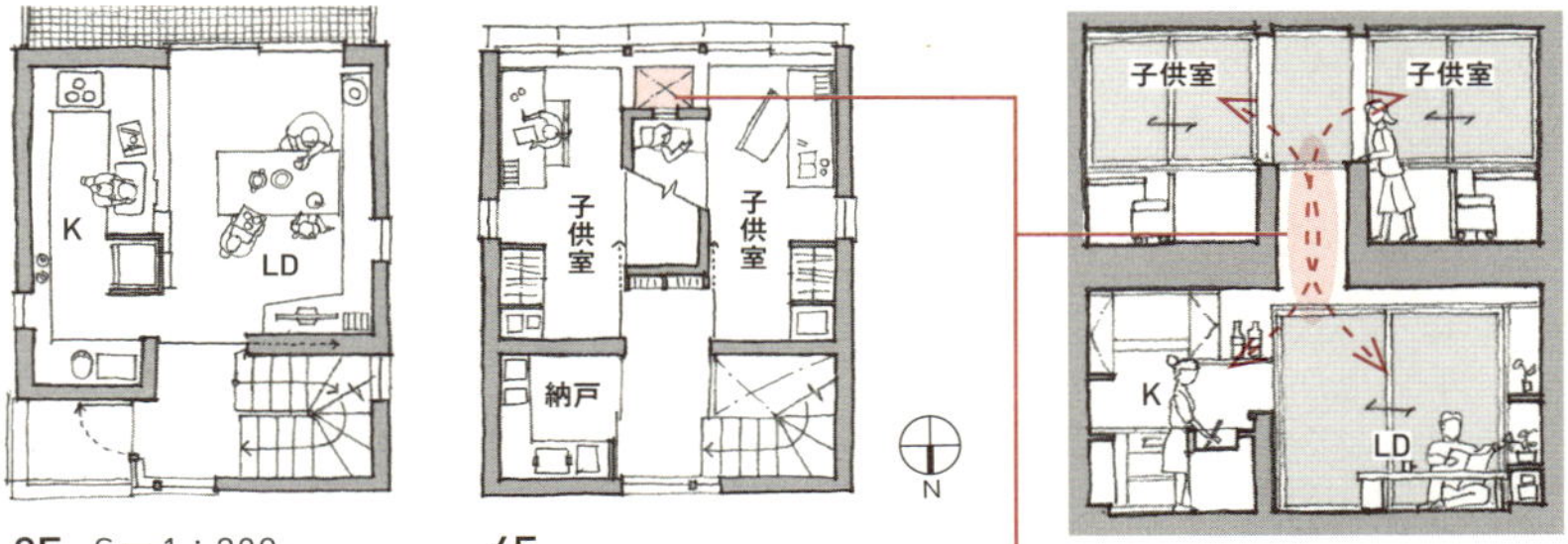

3F　S＝1：200　4F　S＝1：150

赤堤通りの家・31.88坪（3章　P180へ）

距離を縮める

4階の床に小さな穴をつくりました。この穴から気配が伝わり、上下階で分かれていた子供室とLDKの距離感が縮まりました

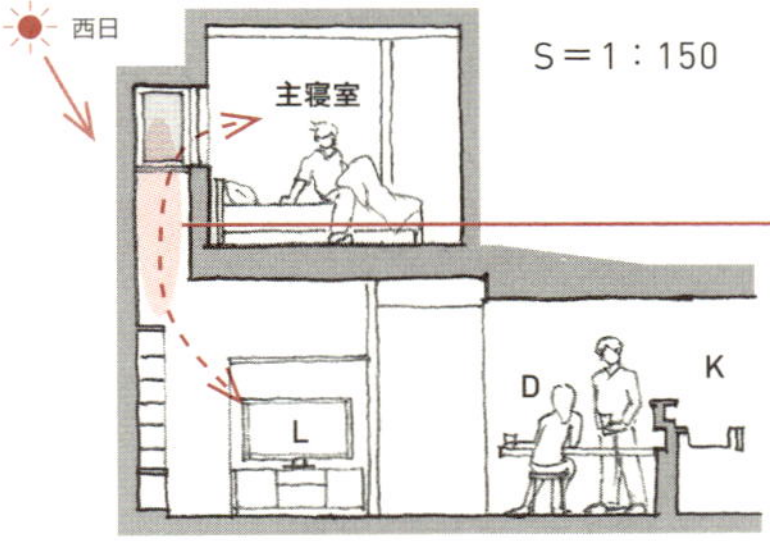

S＝1：150

吹抜けは断熱層

2階寝室の西側につくった吹抜けは、1階の居間とつながっています。この吹抜けは、寝室への西日の影響を緩和する断熱層としてつくったものですが、生活動線上一番離れている居間と寝室の距離感も縮めてくれています

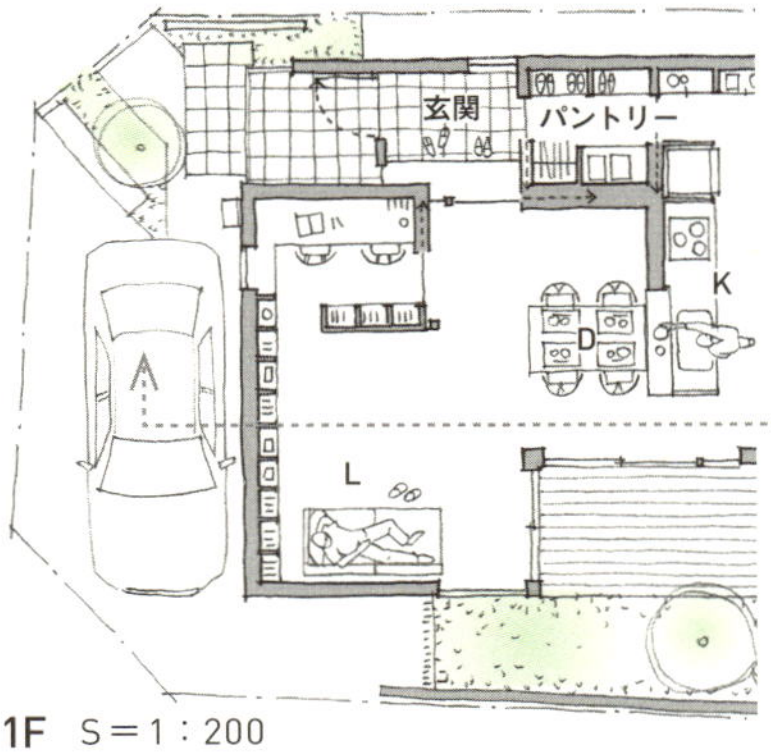

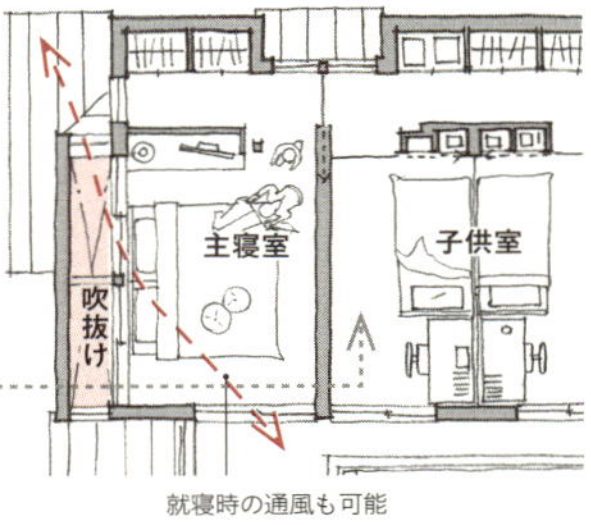

1F　S＝1：200　2F

狛江の家・33.36坪
（3章　P100へ）

その他実例　下高井戸の家（20.9坪、3章P140へ）、祐天寺の家（26.2坪、3章P142へ）、本牧の家（28.23坪、3章P98へ）、

03 複数の吹抜けをつくる

メインの部屋に大きな吹抜けをつくるだけではなく、小さな吹抜けを別につくって、空気を上下階で回遊させる方法もあります。大小の組み合わせではなく、2つの小さな吹抜けでもかまいません。いくつかの吹抜けがあることで、上下階の関係はより近くなります。

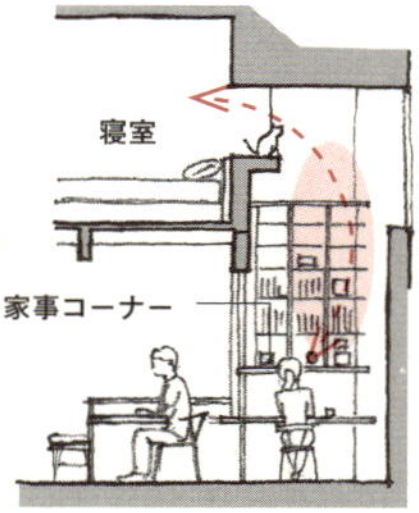

S＝1：150

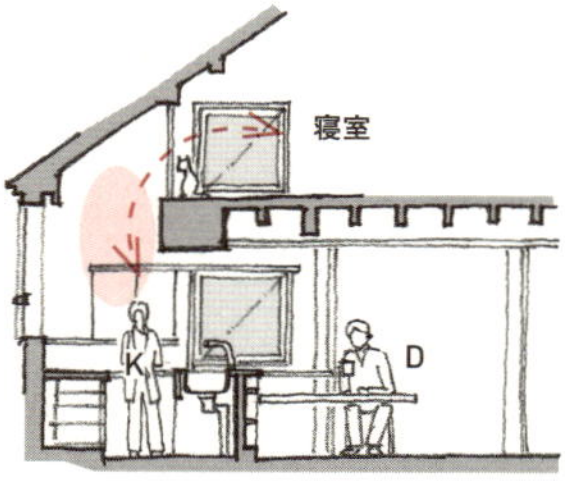

S＝1：150

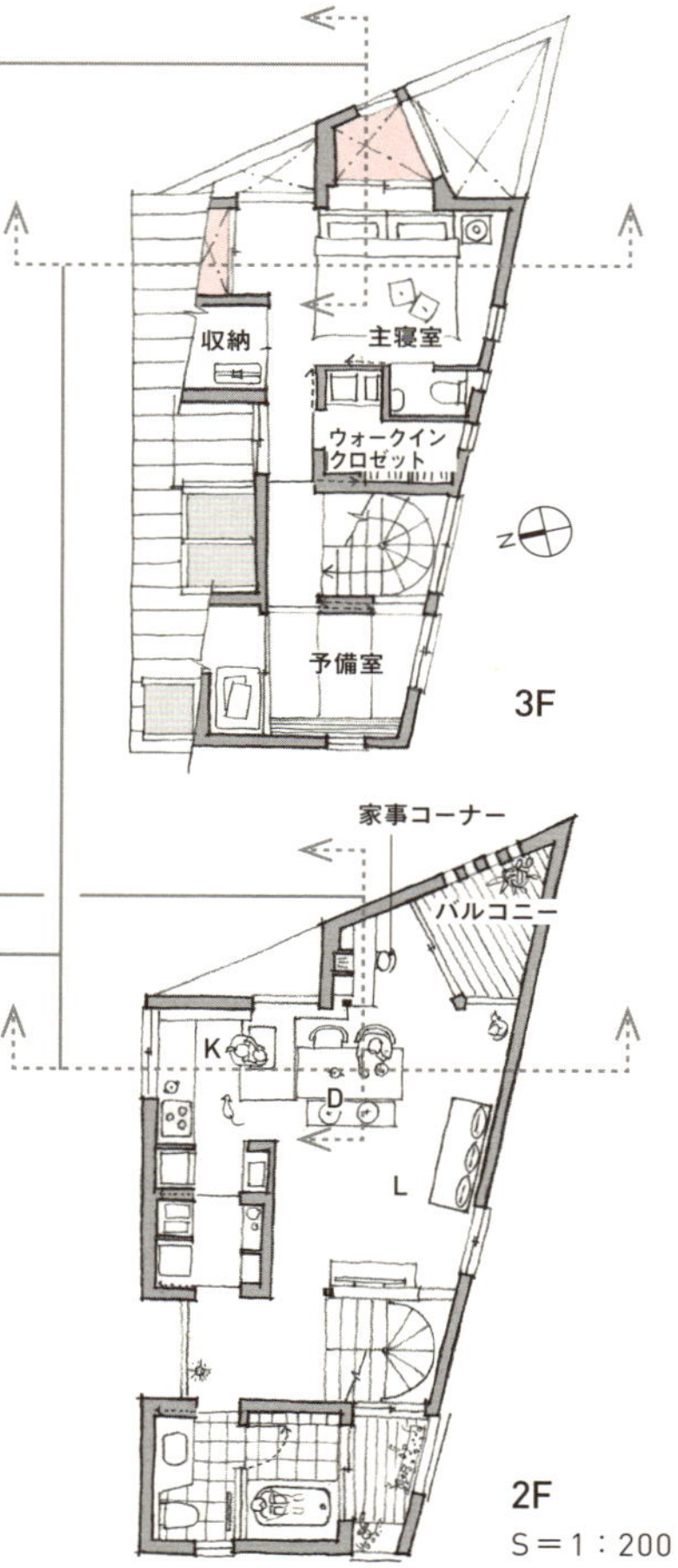

S＝1：200

縦方向の回遊性

キッチンと家事コーナーの上部に、それぞれ吹抜けをつくっています。この2つの吹抜けは3階の寝室とつながっており、寝室の引戸を開けると、2階LDKと3階寝室は、縦方向に回遊性をもつひとつながりの空間になります

経堂の家・28.81坪[ガレージ4.67坪](3章　P138へ)

その他実例　下高井戸の家(20.9坪、3章P140へ)、高砂の家(30.8坪、3章P144へ)、初台の家(32.34坪、3章P146へ)

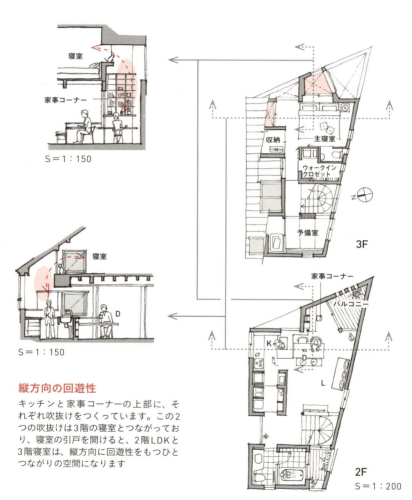

04 大きな吹抜けの効果

小さい家だからこそ大きな吹抜けによって暮らしが豊かになることがあります。ある程度の大きさの吹抜けをつくると、そのフロアは大きな容積をもつ部屋になり広がりが得られます。さらに吹抜け上部に高窓をつくると十分な採光を得られ、吹抜けに面した上階の部屋では、高窓から外へ視線が抜けていきます。

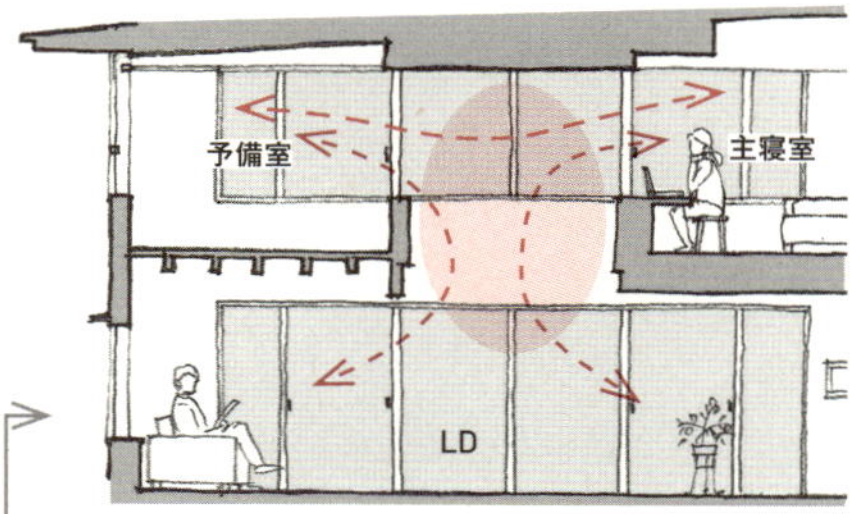

S＝1：150

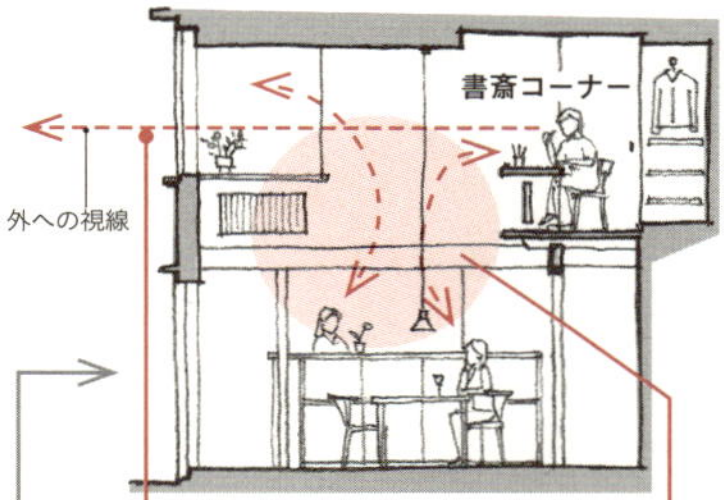

S＝1：150

外に抜ける視線

吹抜け上部の高窓は、室内に多くの光を届け、2階の各スペースから外へ視線が抜けるため、広がり感を大きくする効果もあります

家の中心をつくる

食堂の上の大きな吹抜けは、2階で寝室を含めた3つのスペースで囲まれます。この吹抜けを中心として、1階と2階の距離が縮まりました

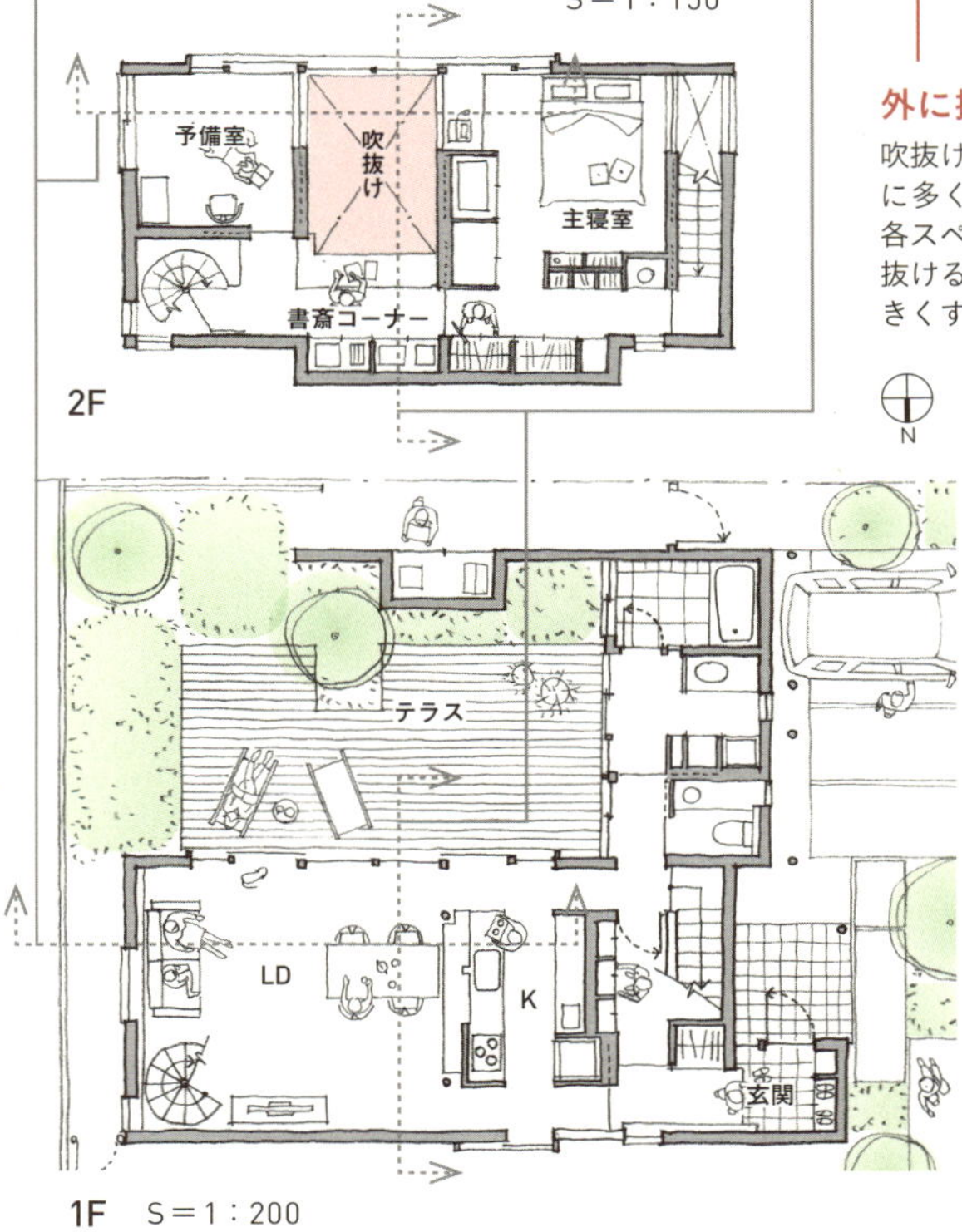

1F　S＝1：200

鳩山の家・27.7坪
(3章　P96へ)

その他実例　下高井戸の家（20.9坪、3章P140へ）、日野の家（32.16坪、3章P178へ）、宮坂2丁目の家（30.40坪［＋ガレージ4.81坪］、3章P150へ）

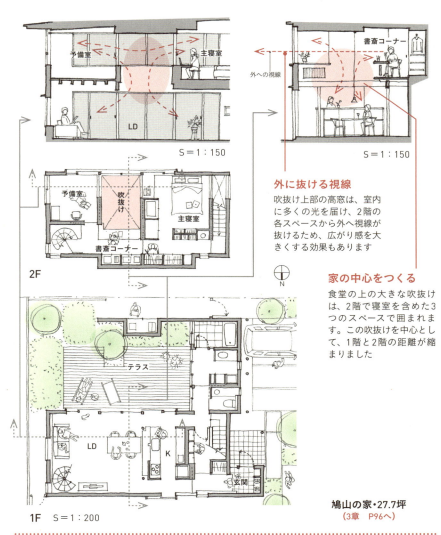

原則9 上に伸びるか、下に伸ばす

小さな敷地での家づくりの場合、2階建てでは必要な床面積を確保できないことも少なくありません。そのとき、上に伸ばせるのであれば、3階建てにする選択肢があります。高さ制限が厳しくなければ、4階建ても可能でしょう。

容積率の規制などによって3階建てや4階建てが難しい場合には下に伸ばす、つまり地下室や半地下室をつくることになります。3階建てにしろ地下室のある3層の家にしろ、フロアの数が増えると、フロアごとに各部屋がはっきりと分かれてしまいがちです。ほかの階と切り離されることで生じる孤立感を、何らかの工夫で補う必要があります。

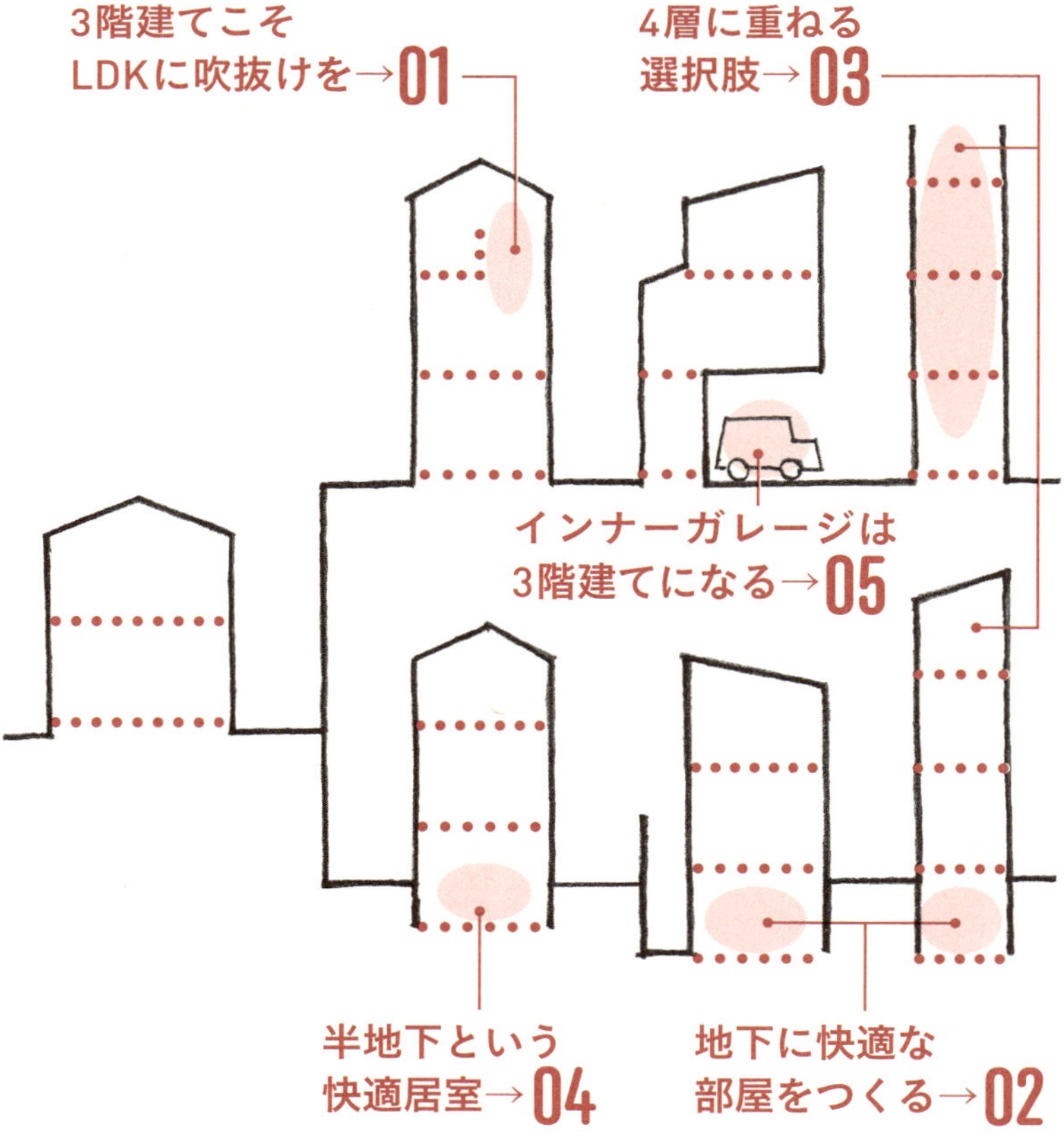

01 3階建てこそLDKに吹抜けを

3階建ての場合、LDKが2階に、寝室や子供室が1階と3階に置かれることが多くなります。そのため、2階建てよりも各部屋の孤立感が強くなってしまいます。そんなときには、2階のLDKに吹抜けをつくり、3階個室と結ぶことで、孤立感を軽減させることができます。

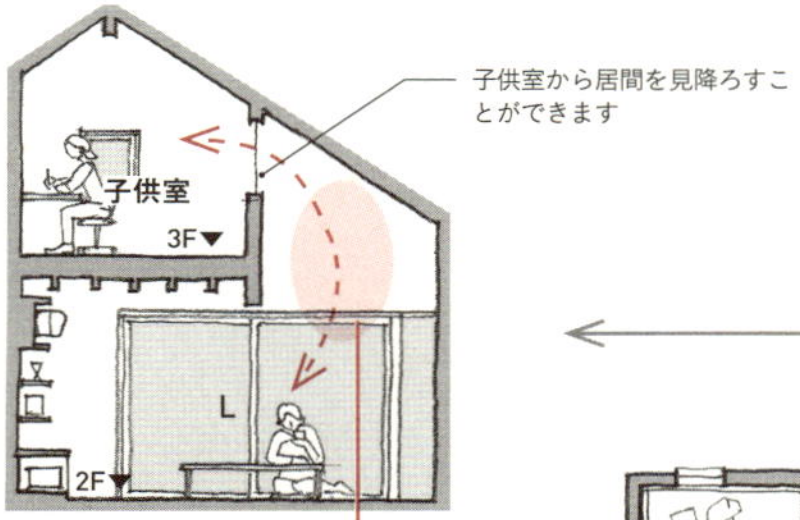

S＝1：150

2つの吹抜け

2階の居間と食堂にはそれぞれに吹抜けがあり、3階の子供室とつながっています。南側の子供室は居間を、北側の子供室は、同じように食堂をのぞくことができます

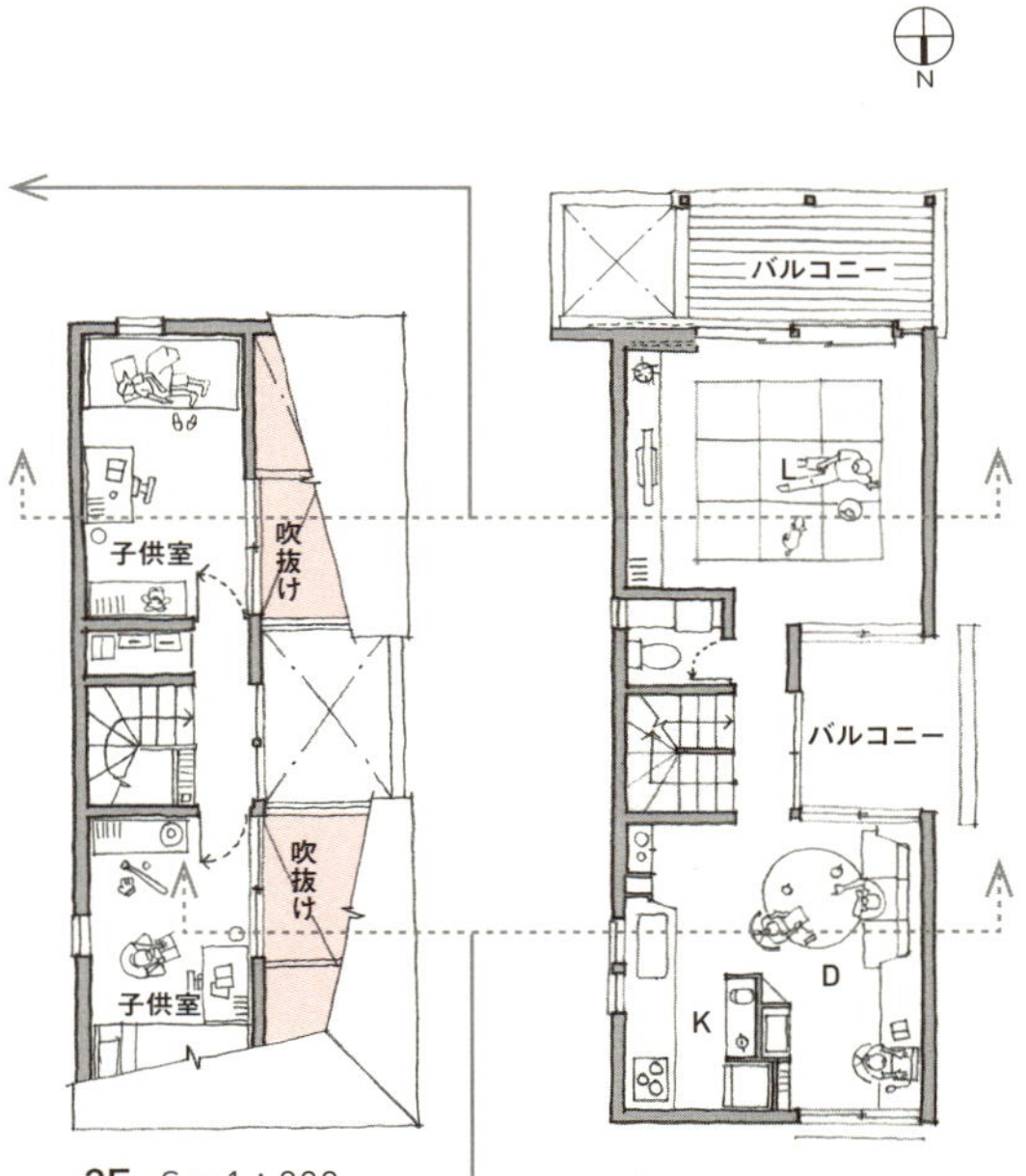

3F　S＝1：200

2F　S＝1：200

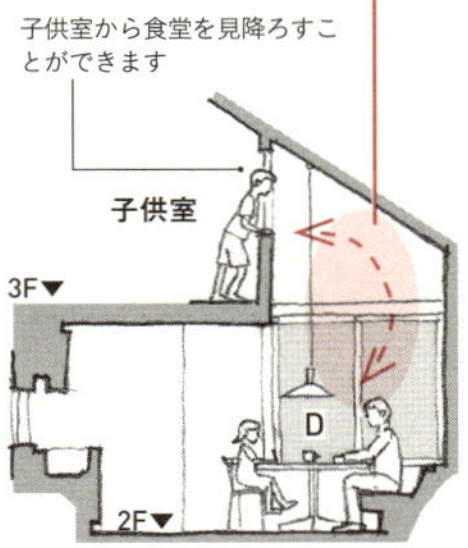

S＝1：150

小金井の家・30.80坪［＋ガレージ3.87坪］（3章　P148へ）

その他実例　下高井戸の家（20.9坪、3章P140へ）、
宮坂2丁目の家（30.4坪［＋ガレージ4.81坪］、3章P150へ）、
高砂の家（30.8坪、3章P144へ）、初台の家（32.34坪、3章P146へ）

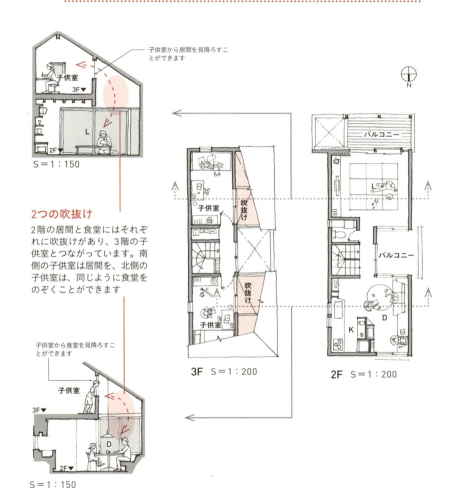

02 地下に快適な部屋をつくる

地下室では、湿気、採光、通風など、地上階と同じ快適性が得られるのかという心配がまず思い浮かびます。地下室をつくる場合には、工法の十分な検討とともに、部屋やスペースの配置とつながり方を工夫することが、暮らしやすい地下室をつくるうえで大切です。

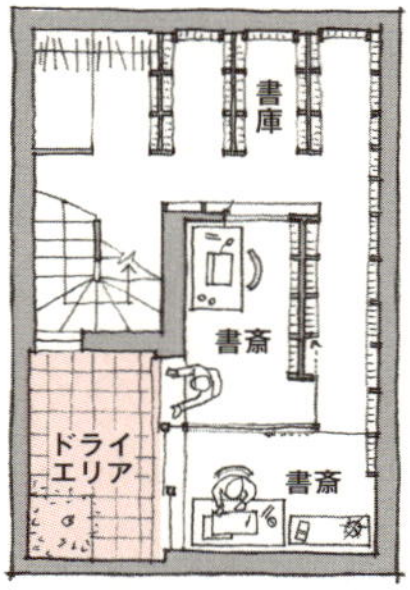

N

BF　S＝1：200

地下に書斎を置く

地下には、2つの書斎があります。いずれの書斎にもドライエリアに出入りできる窓をつくり、地下の小さな部屋でも閉塞感がないようにしています

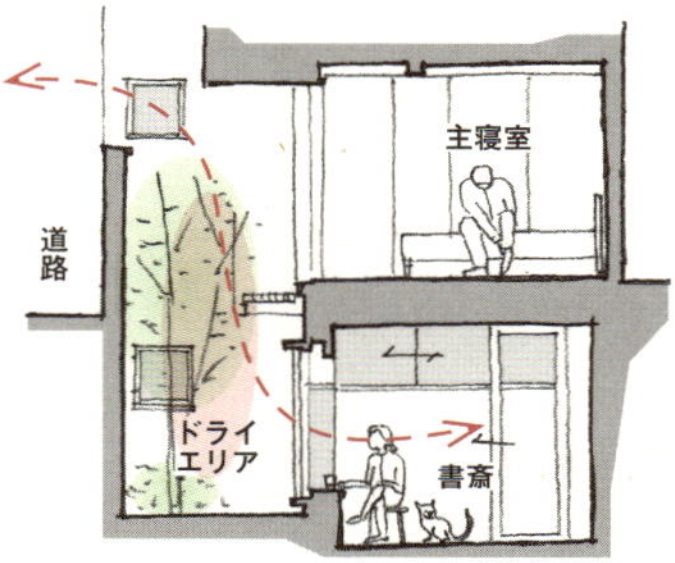

S＝1：150

日野の家・32.16坪
(3章　P178へ)

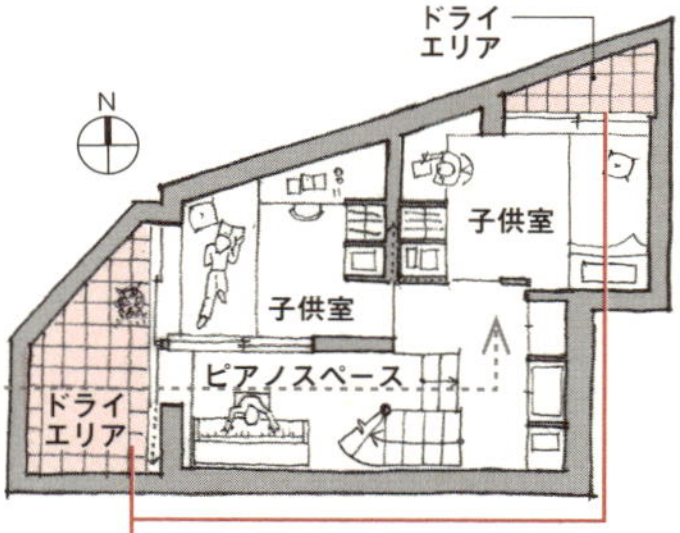

N

BF　S＝1：200

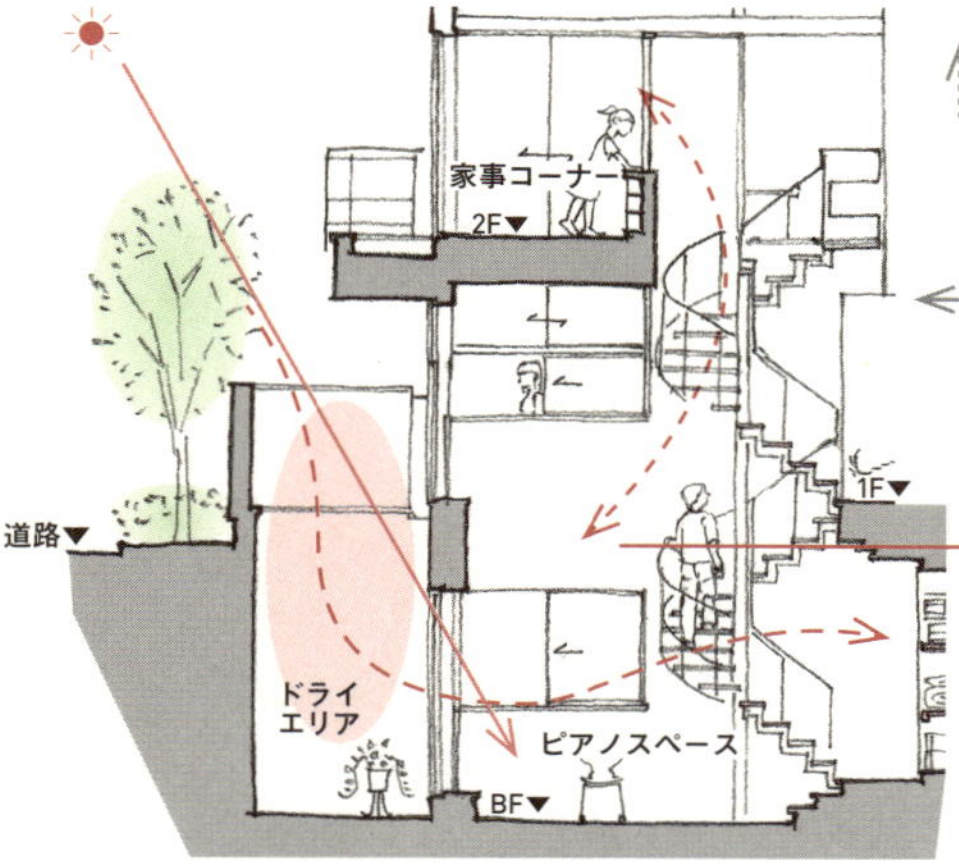

S＝1：150

横と縦のつながり

ドライエリアを2つつくることで、2つの子供室とピアノスペースに採光と通風を得るようにしています。ピアノスペースには階段室と一体の吹抜けをつくり、上の階の部屋と縦につながるようになっています

井の頭の家・25.90坪
(3章　P164へ)

その他実例　瀬田2の家(27.20坪、3章P162へ)、
上原の家(28.26坪[+ガレージ2.93坪]、3章P172へ)、
武蔵小金井の家(29.80坪、3章P166へ)

03 4層に重ねる選択肢

住宅を4層にするときは、安全な暮らしができるように法律（建築基準法）のさまざまな要件を満たす必要があります。一層あたりの床面積もより小さくなるので、1つのフロアに1つの機能、つまり子供室、寝室、LDKといった機能別にフロアを重ねることが、間取りの基本となります。

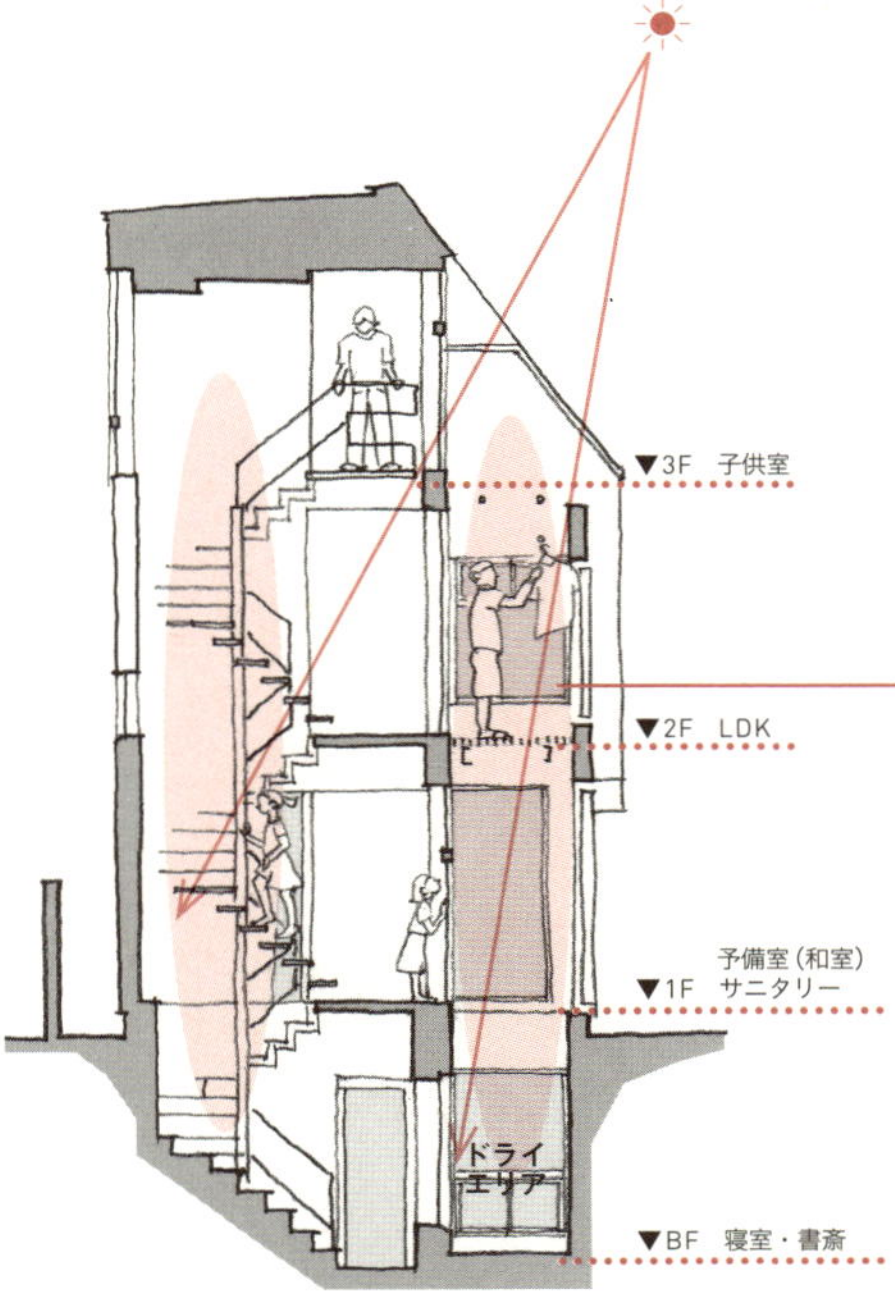

S＝1：150

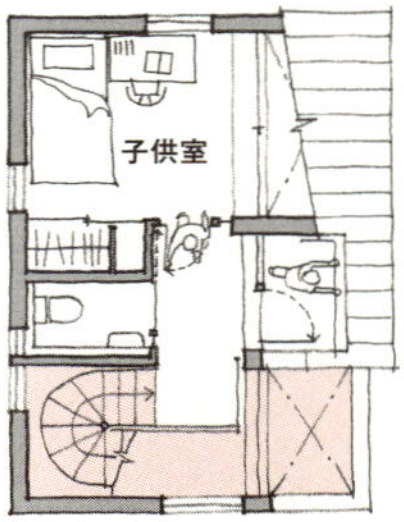

3F　S＝1：200

縦に貫く空間

高さ制限の関係もあり、地下1階、地上3階の4層になっています。階段室には吹抜け効果があるので、階段室を南側に置き、そのすぐ隣に地下のドライエリアから縦に貫く吹抜けをつくりました。多くの光とともに、各フロアの広がりも、この吹抜けを通じて得られます

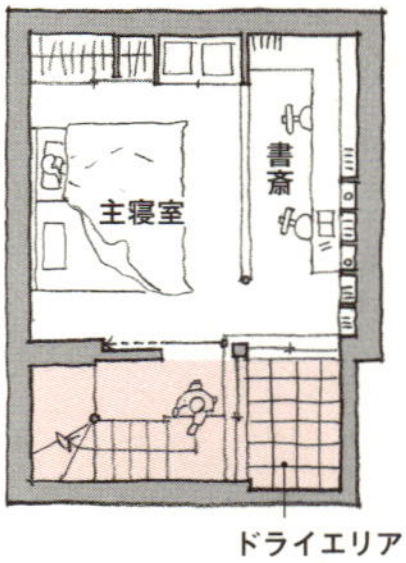

BF　S＝1：200

千駄木2の家・30.35坪
（3章　P176へ）

その他実例　赤堤通りの家（31.88坪、3章P180へ）

04 半地下という快適居室

地下室をつくるときには、防湿、防水、採光などのさまざまな問題をクリアしなければなりません。また、地上よりもコストがかかります。そこで検討したいのが半地下という選択肢です。同じ地下室ながら、少し課題が少なくなり、コストも低く抑えることができます。

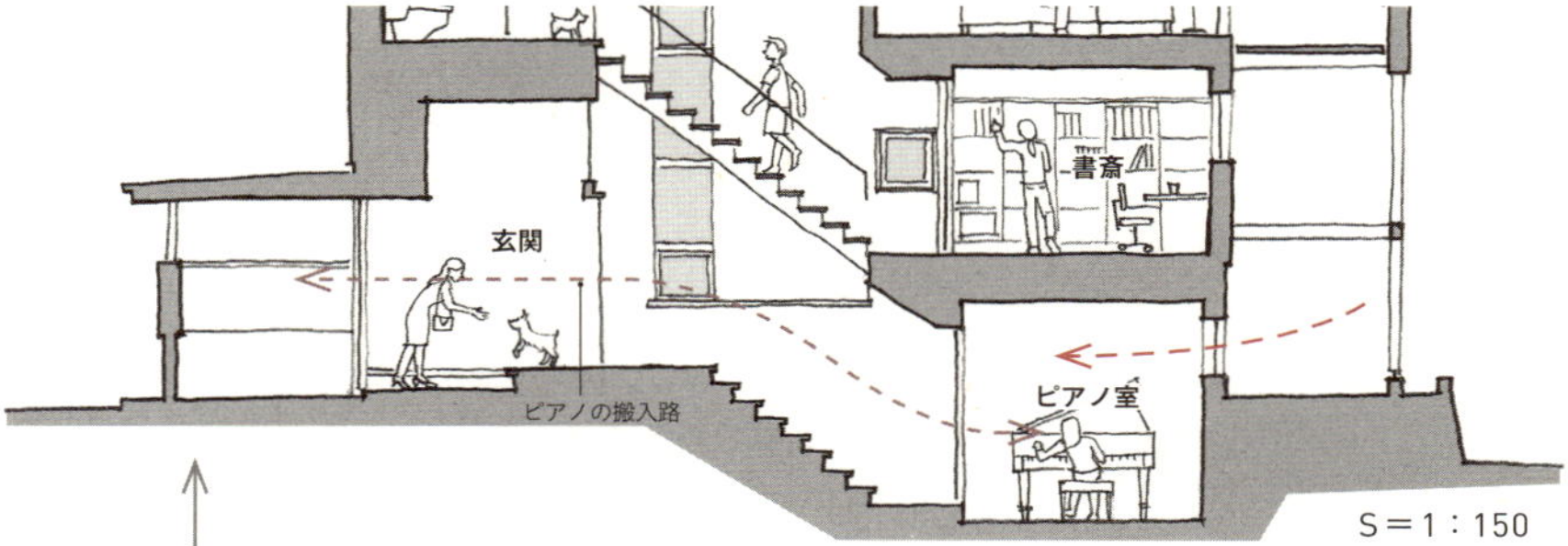

S＝1：150

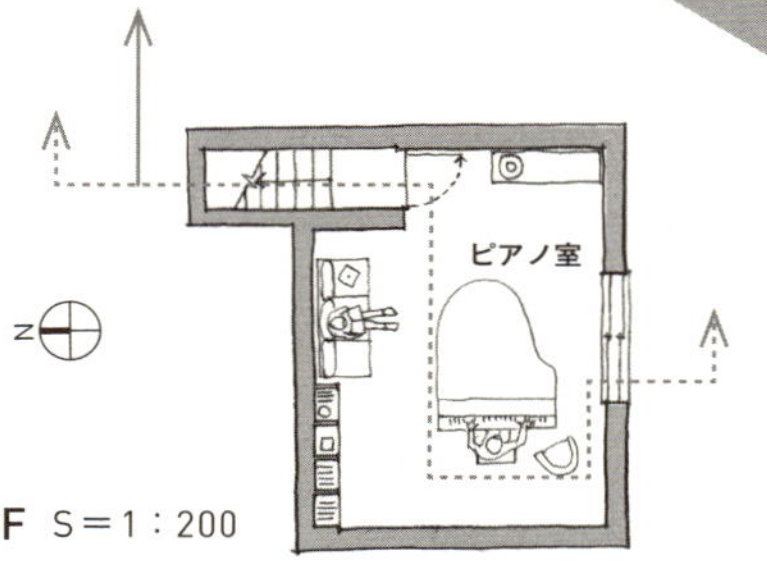

BF S＝1：200

搬入にも考慮する

ピアノ教室をもつ住宅です。防音上、教室は地上より地下が有利ですが、ピアノの搬入経路も考慮して半地下としました

つつじヶ丘の家・33.35坪

(3章　P170へ)

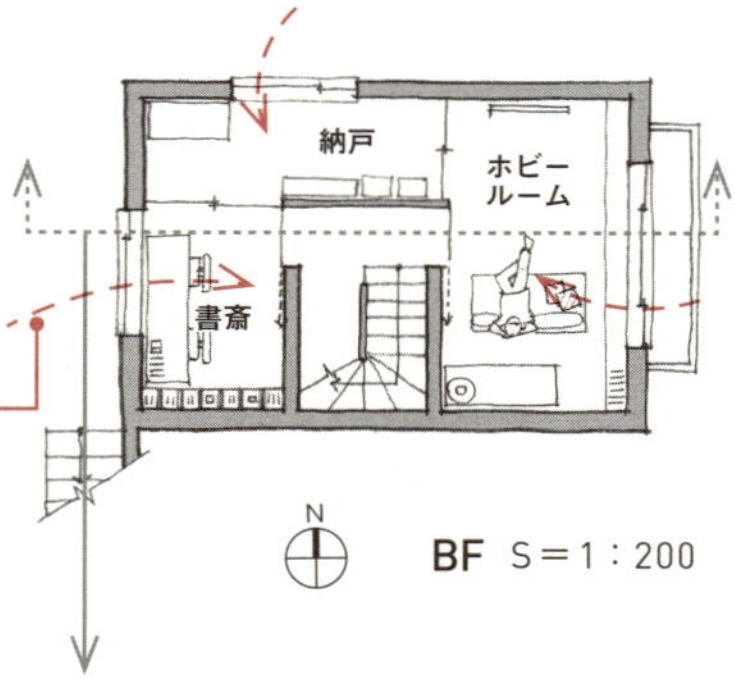

BF S＝1：200

各部屋に窓をつくる

地下には、ホビールーム、書斎、納戸をつくっています。半地下とすることで地上部分に窓がつくれ、どのスペースにも窓からの風が流れます

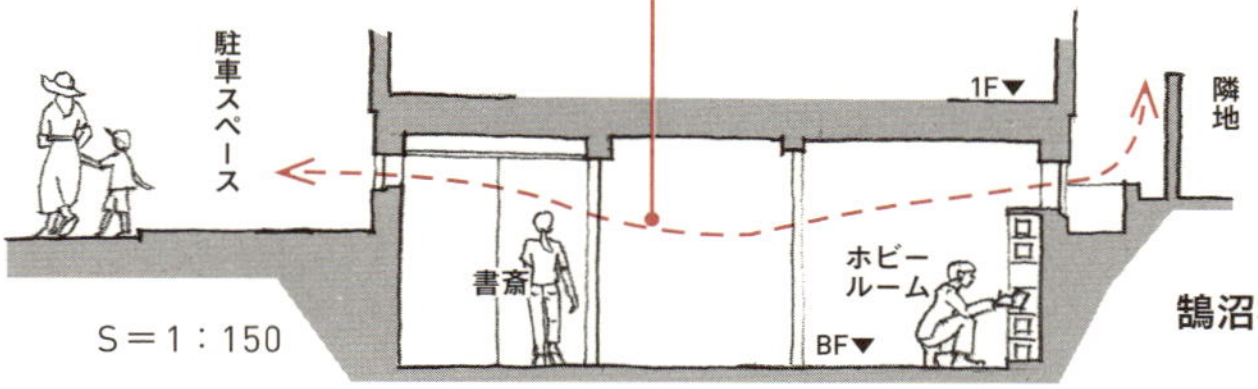

S＝1：150

鵠沼桜が岡の家・31.35坪

(3章　P160へ)

その他実例　桜ヶ丘の家(30.5坪、3章P168へ)

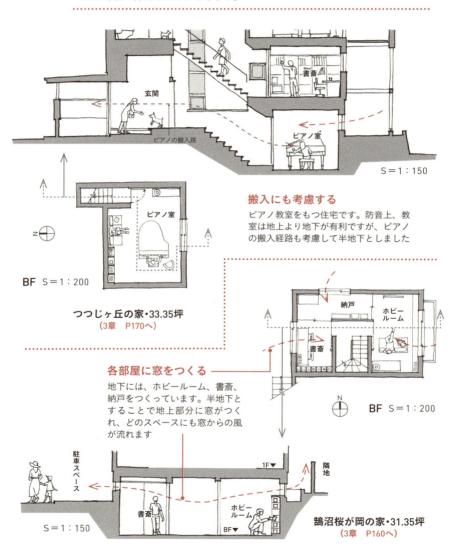

05 インナーガレージは3階建てになる

インナーガレージで、車を完全に内部に入れるとなると4〜5坪の面積が必要になり、その分、部屋として使える1階の床面積が少なくなります。少なくなった面積を補うために上か下にフロアを増やすことになりますが、高さ制限がなければ3階建てにするケースが多くなります。

3階LDKの選択

3階は、床面積が9.5坪（19畳）まで確保できたため、採光を考慮し、あえてLDKを置いています

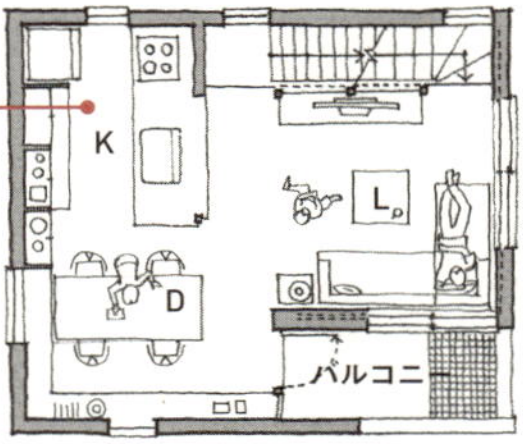

3F　S＝1：200

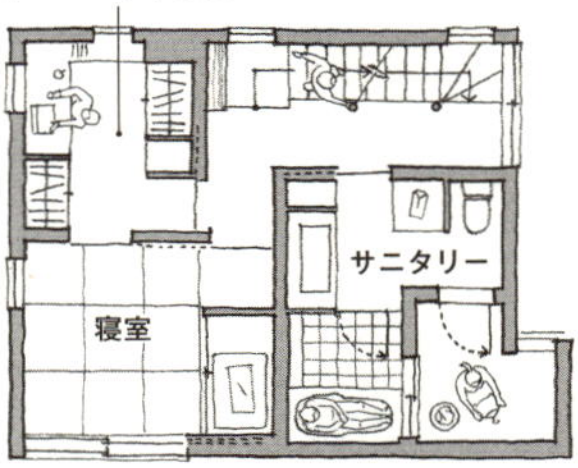

2F　S＝1：200

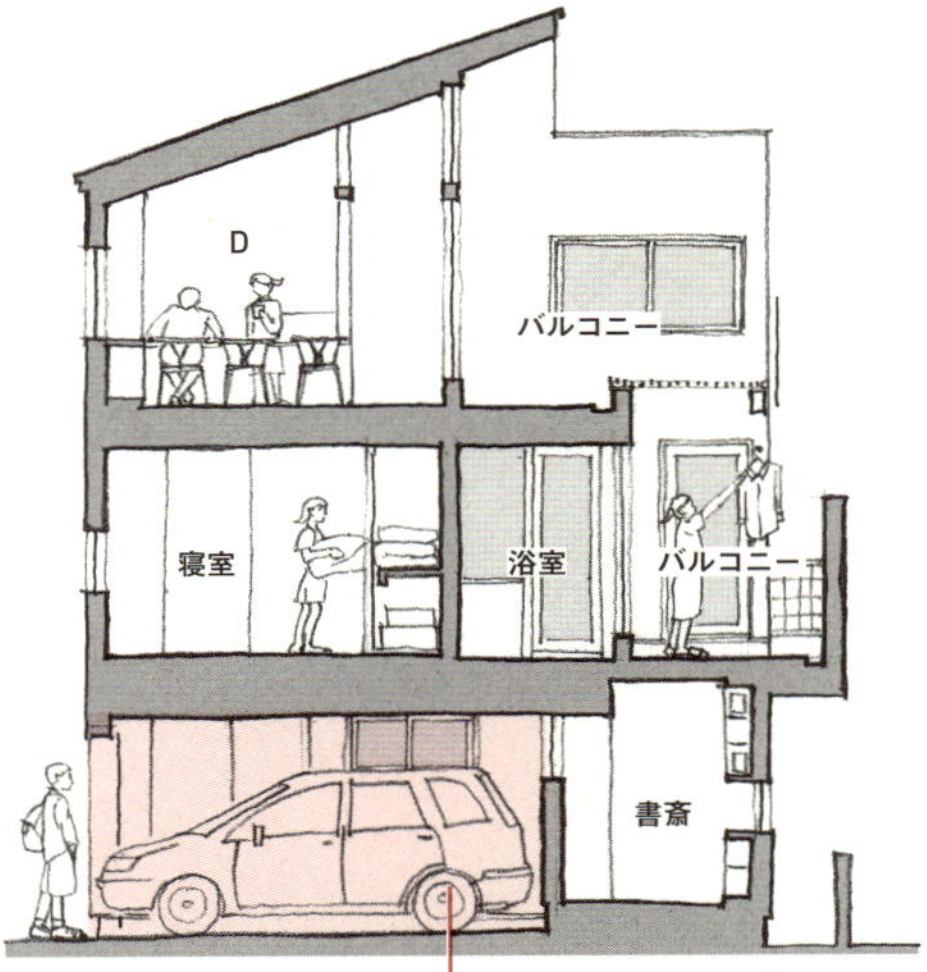

S＝1：150

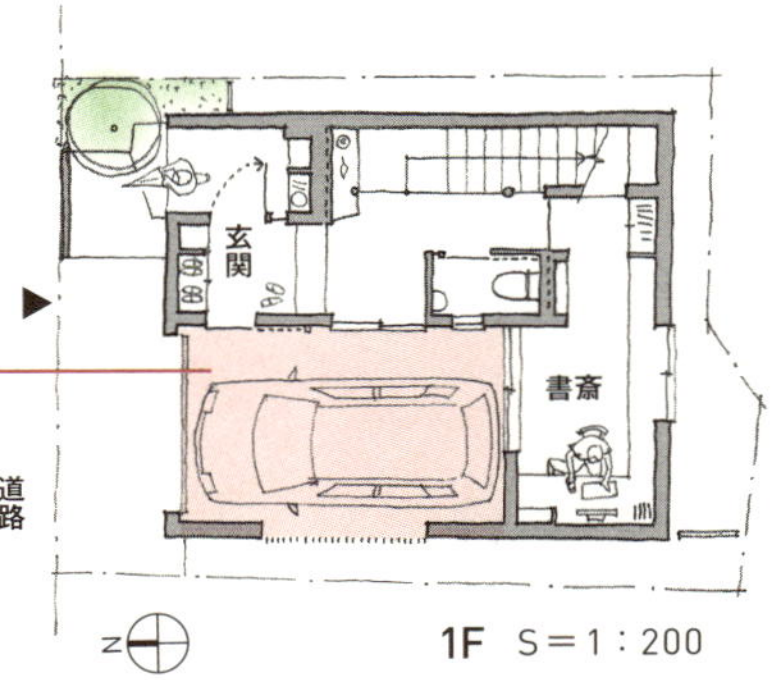

1F　S＝1：200

ガレージが建物を伸ばす

敷地面積が17.93坪だったので、おのずとインナーガレージに。総3階建てが可能な地域だったので、ガレージ分の面積を補うため、地上3階建てとしています

白金台の家・26.91坪[＋ガレージ3.84坪]（3章　P156へ）

その他実例　経堂の家（28.81坪[+ガレージ4.67坪]、3章P138へ）、
上町の家（29.64坪[+ガレージ4.71坪]、3章P154へ）、
宮坂2丁目の家（30.40坪[+ガレージ4.81坪]、3章P150へ）、
小金井の家（30.80坪[+ガレージ3.87坪]、3章P148へ）
赤堤2丁目の家（35.77坪[+ガレージ2.04坪]、3章P152へ）

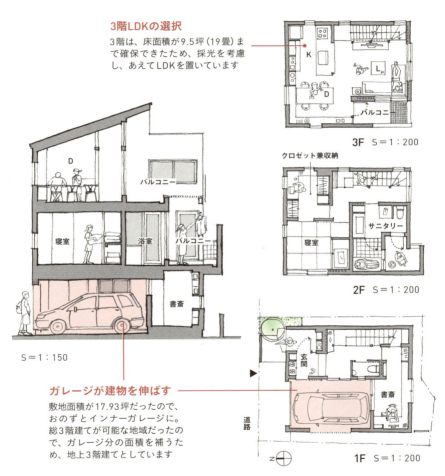

原則10 スムーズな生活動線をつくる

家は、快適な暮らしを包み込む器とも言えます。家のなかで営まれる暮らしは、作業の連続とも言え、その作業がスムーズに流れることも、暮らしの快適さの1つでしょう。

このスムーズさを得るために、間取りを考える際には、家のなかの生活動線をいかに効率よくできるかが大切になります。

小さな家では、生活動線の組み立てが簡単だと思われがちですが、それは大間違い。無駄なスペースを省くだけでなく、部屋にゆとりをもたせ、さらに生活しやすくするには、調理や洗濯、収納などさまざまな生活動線について慎重に検討する必要があります。

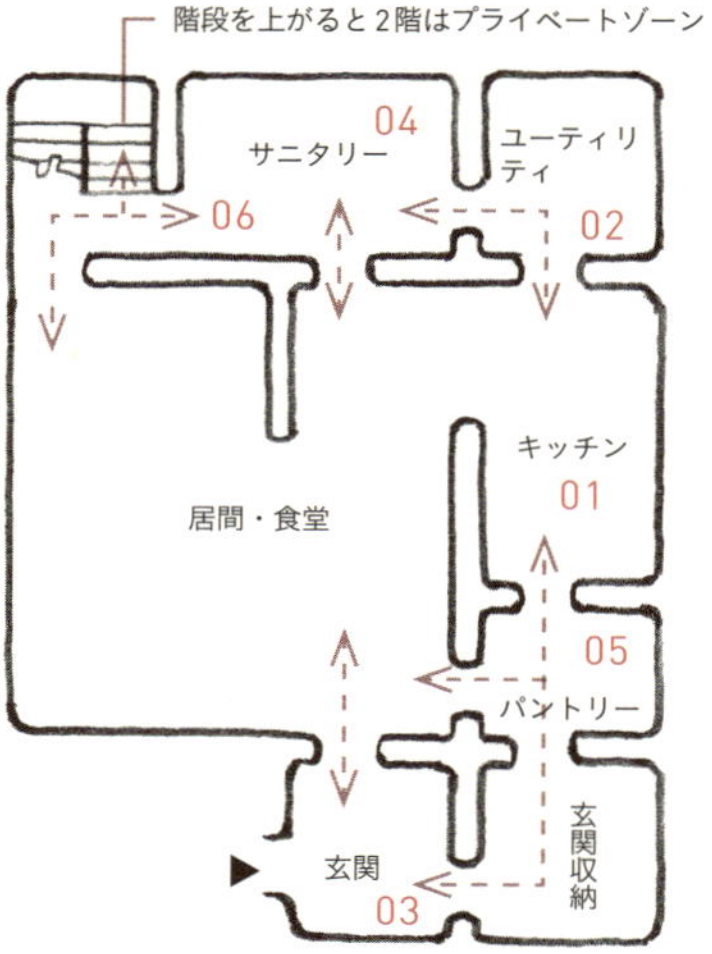

キッチンからの2方向ルート→01

キッチンとユーティリティ→02

玄関からの裏動線→03

キッチンの隣にサニタリー→04

パントリーが裏動線→05

プライベートゾーンとサニタリー→06

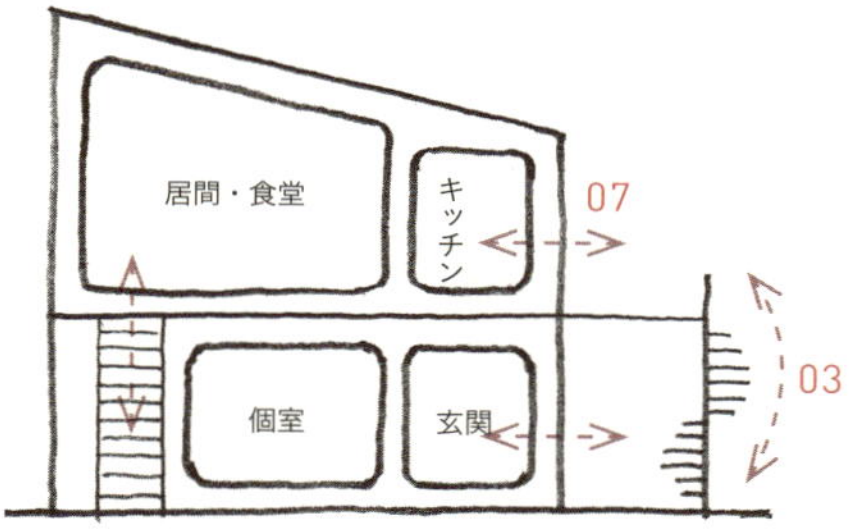

2階キッチンの勝手口→07

01 キッチンからの2方向ルート

キッチンは配膳のために食堂と行き来するだけでなく、買い物から戻ってまず向かいたい場所でもあります。日常的に、調理ゴミを捨てに外へも出ます。そこでキッチンを行き止まりの位置ではなく、２方向に行くことができる位置に配置すると便利です。居間と食堂が別々の場合は、一方が居間に通じていると家事動線として、とても使いやすくなります。

錦の家・26.7坪
（3章　P118へ）

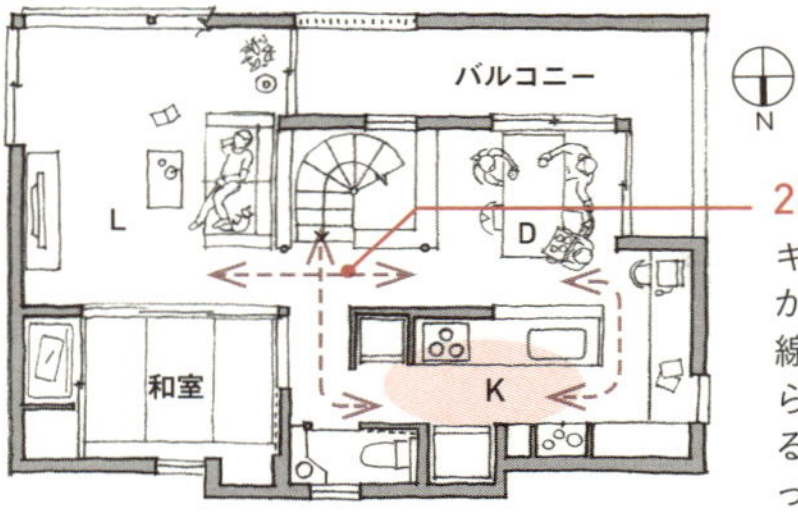

2F　S＝1：200

2階キッチンの動線計画

キッチンは、居間からも食堂からもアクセスできる回遊動線の一部にあります。階段からもそのままキッチンに行けるので、無駄のない動線となっています

大宮の家・28.15坪
（3章　P120へ）

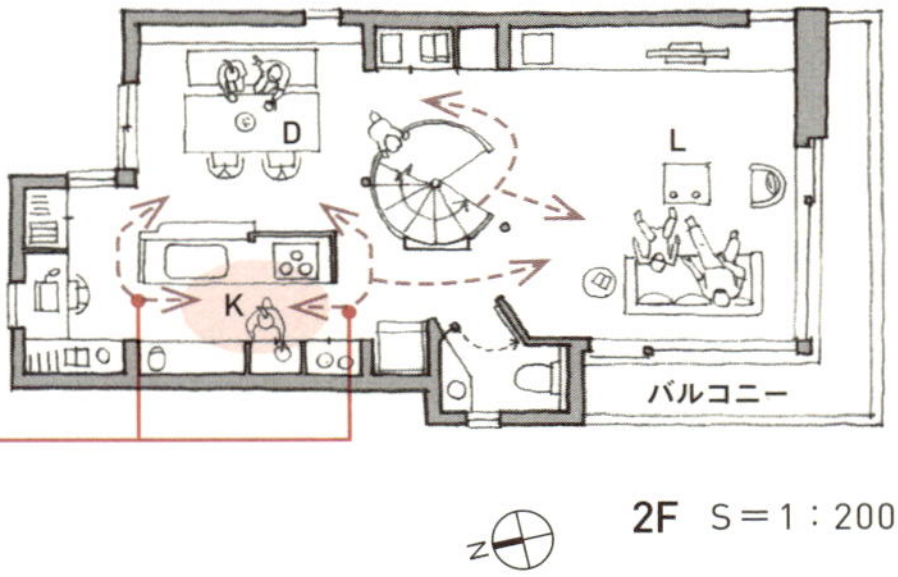

複数のルートをもつ

キッチンは、食堂に2つの動線で行き来が、また居間と直接行き来ができます。キッチンからのルートが複数あると、家事をする際の動きに無駄がなくなります

2F　S＝1：200

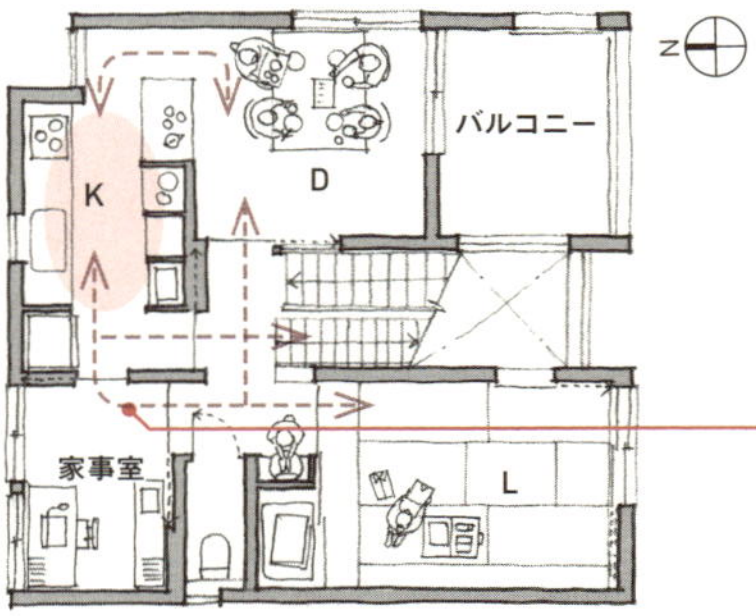

2つのルート

居間がキッチンと離れているため、階段ホール（廊下）を経由するルートのほかに、家事室を経由する裏動線をつくり、生活動線に幅をもたせています

2F　S＝1：200

国立の家・30.8坪
（3章　P126へ）

その他実例　小さな家（21.7坪、3章P114へ）、初台の家・32.34坪（3章P146へ）

02 キッチンとユーティリティ

ユーティリティは、洗濯や室内干し、場合によってはアイロン掛けまでできて、さらに家事関係のさまざまなものを収納する場所、と考えることができます。ユーティリティとキッチンを並べると、料理の合間に洗濯をするといったながら家事もしやすくなり、家事が効率よく行えます。

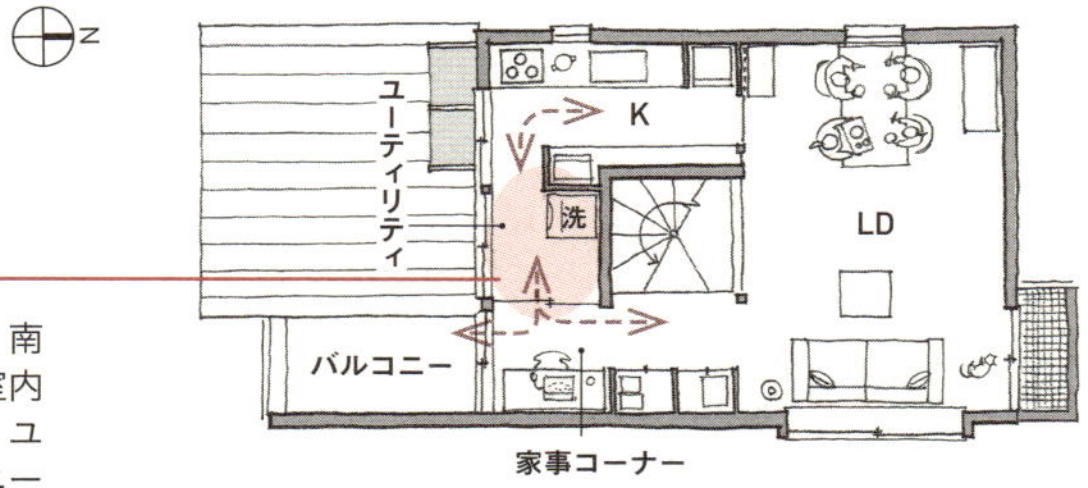

2F S＝1：200

干す場所も兼ねる

キッチンと数歩でつながる、南面するユーティリティは、室内干しもできるスペースです。ユーティリティからはバルコニーに出ることも、居間・食堂に向かうこともできます

上祖師谷の家・25.3坪
（3章　P116へ）

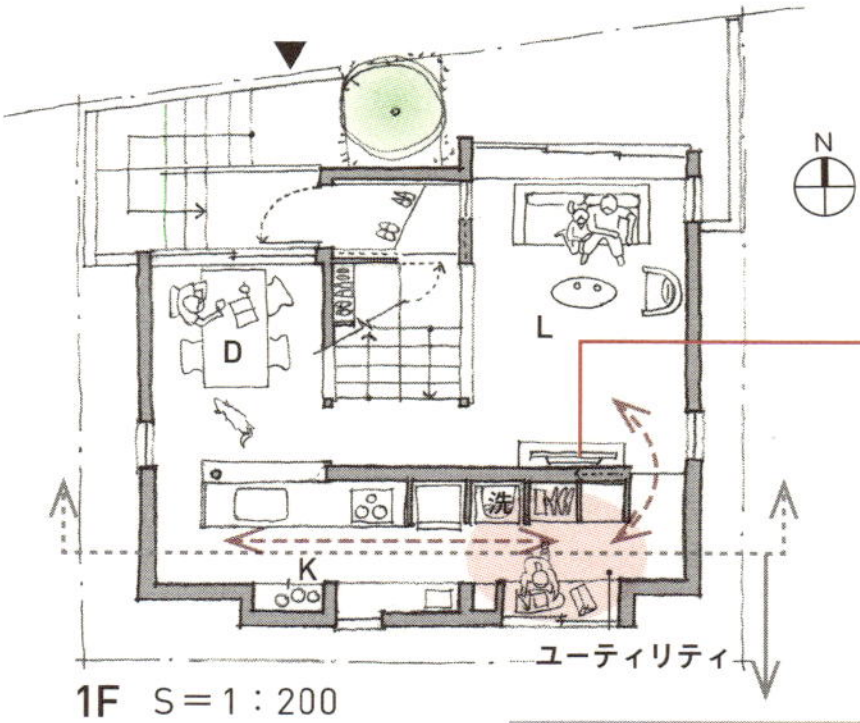

1F S＝1：200

通路が作業スペース

キッチンにつながるユーティリティをつくり、回遊動線の一部として使い勝手をよくしています。ユーティリティは、洗濯機と乾燥機のほかに雑収納も多くつくり、さらに出窓のカウンターでアイロン掛けもできます

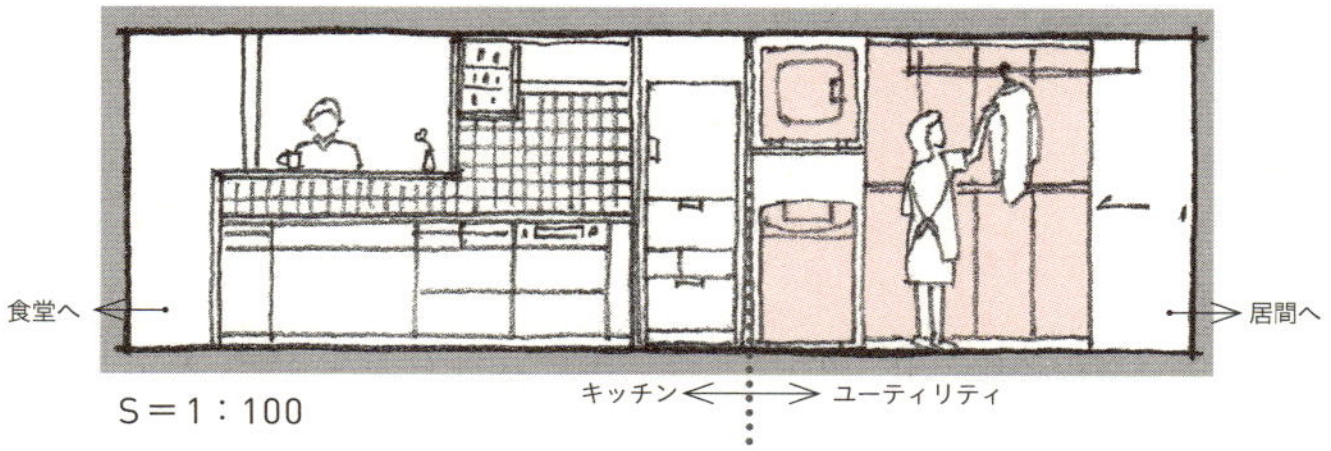

S＝1：100

大倉山の家・24.2坪［＋ガレージ7.98坪］（3章　P104へ）

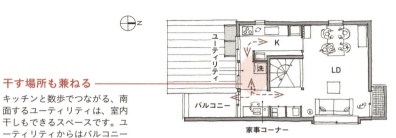

03 玄関からの裏動線

毎日の買い物やゴミ出しなど、キッチンは外との出入りも多い場所です。勝手口をつくる方法もありますが、キッチンと玄関を結ぶ生活動線の距離を縮めることで、使いやすくすることもできます。玄関ホールから2つのルートをつくり、一方は居間に入るルート、もう一方はキッチンへ向かう裏動線とします。

距離を縮める裏動線

玄関ホールからキッチンへ向かう裏動線は、家族が使うファミリーコーナーを抜けるようにしています。この動線により、ファミリーコーナーとその他のスペースの距離も縮まります

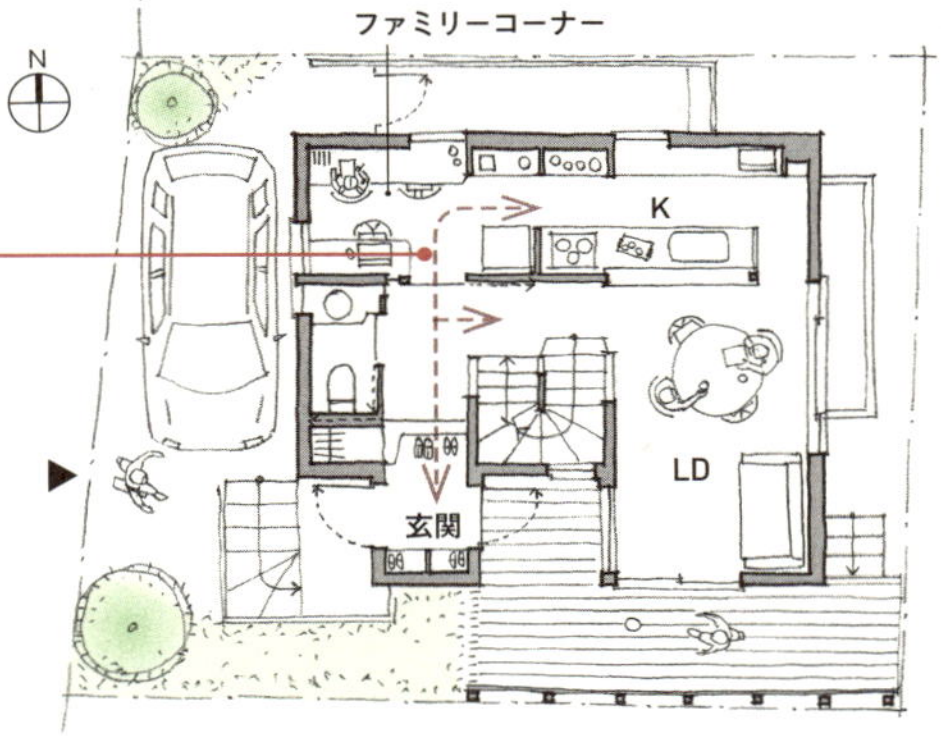

鵠沼桜が岡の家・31.35坪
(3章　P160へ)

1F　S＝1：200

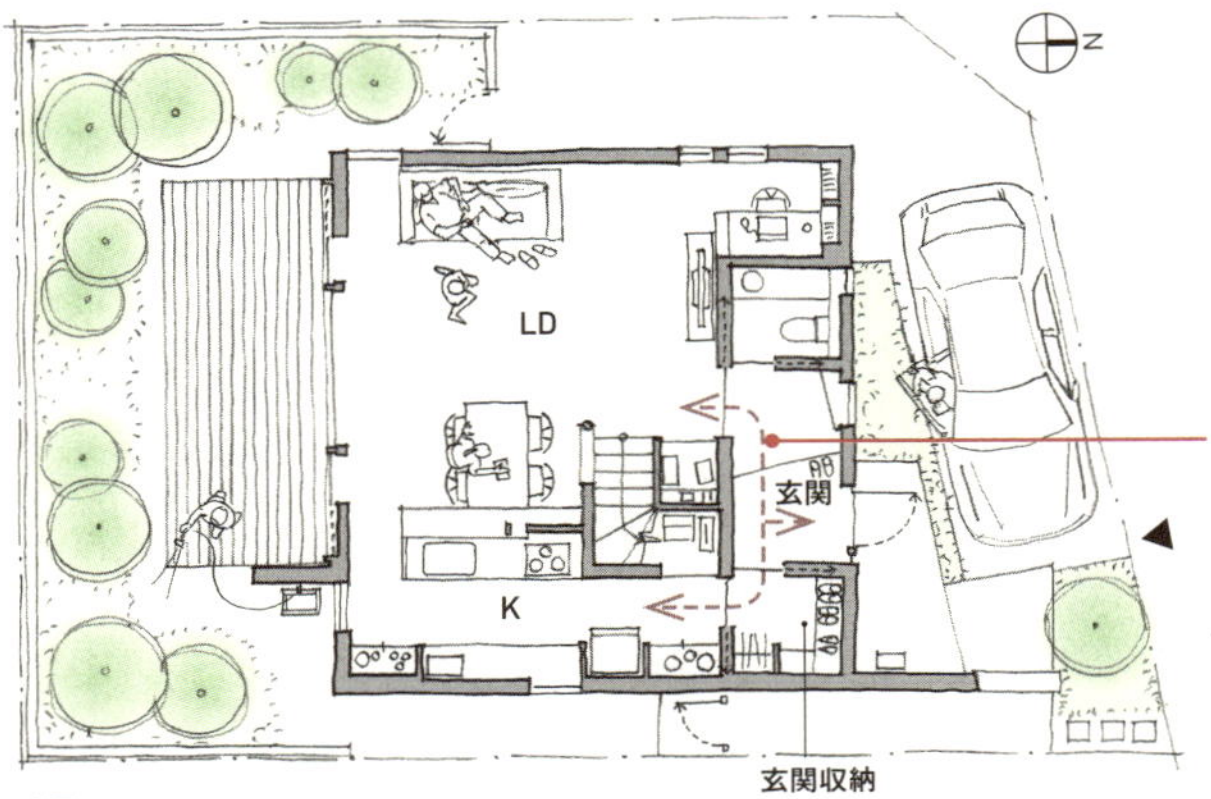

玄関収納を経由する

玄関から居間へのルートとは別に、土足で入る玄関収納からキッチンへと行けるルートをつくっています。キッチン横にあるので、調理で使用するものを収納したり、ゴミなどを一時置きしたりすることもできます

1F　S＝1：200

清水ヶ丘の家・28.40坪(3章　P106へ)

その他実例　本牧の家(28.23坪、3章P98へ)、東久留米の家(28.7坪、3章P108へ)、狛江の家(33.36坪、3章P100へ)

04 キッチンの隣にサニタリー

洗面や入浴などが行われるサニタリーは、寝室や子供室などのプライベートルームの近くに置くのがセオリーです。しかし、洗濯機やスロップシンクが脱衣場も兼ねる洗面室に置かれることも多く、家事動線を考えるとキッチンの近くにサニタリーを置く選択肢があってもよいはずです。

洗濯家事動線

サニタリーは、全体の面積配分から2階のキッチンの横に置くことにしました。洗濯物を干すのも2階のバルコニーなので、家事作業が2階に集中し、効率よく家事を行うことができます

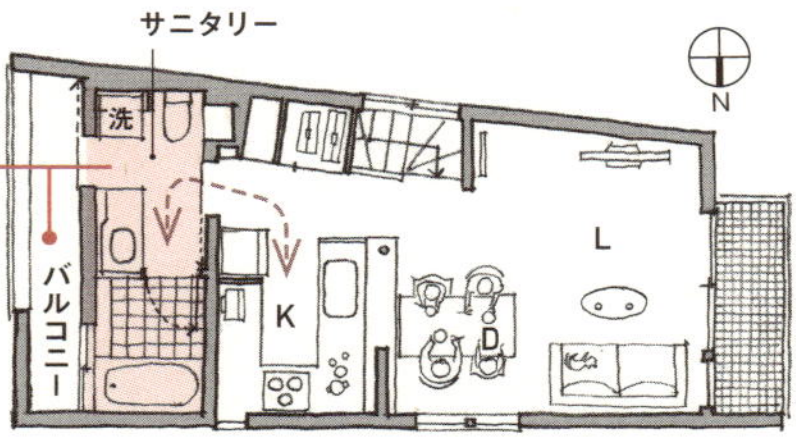

上原の家・28.26坪[＋ガレージ2.93坪]
(3章　P172へ)

2F　S＝1：200

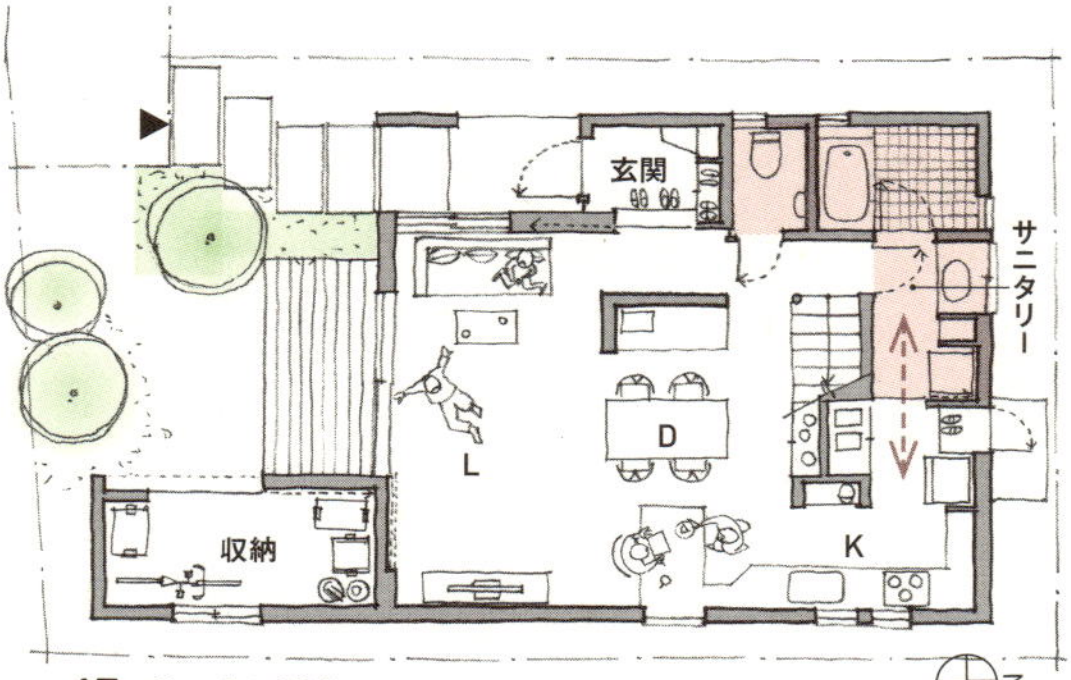

1F　S＝1：200

洗面室が裏動線

サニタリーには、キッチンからも、2階から降りてきてもすぐに入れます。サニタリーが2方向に出入り口をもち、通り抜けられることで、玄関や階段からキッチンに向かう裏動線の役目も果たしています

羽根木の家・34.28坪
(3章　P102へ)

3スペースの踏み込み

食堂の奥に踏み込みスペースがあり左右に分かれてキッチン・サニタリーへ進みます。この踏み込みによって、3つのスペースがスムーズにつながります

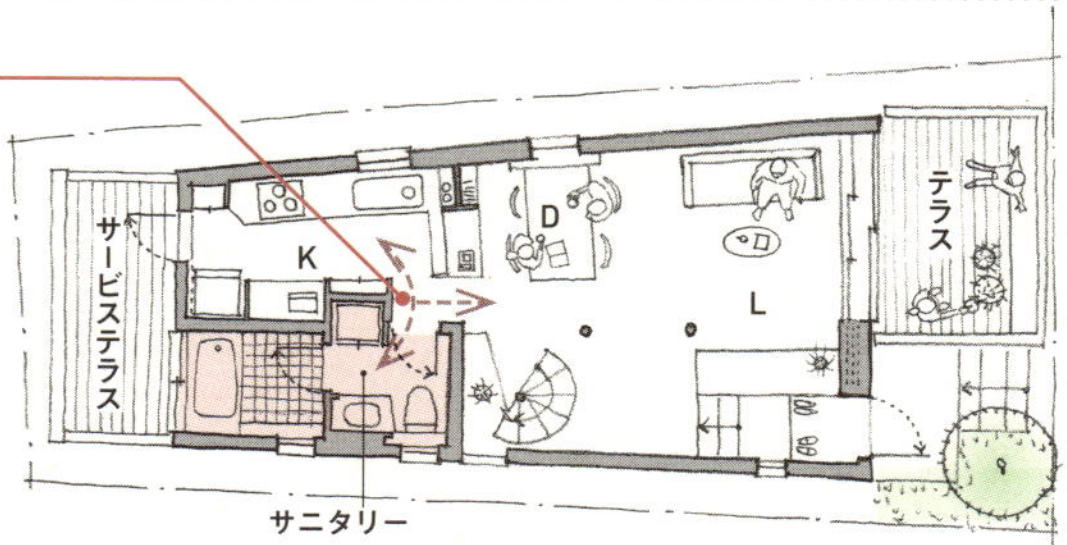

1F　S＝1：200

桜上水の家・22.46坪
(3章　P94へ)

その他実例　宮坂の家(30.00坪、3章P112へ)

05 パントリーが裏動線

パントリーはキッチンで使うものを収納するスペースです。しかしそこを行き止まりとせず、通り抜けできる通路とすることで、パントリーを経由してキッチンに抜ける裏動線をつくることができます。小さな家で、生活動線をスムーズにするための工夫の1つです。

洗濯動線も考慮する

キッチン、パントリー、階段ホールを挟んでサニタリーと一直線に並べています。洗面脱衣室で出た洗濯物をパントリーの洗濯機で洗い、浴室の窓先にあるインナーバルコニーで干します。キッチンで作業をしながら、洗濯家事も短い動線で行うことができます

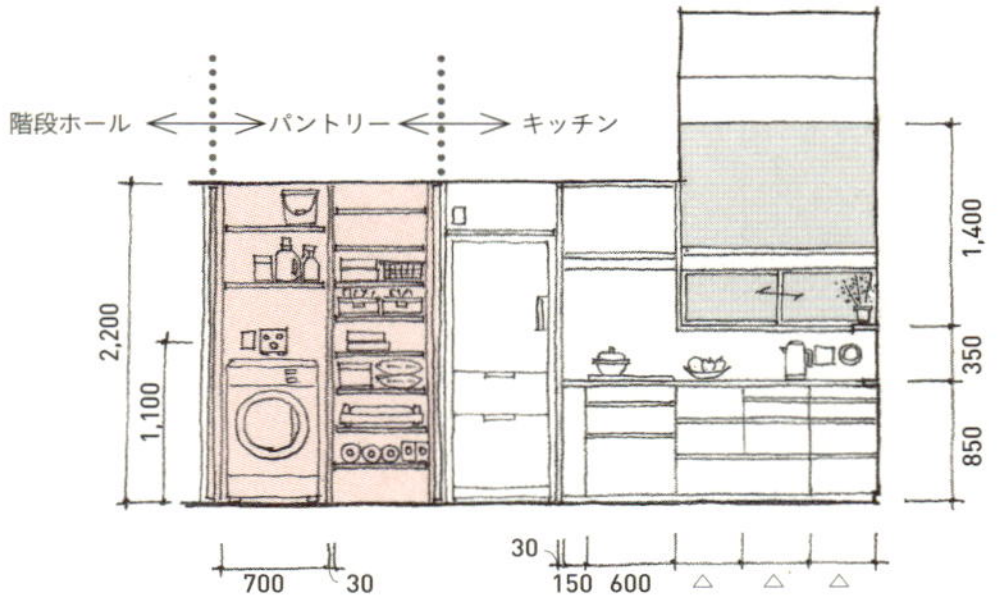

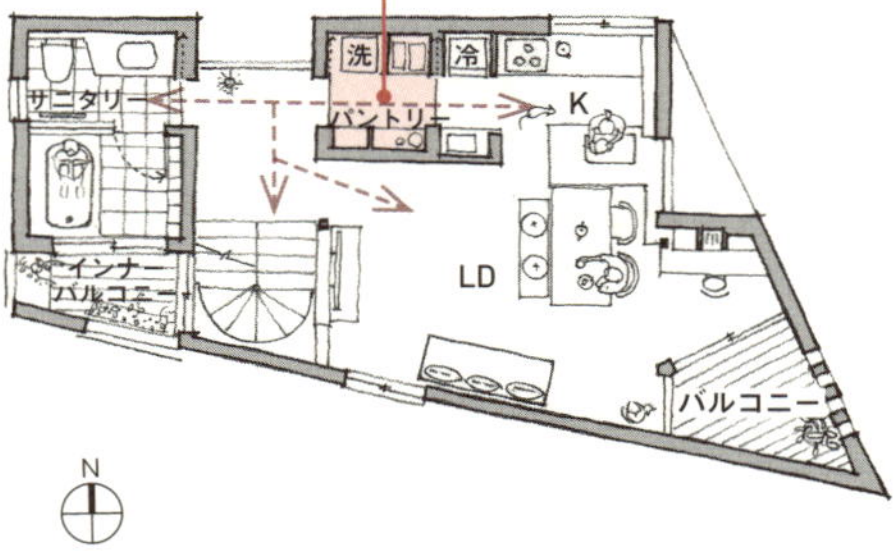

2F S＝1：200

経堂の家・28.81坪
[＋ガレージ4.67坪]
(3章 P138へ)

廊下がパントリーに

階段を上がると居間・食堂へ向かうルートとは別に、正面扉の先にキッチンへ通じる細い通路があります。壁際の収納棚にはキッチンで使うものが収納できます。この裏動線によって、2階の生活動線はスムーズに流れます

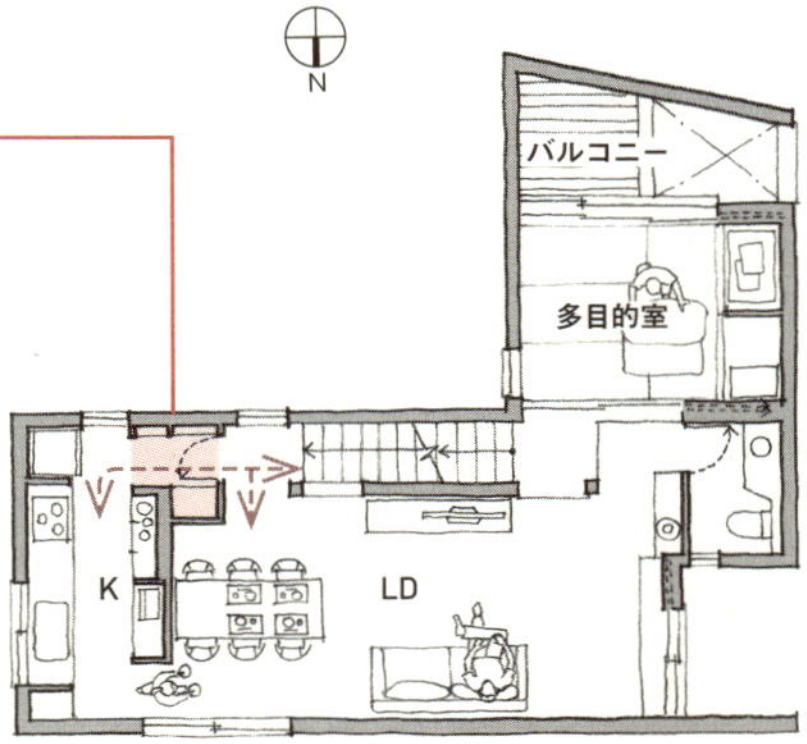

2F S＝1：200

宮坂2丁目の家・30.40坪[＋ガレージ4.81坪](3章 P150へ)

06 プライベートゾーンとサニタリー

家事動線を優先してキッチンの近くにサニタリーを置くと、サニタリーは寝室や子供室のあるプライベートゾーンから離れてしまいます。その場合、生活動線のなかに裏動線をつくる工夫をすると、離れているプライベートゾーンとサニタリーの距離が近づき、使いやすい間取りとなります。

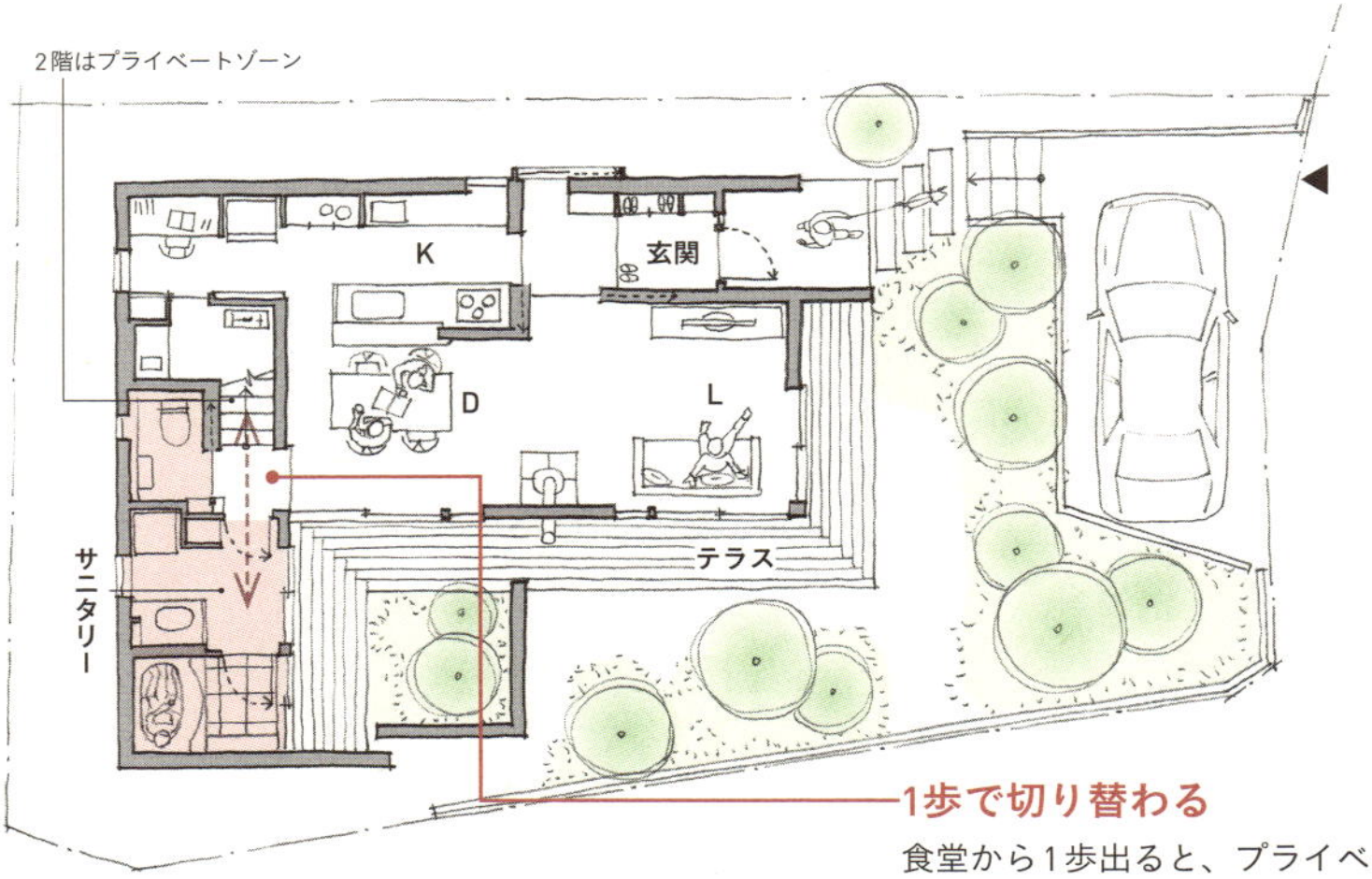

1歩で切り替わる

食堂から1歩出ると、プライベートゾーンとなります。2階の寝室や子供室からは、LDKを経由せずサニタリーへ進むことができます

1F　S＝1：200

本牧の家・28.23坪(3章　P98へ)

狛江の家・33.36坪
(3章　P100へ)

直接行ける

プライベートゾーンである2階から降りてくると、すぐ横にサニタリーがあります。また1階の予備室に宿泊したお客さんも、アクセスしやすい配置になっています

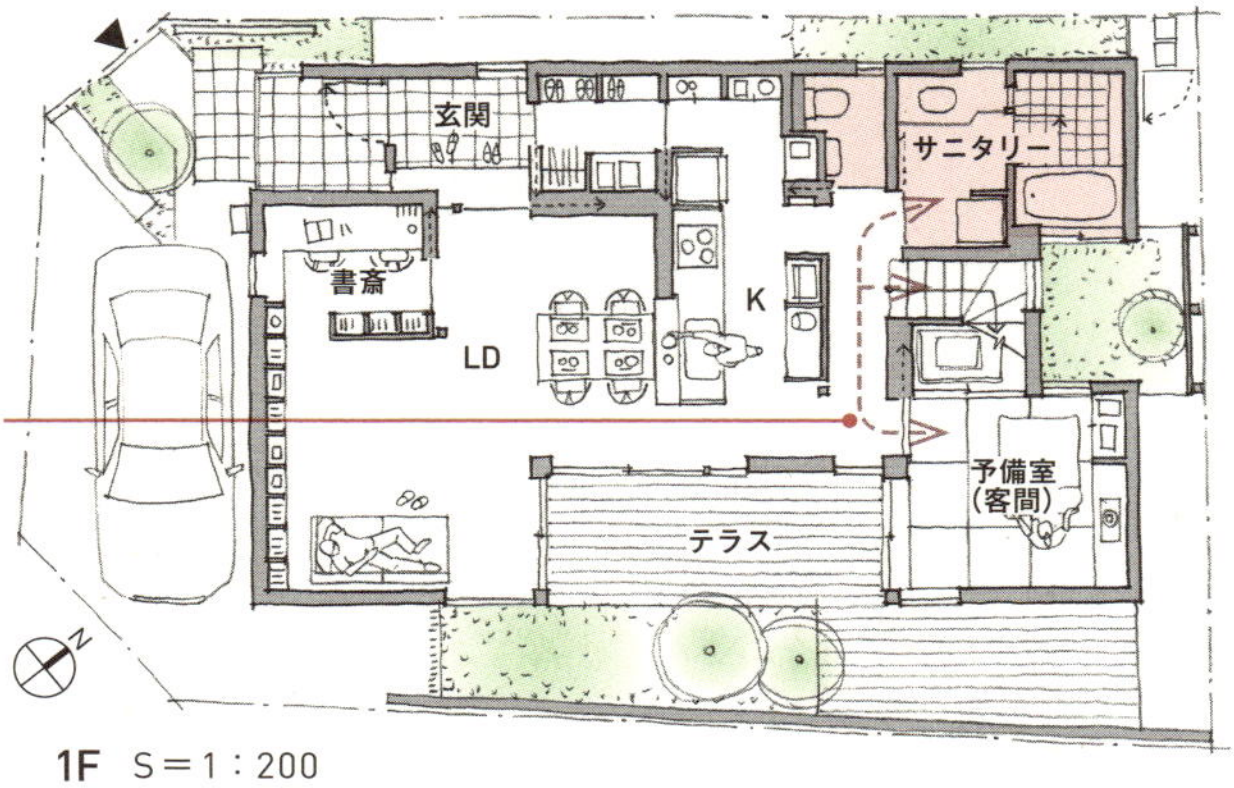

1F　S＝1：200

その他実例　鳩山の家（27.7坪、3章P96へ）、梅ヶ丘の家（34.41坪、3章P134へ）

07 2階キッチンの勝手口

キッチンを2階に置く場合でも、キッチンからのゴミ出しのため、直接外に出られる勝手口があると便利です。1階へとつながる外階段を取り付け、外から届くもの、外へ出すもの、ゴミなどを一時置きしておくスペースといったことに配慮すると、2階でも1階と同じように勝手口の機能を果たします。

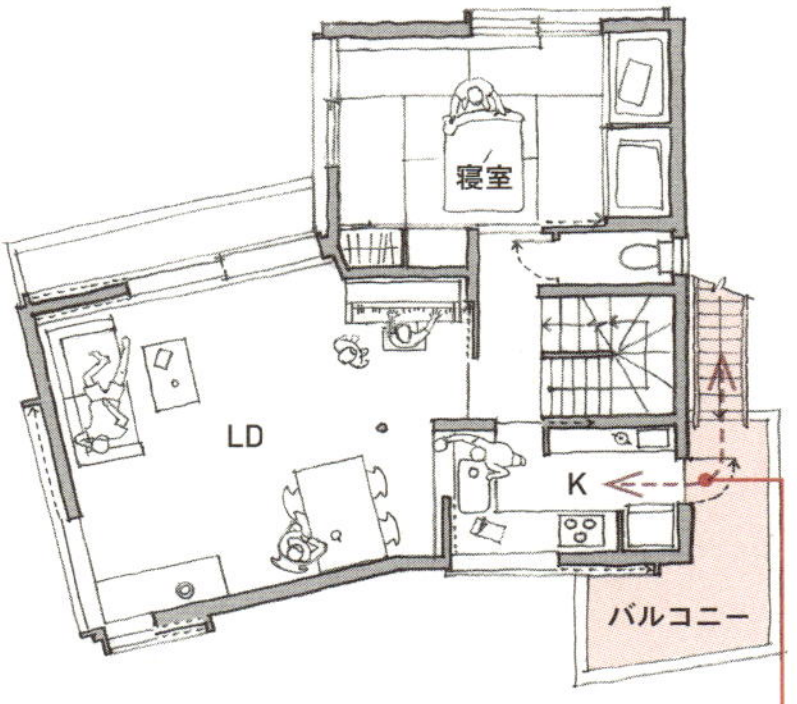

2F　S＝1：200

勝手口のある2階キッチン

キッチンの外にサービスバルコニーをつくり、ゴミの一時置きなどができます。バルコニーからは外階段で直接1階に降りることができます

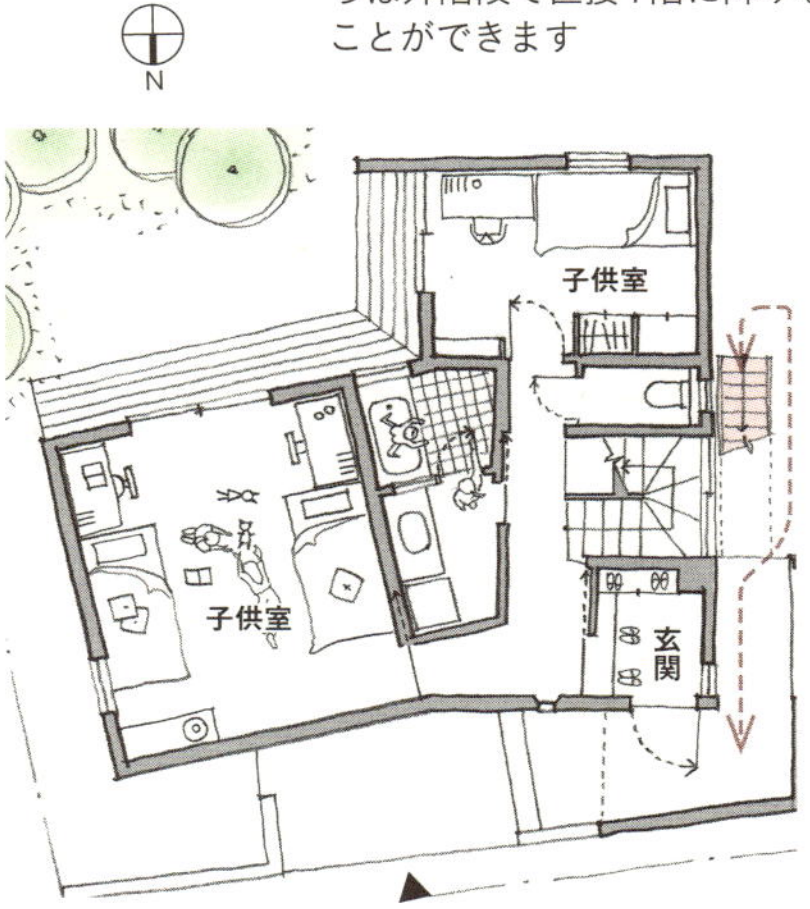

1F　S＝1：200

鎌倉の家・29.4坪
[＋小屋裏5.88坪]
（3章　P130へ）

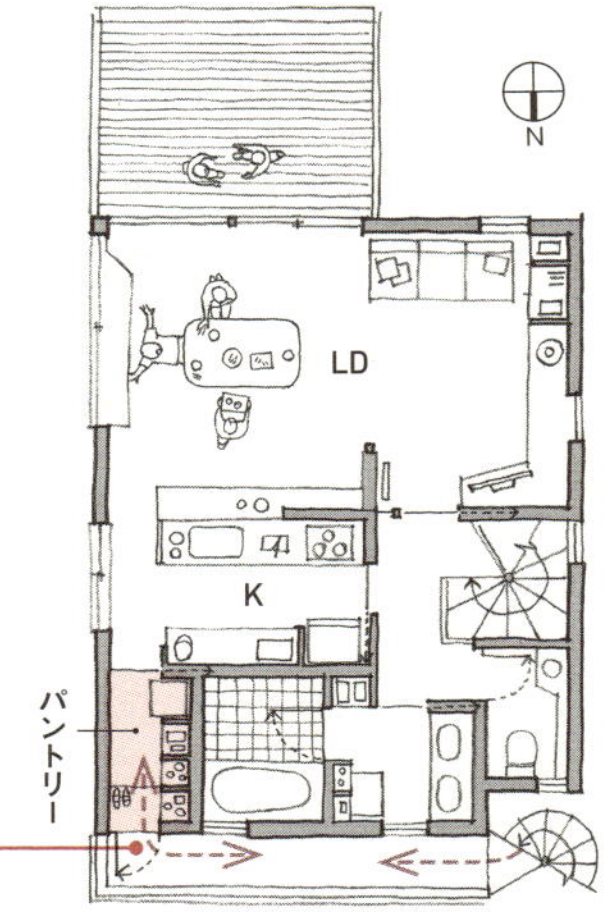

2F

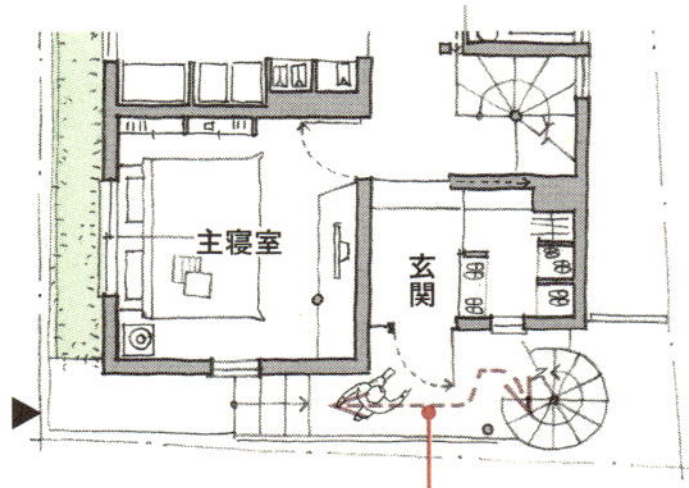

1F　S＝1：200

パントリーが勝手口

2階のキッチン横に、小さなパントリーがあり、そこが勝手口にもなっています。来訪者は1階玄関前のインターホンで、玄関前で待つのか、階段を上がって勝手口に進むのか、指示を受けます

宮坂の家・30.00坪
（3章　P112へ）

chapter 3

小さな家の「間取り」を読み解く

間取りづくりとは、部屋と部屋を組み合わせることで、暮らしの場をつくる作業です。しかし、その組み合わせの前に、暮らしの場を大きなゾーン（かたまり）で分けて考える必要があります。

ゾーンには、ＬＤＫゾーン、寝室や子供室などのプライベートゾーン、水廻りなどのサニタリーゾーン、廊下や階段などの動線ゾーンがあります。敷地の置かれている状況によって左右されることもありますが、特に30坪前後の住宅は、どの階にどのゾーンを置くかによって、暮らしは大きく変わってきます。

ゾーニングとはなにか

生活の行為から考える

住宅を考えることは、家での暮らしを考えること。暮らしを考えることとは、生活の行為を考えることにほかなりません。

人が家のなかで行う基本的な生活行為は、①英気を養うために食べて、②身体を休めるために寝て、③身体を含め身の回りを清潔に保つために洗い、そして④健康を保つために不要なものを体外に出す（排泄）ことです。この、食・寝・洗・排の4つの行為は必ず家のなかですることになります。

もし、1人で暮らすなら、極端な話、この4つの行為を1つのスペースですますこともできますが、家族といえども複数人で、より快適な暮らしを、と考えるのであれば、それぞれの行為に適したスペースを確保し、スペースどうしの関係を考えることが、間取りづくりの出発点となります。

行為をスペースに置き換える

住宅の設計とは、生活の行為をスペースに置き換えることから始まり、さらに、それぞれのスペースどうしに、生活に則したかたちで関係性をもたせることと言えます。

間取りづくりに先立ち、この関係性を組み立てることをゾーニングと呼びます。基本的な生活行為をもとにして、適切なゾーニングを行うことが、間取りづくりの最初の一歩となります。

ほとんどの家は床面積に限りがあり、その範囲でゾーニングをしなければなりません。左記のゾーニング図は1層（ワンフロア）で表現していますが、30坪前後の住宅は、ほとんどの場合2層以上（2階建て・3階建て・4階建て・2、3階建て地下付き）でゾーニングをすることになります。

基本的な生活行為（食・寝・洗・排）を整理する

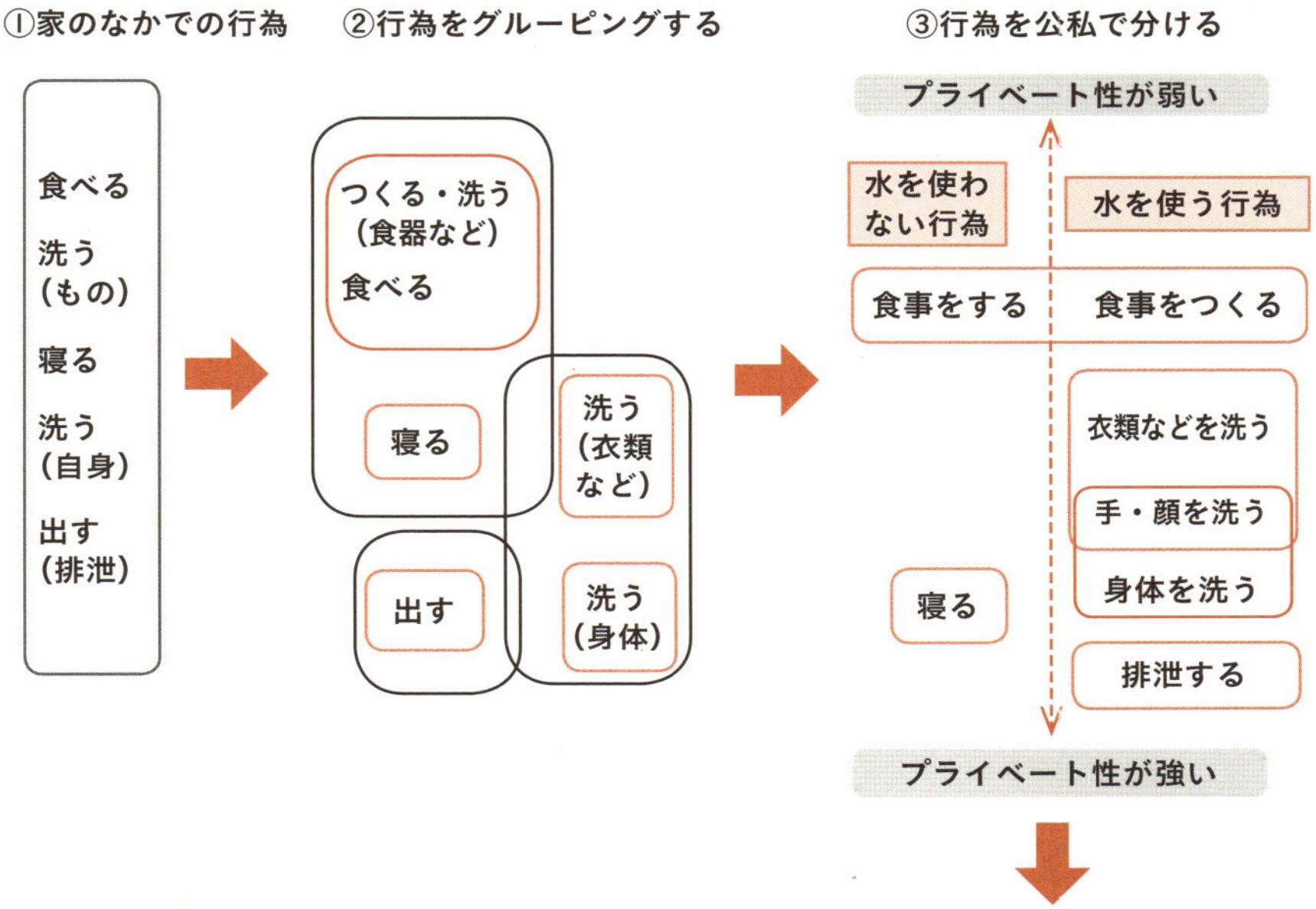

行為とスペースの関係を整理する

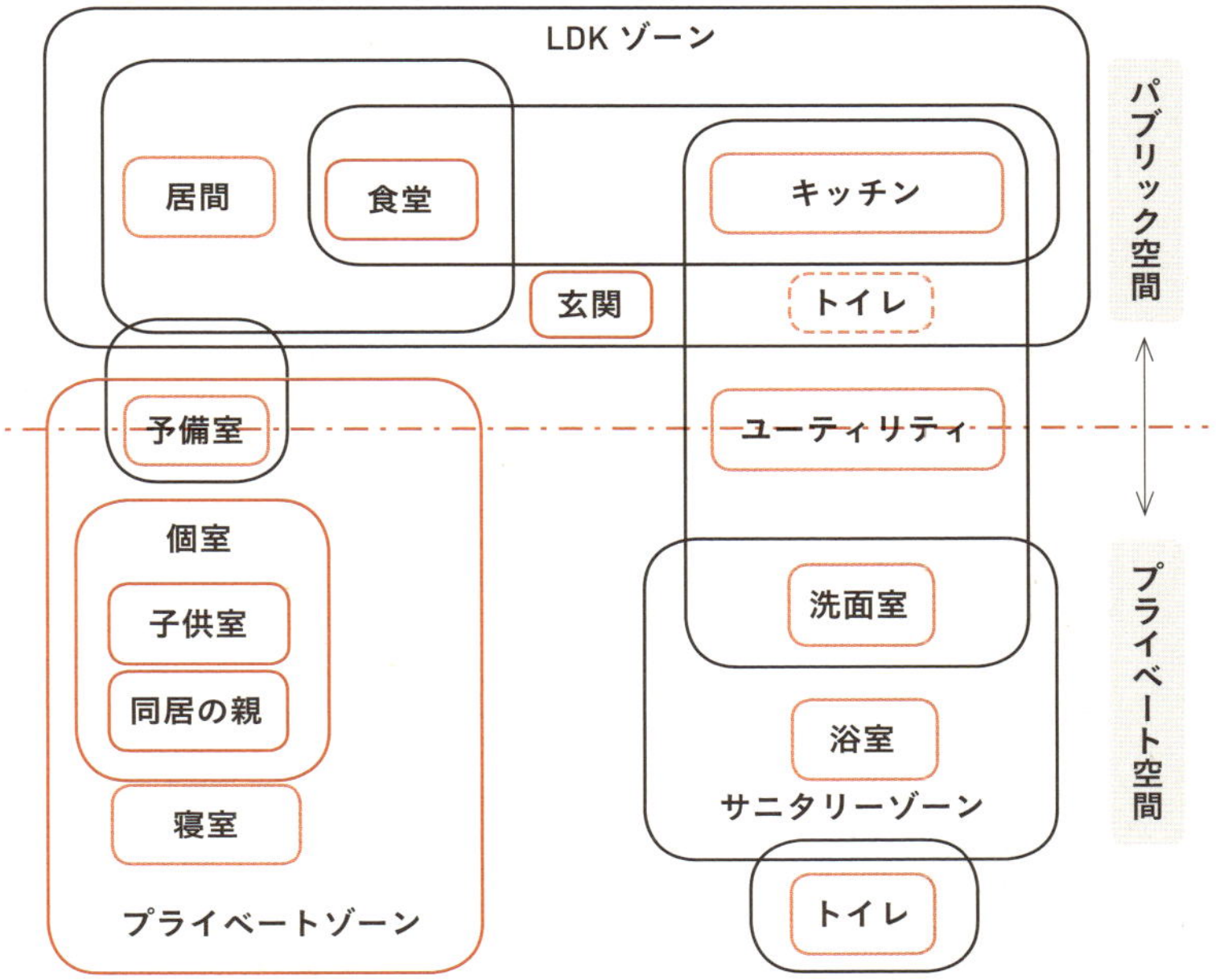

地上2階建ての正しいゾーニング

家族みんなが使うLDKを1階に置くか2階に置くかは、間取りづくりの最初の大きな岐路になります。

1階LDKの場合

日中、南からの採光が可能であり、庭との関係がつくれる場合には、まず1階にLDKを置きます。すると、プライベートゾーンは2階になりますが、洗面室や浴室などのサニタリーを1階と2階のどちらに置くべきかが、次の選択肢です。間取りとしては下記の2種類が考えられますが、実はその選択によって、日々の暮らしの動き方が違ってきます。

家事動線を考えサニタリーも1階に(→P94〜)

サニタリーを1階に置くと、洗面室と浴室が2階のプライベートゾーンから離れてしまいます。キッチンとの家事動線を優先して、どうしても1階に置きたい場合には、2階の寝室や子供室から1階のサニタリーまでの生活動線に注意を払うことが大切です。できれば居間や食堂を横切ることなくサニタリーに行きたいものです。

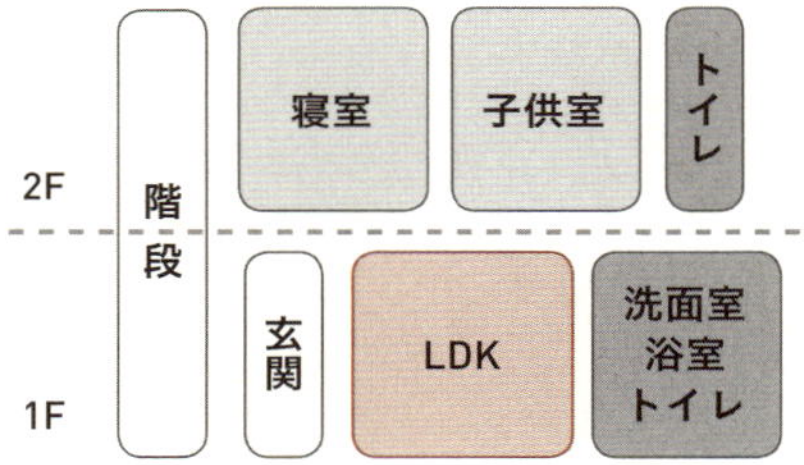

サニタリーをプライベートゾーンの2階に置く(→P104〜)

洗面室や浴室といったサニタリーは、家族誰もが使う場所ですが、実は究極のプライベートスペースと言えます。つまりプライベートゾーンに組み込まれるのが、本来の暮らしの形に馴染むことになります。また延べ床面積30坪前後で、かつ敷地面積に余裕がない場合、2階のプライベートゾーンにサニタリーを置くことで、上下階のスペース配分もよくなり、耐震性やコスト面でも有利な総2階建てで納めやすくなります。

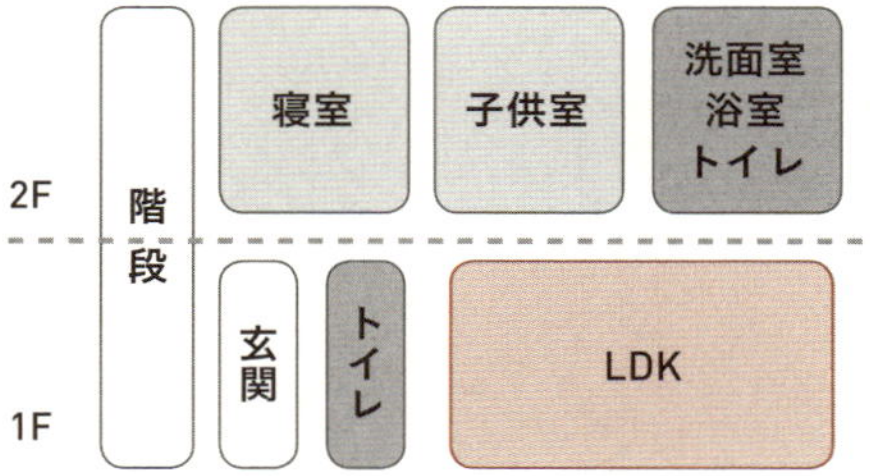

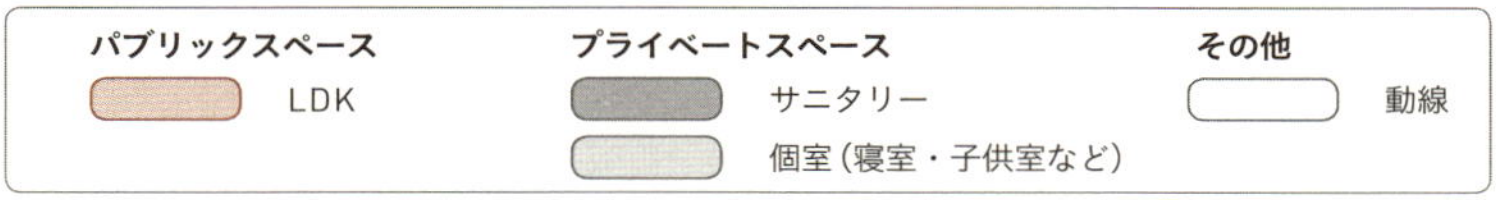

2階LDKの場合

都市部の密集地で、周囲が建て込んでいる敷地条件の場合、1階にLDKを置くと、一日中、室内に陽射しが入らないことがあります。その場合にはLDKを2階に置くことになります。そしてLDKの広さ次第で、その他のプライベートゾーンやサニタリーの配置、配分が決まってきます。

プライベートゾーンの寝室と子供室、さらにサニタリーという3つのスペースをどこに配置するか、特にサニタリーの位置は、暮らし方に大きく影響します。家事動線や個室の快適性などを考慮しつつ、1階と2階の床面積のバランスを考えると、その組み合わせ方には下記の3種類が考えられます。

LDKとともにサニタリーも2階に（→P110〜）

2階LDKの場合は、周囲の隣家が迫っていることが多く、洗濯物を干す場所も2階のほうが有利になります。2階に干すのであれば、家事動線を考え洗濯機も2階に置きたくなります。キッチンに置ければ問題は解決しますが、洗面室に置くとなると、2階にはLDKとともにサニタリーが並ぶことになります。

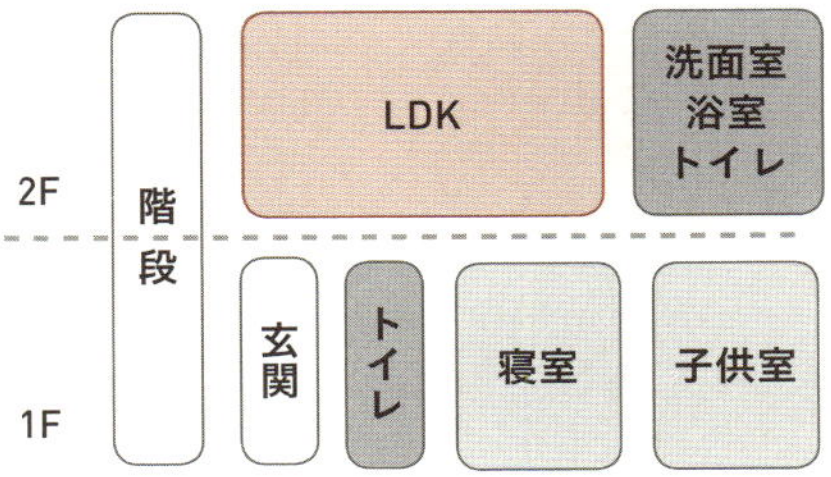

サニタリーはプライベートゾーンの1階へ（→P114〜）

2階にLDKを置くと、プライベートゾーンは1階になります。プライベートのヒエラルキーを考えると、洗面室や浴室などのサニタリーは、個室以上にプライバシーの度合いが高くなり、サニタリーが寝室や子供室のある1階プライベートゾーンに組み込まれるのは本来のかたちとも言えます。

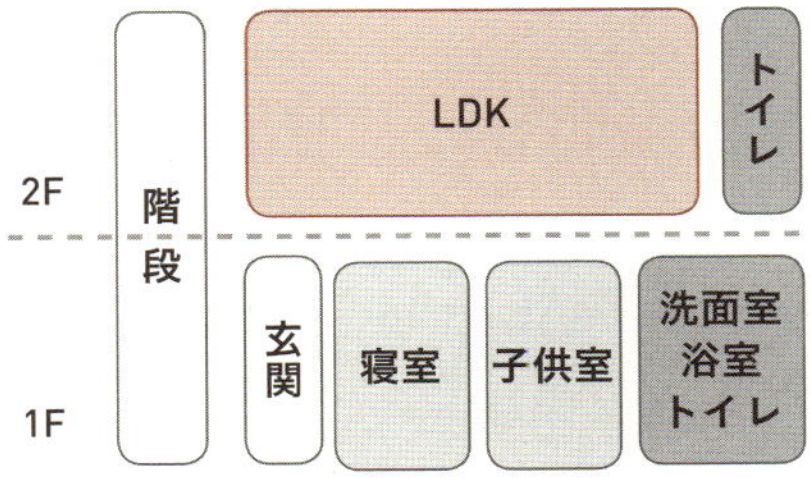

一部のプライベートスペースが2階に残る（→P130〜）

子供が3人以上いる場合、もしくは客が泊まる部屋が予備室として必要な場合、個室の部屋数は4つ以上となり、一部のプライベートスペースを、LDKのある2階に残さなければならないときがあります。2階に残すプライベートスペースは、その家族の暮らし方によっても違ってきます。また、上下階の面積配分によって決められていくこともあります。

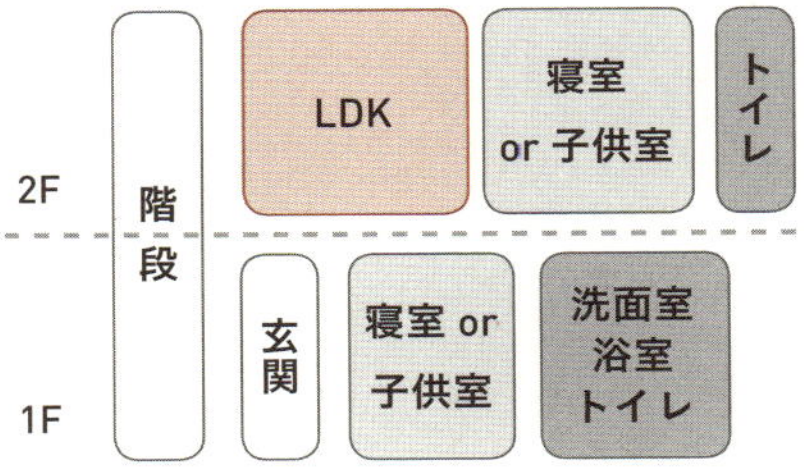

サニタリーへアクセスしやすく

S=1:200

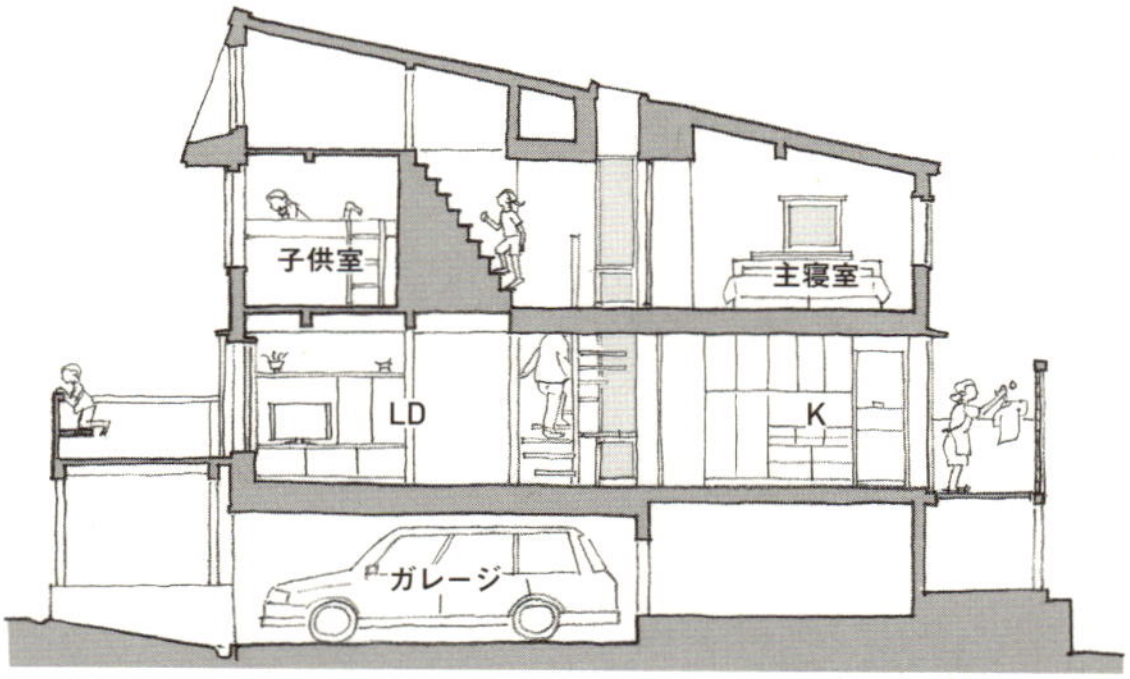

S=1:200

動線スペースを合理的な位置に

2階の動線スペース（階段、廊下）を建物の中央付近に置くことで、廊下から各部屋へのアクセスを最短にして、動線スペースを最小限に抑えています

小さな家にも2つのトイレ

4人家族22坪の家でも、2階プライベートゾーンにトイレをつくりました。居室の広さを少しずつ削ってでも、暮らしの快適さを優先しています

小さいからこそ、落ち着ける子供室

→2章　P54へ

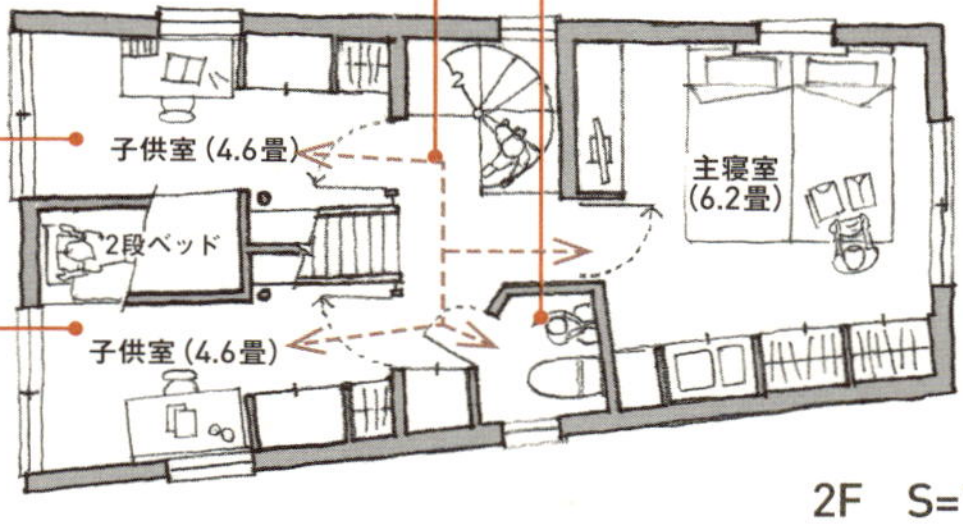

2F　S=1:150

洗面・浴室の位置が間取りのポイント

総2階建てのため、1、2階ともに床面積は11・35坪。LDKと寝室や子供室などのプライベートゾーンを上下階に分けることは早々に決まりましたが、サニタリーをどちらの階に組み込むかが問題となりました。

必要な床面積を検討するなかで、サニタリーは1階のLDKのゾーンに組み込むことにしました。家事動線が気になるキッチンからも、個室のある2階からも、サニタリーにアクセスしやすいようになっています。また、2階にもトイレがあるので、洗面室とトイレを同室とし、サニタリーをコンパクトに納めています。

1階LDK、サニタリーも1階

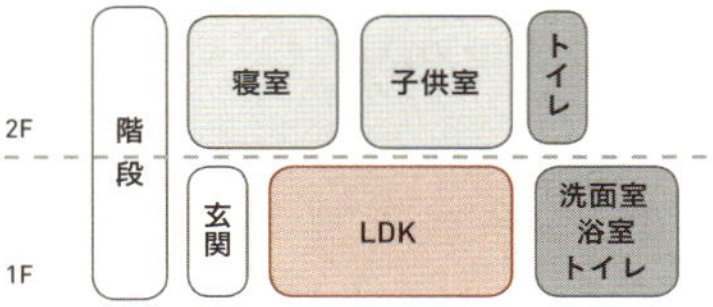

「桜上水の家」

所在地	東京都世田谷区
家族構成	夫婦（40歳代）＋子供2人
敷地形状	変形（台形で南道路）
敷地面積	74.92㎡（22.70坪）
延床面積	74.26㎡（22.46坪） ＋小屋裏16.24㎡（4.91坪） ＋ガレージ13.64㎡（4.13坪）
構造・階数	木造2階＋小屋裏収納＋半地下ガレージ

機能を満たす最小限スペースの玄関

←2章　P53から

居間・食堂の一部に置かれた玄関は、靴の脱ぎ履きさえできる広さがあればよい、と考えました。玄関フロアの高さを居間食堂より80㎝程低くし、収納で間仕切ることで、居間・食堂からは玄関が見えません

小さなスペースに4つの機能

←2章　P51から

2畳に満たないスペースに、洗面、洗濯、脱衣、トイレの4つの機能をコンパクトに収めています。間取りづくりとは、限られた面積のなかでの陣取り合戦です。よりよい暮らしができるように合理的に考えることが大切です

サービステラス

北側に、目隠し塀を付けたウッドテラスをつくりました。このテラスは、洗濯物を干したりするサービステラスであるとともに、浴室と視覚的につながる外部空間にもなっています

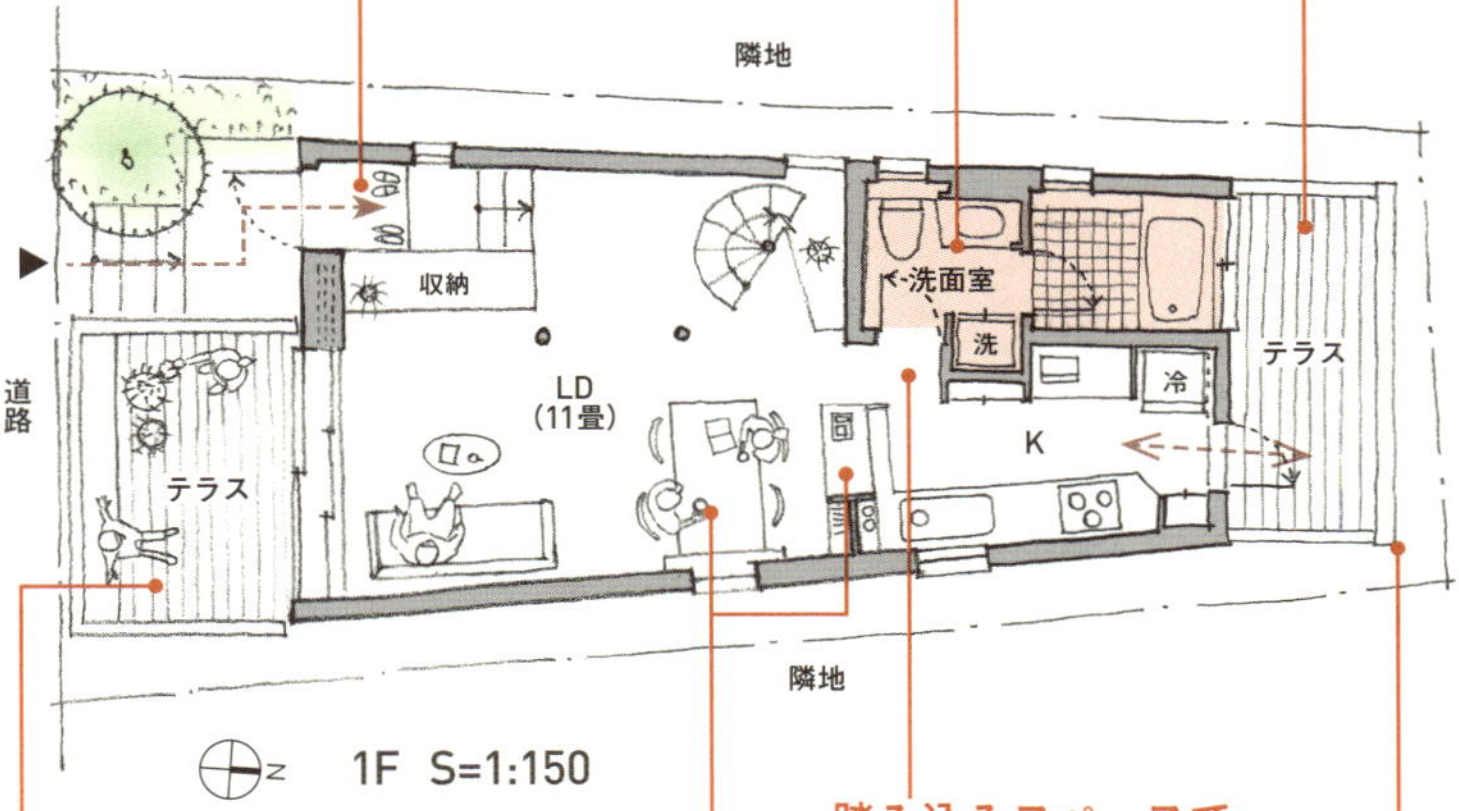

踏み込みスペースで気持ちを切り替える

→2章　P84へ

庭代わりのテラス

南側の道路から人も自動車も入ることになり、庭がつくれません。そこで、半地下ガレージへ入る進入路の上にウッドテラスをつくり、居間から出られる庭代わりの外部スペースとしています

囲われ感をつくる

食堂とキッチンを仕切りなくつなげることもできますが、あえてカウンターで仕切り、配膳台を設置。カウンターの高さは1m15cmほどとし、ダイニングテーブル廻りを囲われ感のある、落ち着けるスペースにしました

変形敷地は変形形状に合わせる

→2章　P33へ

庭が広いなら1階LDK

S=1:200

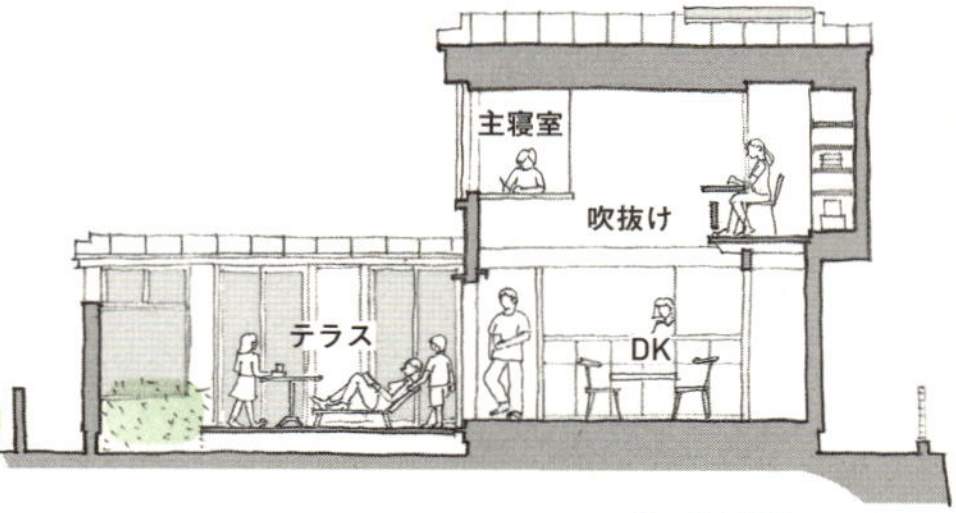

S=1:200

書斎もオープンなスペースとする

吹抜けに面した通路に、手すり代わりとして造り付けのデスクを置き、簡単な書斎コーナーとしました。2人で暮らす家なので、オープンなスペースをできるだけつくり、多くの居場所を設けています

視線軸を長くとる

外—階段上の吹抜け—主寝室—食堂上の吹抜け—予備室—外、と視線が抜け、2階にいると実際の床面積以上の広さを感じることができます

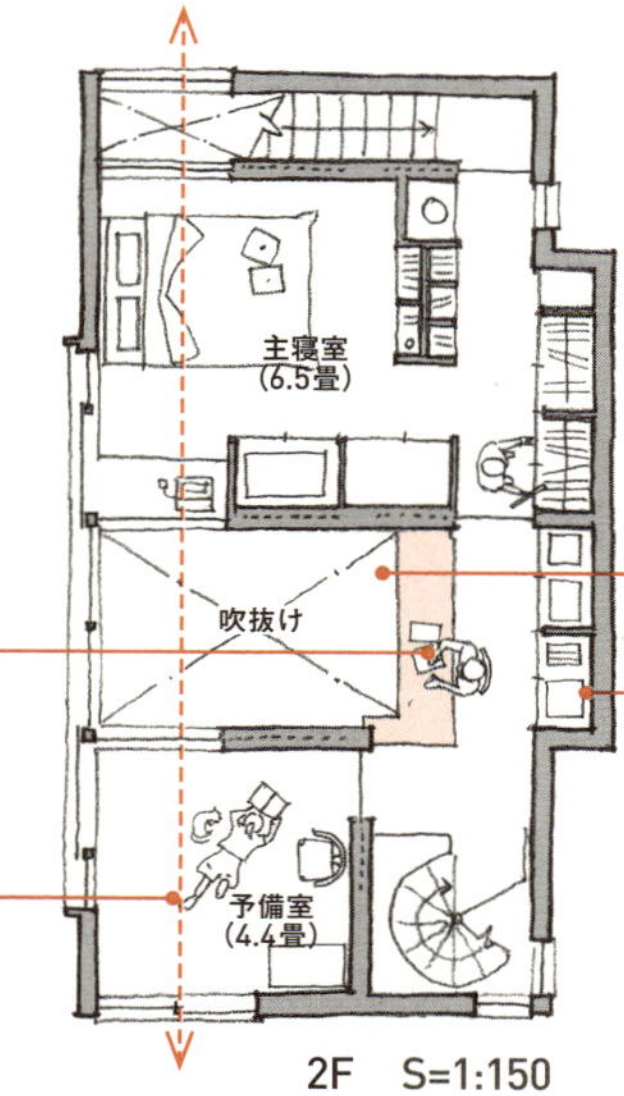

2F　S=1:150

いくつもの効果が得られる大きな吹抜け

→2章　P73へ

通路に沿った跳ね出し収納

→2章　P56へ

吹抜けを家の中心に置き上下階の関係をつくる

敷地の広さに余裕があるので、都市型住宅のような総2階建てとせず、暮らし方を優先した、少し贅沢な間取りとしました。

1階は、広い庭と一体化できるようにLDKを置き、サニタリーも家事動線を考慮して1階に配置しています。

夫婦2人の家なので、2階は食堂上の吹抜けを寝室と予備室で挟み込むかたちで配置し、寝室・予備室と1階LDKのつながりを強めています。

また、階段が2つあるので、上下階を回遊できる生活動線がつくられ、実面積以上の広さを感じることにもなります。

1階LDK、サニタリーも1階

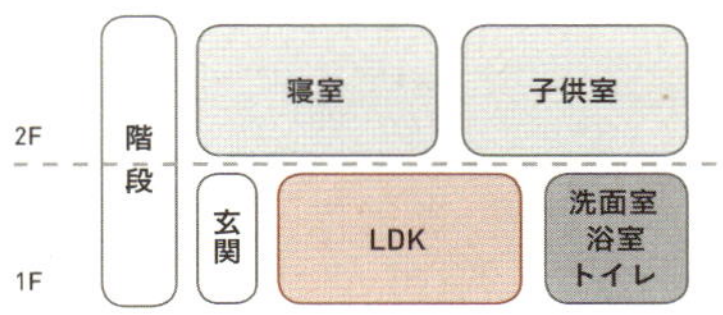

干すルートが大切

洗面室に洗濯機を配置しています。入浴時に脱いだ服を洗濯し、洗面室からテラスに出て干すことができます。家事動線を考えれば、浴室よりも洗面室からテラスに出られたほうが便利です

裏と表の2つのルート

玄関からLDKへ進むルートのほかに、収納室を経由して洗面室や2階の主寝室に直接アクセスできるようになっています

生活動線の交差点

←2章　P86から

2階から降りてくると、この場所を交差点として、サニタリー、LDK、収納室経由で玄関、と生活動線が分かれていきます。1階のサニタリーと2階の寝室は、一見離れて見えますが、この交差点により、スムーズに行き来ができます

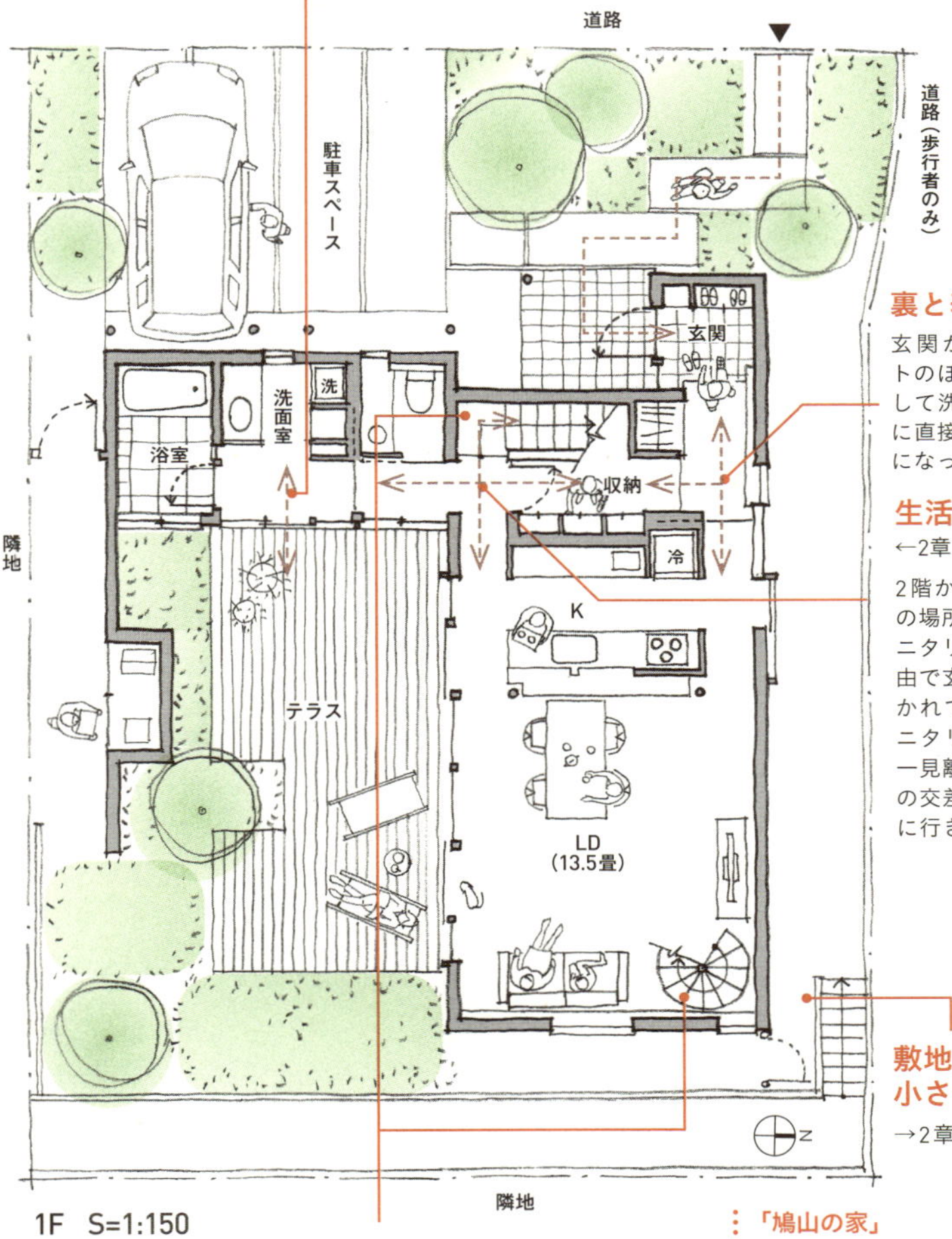

敷地が広くても小さくつくる

→2章　P35へ

1F　S=1:150

2つの階段

←2章　P42から

階段を2つつくることで、上下階にわたる大きな回遊動線が生まれました。これにより上下階の距離が縮まり、夫婦2人は互いの気配を感じながら生活することができます

「鳩山の家」

所在地	埼玉県比企郡
家族構成	夫婦（30歳代）
敷地形状	整形（矩形で北・西道路）、東側隣地5ｍ下
敷地面積	238.63㎡（72.2坪）
延床面積	91.49㎡（27.7坪）
構造・階数	木造2階

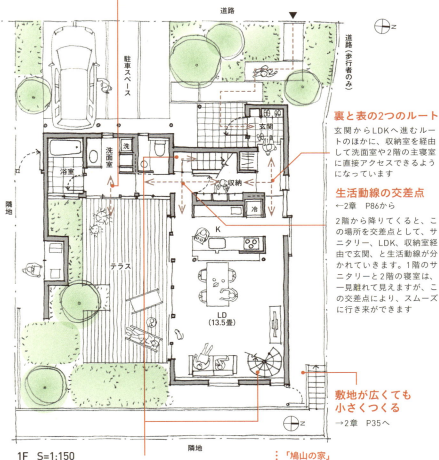

2つの庭を生活に取り込む

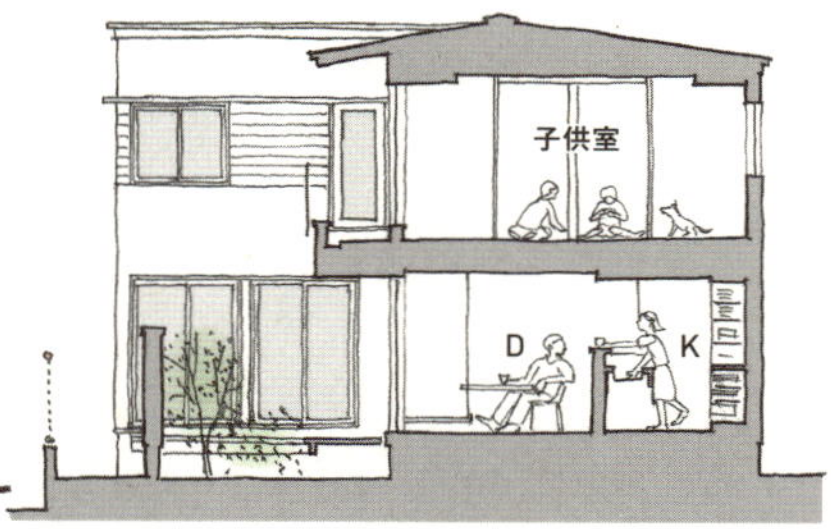

S=1:200

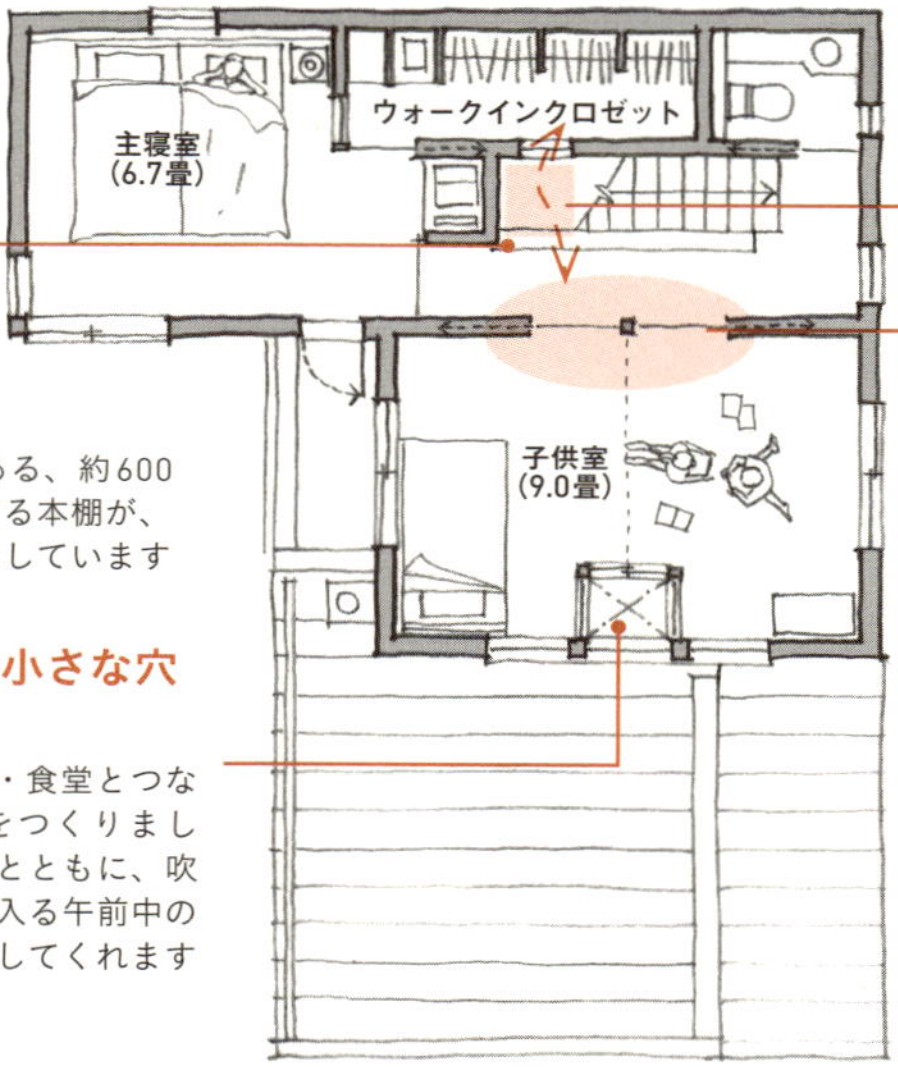

小さなトップライトの効果

←2章　P63から

階段の上に小さなトップライトを設け、2階の階段付近を明るくしています。この光は、階段室に面した小さな窓からウォークインクロゼット内にも届きます

本棚が手すり

←2章　P57から

廊下と階段の境にある、約600冊の文庫本を収納する本棚が、手すりの役割も果たしています

上下階をつなぐ小さな穴

←2章　P71から

子供室に1階の居間・食堂とつながる小さな吹抜けをつくりました。気配を伝え合うとともに、吹抜けに面した窓から入る午前中の光が、食堂を明るくしてくれます

廊下の狭さを解消

←2章　P45から

主寝室に向かう廊下は、子供室の引戸を開け放しておくと、狭さが払拭されます

洗面・浴室で坪庭の緑を楽しむ

敷地の南と西の2方向に前面道路があり、その方向には視界も開けていました。

この特徴を生かして敷地の南西に庭をつくり、1階の居間の南西角に、L型のコーナー窓を設けました。サニタリーも1階にあって庭の緑を楽しめますが、サニタリー前は主庭とは分け、近隣からの視線をさえぎる塀に囲まれた坪庭としています。この坪庭は食堂からも眺められるので、居間と食堂はひとつながりの空間にありながら、雰囲気の異なる庭が楽しめます。サニタリー前から居間前まで続く濡れ縁が、庭と室内の距離をぐっと近づけてくれます。

1階LDK、サニタリーも1階

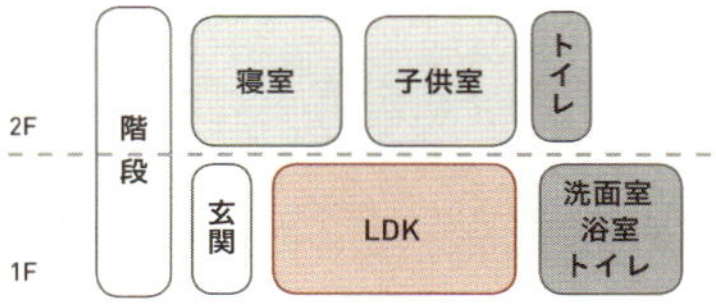

便利な2つのルート

←2章　P83から

玄関ホールから居間に入る動線とキッチンに入る動線があり、状況に応じて向かう方向を選ぶことができます

サニタリーへのスムーズな動線

→2章　P86へ

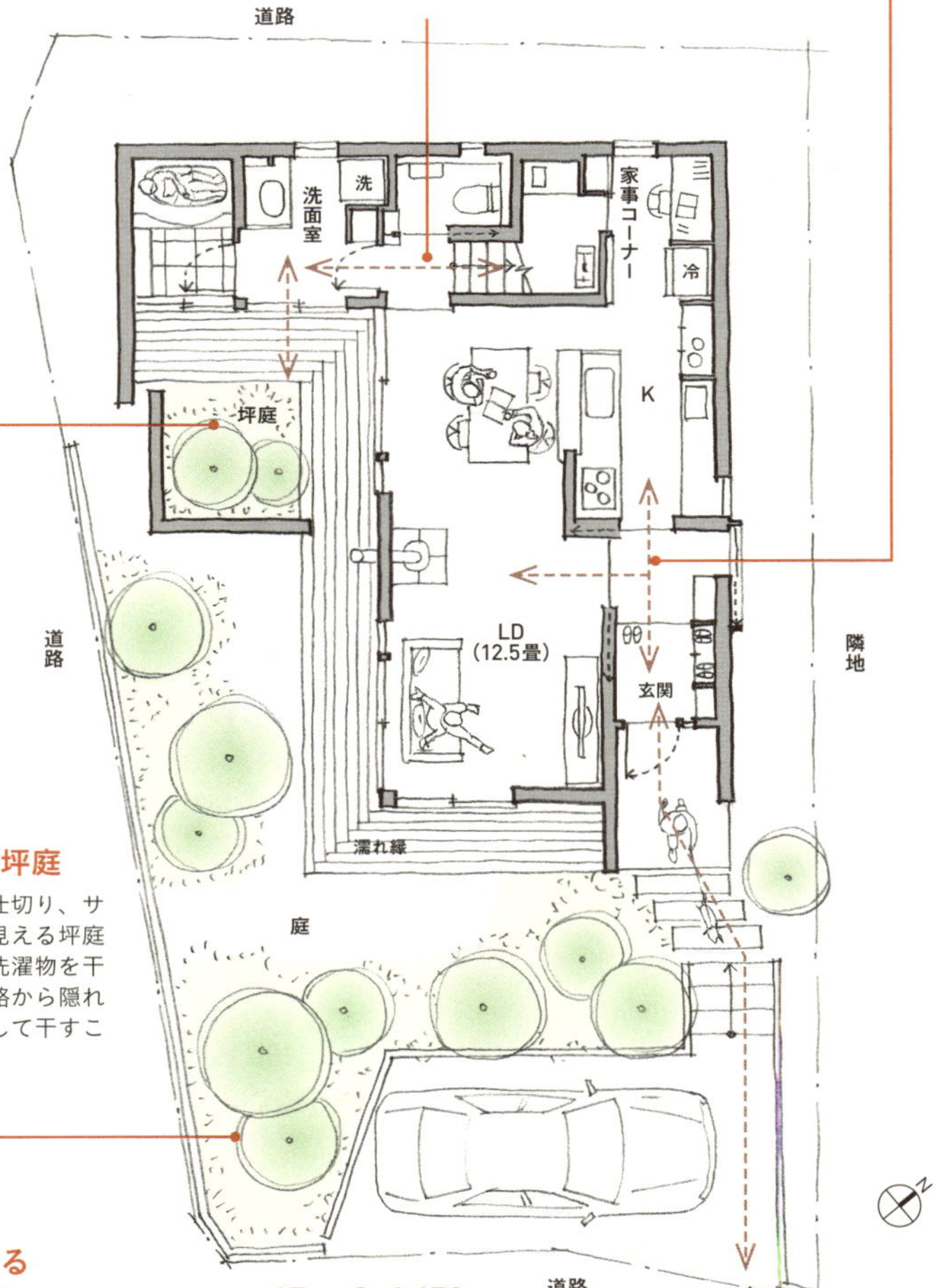

1F　S=1:150

庭の一部に坪庭

庭を一部塀で仕切り、サニタリーから見える坪庭としました。洗濯物を干すテラスも道路から隠れるため、安心して干すことができます

広い庭をとる

←2章　P35から

1階にLDKとサニタリーを置くと、寝室と子供室があるだけの2階と比べて1階が明らかに大きくなります。しかし、必要以上に大きくせず、生活に必要な広さとすることで、庭も広く取れます

「本牧の家」

所在地	神奈川県横浜市
家族構成	夫婦（30歳代）＋子供１人
敷地形状	変形（南西道路）
敷地面積	176.55㎡（53.40坪）
延床面積	93.34㎡（28.23坪）
構造・階数	木造２階

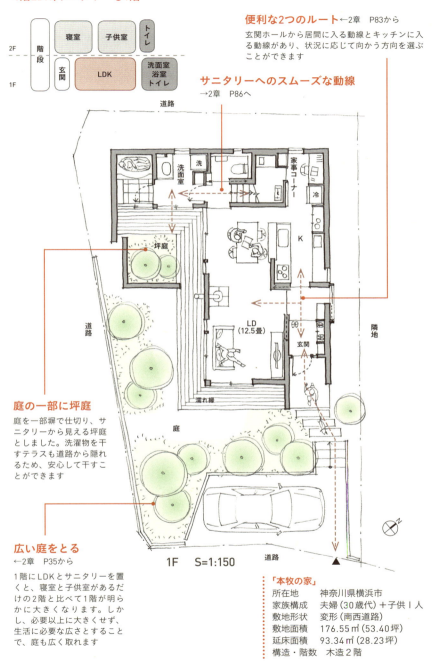

客室を＋αとした4LDK

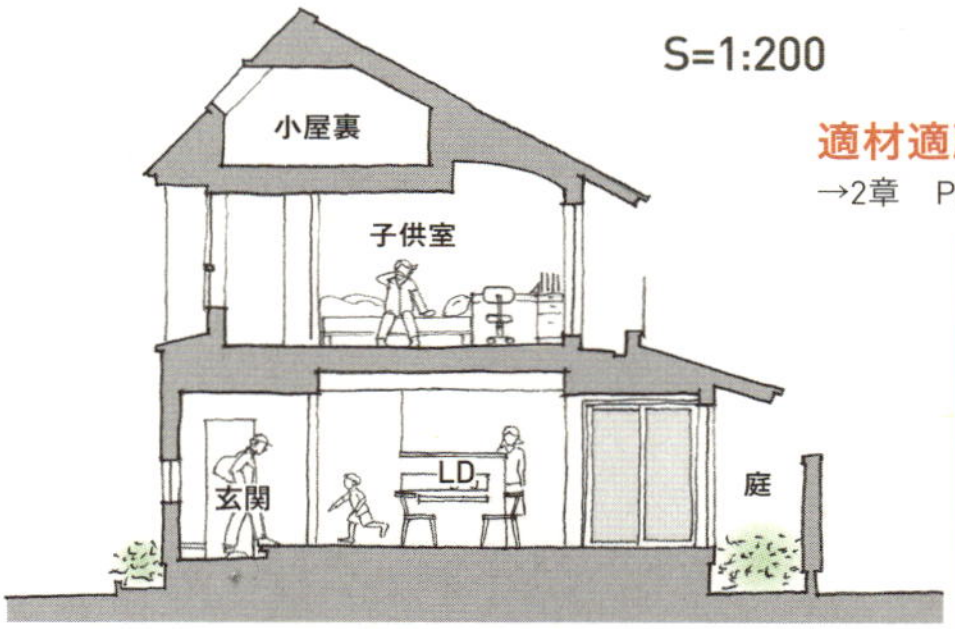

適材適所の収納計画

→2章　P56へ

引戸で変わる廊下

←2章　P45から

階段から主寝室まで、L型の長い廊下が続きます。この廊下に接する子供室のコーナーを2枚の引戸にし、引戸を開け放つと子供室と廊下が1つの広いスペースとなります

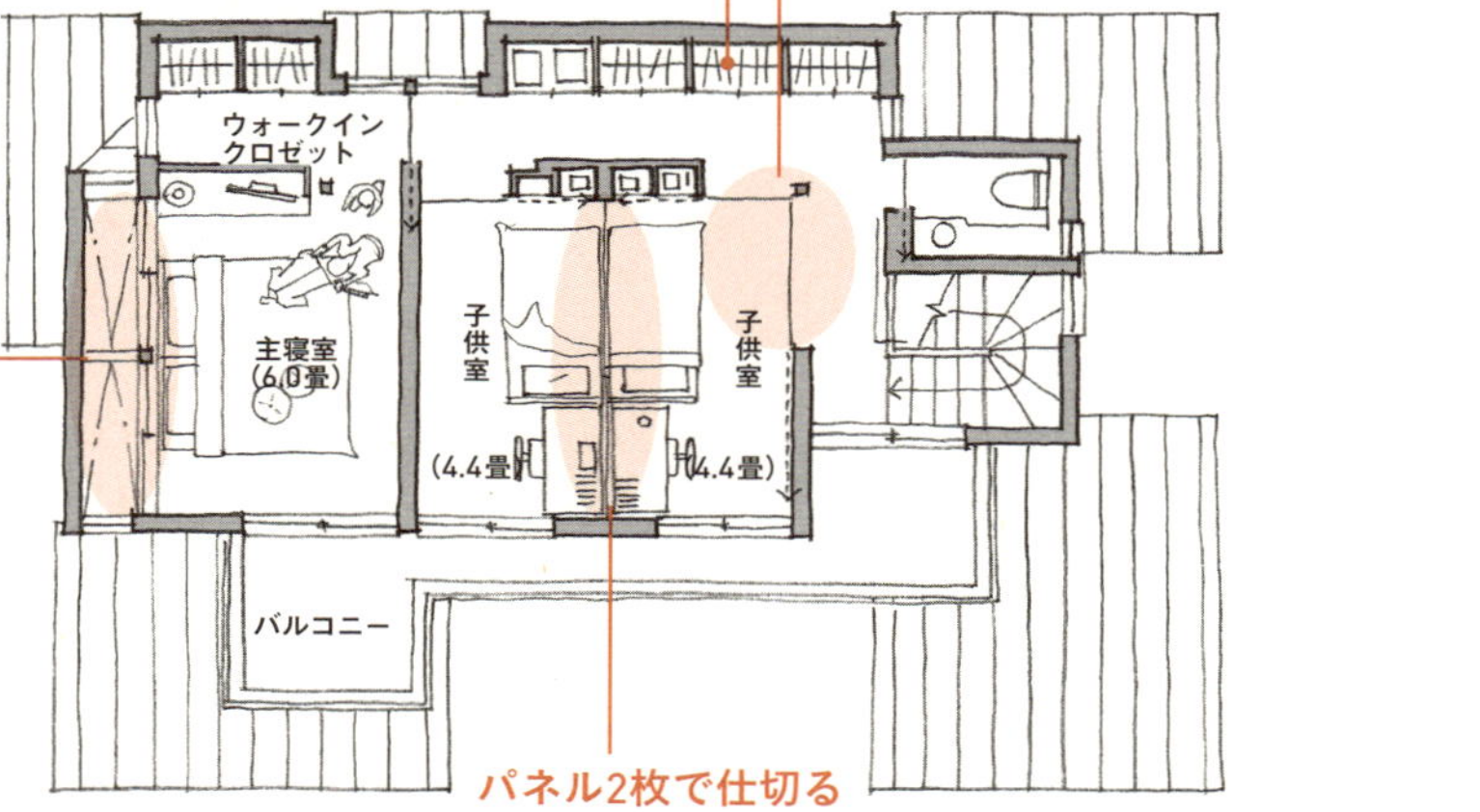

パネル2枚で仕切る

新築当時、子供室は厚さ30㎜のパネルで仕切られています。将来、子供が独立したときには簡単に取り外して1部屋にできます

2F　S=1:150

小さな穴で上下階の気配を伝える

→2章　P71へ

1階にLDKと客室とサニタリーを置く

3方向が道路に面した敷地で陽当たりがよく、1階にLDKと客人も宿泊可能な和室の予備室、さらに泊まった人も使えるサニタリーを置いています。将来、この和室を夫婦の寝室として使い、日々の暮らしを1階だけで完結させることも可能です。

和室も個人の領域となるので、和室とサニタリーは1階のなかでもプライベートゾーンに配置するのが原則。同様に、2階のプライベートゾーンへ行く階段もサニタリーの横に置きました。また、キッチンからもサニタリーに数歩でアクセスできる、使い勝手のよい間取りです。

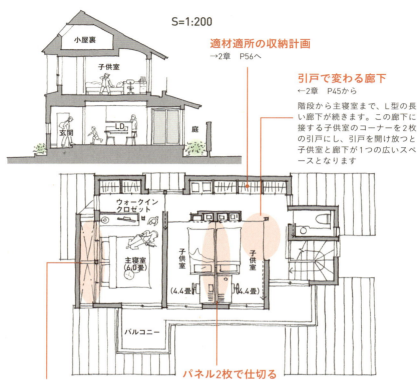

1階LDK、サニタリーも1階

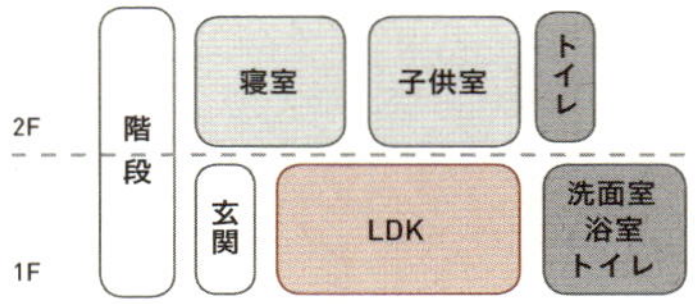

坪庭を介して風を抜く

←2章　P65から

浴室、階段室、予備室（和室）と塀に囲まれた小さな坪庭をつくりました。坪庭に面した窓は隣家との距離が確保できるので、普段から開けておいて風を通すことができます

完璧な裏動線

←2章　P83から

玄関から玄関収納、パントリーを抜け、キッチンへ行くことができる裏動線。この裏動線は、サニタリーと2階へ行く階段にもつながります

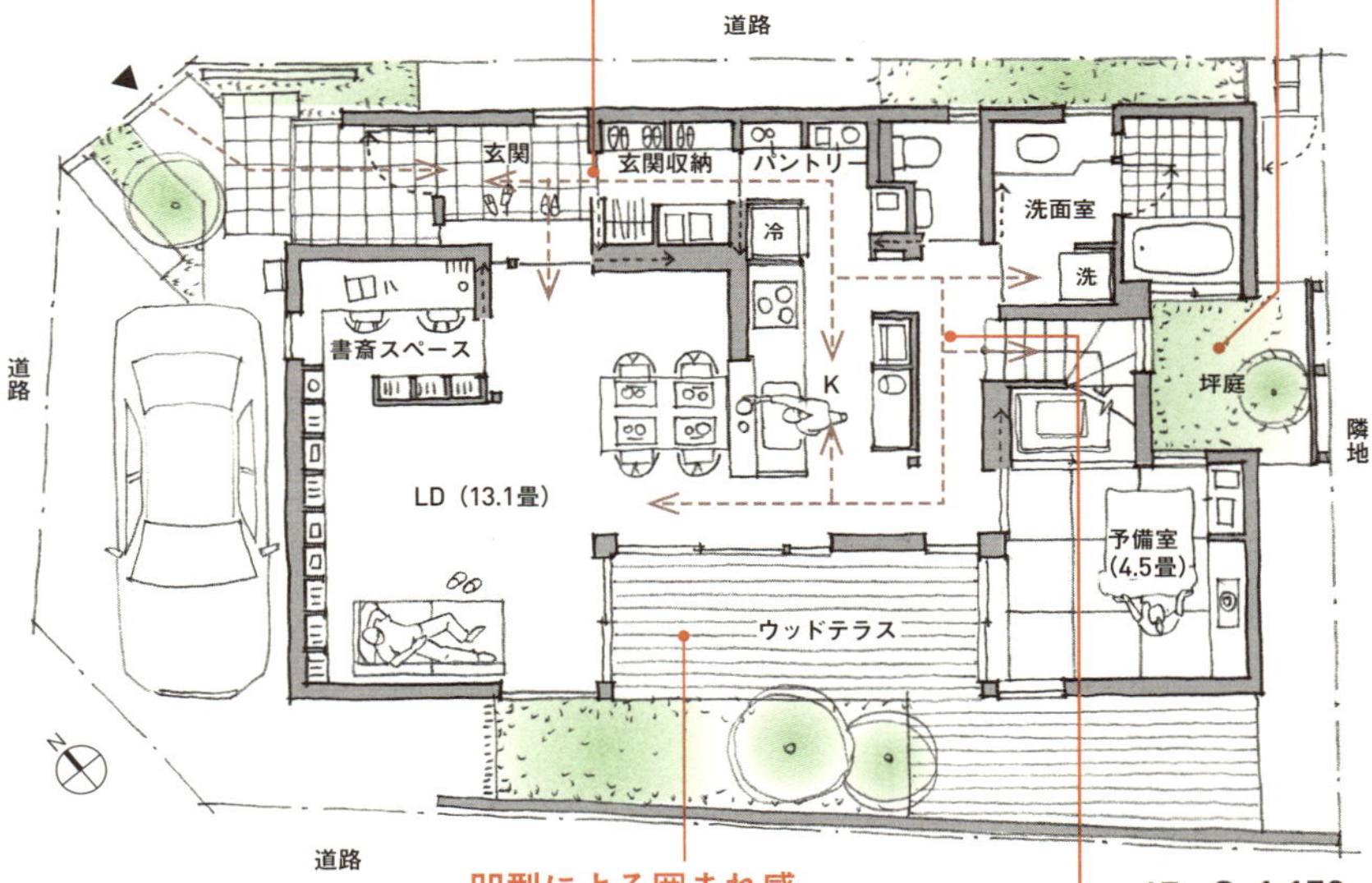

1F　S=1:150

凹型による囲まれ感

3方向を道路に囲まれ、敷地全体が周囲の視線にさらされるので、庭はLDKと和室によって一部凹型に囲むようにしました。囲われた部分はウッドテラスとし、室内との一体感により広く感じられます

階段を降りるとすぐサニタリー

→2章　P86へ

S=1:200

「狛江の家」

所在地	東京都狛江市
家族構成	夫婦（40歳代）＋子供2人
敷地形状	整形（矩形で東以外3方道路）
敷地面積	142.76㎡（43.18坪）
延床面積	110.29㎡（33.36坪）＋小屋裏22.04㎡（13.3坪）
構造・階数	木造2階＋小屋裏

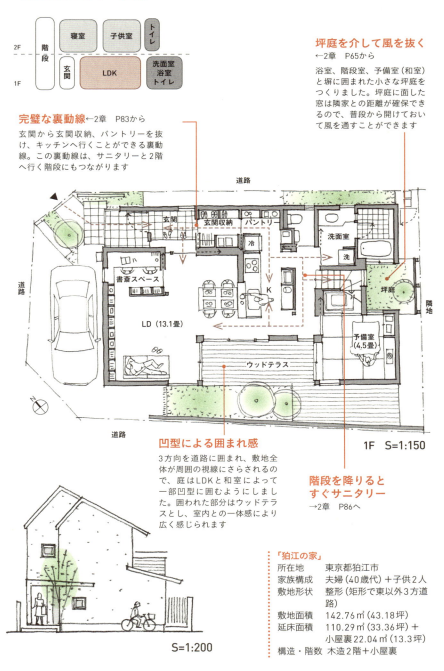

サニタリーを生活動線の要に

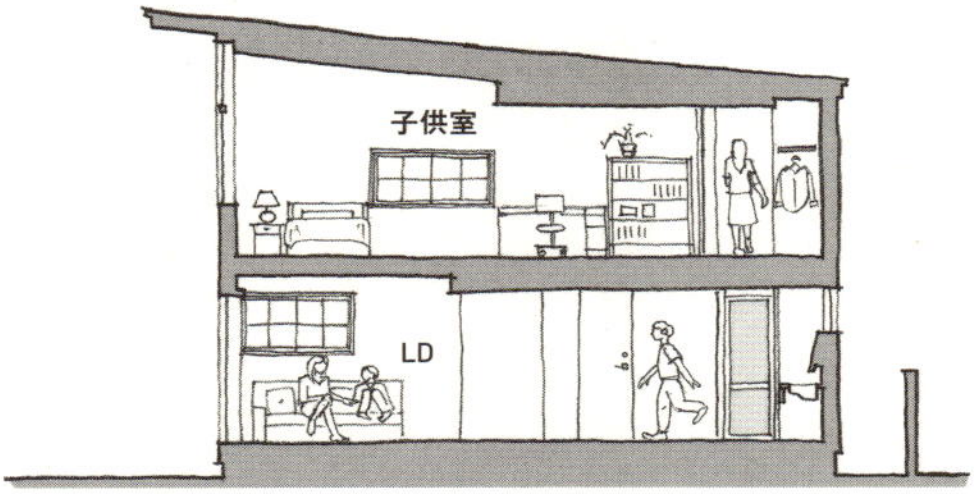

S=1:200

長い廊下の壁面収納

←2章　P56から

階段に沿って長い廊下があり、その長さを利用して、廊下の一方の壁をすべて収納にしています。収納に扉を付けると圧迫感が生まれるので、あえて柔らかな雰囲気が出るカーテンで仕切っています

家の中心に光を落とす

←2章　P63から

階段上の小さなトップライトから1階に自然光を落としており、窓のない廊下廻りを明るくしています。2階子供室も、階段際の壁を乳白色のガラスとし、トップライトからの柔らかな光が拡散するようにしています

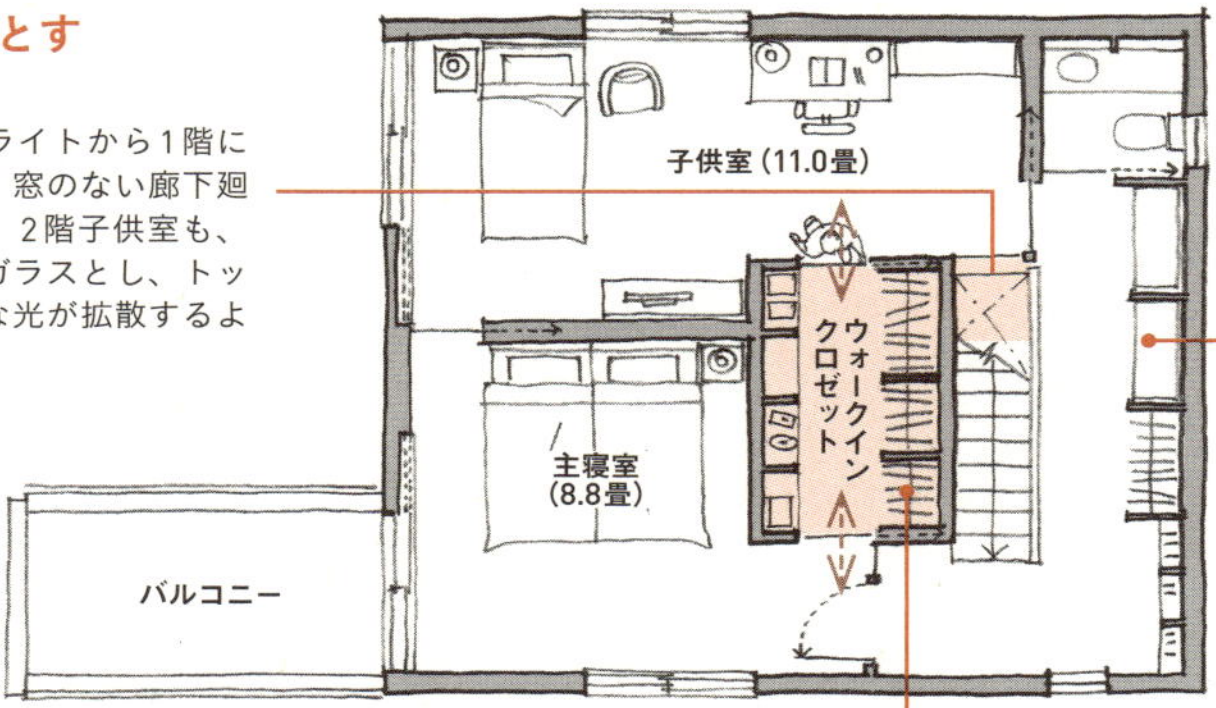

親子で共有するクロゼット

母親と娘のあいだで服を共有することもあり、主寝室と子供室の両方から出入りできるようにしています

2F　S=1:150

家事行為を1階に集約させる

陽当たりのいい2階のバルコニーに洗濯物を干すことも考えられますが、将来、寝る以外の暮らしをワンフロアで完結できるように、洗濯を含めたすべての家事行為を1階に集約しました。

そのため、プライベートゾーンとサニタリーが上下階に分かれましたが、2階から階段を降りてすぐ洗面室にアクセスできるように生活動線を組み立てています。さらに、洗面室から直接キッチンへアクセスできる裏動線（回遊動線）、洗面室とキッチンの間の勝手口など、屋外との関係を含め、家事動線を重視した間取りとしています。

1階LDK、サニタリーも1階

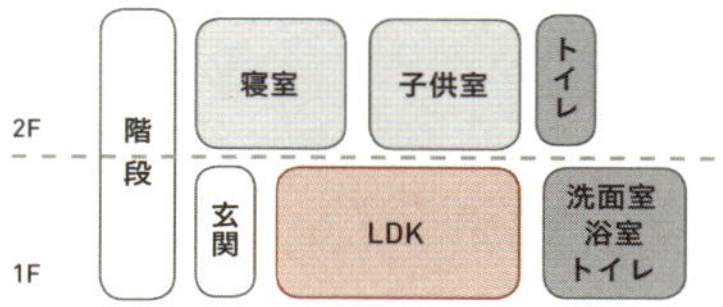

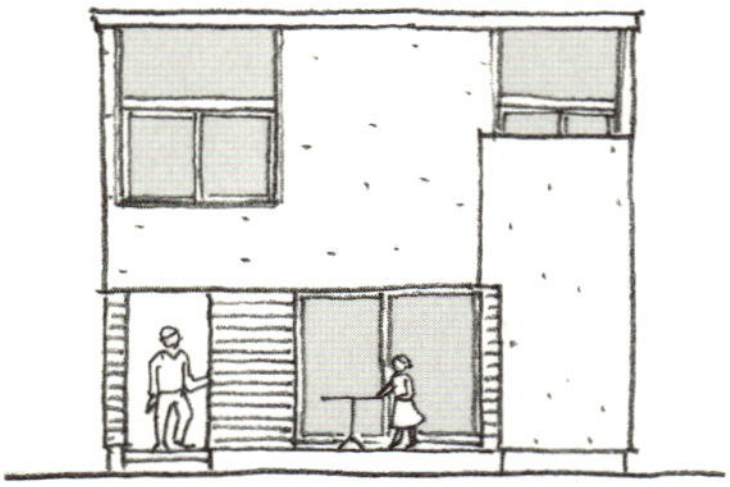

S=1:200

仕切り壁で進む方向性をつくる

玄関ホール前にあえて収納をつくり、玄関と食堂を仕切っています。この仕切り壁により、居間、食堂、玄関ホール、廊下などの場が生まれるとともに、玄関ホールに入った際、進む方向がはっきりと示されます

いろいろな場所から洗面室へ

洗面室は、朝の起床時、夜の就寝時、外出からの帰宅時など、一日に何度も行く場所です。そこで玄関やLDK、2階の個室などさまざまな場所から行き来ができるような動線にしています

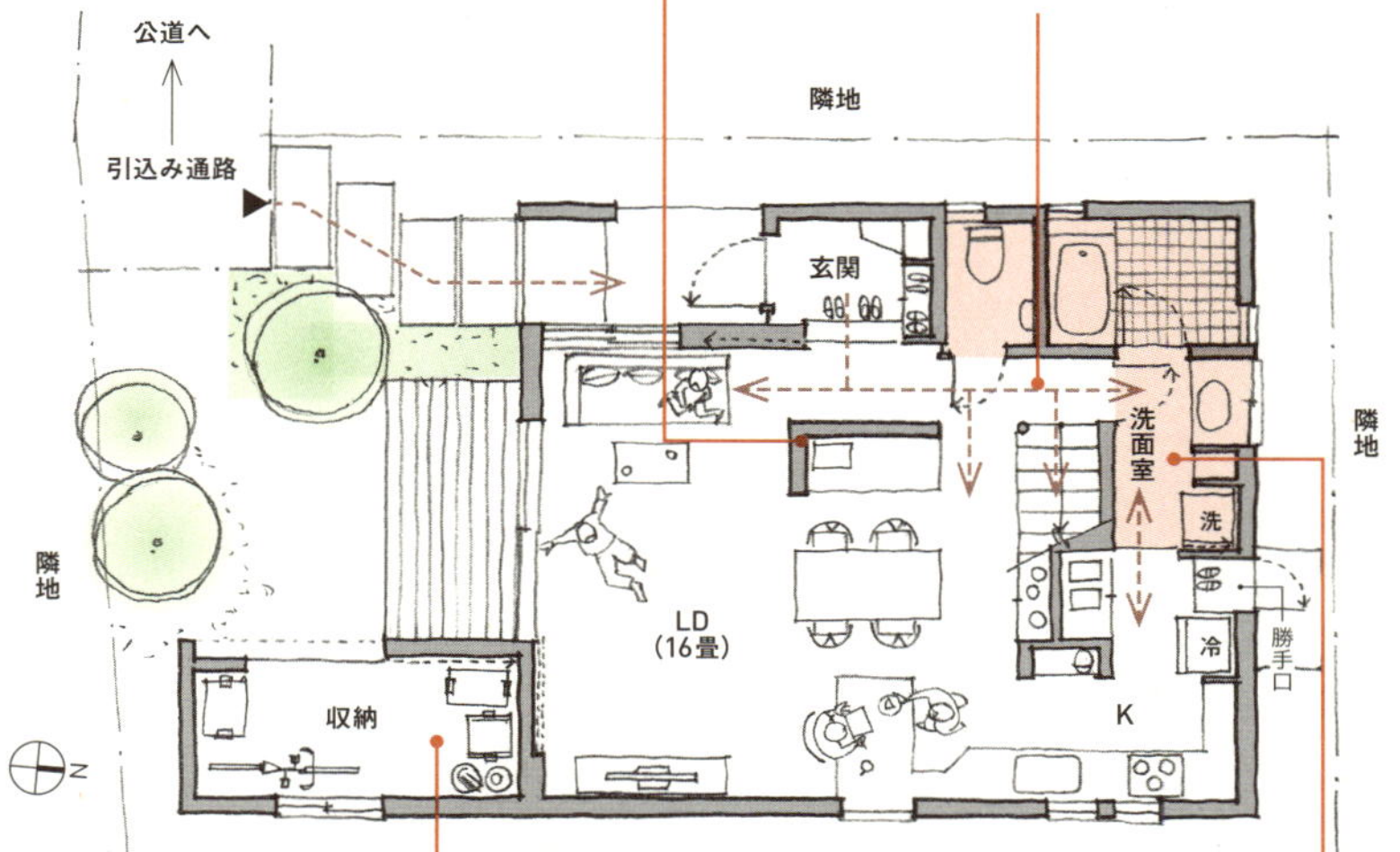

1F　S=1:150

キッチンの隣にサニタリーを置く

→2章　P84へ

外物置を家の一部とする

自転車やアウトドア用品など、家の外に収納したいものは結構多くあります。しかしそれらをしまうために既製品の物置をせっかくの庭先に置くのはためらわれます。この家は、物置を家の一部としてつくり、その上を2階のバルコニーとしました

「羽根木の家」

所在地	東京都世田谷区
家族構成	夫婦(60歳代)＋子供1人
敷地形状	旗竿敷地(旗部分矩形　南東角に竿部分)
敷地面積	134.54㎡(40.70坪)
延床面積	113.31㎡(34.28坪)
構造・階数	木造2階

玄関・階段の配置で廊下をなくす

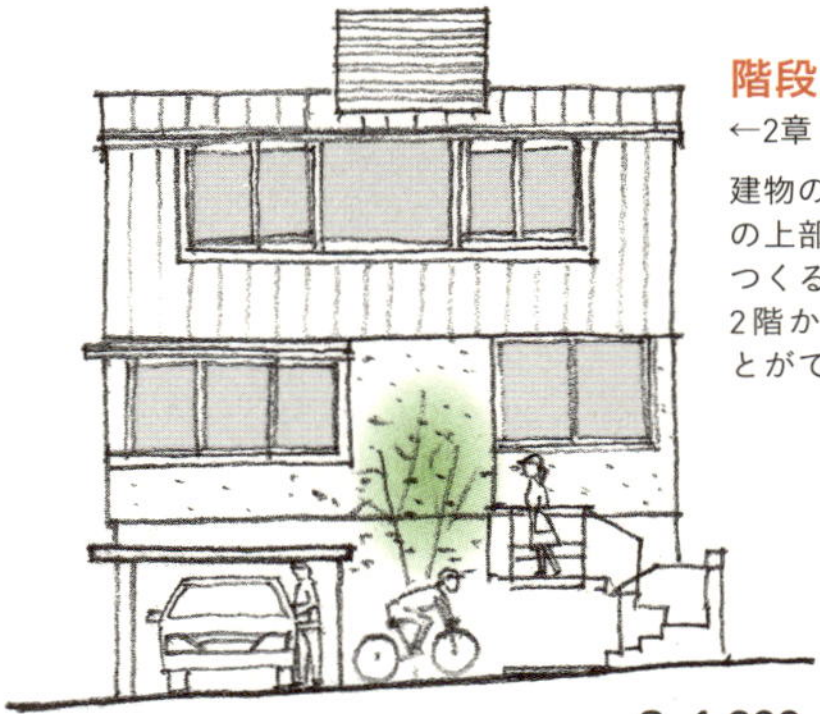

S=1:200

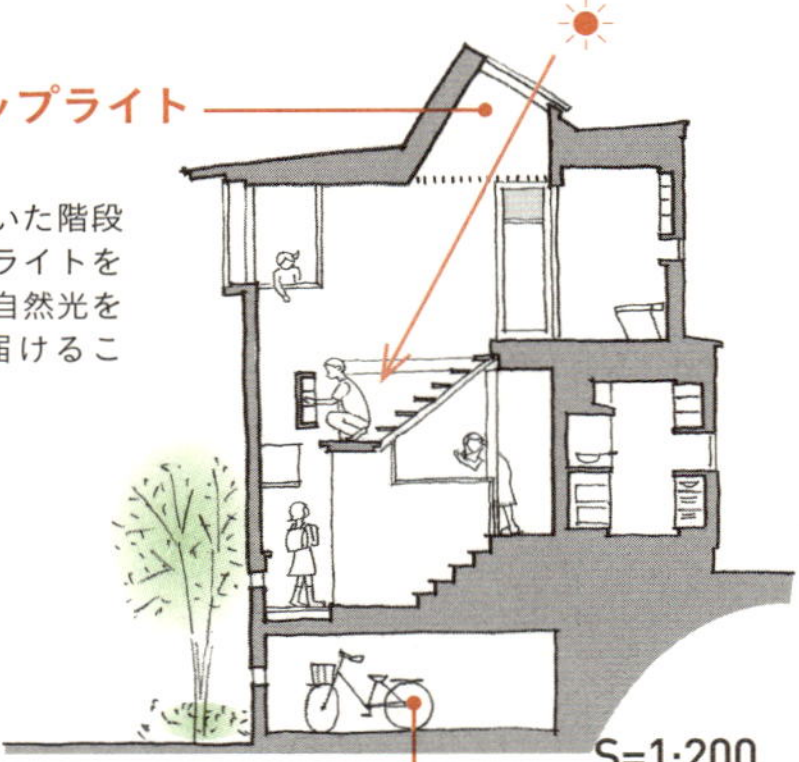

S=1:200

階段上のトップライト

←2章　P63から

建物の中央に置いた階段の上部にトップライトをつくることで、自然光を2階から1階に届けることができます

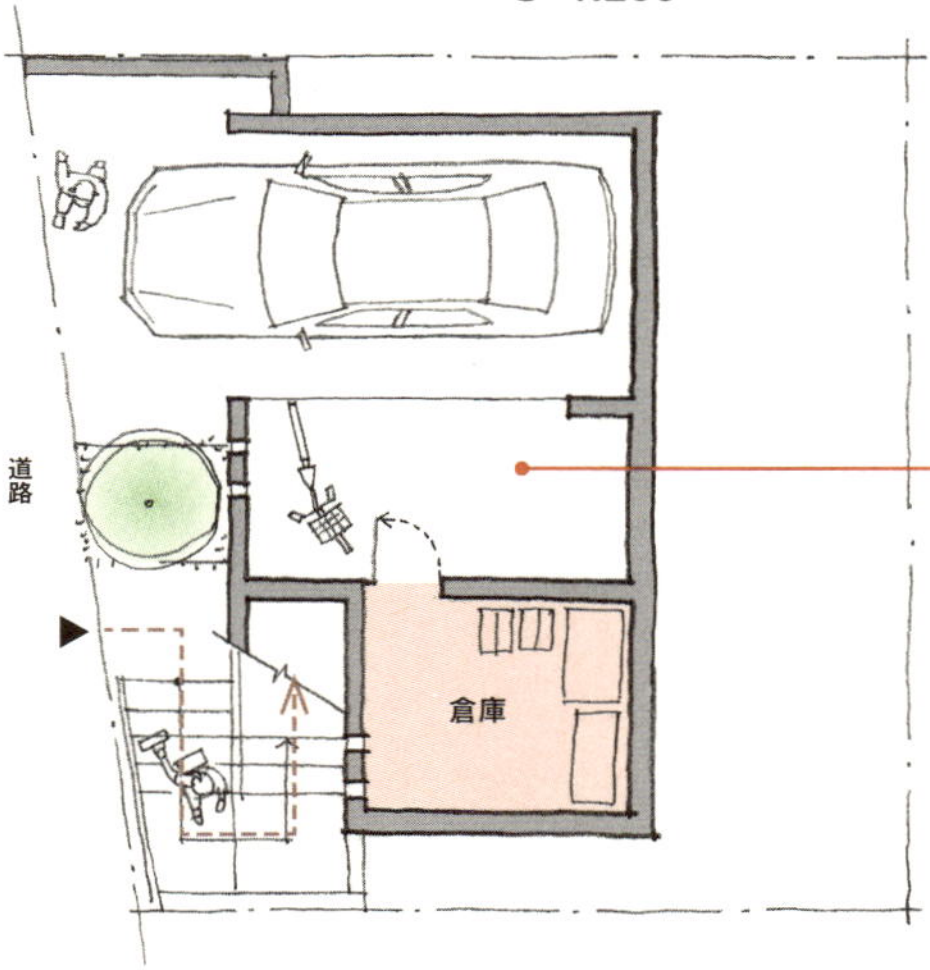

BF
S=1:150

高低差を利用する

←2章　P36から

敷地が道路よりも高くなっているので、高低差を利用してガレージを、さらにそのガレージからつながる小さな倉庫をつくりました。高低差を利用すると、通常の地下室をつくるより低コストで、このような半地下スペースができます

コンパクトに納める

1階は玄関のほかにLDKとユーティリティ、2階はサニタリーを含めプライベートゾーンとして使われます。

寝室や子供室などの個室は必要以上の広さにせず、各階ともに階段を起点に放射状にアクセスする生活動線として廊下をなくし、延べ床面積25坪以下に収めています。そして、サニタリーを含めたプライベートゾーンとそれ以外のスペースを上下階で分けることで、ほぼ総2階の家になりました。

この家の上下階の諸室の組み合わせと面積バランスは、コンパクトな広さに収めた間取りの、1つの完成形ともいえます。

サニタリーは個室のある2階へ

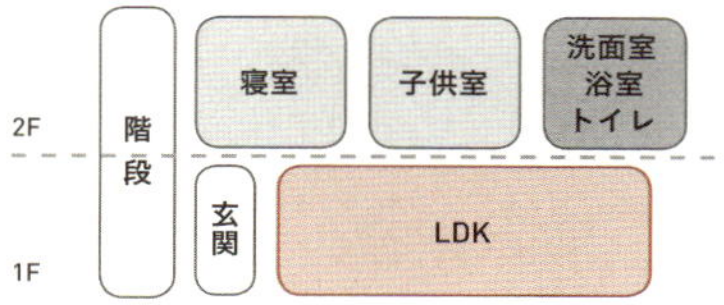

壁1枚で夫婦別室

夫婦別室というと別々の空間をイメージしますが、高さ1m50cmの間仕切り壁の上部はつながっています。つまり、一室空間のなかで、眠る場所だけを分けた夫婦別室なのです

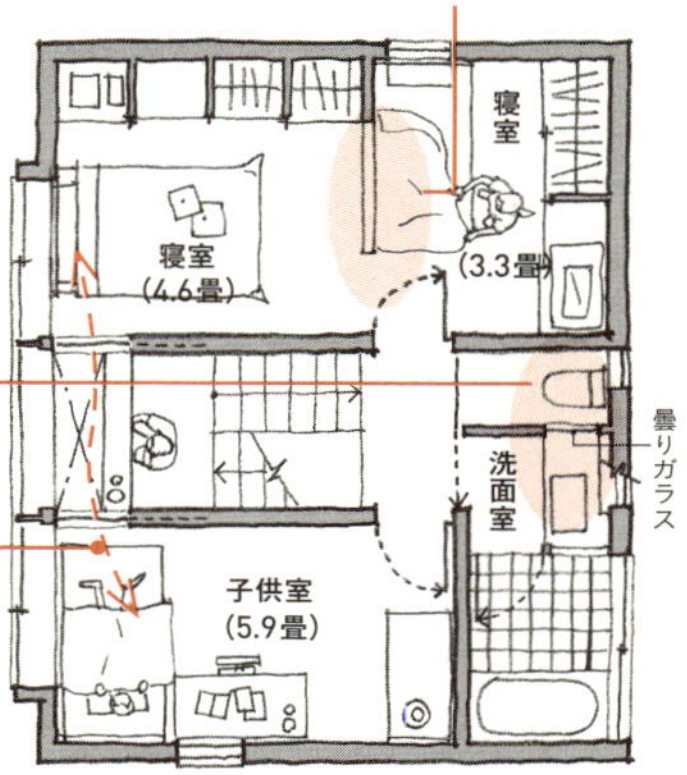

2F S=1:150

洗面室とトイレをつなぐ

洗面室とトイレは別室になっていますが、仕切り壁の一部に曇りガラスを入れて光のつながりをつくっています。このつながりにより、それぞれのスペースに広がりが生まれます

階段室で縦横のつながり

→2章 P46へ

居間と食堂は付かず離れず

←2章 P41から

間取りを見ただけでは居間と食堂が階段によって分断されているように見えますが、階段室をオープンなつくりとすることで、居間と食堂は1つの空間のなかの付かず離れずの関係となります

回遊動線の一部にする

←2章 P82から

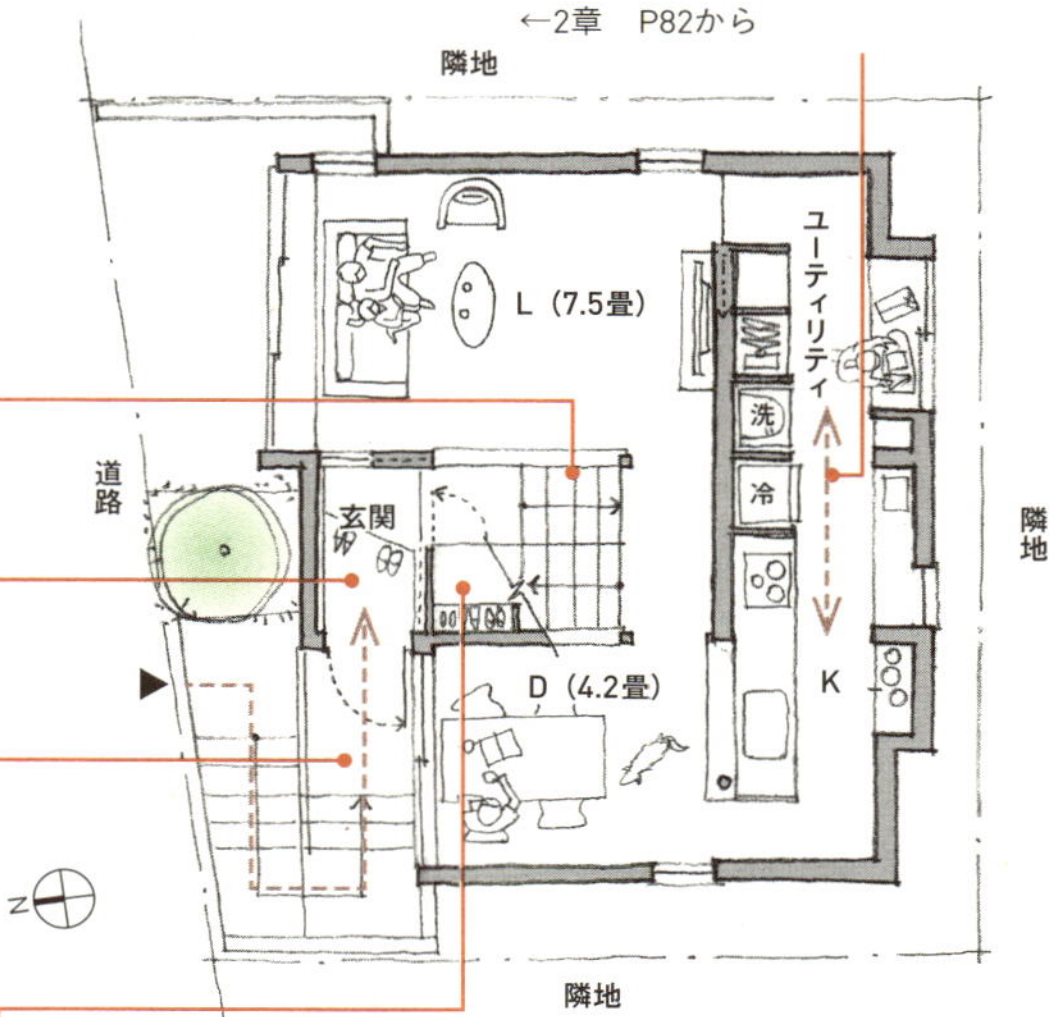

1F S=1:150

小さな玄関でOK

→2章 P53へ

玄関廻りを内外の中間に

玄関ポーチを道路と1階の中間の高さに置き、内外ともに玄関までの移動距離を同じにすることで、室内と外(道路)、どちらからの動線も短くできます

階段下の玄関収納

←2章 P61から

階段下の収納は雑然とモノがしまい込まれがちですが、ここでは玄関収納として靴を置く棚やコートを掛けるハンガーパイプなどを用意し、使いやすい収納としました

「大倉山の家」

所在地	神奈川県横浜市
家族構成	夫婦(30歳代)＋子供1人
敷地形状	整形(矩形で北側道路)、道路との高低差1.9m
敷地面積	70.87㎡(21.4坪)
延床面積	80.08㎡(24.2坪)＋ガレージ26.4㎡(7.98坪)
構造・階数	地下1階 地上2階

上下階で公私を明確に分ける

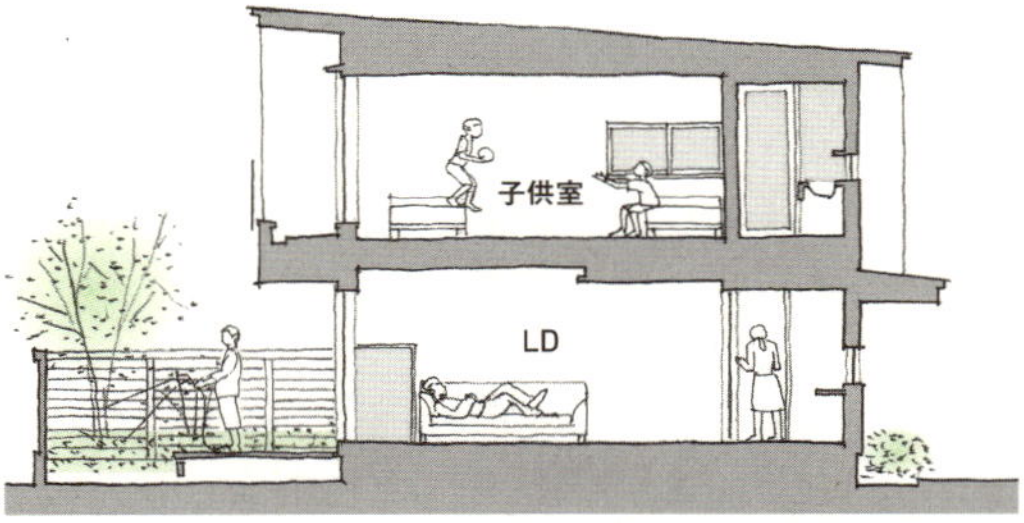

S=1:200

洗面室とトイレの関係

トイレと洗面室の関係は、廊下から別々に入る完全別室タイプと洗面室のなかにトイレが同居するタイプに大別できます。この家では折衷案として、洗面室に入ってから別室のトイレに入るタイプにしてみました

別々に入れるようにする

新築当時、子供は1人ですが、将来のことを考え2部屋に分けることができるようにしています。その際、出入り口も別々にできます

明るさを分け与える

←2章　P63から

階段上部に設けた小さなトップライトからの陽射しが、階段室を通って1階と2階に落ちていきます。2階では、階段室に面した寝室とクロゼットに小さな開口をつくってあり、トップライトからの明るさが届くようになっています

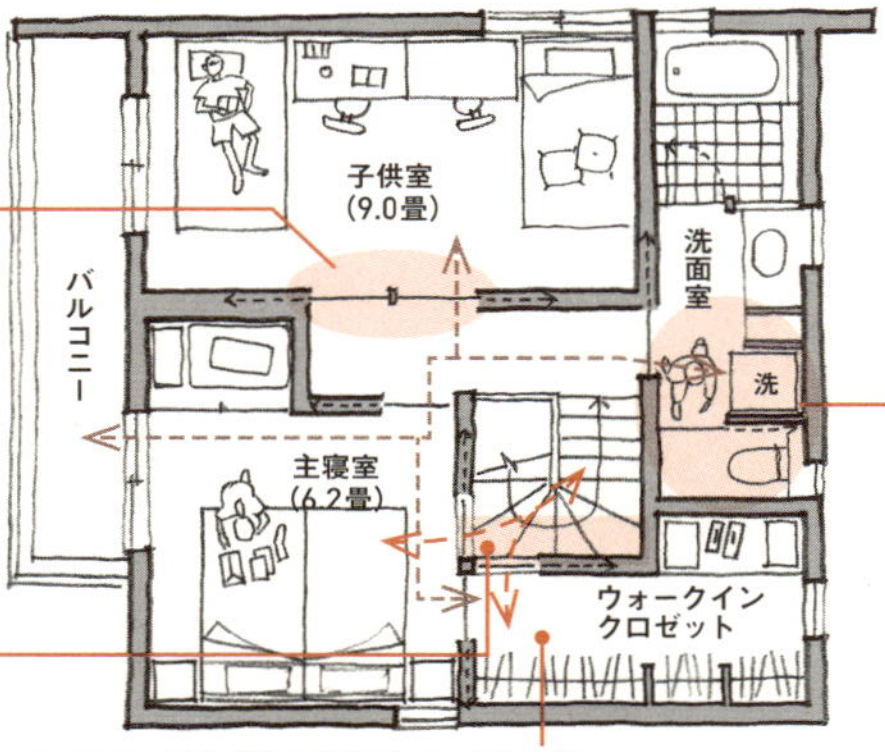

小さくても納戸兼クロゼット

→2章　P59へ

2F　S=1:150

洗濯機を2階の洗面室に置く

1階には、玄関とLDKだけを配置しました。階段を中心にした回遊動線がつくられており、キッチン作業を主とした家事が楽に行えます。

2階には寝室と子供室、サニタリーが置かれ、プライベートゾーンとして完結しています。

洗濯機を2階の洗面室に置いたことで、入浴の際に脱いだ衣類はその場で洗濯できます。さらにバルコニーに干して乾いてから取り込み、各部屋の収納にしまう、という一連の作業が、2階フロアだけで完結します。生活の行為が上下階で明確に分かれる間取りとなっています。

サニタリーは個室のある2階へ

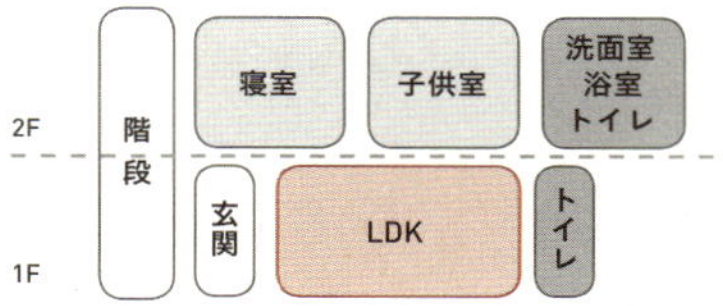

外部スペースの余裕

←2章　P35から

敷地は41坪ありますが、家は28坪と暮らしに馴染む広さでつくりました。そのため外部のスペースに余裕が生まれ、道路や隣家に対して圧迫感を与えない家になりました

基本的な田の字型プラン

→2章　P28へ

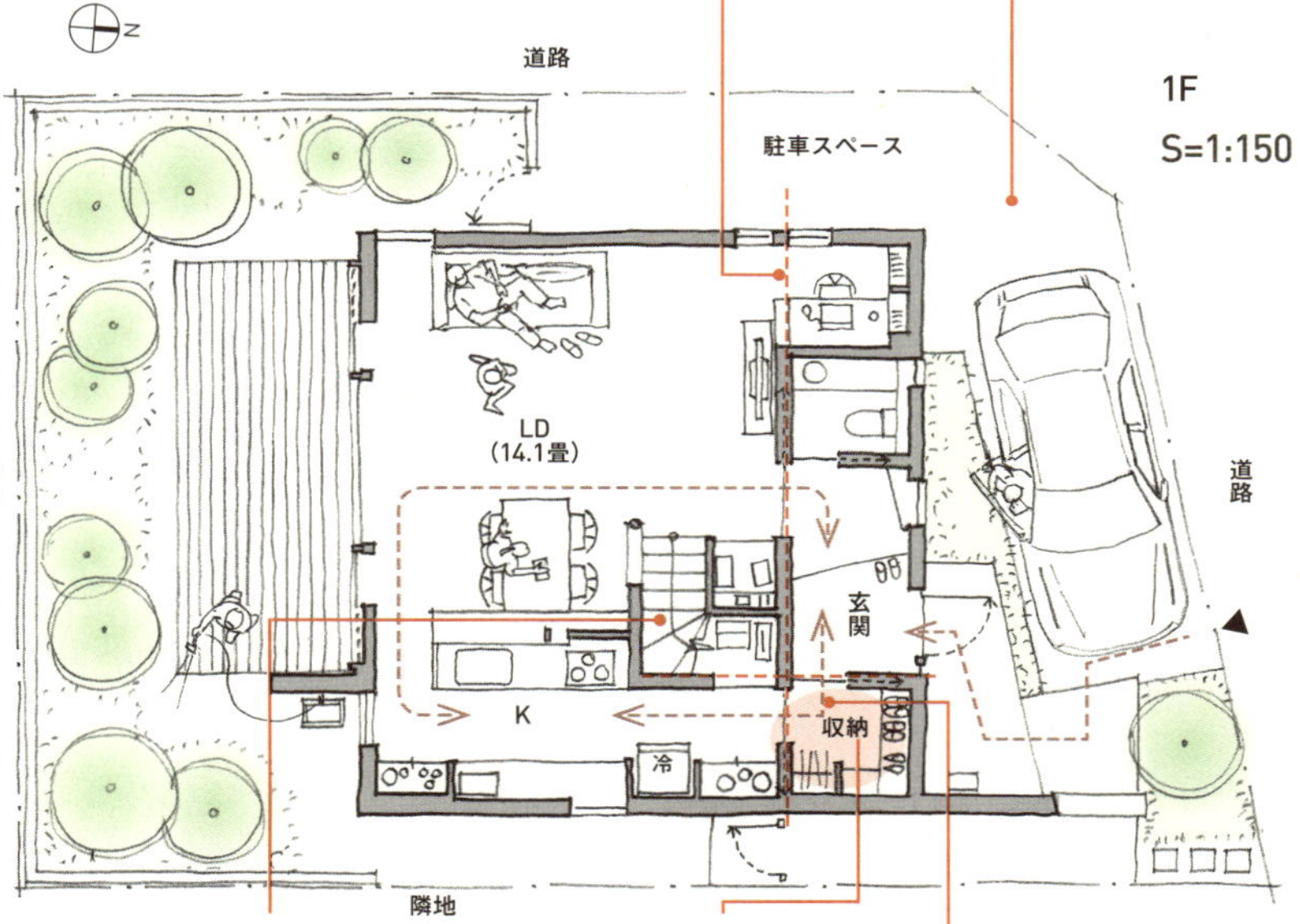

生活動線の無駄を省く

←2章　P30、P39から

階段を中央付近に置くと、1階は回遊動線が生まれ、2階は階段を上がったところから放射状に各部屋にアクセスできるようになって、生活動線の無駄を省くことができます

何かと便利な玄関収納

←2章　P61から

玄関横に小さな玄関収納をつくりました。玄関収納は、靴のほかに冬物のコートや生活上必要なものを置く場所にもなります

裏動線でキッチンへ

→2章　P83へ

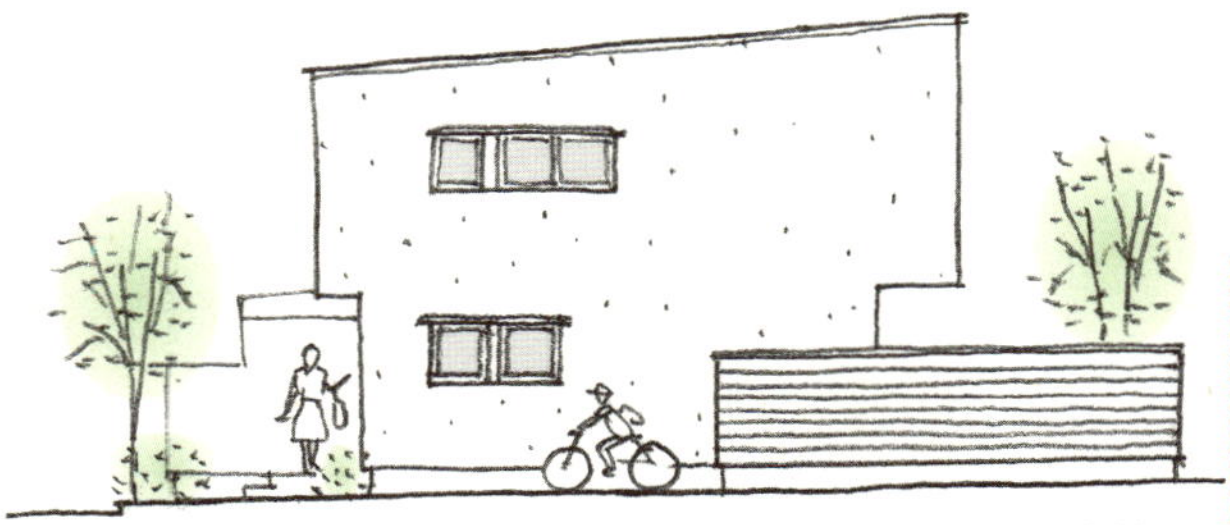

S=1:200

「清水ヶ丘の家」

所在地	東京都府中市
家族構成	夫婦（30歳代）＋子供1人
敷地形状	整形（北・西道路）
敷地面積	137.05㎡（41.45坪）
延床面積	93.72㎡（28.40坪）
構造・階数	木造2階

1階回遊、2階放射の生活動線

トップライトからの明るさ

←2章　P63から

階段室の上にトップライトをつくり、そこから入る自然光によって、2階の階段廻りから1階のダイニング廻りまで明るさが行きわたります

階段室の小さな開口

←2章　P46から

階段室の上部に、開け閉めできる開口があります。開口を開けると階段上部で寝室と洗面室が結ばれ、上下階を通して家のなかに緩やかな気配と風が感じられます

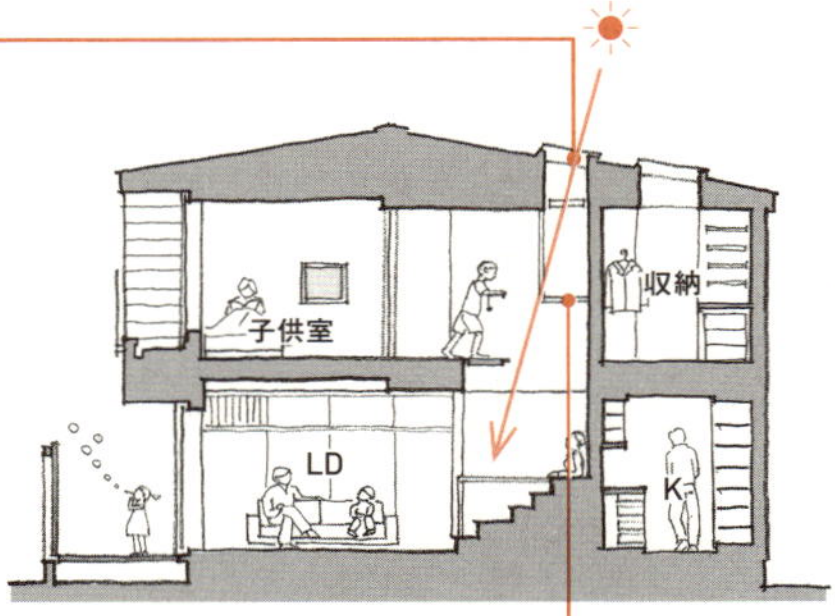

S=1:200

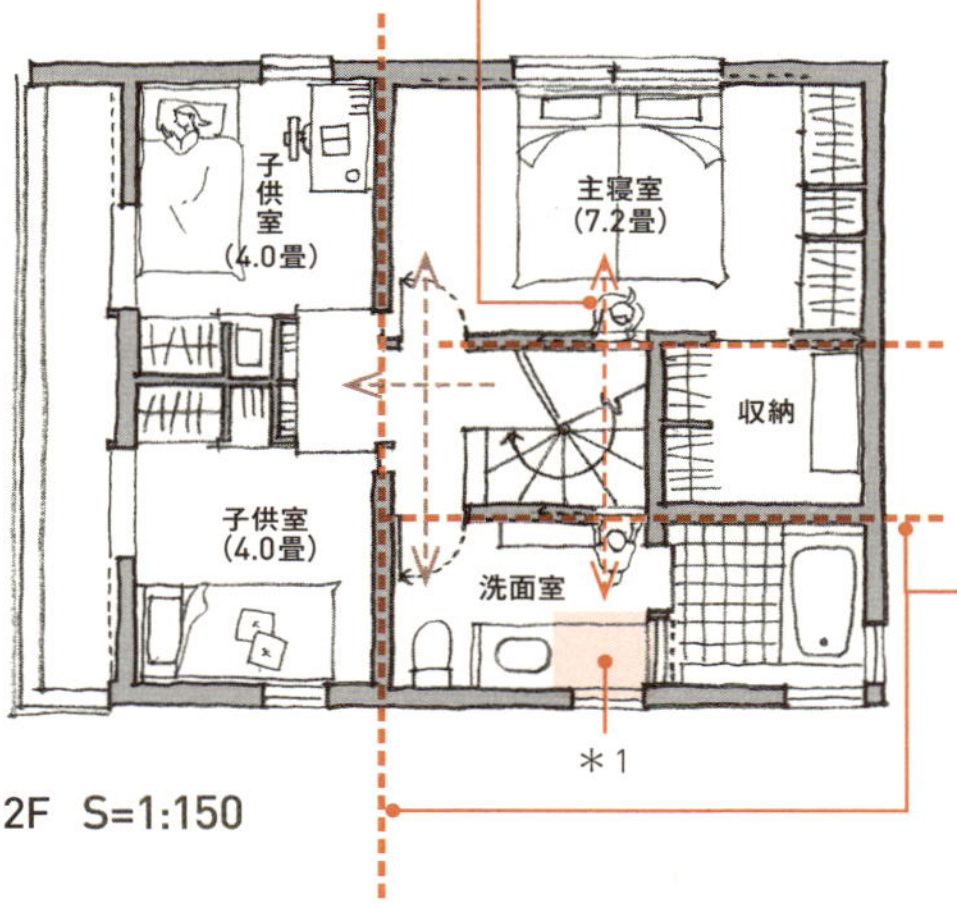

2F　S=1:150

田の字に軸線をずらす

←2章　P28から

平面は7.4×6.4mの矩形。

2階は、寝室、子供室2つ、サニタリーが、軸線をずらしながら田の字型に配置されています。

1階は、田の字のなかの軸線を北東側にずらして、玄関からキッチンへの動線とキッチンに必要なスペースを確保し、残りが階段室を含めたLDスペースになっています。このように矩形のなかの軸線を意識することで、暮らしに無駄のない間取りができ上がります

洗濯機を1階のキッチンに置く

1階には玄関とLDKおよびトイレを、2階には寝室、子供室、サニタリーを置きました。しかし2階のサニタリーに洗濯機を置かず、1階のキッチンに置いたことで、家事動線を優先した間取りとなっています。

浴室と洗濯機置き場が離れると、入浴時に脱いだ衣類の処理が問題になることがあります。この家では、2階の洗面脱衣室にある洗面台の下に穴（＊1）をつくり、そこに脱いだ衣類を放り込むと、1階の洗濯機の横（＊2）に出てくるようになっています。この工夫によって、入浴時に脱いだ衣類も、すぐ洗濯できます。

サニタリーは個室のある2階へ

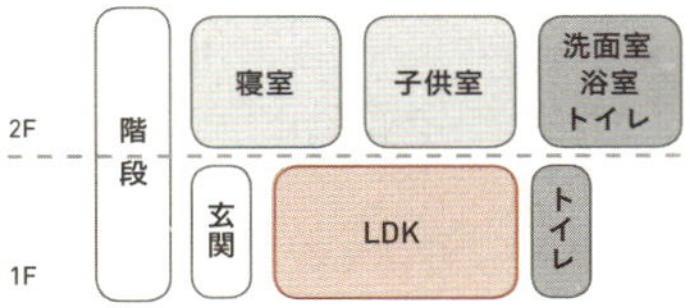

収納を分散させる

←2章　P58から

居間に奥行き60cmの壁面収納をつくりました。収納の扉は開き戸としたほうが壁のように見えて奇麗ですが、扉前にソファなどを置くことを考え、4枚の引戸として使い勝手をよくしています

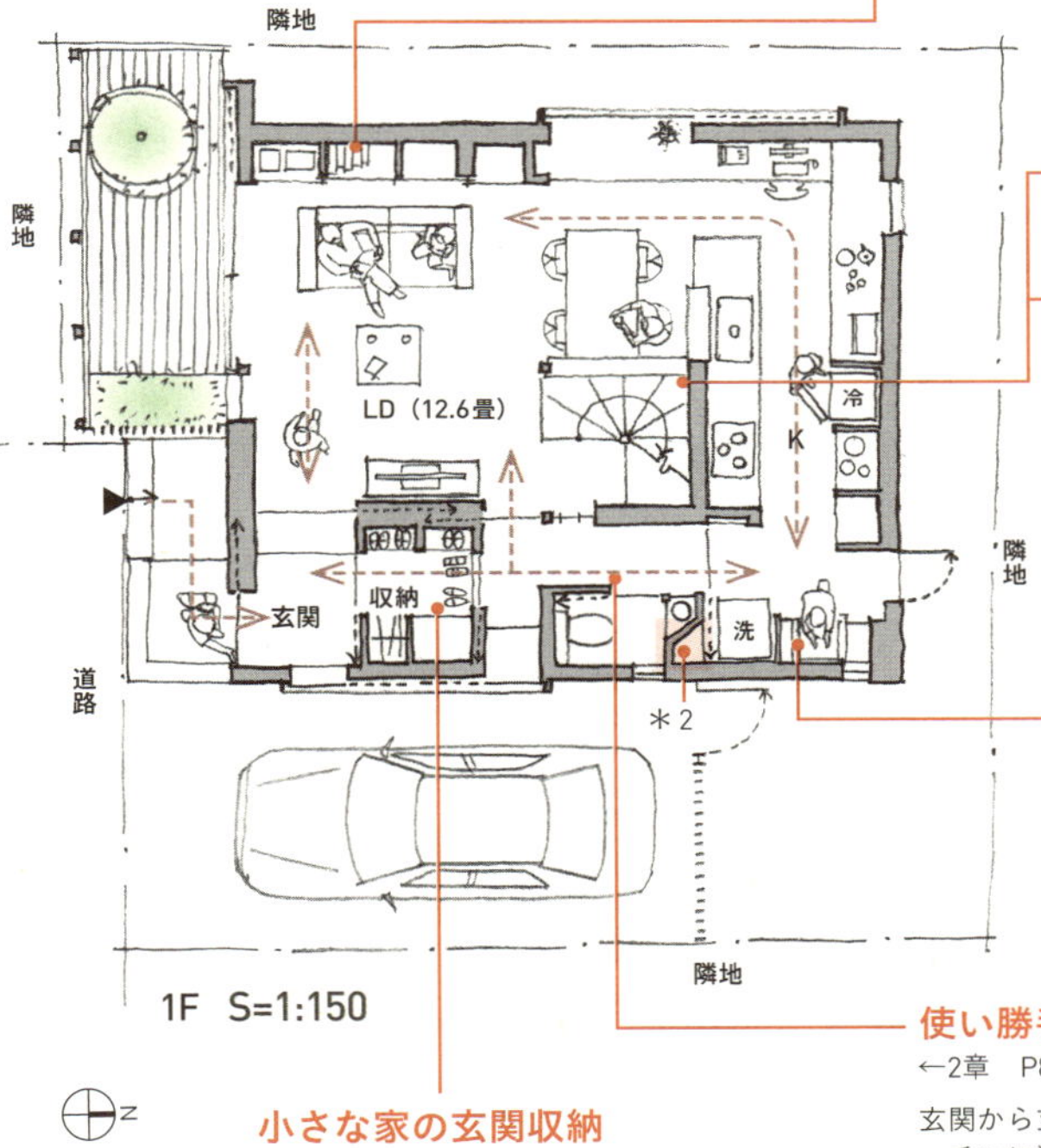

1F　S=1:150

階段でつくる回遊動線

→2章　P30へ

階段の位置こそが要

←2章　P39から

中央に置いた階段は、1階の回遊動線の中心になり、2階から降りてきたとき、1階のどのスペースにも最短距離で行けます

キッチン横の洗面所

キッチン横を洗濯スペースとし、さらに小さな洗面器も設置しました。時間に追われる朝などは、ここでも洗面が行えます

使い勝手をよくする裏動線

←2章　P83から

玄関から玄関収納を抜け、キッチンに進む裏動線が日常生活ではとても重宝します。この裏動線となる廊下から、トイレに入るようにしています

小さな家の玄関収納

→2章　P61へ

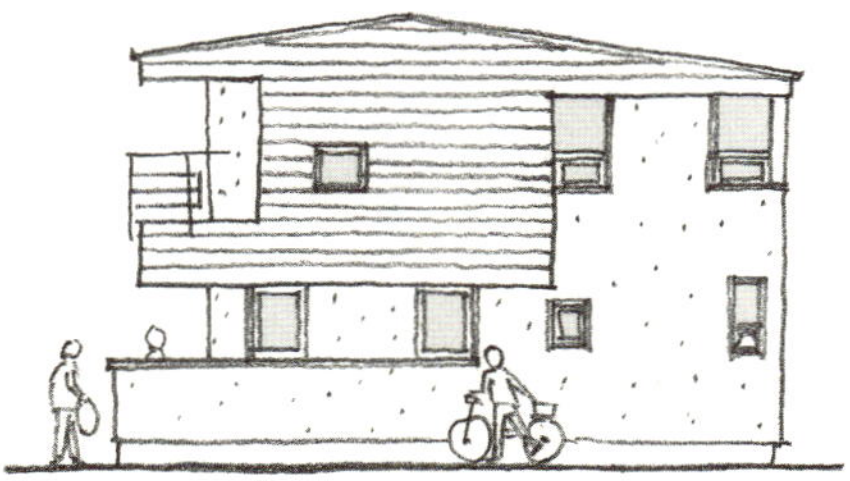

S=1:200

「東久留米の家」

所在地	東京都東久留米市
家族構成	夫婦（30歳代）＋子供1人
敷地形状	整形（矩形　南道路）
敷地面積	119.46㎡（36.2坪）
延床面積	94.71㎡（28.7坪）
構造・階数	木造2階

細長い敷地の特長を生かす

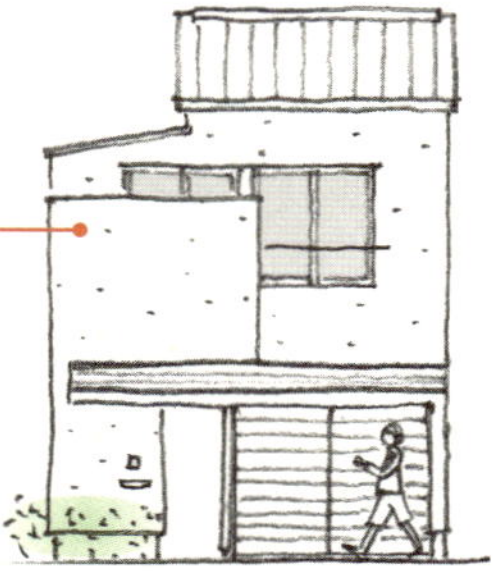

S=1:200

光と風だけを通すバルコニー

→2章　P66へ

みんなが通る場所に本棚を

→2章　P57へ

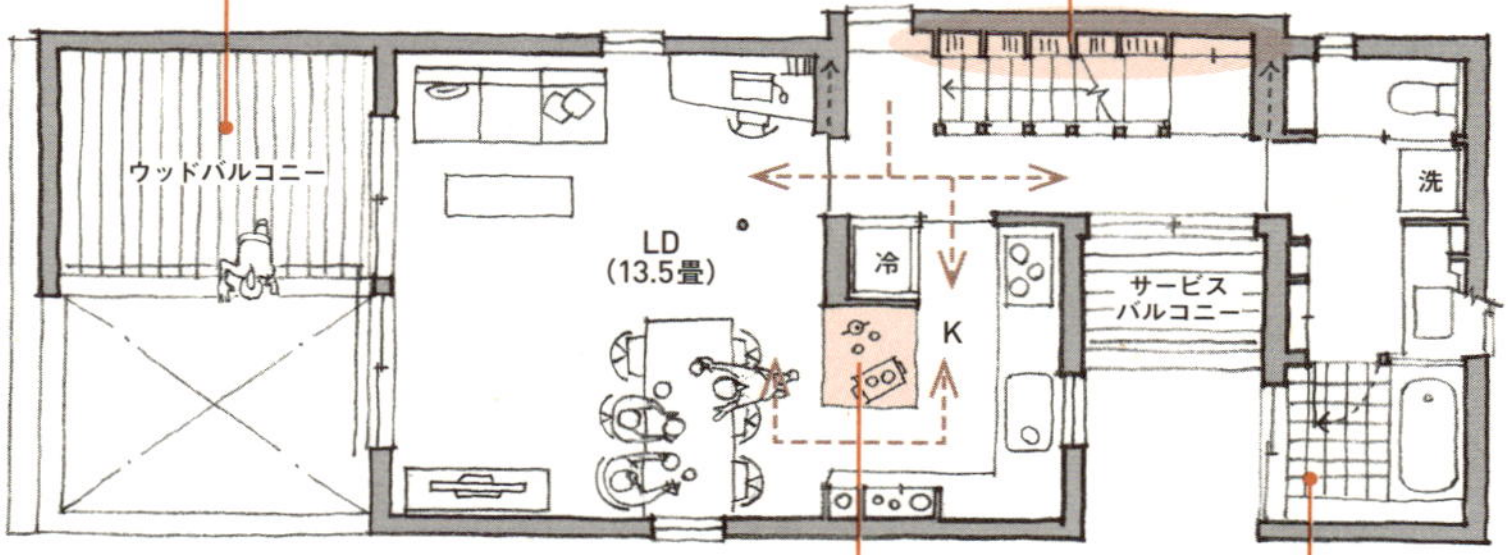

2F　S=1:150

複数人で調理を楽しむ

食堂とキッチンの両側から使える配膳調理台。数人で調理を楽しむことができます

北側奥の快適な浴室

敷地北側の奥にサニタリーを置きました。坪庭上部の吹抜けに面した浴室なので、明るくて風通しもよく、隣家の視線を気にしないで入浴できます

坪庭が光と風を届ける

袋小路の奥の、南北に細長い敷地で、18ｍの奥行きがありました。そのため、道路に面して小さな駐車スペースをつくり、その奥に将来の駐車スペースにもなる庭を、道路からの視線をさえぎるようにつくりました。

建物も、敷地形状に合わせて南北に細長くつくっており、建物の中ほどに置いた坪庭は、両脇にある子供室への採光・通風スペースとなっています。

また、2階にはウッドバルコニーが2つあります。1つは居間から出入りできる庭代わりのバルコニー、もう1つは坪庭に面した小さな、家事用のサービスバルコニーです。

LDKとサニタリーを2階へ

「下井草の家」

所在地	東京都杉並区
家族構成	夫婦（30歳代）＋子供2人
敷地形状	整形（矩形　南道路）
敷地面積	114.03㎡（34.50坪）
延床面積	96.34㎡（29.14坪）
構造・階数	木造2階

スペースを広げる

←2章　P45から

あえて廊下の奥を広くしています。子供室出入り口の引戸は、壁に引き込むことができるので、2つの小さな子供室と廊下が、ひとつながりの広いスペースとなります

雨除けの駐輪スペース

2階バルコニーの下は、駐輪スペースとエントランス。雨が掛からないようになっています

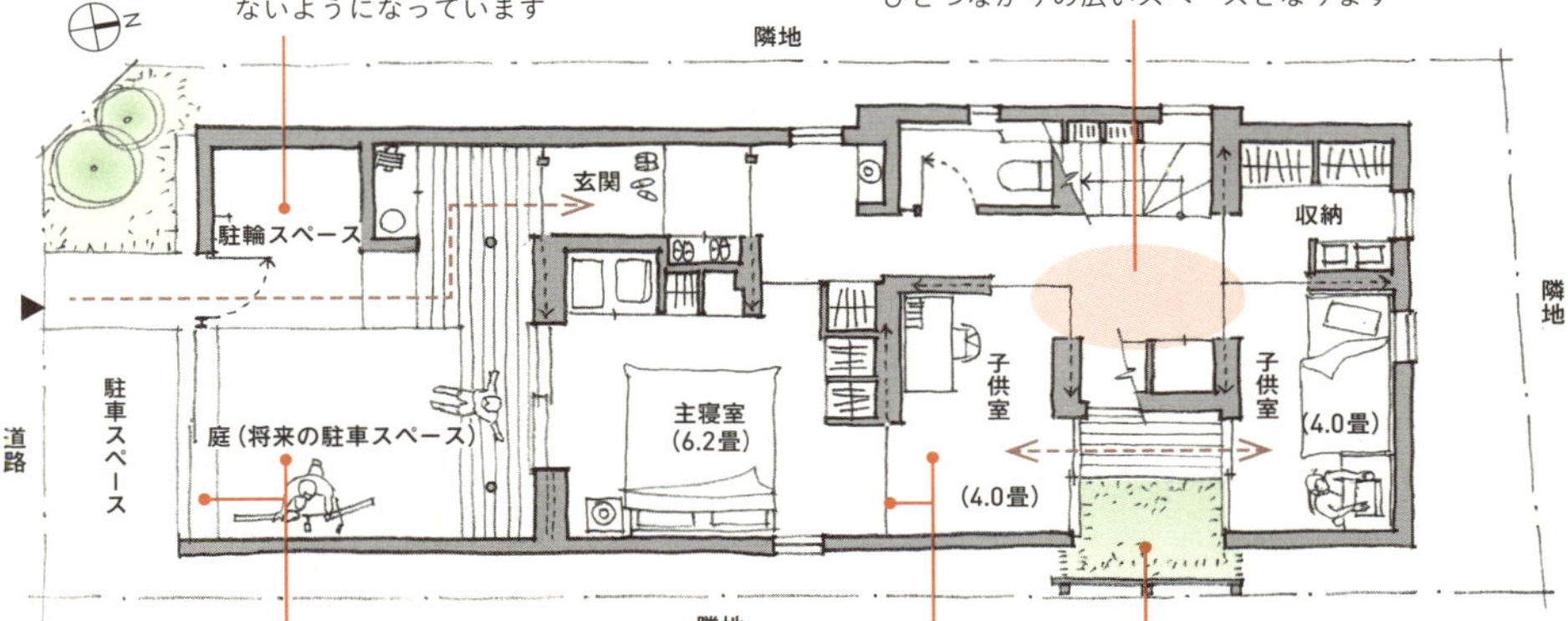

1F　S=1:150

庭が将来の駐車スペース

新築当時は小さな車を道路際の駐車スペースに置きます。普段、引戸で仕切られている奥の庭は、将来、車のサイズが大きくなったり、2台必要になったりしたときに車を置くスペースになります

暮らしの時間軸に従う

子供が小さいあいだは主寝室と子供室はつながり、大きくなったら引戸で仕切ります。将来、子供が独立したときには、子供室が寝室脇の書斎として使われます

つながりをつくる

←2章　P47、P65から
→2章　P34へ

2つの子供室に挟まれた坪庭は、子供室に光と風を届けるとともに、子供室間のつながりをつくり出します

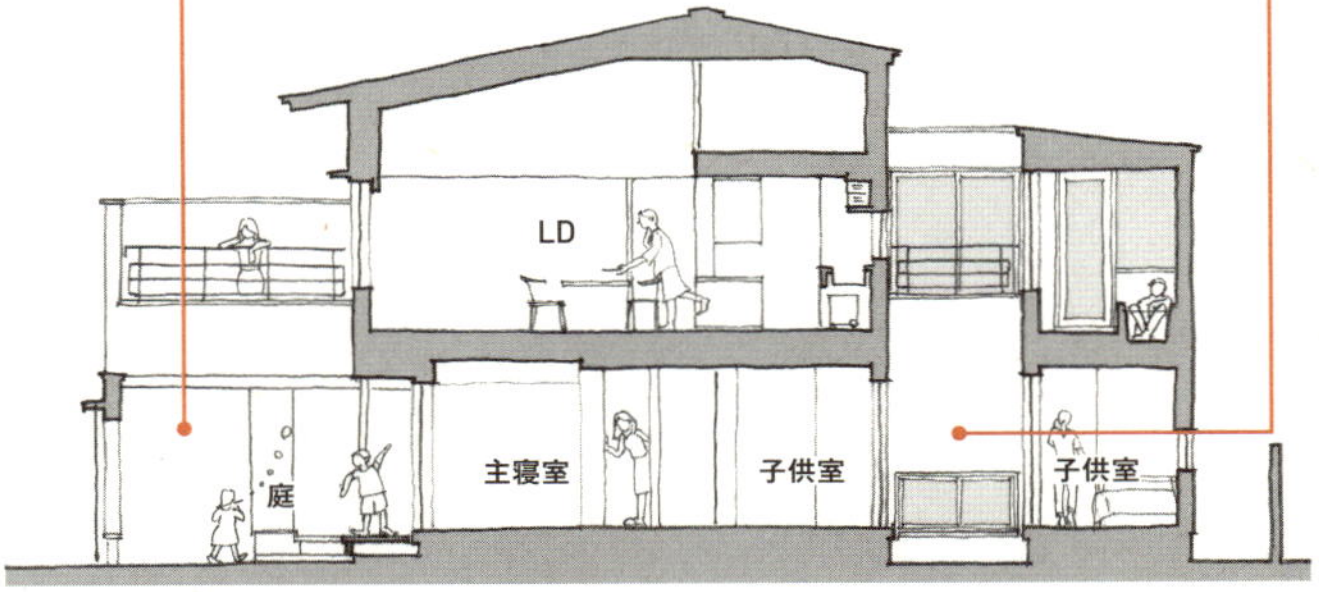

S=1:200

2階ウッドバルコニーが庭代わり

洗濯家事の動線を考える

←2章　P84から

洗濯物はウッドバルコニーに干すので、昼間のキッチンでの作業も含めたすべての家事を2階で行えます。サニタリーが1階のプライベートゾーンから離れても、それはそれで理にかなっています

2階のキッチンにも勝手口

→2章　P87へ

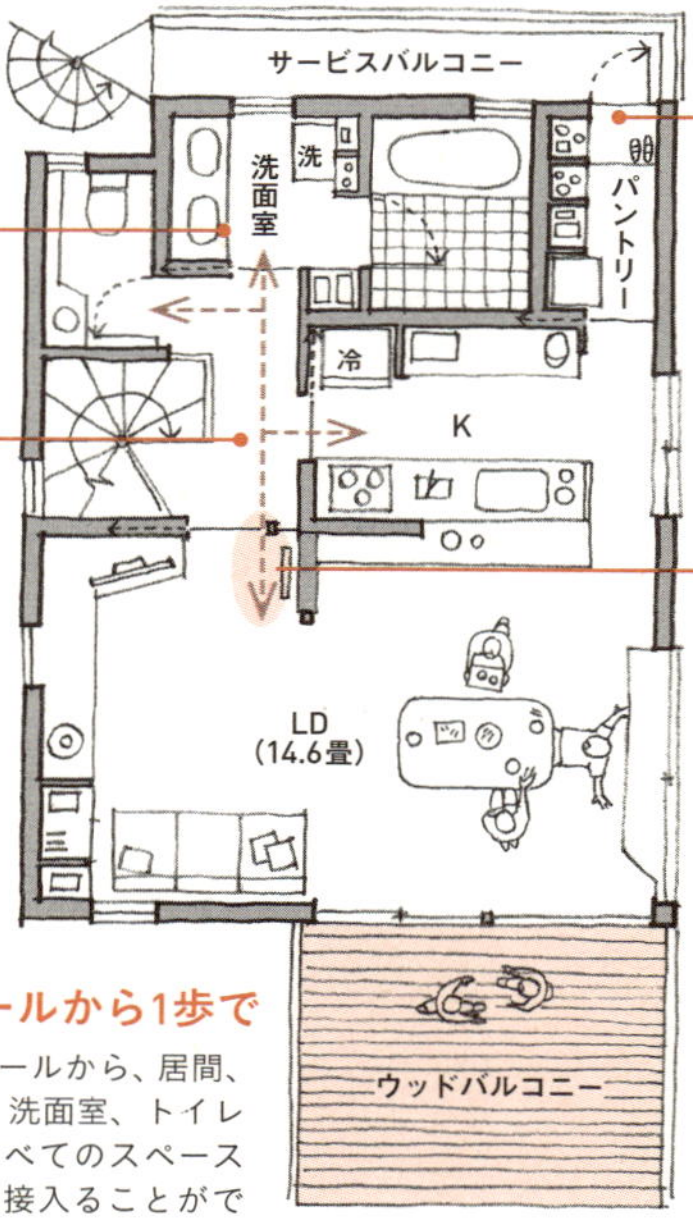

2F　S=1:150

LF　S=1:150

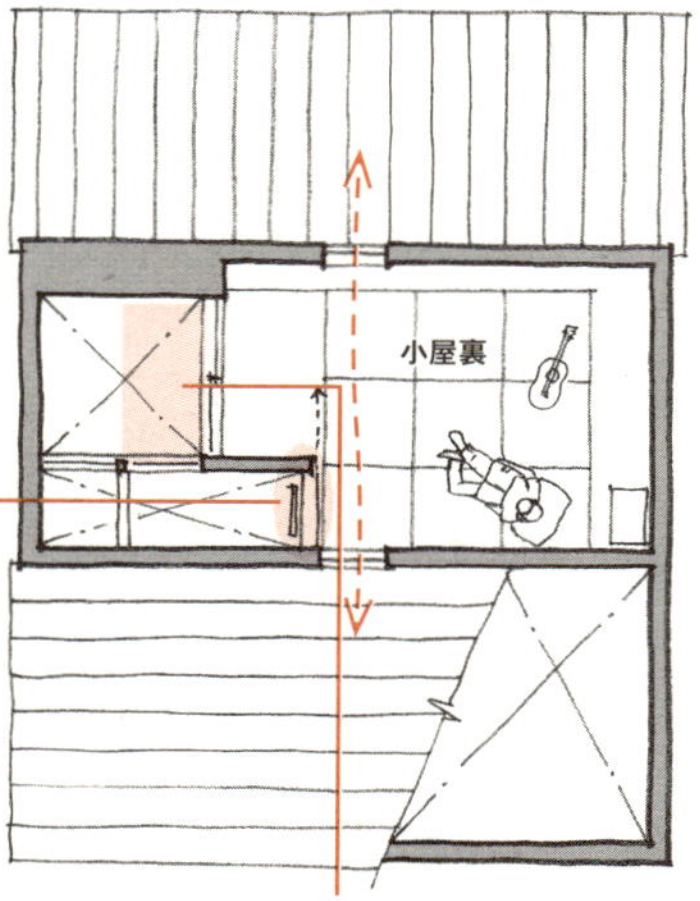

階段ホールから1歩で

2階階段ホールから、居間、キッチン、洗面室、トイレと2階のすべてのスペースへ1歩で直接入ることができます

階段室から光をもらう

階段室上の吹抜けとつながる小屋裏スペースをつくっています。通風は南北の小さな窓によって行い、階段室上のトップライトからの自然光で明るさを得ています

あえて駐車スペースを南側に置く

北側と東側に道路がある角地のため、通常なら敷地北側を駐車スペースにしたくなります。しかし、建物が南側に寄り、庭がなくなるとともに、接近する隣家に面する南側には開口がつくりにくくなる恐れがありました。

そこで、南側に駐車スペースを置き、その上部に2階の居室から出入りができる広いウッドバルコニーをつくりました。ウッドバルコニーがこの家の庭となるため、2階にLDKを置き、1階をプライベートゾーンとしています。各スペースの面積配分から、サニタリーは2階キッチンの横に置いています。

LDKとサニタリーを2階へ

「宮坂の家」
所在地　東京都世田谷区
家族構成　夫婦(40歳代)＋子供2人
敷地形状　整形(矩形で東・北道路)
敷地面積　100.54㎡(30.41坪)
延床面積　99.19㎡(30.00坪)＋
　小屋裏12.52㎡(3.79坪)
構造・階数　木造2階＋小屋裏

両側から使う玄関収納

→2章　P61へ

家族で使うクロゼット

寝室と子供室に挟まれる位置にウォークインクロゼットを置いて、家族みんなが使えるようにしました。原則、衣類の管理(整理整頓)は母親が行いますが、洗濯物を取り込んでしまうときにも、ここ1か所で済むので効率的です

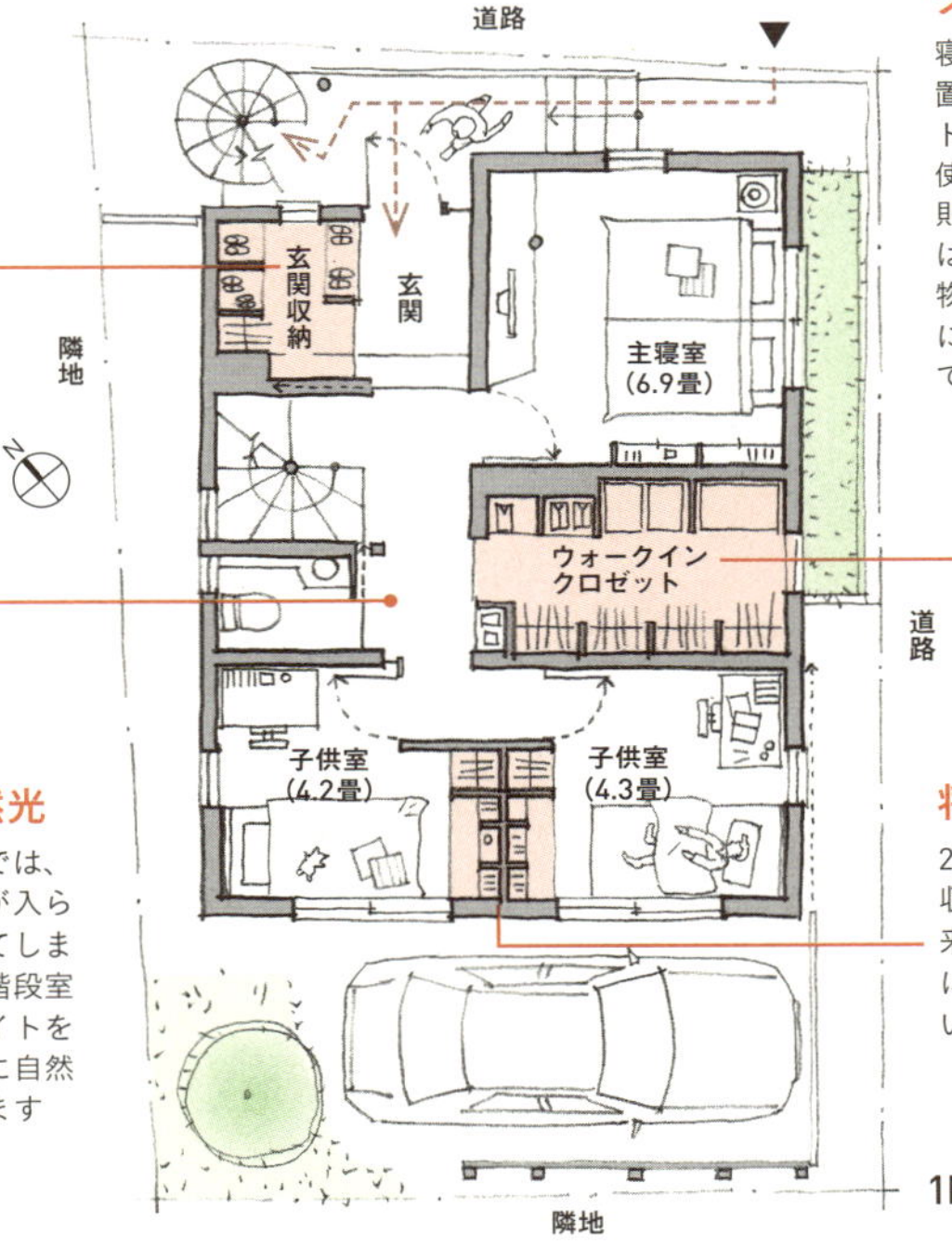

1F　S=1:150

中廊下の自然光

図面を見ただけでは、中廊下に自然光が入らないように思えてしまいます。しかし階段室の上にトップライトをつくり、中廊下に自然光を落としています

将来は1部屋に

2つの子供室は造作家具の収納で仕切っています。将来2人の子供が巣立った際には、収納を簡単に取り除いて1部屋にできます

S=1:200

S=1:200

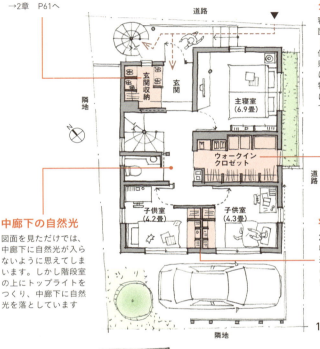

22坪で実現した豊かな暮らし

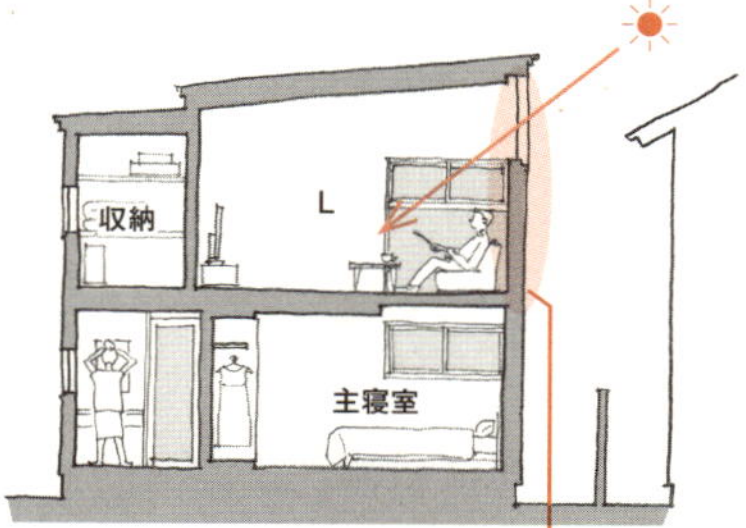

S=1:200

あえて収納室をつくる

居間の脇に収納室をつくったため、面積が削られた居間は8畳足らずになりました。しかし収納がここにあることでLDK全体が散らからず、かえって部屋を広く使えます

隣家を見せずに光は入れる

←2章　P64から

居間の天井は南側ほど高くなり、一番高いところは高さ3m。その南側壁の上部に高窓をつくり、南からの自然光を室内に採り入れます

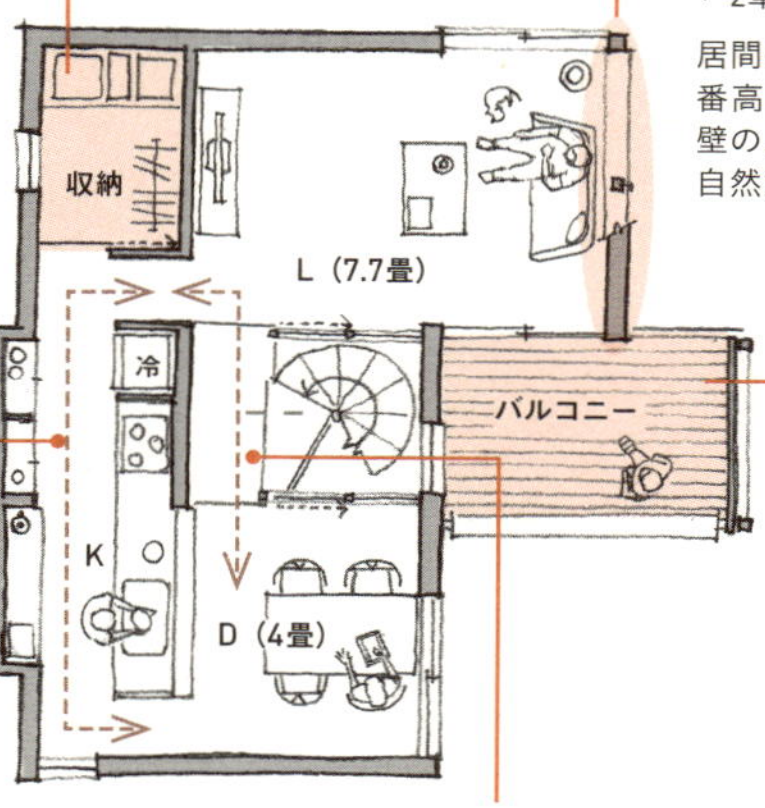

2F　S=1:150

2方向ルート

←2章　P81から

キッチンの流し台を中心とした回遊動線がつくられています。キッチンからは居間へも食堂へも直接向かうことができます

バルコニーが庭代わり

庭に代わる外部スペースとして3畳ほどのウッドバルコニーを2階の居間に面して配置しています。洗濯物を外干しするスペースとしても使えます

階段で居間・食堂を分ける

→2章　P41へ

生活動線をコンパクトに納める

都内の住宅地で敷地面積は22坪。隣家が迫り、駐車スペースも要望されたため、有効に使える庭の確保は難しい状況でした。このため、採光に有利な2階にLDKを置き、1階には、寝室、将来の子供室などのプライベートゾーンとサニタリーを置いています。

動線スペースである階段、玄関ホール、2階階段ホールを、建物の中央付近に配置し、各室に放射状にアクセスするコンパクトな動線を実現しています。2階の居間と食堂は、階段室で分割されますが、視覚的につながっており、付かず離れずの関係をもつLD空間になりました。

サニタリーを個室のある1階へ

南側に階段を寄せた玄関ホール

←2章　P40から

玄関ホールは螺旋階段と同じ空間にあり、階段室南側の窓から自然光が射し込みます。また、ホールと土間は引戸で仕切ることができるので、ホールに落ち着きが生まれます。この空間を諸室で囲み、動線スペースを最小限にしています

3つの機能を納める

←2章　P51から

洗面室にはトイレのほかに洗濯機も入れ、広さ2畳に3つの機能を集約したコンパクトなサニタリーとなっています

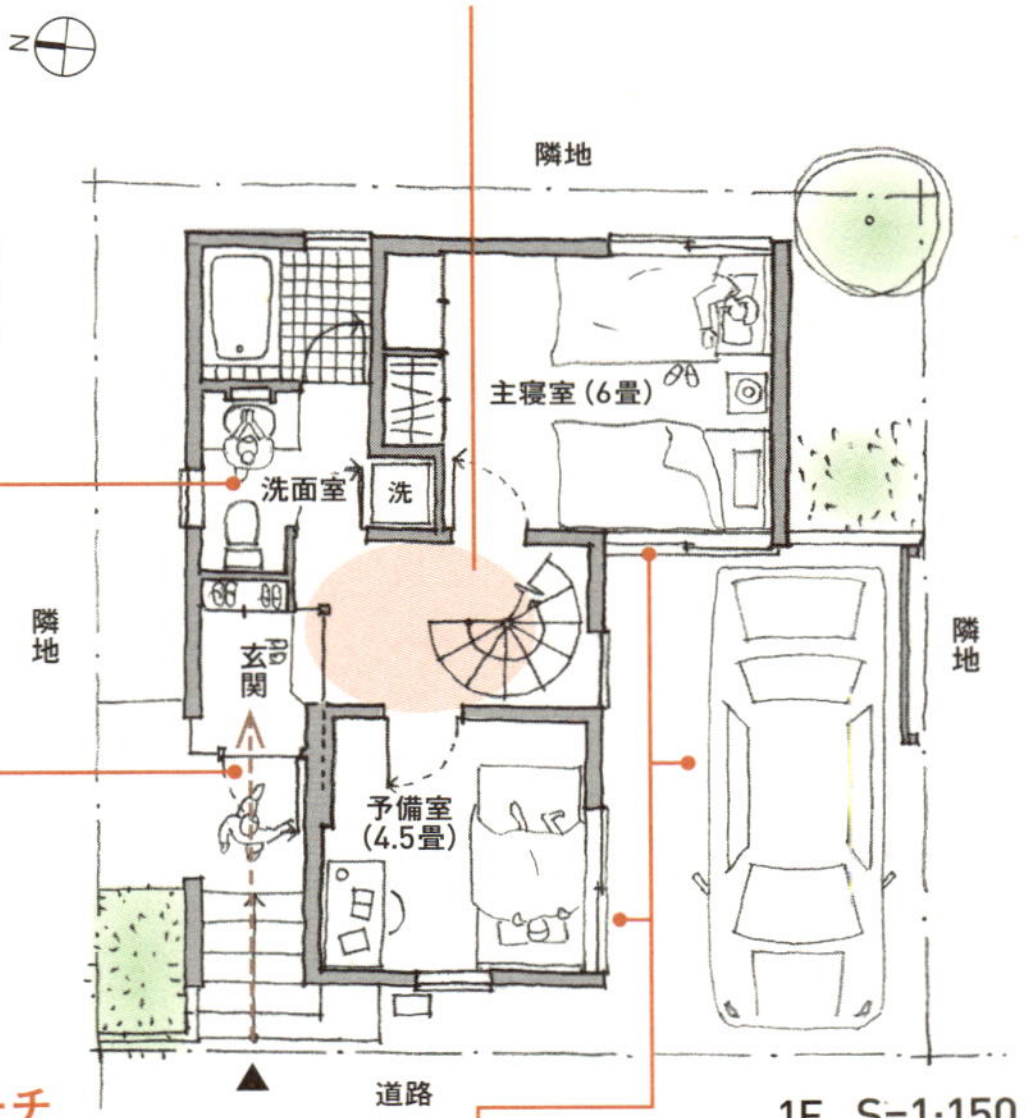

1F　S=1:150

奥行き感のある玄関ポーチ

室内の動線スペースを建物中央付近に配置するために、玄関が敷地の奥に引き込まれています。これによって、小さい家でありながら、奥行きのある落ち着いた玄関ポーチとなりました

高低差を利用する

建物の南側を駐車スペースにしていますが、敷地が道路面より約1m高いので、建物南側と西側の窓からの視線は車の上を抜けて伸びていきます。また駐車スペースにより南側隣家との距離を保つことができます

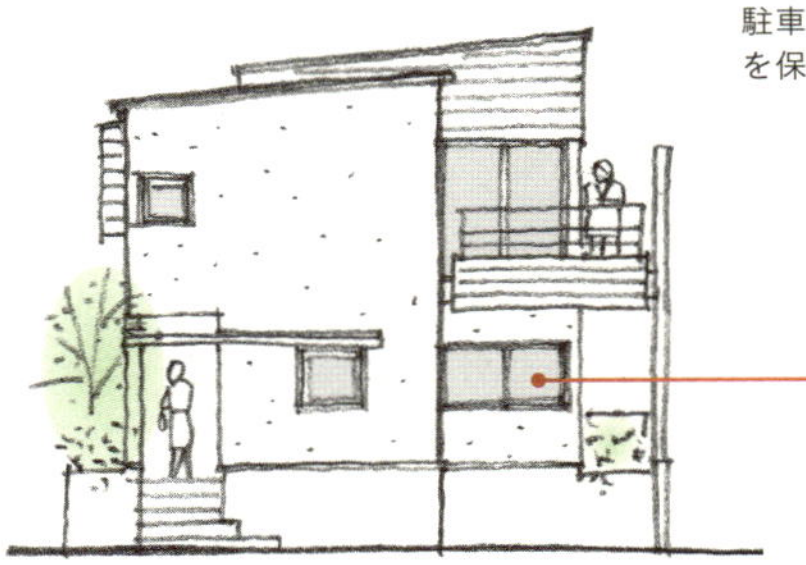

S=1:200

「小さな家」

所在地	東京都世田谷区
家族構成	夫婦（30歳代）
敷地形状	整形（矩形で西側道路） 高低差有り（道路から1m）
敷地面積	72.75㎡（22.0坪）
延床面積	71.88㎡（21.7坪）
構造・階数	木造2階

外（光・植栽）との関係を巧みにつくる

高窓からの採光

１、２階ともに、高窓をつくることで南側道路からの視線をさえぎりつつ、十分な採光が得られます

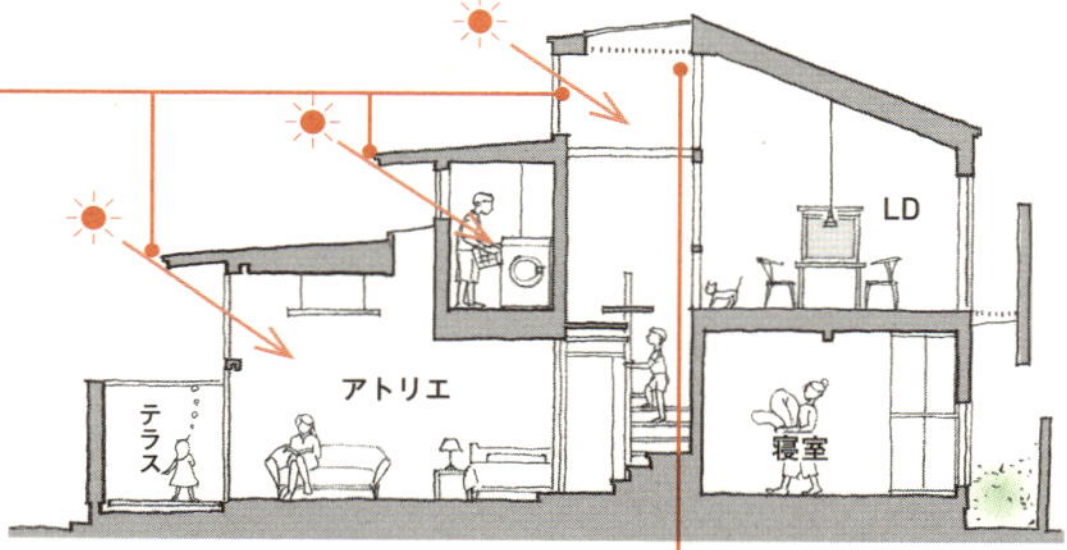

トップライトは階段上に

→2章　P63へ

S=1:200

キッチンとユーティリティをつなぐ

→2章　P82へ

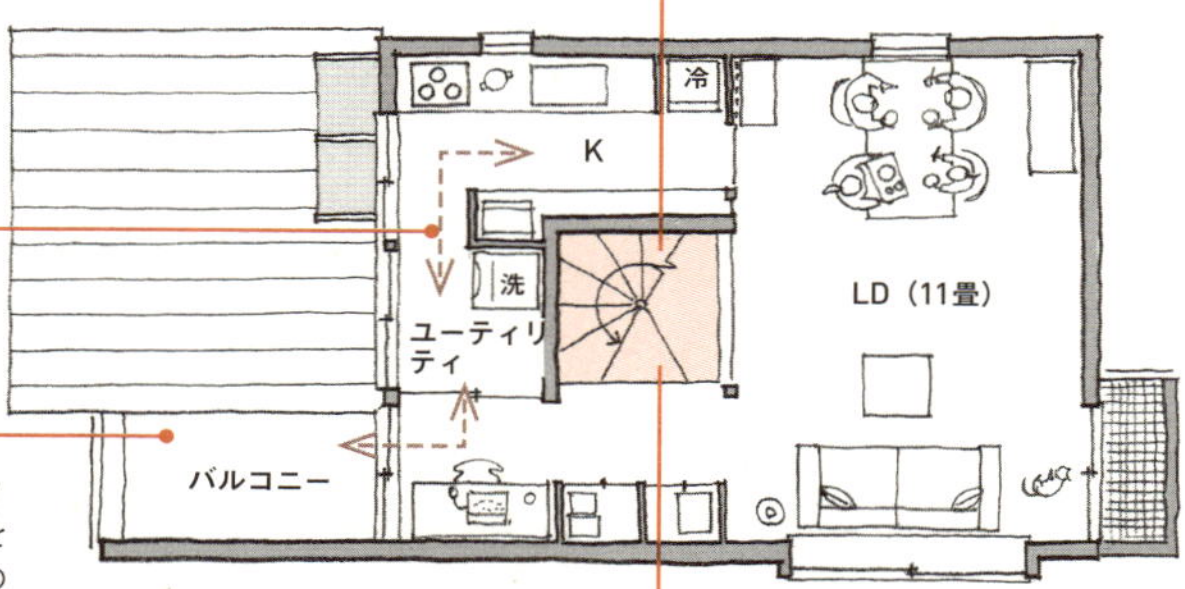

2F

S=1:150

洗濯の家事動線

2階キッチンの横のユーティリティスペースに洗濯機を置いています。1階の屋根の一部を3畳弱のバルコニーとし、洗濯物を干せるようにしています。バルコニーは東道路側の壁を立ち上げて、道路から見えにくくしています

フロアの中央に階段を　←2章　P39から

1階は階段を中心として、放射状に各スペースを配置。2階では、階段を中心に回遊できる生活動線になっています。無駄のない生活動線は、小さい家では必須といえます

居間食堂を北側に寄せる

東南の角地なので、窓の設け方次第で十分な採光が可能ですが、小さな敷地では外からの視線が気になります。ここでは居間と食堂を、外からの視線を気にせず過ごせるようにあえて北側に置き、光は建物の中央に配置した階段室上部のトップライトから採り入れるようにしました。

2階のキッチンは洗濯機のあるユーティリティとつながっています。階段を中心とした回遊動線となっており、キッチンでの作業の合間に洗濯ができる、家事動線優先の間取りです。ユーティリティからバルコニーにすぐ出られるので、洗濯物を干す、取り込むという作業も効率よくできます。

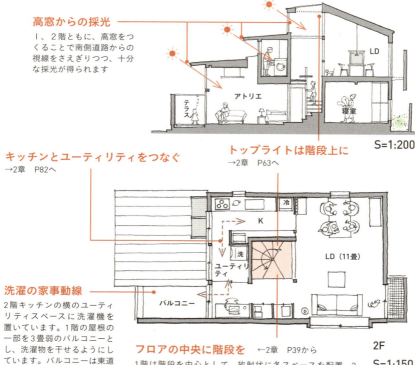

サニタリーを個室のある1階へ

「上祖師谷の家」
所在地　東京都世田谷区
家族構成　夫婦（30歳代）
敷地形状　整形（矩形で東・南道路）
敷地面積　83.86㎡（25.4坪）
延床面積　83.69㎡（25.3坪）
構造・階数　木造2階

2つの植栽スペース

敷地の南北に残された2つの余白を使った小さな植栽スペースは、一見関係がないように見えますが、玄関、廊下、洗面室、浴室を貫く視線軸の両サイドに位置し、暮らしのなかの癒しの空間として機能しています

和室の寝室の収納計画

←2章　P60から

寝室を6畳の和室としています。タンスを置くスペース以外に寝室脇に小さな納戸をつくり、洋服と敷き布団や掛け布団を収納するスペースとしました

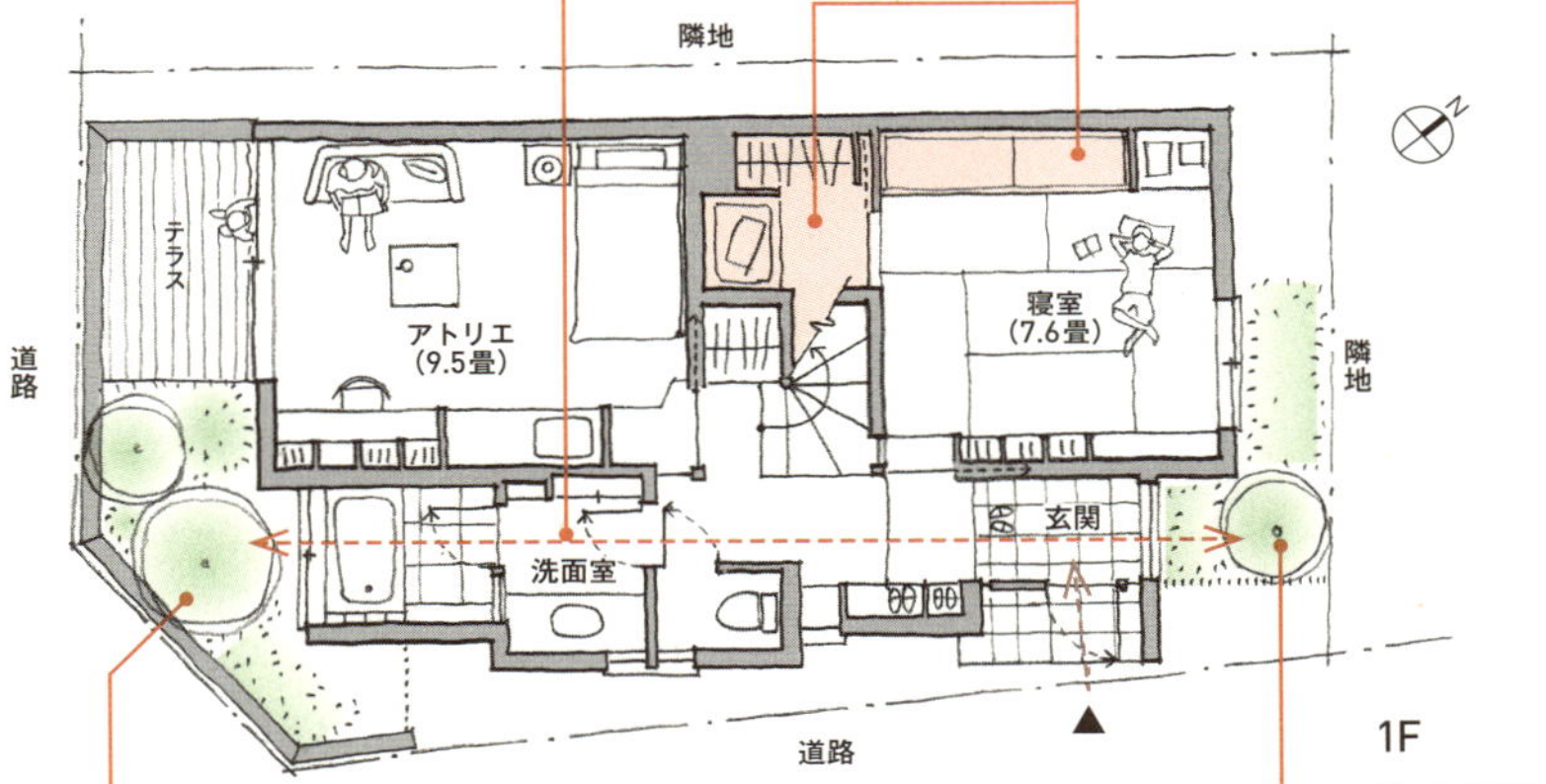

1F
S=1:150

余白を生かす

建物と南側道路の間に奥行き2mほどの余白が残るので、道路際に高めの塀を立てて囲われ感のある坪庭にしました。浴室からも植栽の緑を楽しむことができます。建物と道路の境に残った余白と室内を視覚的につなげることで、小さな家にもゆとりが生まれます

数か所から楽しむ緑

玄関土間と和室（寝室）の地窓から、玄関脇の小さな植栽スペースを楽しめるようにしています。防犯上、道路際に格子を設けているので、外からは格子越しに坪庭のように見えます

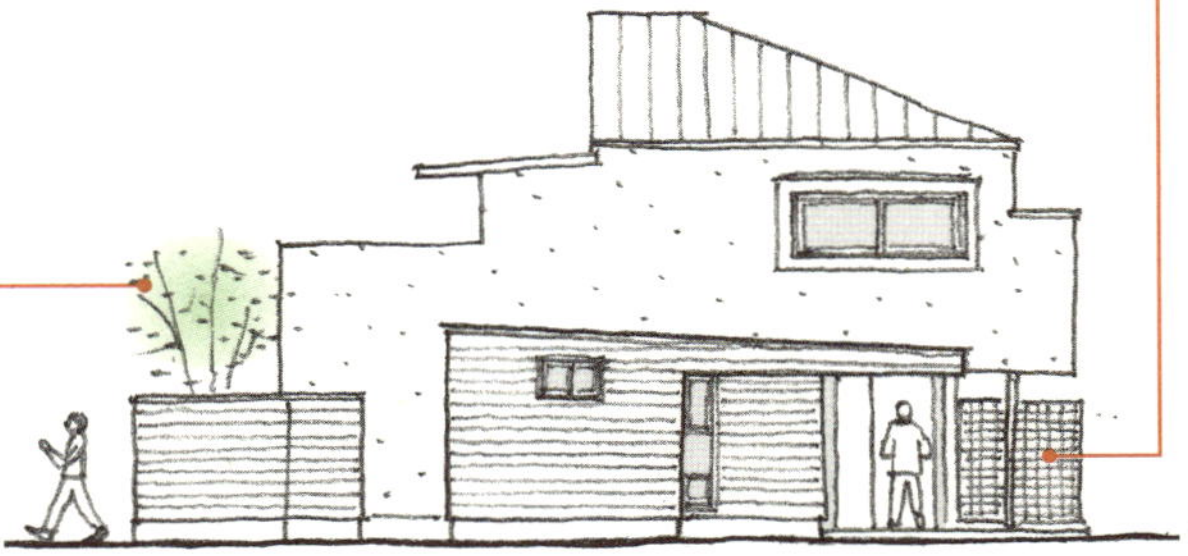

S=1:200

コンパクトでも機能を充実させる

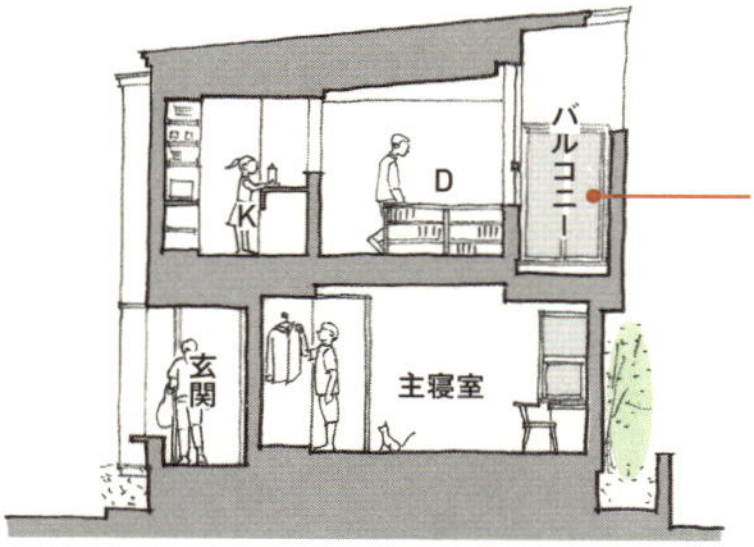

S=1:200

暮らしの幅

この和室をなくしてワンルームにすると広さは約12畳の居間ができます。しかし、あえて襖で仕切れる和室をつくり、押入れなどの収納を備えることで、日々の暮らしに幅が生まれます

2階の庭と考える

←2章　P66から

食堂と居間から出られるバルコニーです。西側は道路に面していることもあり外に開いていますが、南側は、隣家と視線がバッティングしない程度に壁を立ち上げています。幅が1m30cmあるバルコニーは、採光や通風を考えても、2階の庭代わりとして十分に機能します

2F　S=1:150

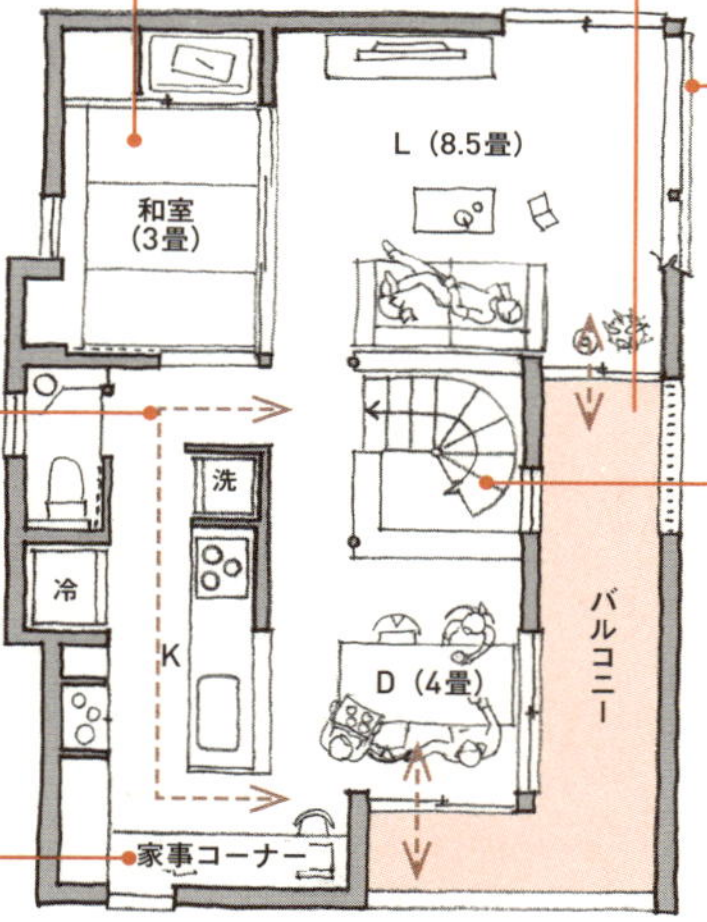

無駄を省く

→2章　P81へ

通路を家事コーナーに

食堂からキッチンへの通路部分を家事コーナーとしています。家事コーナーで使うイスは、デスクの下に入るので通るとき邪魔になりません

隣家を隠して光だけ入れる

→2章　P64へ

付かず離れず

←2章　P40、41から

2階のほぼ中央にある階段室は、居間と食堂に挟まれています。この配置により、2階には廊下がなく、各スペースがスムーズにつながります。空間として一体となっている居間と食堂は、階段室を挟んで付かず離れずの関係となっています

洗濯機の置き場がポイント

寝室と子供室のほかサニタリーも1階に置き、プライベートな用途すべてが同じ階に配置されています。しかし洗濯物は、陽当たりのよい2階のバルコニーに干したくなります。

そこで洗濯した後の動線を優先し、2階のキッチン横に洗濯機を置いて、バルコニーですぐに干せるようにしました。洗濯物を取り込んだ後は、居間とつながる3畳の和室にとりあえず置き、ゆっくりたたむこともできます。入浴時に脱いだ衣類は2階に運ぶことになりますが、洗濯の前後、どちらを優先するかで洗濯機の置き場が決まるのです。

サニタリーを個室のある1階へ

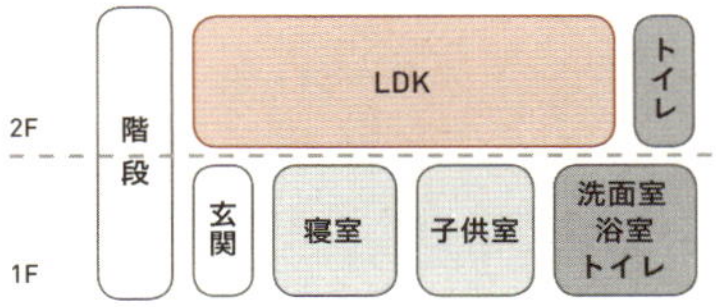

2部屋を想定する

隣家が迫る南側を塞ぎ、隣家進入路がある東側に向けて窓を2か所設けています。子供が成長したら中央に収納を兼ねる間仕切りをつくり、玄関ホールから、それぞれ直接入ることができる2つの子供室となります

玄関ホールを中心に

玄関ホールから放射状に寝室、サニタリー、子供室に入ることができます。玄関ホールは引戸で土間と仕切ることができるので、引戸を閉めれば玄関ホールと階段室は落ち着いた空間となります

坪庭の効果

小さな坪庭で、寝室、子供室、階段室の通風を確保し、同時に各部屋から外への抜け感をつくり出します。この坪庭を介して、それぞれの部屋の気配も伝え合えます

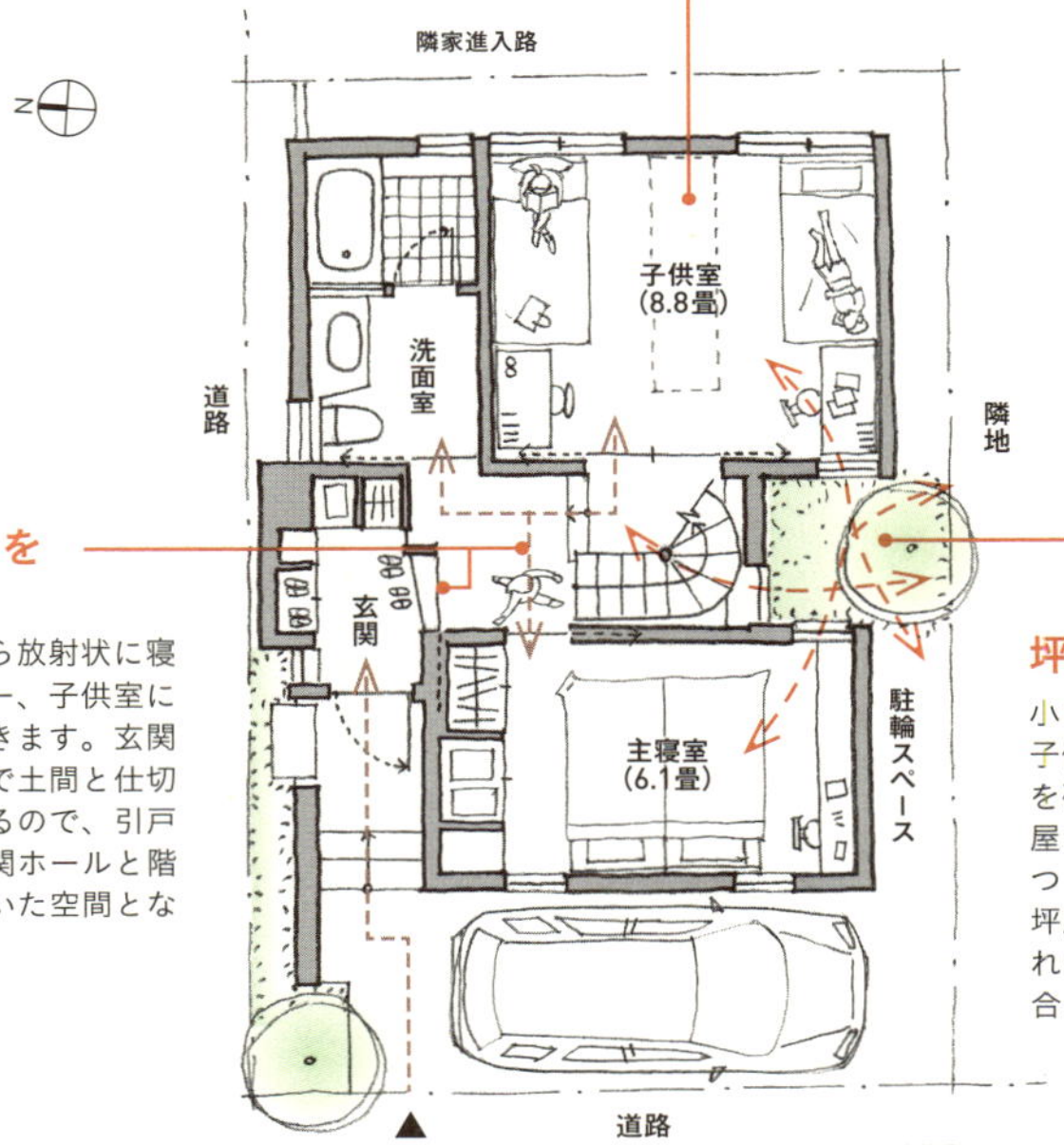

1F　S=1:150

S=1:200

「錦の家」

所在地	東京都練馬区
家族構成	夫婦(30歳代)＋子供2人
敷地形状	整形(矩形で西・北の角地)
敷地面積	80.00㎡(24.2坪)
延床面積	88.39㎡(26.7坪)
構造・階数	木造2階

丸い階段を中心に回る生活動線

階段上のトップライト

←2章　P63から

建物中央の階段室上部にトップライトをつくり、そこから射し込む自然光が1階と2階の各スペースに届きます

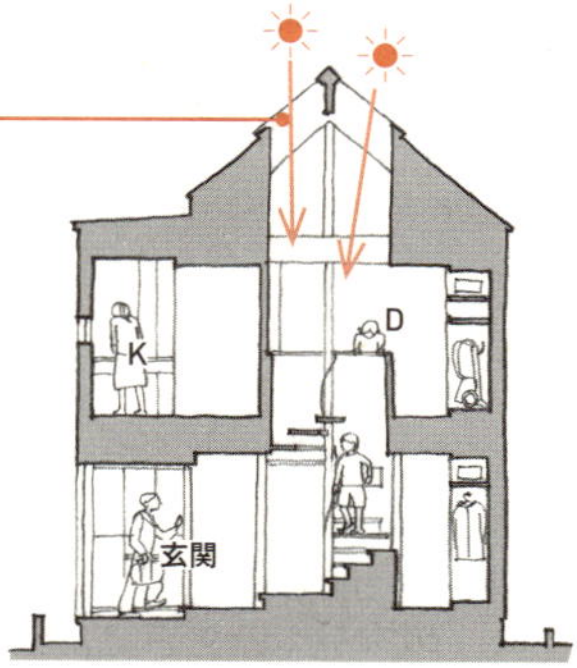

S=1:200

キッチンへの複数ルート

←2章　P81から

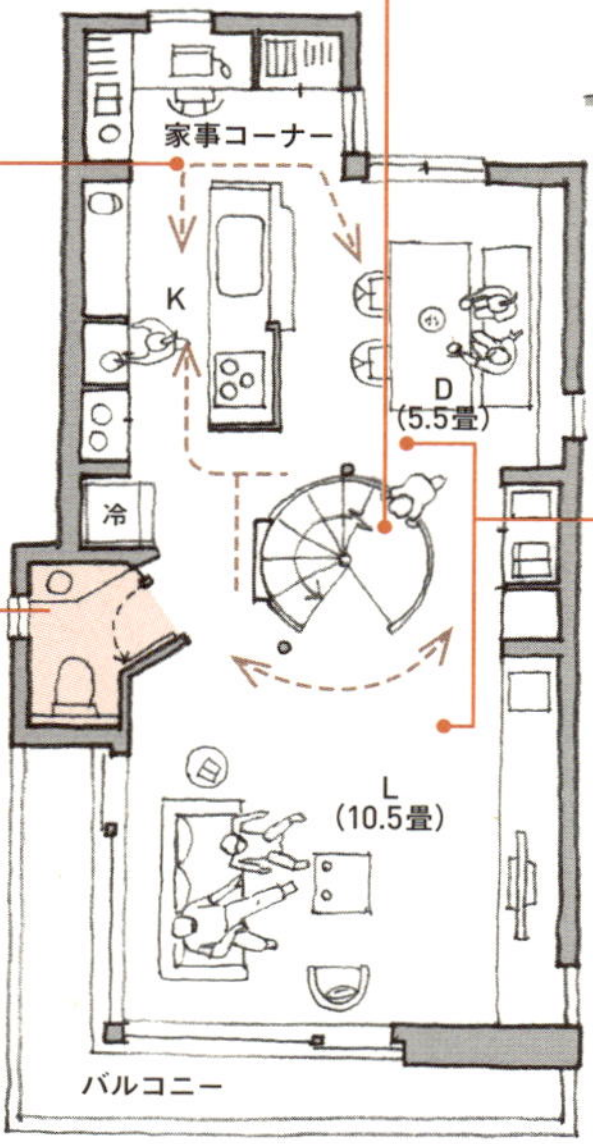

2F
S=1:150

付かず離れずの関係

←2章　P41から

2階は階段を含め、居間から食堂までひとつながりの空間ですが、階段を挟むことでそれぞれの「場」が明確になり、付かず離れずの関係をつくりだしています

行きやすく見えにくい

ワンフロアにLDKだけを置く場合、トイレをどこに置き、また出入り口をどうつくるかは難問です。どの場所からもアクセスしやすい位置を探し、かつ、どの場所からも見えにくくなるよう、壁を斜めに振って出入り口を付けています

LDKの広さを優先する

南側の道路に面した、南北に細長い敷地です。狭い間口ながら、道路に面して駐車スペース、さらに庭もつくることができたので、1階にLDKを置く選択肢もありました。しかし、LDKはできるだけ広く取りたかったので、玄関のある1階ではなく、2階に置くことにしました。1階には、寝室と子供室、サニタリーを配置しています。

1階の庭には、十分な陽当たりがあり、洗濯物を子供室前の庭に干すことができるので、洗濯機は1階洗面室に置くようにしました。洗って、干して、取り込んで収納するまで、すべて1階で行えるようになっています。

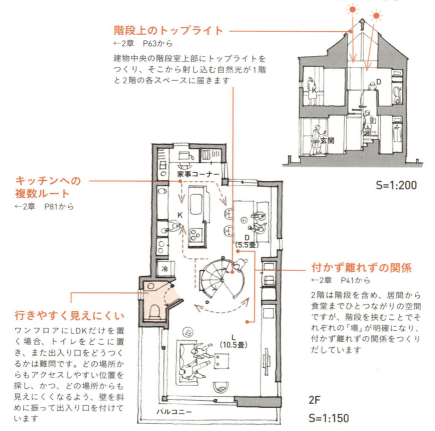

サニタリーを個室のある1階へ

北庭をつくる

←2章　P65から

敷地の北側に小さな庭をつくり、寝室と浴室から庭の緑を眺めることができます。北側に残る敷地の余白を少しだけ大きくすることで、暮らしに潤いを与えることができました

2つの出入り口

主寝室には2つの出入り口があり、一方は洗面室に近く、もう一方は子供室と最短で行き来できます

階段の位置こそが要

→2章　P39へ

2階とつながる

←2章　P45から

1階の階段廻りは、玄関ホールを含めて動線スペースです。しかし、子供室を仕切る引戸を引き込むと、階段前までが子供室の一部になり、階段を通して2階の食室と視線がつながります

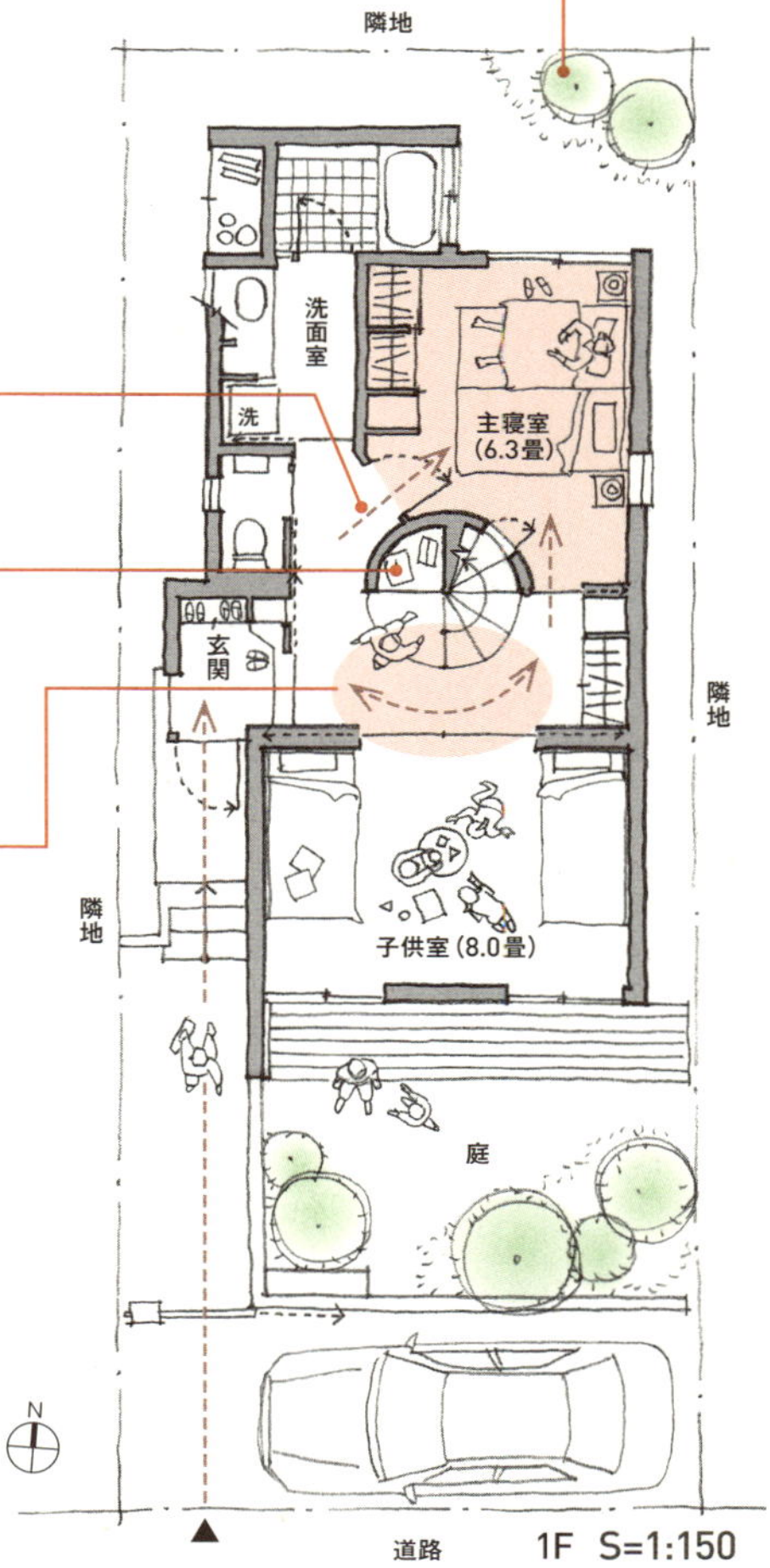

1F　S=1:150

S=1:200

「大宮の家」

所在地	埼玉県さいたま市
家族構成	夫婦(30歳代)＋子供2人
敷地形状	整形(南道路)
敷地面積	117.34㎡(35.49坪)
延床面積	93.06㎡(28.15坪)
構造・階数	木造2階

廊下と階段、その位置が要

隣家の壁を隠して採光
←2章　P64から

北・東・南それぞれ隣家と十分な距離が確保できないので、通常の目線の位置に窓を付けても、隣家の壁を見て過ごすことになります。そこで居間の南側は壁として塞ぎ、その壁の上に高窓をつくって南から採光しています

どこに洗濯物を干すか

1階の外部廻りや2階の南側には洗濯物を干すスペースがないので、西側道路に面してバルコニーをつくりました。道路からの視線をかわすため、手すり代わりの乳白色の樹脂板を目隠しとしています

自然光を奥まで入れる
←2章　P40から

南側に天井高の高い階段室を置き、高窓をつくって食堂とキッチンに南からの自然光を採り込みます

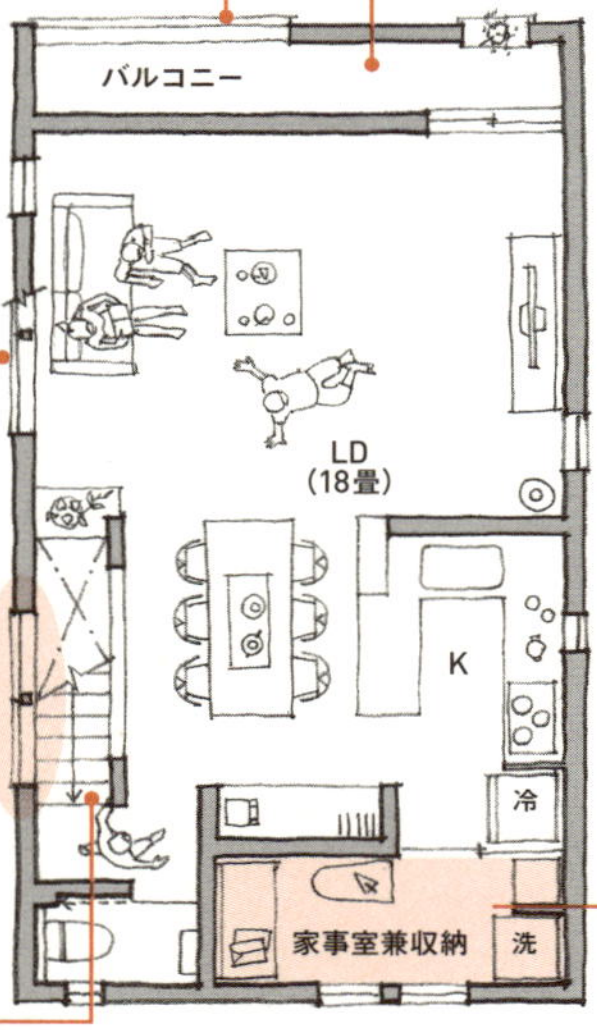

家事室を収納室と兼ねる

LDKを少し削り、洗濯機を置いた家事室兼収納室をつくりました。生活に必要なものを収納するほか、同じ2階のバルコニーに洗濯物を干せるので、洗濯に関わる動線が短縮されます

採光を期待する片寄せ階段
→2章　P31へ

2F　S=1:150

庭をあきらめ LDKを充実させる

敷地面積26坪に延べ床面積29坪の家を2階建てで建てたので、建物以外で残るスペースはほぼ駐車スペースのみとなります。

都市部に建つ住宅であれば珍しいことではありませんが、有効に使える外部スペースが取れないのであれば、LDKはできるだけ広く取りたいものです。そこで、玄関にスペースをとられない2階をLDKとしました。都市部に建つ住宅の場合、南側隣家が迫っていることも多く、ここも例外ではありませんでした。そのため南上がりの片流れ屋根とし、壁を高く立ち上げて、高窓から自然光を採り込んでいます。

サニタリーを個室のある1階へ

「豪徳寺の家」
所在地　東京都世田谷区
家族構成　夫婦(30歳代)＋子供2人
敷地形状　整形(矩形　西道路)
敷地面積　86.65㎡(26.21坪)
延床面積　94.78㎡(28.72坪)
構造・階数　木造2階

温熱環境に配慮する

玄関土間、玄関ホール、階段室兼廊下、さらに階段は2階ともつながります。外部環境と近い玄関の影響をさまざまな部屋が受けることになるので、階段室と玄関廻りを引戸で開閉できるようにして、室内の温熱環境に配慮しました

最短距離に置くサニタリー

サニタリーは、寝室と子供室に挟まれ、かつ2階から階段を降りてすぐのところにあります。生活動線を考えた場合、どの部屋からも最短の距離で行くことができる便利な位置となっています

採光を期待する片寄せ階段

→2章　P31へ

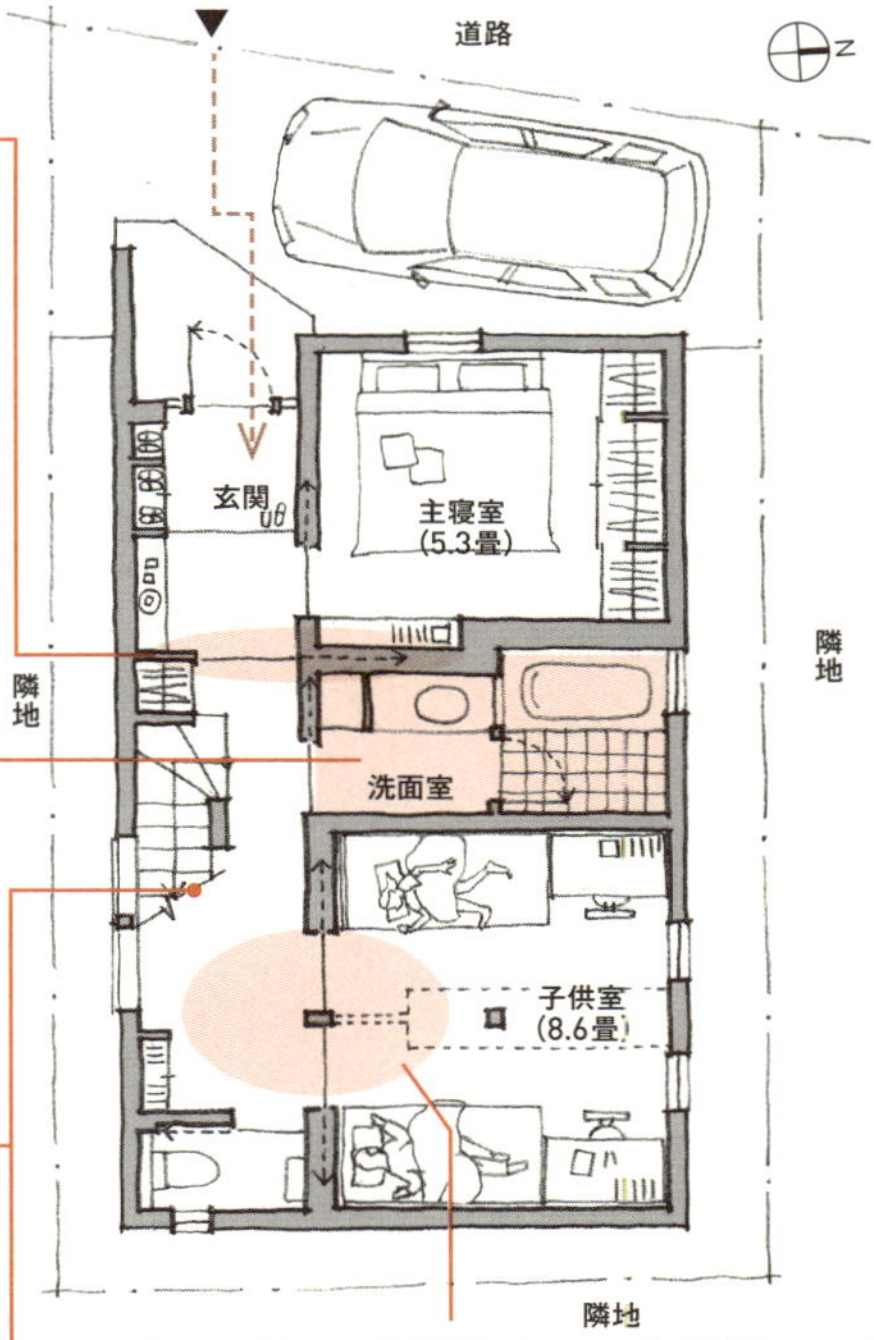

1F　S=1:150

廊下やホールを部屋の一部に

→2章　P45へ

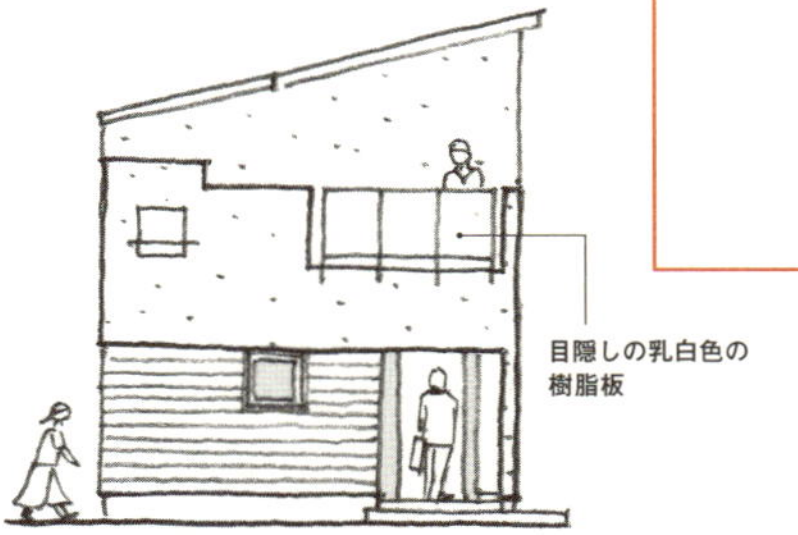

S=1:200

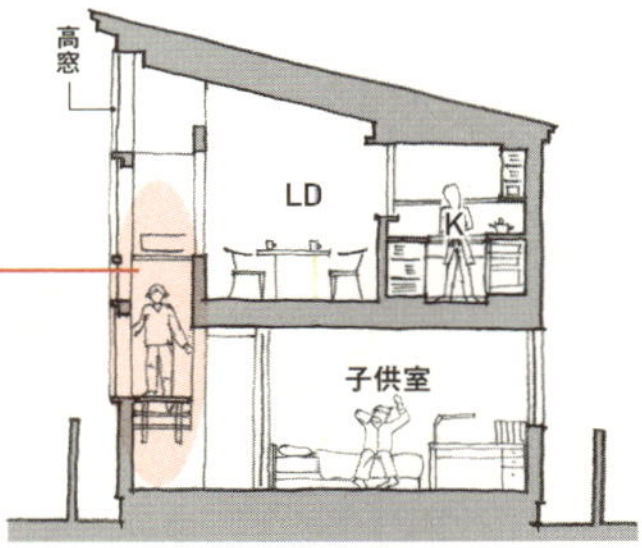

S=1:200

庭代わりの広いバルコニーと坪庭

視線を嫌い高窓とする

←2章　P64から

居間・食堂は、道路を挟んだ隣家からの視線を避けるため2m50cmの壁を立ち上げ、その上に高窓を設けました。南側に向かって高くなる勾配天井は、一番高いところで3m40cmほどになります

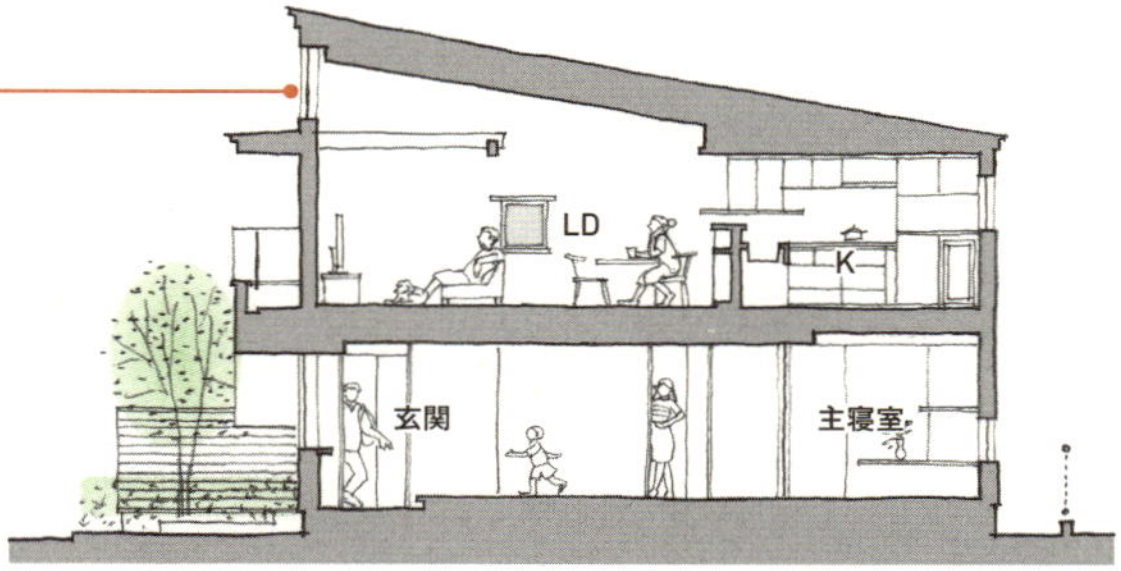

S=1:200

隠したいもの

冷蔵庫とトイレの出入り口が居間側から見えないように壁を立てました。ワンルームのLDKでは、冷蔵庫が居間・食堂から見えてしまうこともありますが、トイレの扉だけは隠したいものです

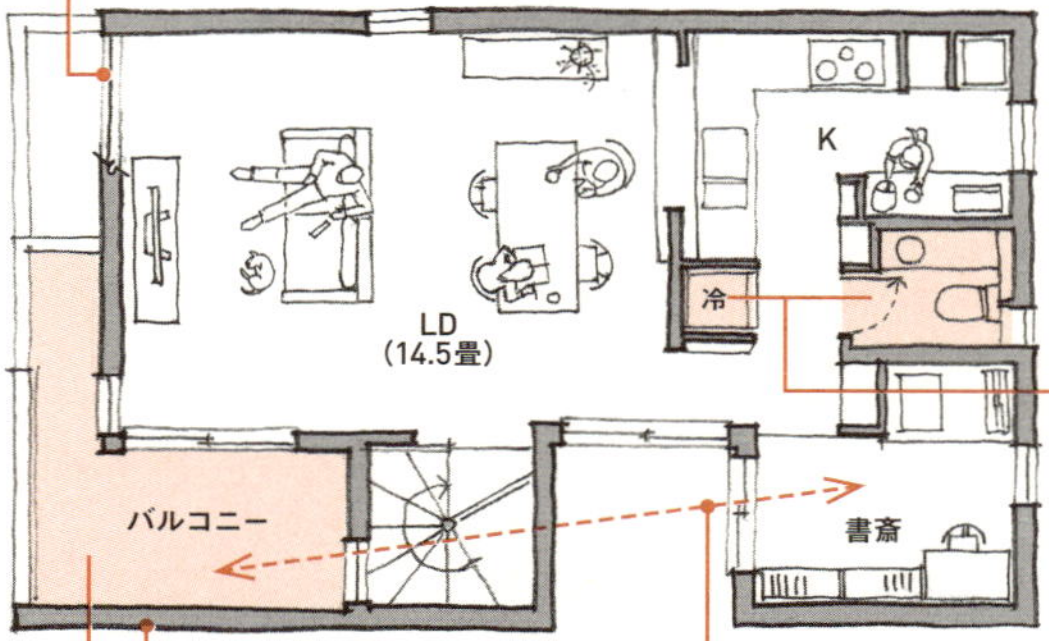

2F　S=1:150

囲んで、居間との一体感をつくる

←2章　P66から

隣家側に高さのある壁を立ち上げ、隣家と視線がバッティングしないようにしています。これにより居間とつながり感の強い囲われたバルコニーとなりました

外ー内ー外ー内の関係をつくる

←2章　P47から

居間の床面積を削ってバルコニーをつくり、バルコニーー階段室ー坪庭上部ー書斎と、外ー内ー外ー内の関係をつくりました。そのことで、光や風を室内に呼び込みやすくなっています

視線をカットしつつ採光や通風をとる

南北に奥行きがあり、南側に道路のある敷地で、1階は道路からの視線を避けるため、窓の少ない閉鎖的なつくりとしました。南側には庭をつくらず、道路と平行の駐車スペースとエントランスだけを置いています。南側に庭をつくらない代わりに、敷地中央付近に小さな坪庭をつくり、上下階ともに敷地奥の居室やスペースに自然光を届けています。

隣家からの視線を可能な範囲で避けられるように窓の位置を考え、坪庭や2階バルコニーをつくることで、視線をカットしつつ採光や通風が問題なく行えるようにしています。

サニタリーを個室のある1階へ

クロゼットは納戸も兼ねる

←2章　P59から

寝室（和室）の隣のウォークインクロゼットには手持ちのタンスをいくつか置き、さらに衣類以外の雑物を収納するスペースもつくっています

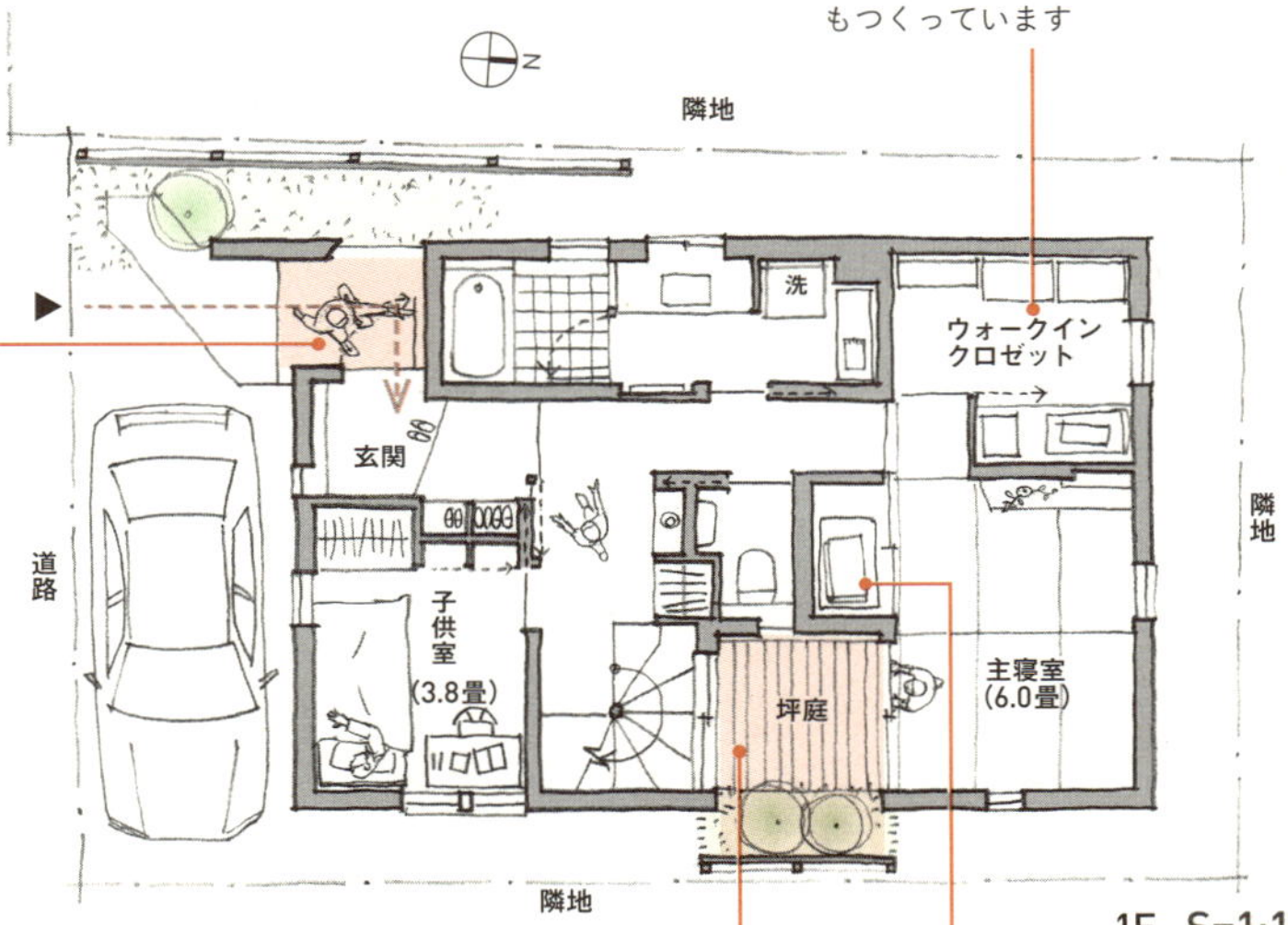

1F　S=1:150

落ち着く玄関ポーチ

建物コーナーを欠き取るようにして、玄関扉外側に玄関ポーチをつくりました。玄関土間は狭くなりますが、庇で雨が防げるうえ、3方が壁で囲われているので、落ち着きのある玄関ポーチになっています

坪庭で風の通り道をつくる

→2章　P65へ

寝具の収納を優先する

←2章　P60から

和室の寝室では洋服収納より、寝具をしまう押入れのほうが重要です。洋服収納は寝室の隣にウォークインクロゼットとして用意しています

S=1:200

「桃井の家」

所在地	東京都杉並区
家族構成	夫婦（30歳代）＋子供1人
敷地形状	整形（矩形　南道路）
敷地面積	101.37㎡（30.66坪）
延床面積	96.66㎡（29.24坪）
構造・階数	木造2階

敷地31坪に2台分の駐車場

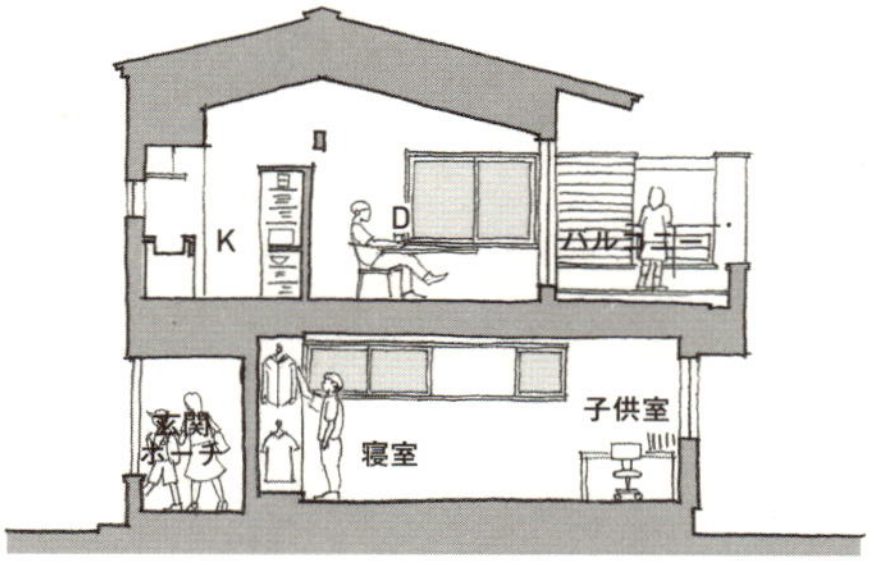

S=1:200

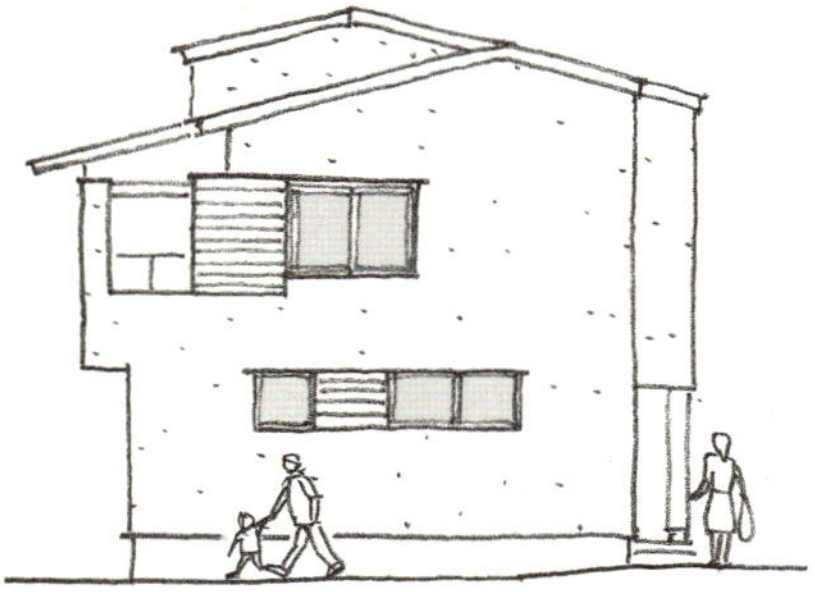

S=1:200

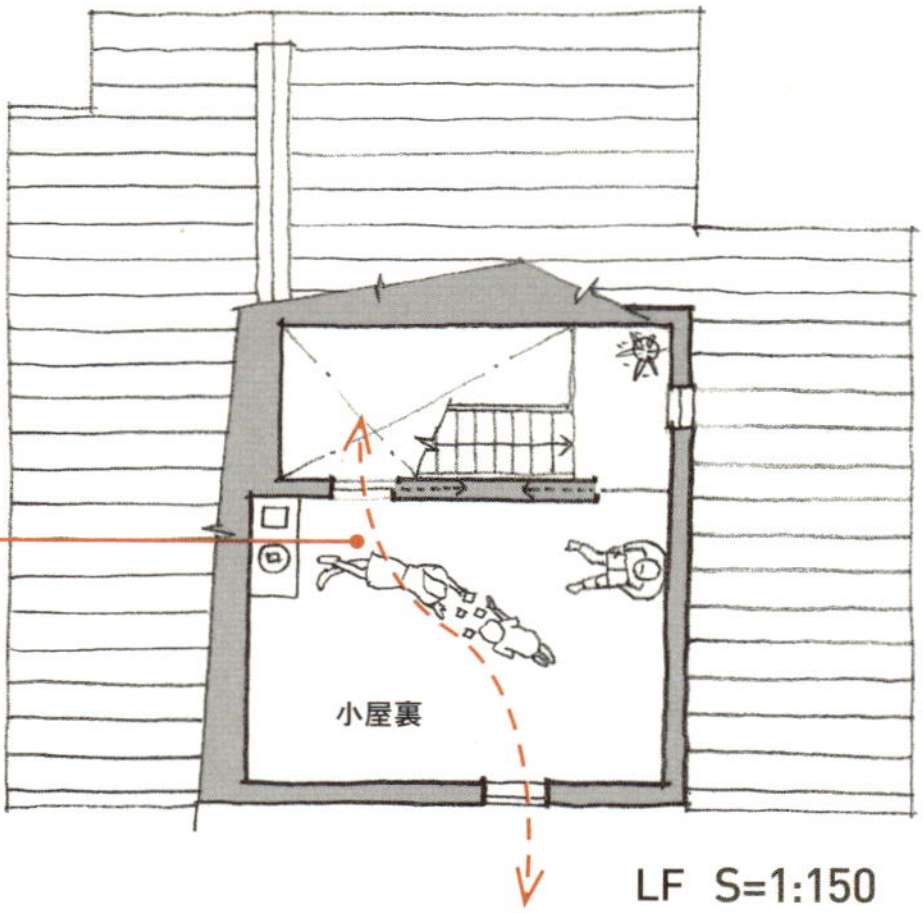

LF S=1:150

小屋裏収納にも風を通す

小屋裏に行く階段も固定階段として吹抜けをつくり、小屋裏収納から吹抜けに面して窓を開けることで、小屋裏収納も風の抜けるスペースになっています

「国立の家」

所在地　東京都国立市
家族構成　夫婦（40歳代）＋子供2人
敷地形状　整形（矩形　北・西道路）
敷地面積　102.84㎡（31.10坪）
延床面積　101.82㎡（30.80坪）＋小屋裏16.81㎡（5.09坪）
構造・階数　木造2階＋小屋裏

テラスと階段室が広がりをつくる

31坪の敷地に、家族4人が暮らす2階建ての31坪弱の家、かつ自動車2台の駐車スペースが求められました。

駐車スペースを敷地の南側に置き、南側隣家と建物を離すことで1階の採光を確保しています。1階に庭がない分、2階に食堂から出られる大きなバルコニーをつくり、暮らしのなかで有効に使える外部スペースとしました。

2階にLDKを置いたため、1階はプライベートゾーンとして、サニタリー、寝室、子供室を配置しています。1、2階は、階段室とその吹抜けによって、緩やかにつながっています。

サニタリーを個室のある1階へ

階段室で緩やかにつなぐ

←2章　P39、P46、P70から

1、2階、さらに小屋裏をつなぐ階段は、平面を2つに分けるように家の中央に置かれています。この階段室の吹抜けに向かって、部屋の出入り口や小さな窓が開き、縦方向と横方向に緩やかにつながります

キッチンへの2方向ルート

→2章　P81へ

キッチンからの裏動線

キッチン・食堂と床座の居間（和室）は階段室を挟んで置かれています。キッチンから居間へは、階段室を通らずに家事室経由で行ける通路もつくっています

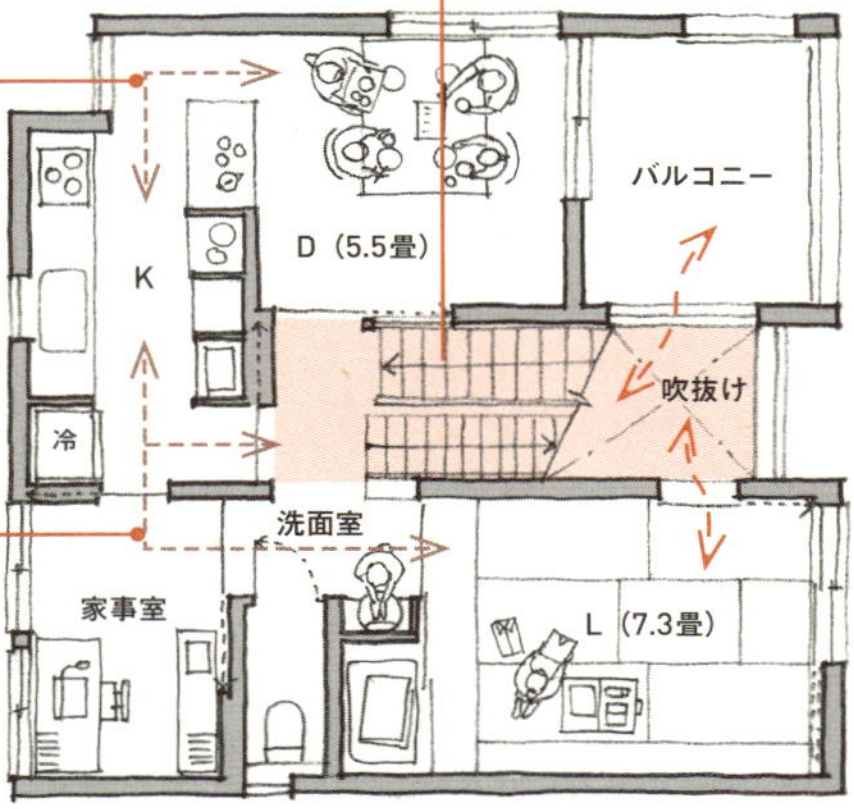

2F　S=1:150

和室を寝室とする

←2章　P60から

寝室は和室になっており、壁の一面をクロゼットに、もう一面を寝具の収納としています。寝室南側は、図面では子供室としていますが、新築時はひとつながりの広い寝室で、将来、子供室が必要になったら仕切れるようにしてあります

廊下や階段で風を抜く

→2章　P68へ

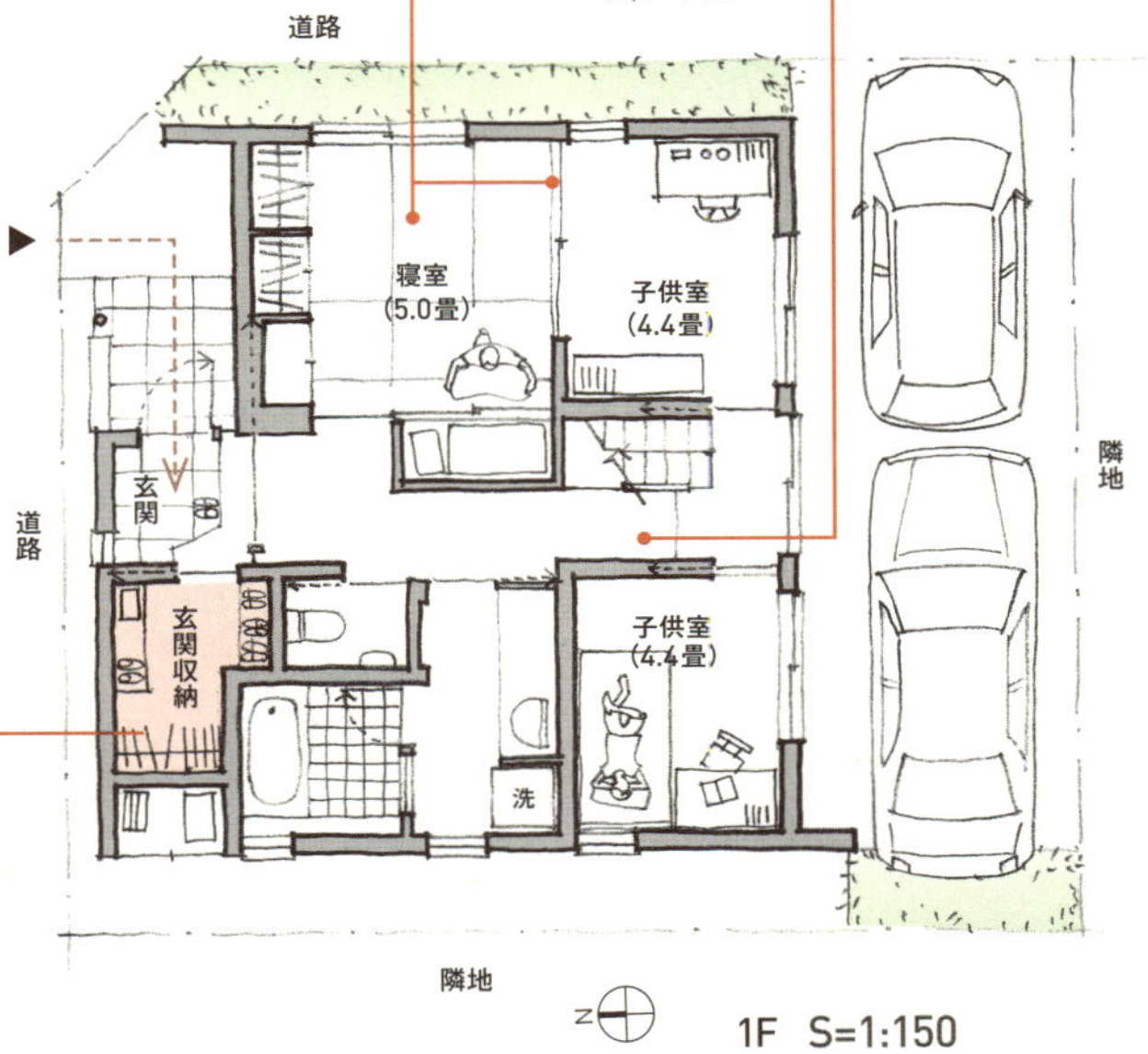

1F　S=1:150

玄関収納は納戸も兼ねる

←2章　P61から

暮らしに必要ないろいろなものも収納できるように、少し広めの玄関収納としました。玄関収納は、土足のまま行き来できるように玄関土間と床面を揃えることもありますが、この家では納戸も兼ねることから、1階床面と揃えて室内扱いとしました

4LDK＋αを27坪で実現

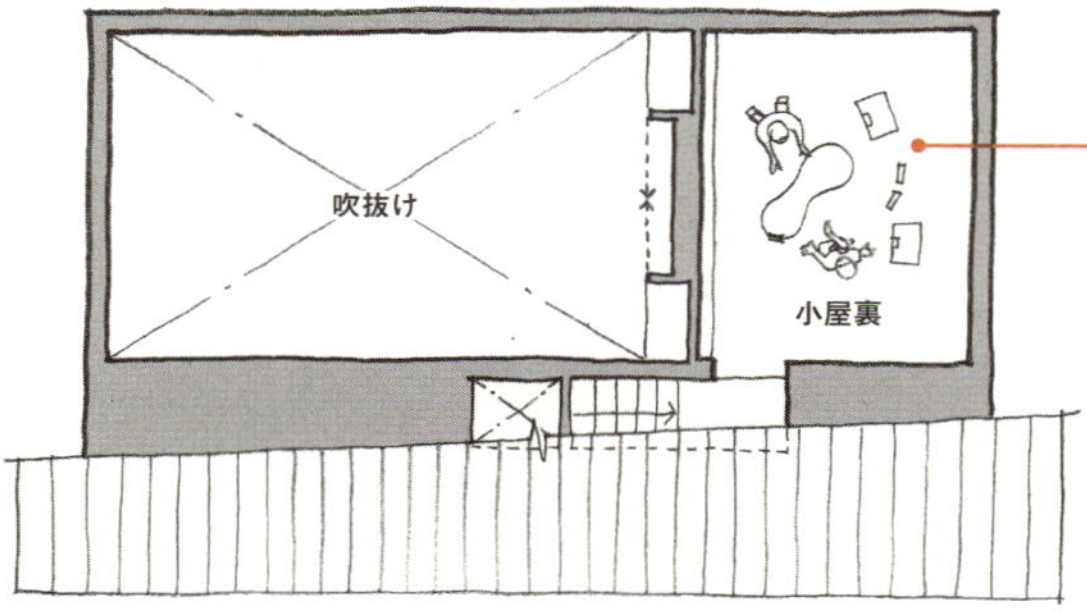

LF　S=1:150

必要に迫られ小屋裏収納

延べ床面積27.7坪の広さのなかにLDKと4つの個室を入れたので、どうしても収納スペースは限られます。それを補うため小屋裏収納をつくりました

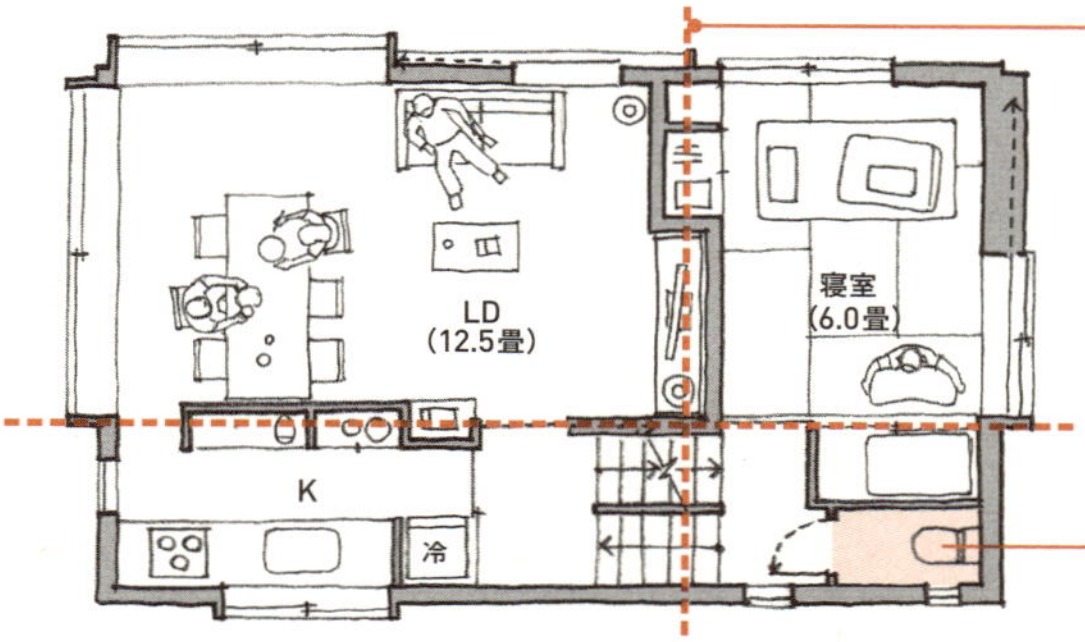

2F　S=1:150

田の字型プランの変形

←2章　P29から

2階の間取りは、田の字型プランとしています。これは矩形で納める際の間取りの基本形です

どちらからも最短で

寝室脇のトイレは、LDKから半階下がるだけの位置にあり、日常生活のなかでも気軽に使えます。さらに、その出入り口が居間・食堂から見えないというメリットもあります

スキップフロアで無駄な動線を減らす

5人家族の暮らしを27・7坪に収めた家です。各部屋の床面積を抑えるため間取りを合理的に考えて、すべての部屋を矩形で納めています。

この家では、子供室と寝室で、個室が4つ必要でした。そこで廊下面積を抑えるため、スキップフロアを採用し、縦移動の手段としての階段に、横移動の役割ももたせています。つまり、階段が廊下にもなって、家のなかで行って戻りを繰り返すと、上下階の行き来とともに横方向の行き来もできるというわけです。また、各フロアが半階でつながるので、上下階の距離も縮まります。

プライベートな個室を1、2階に分ける

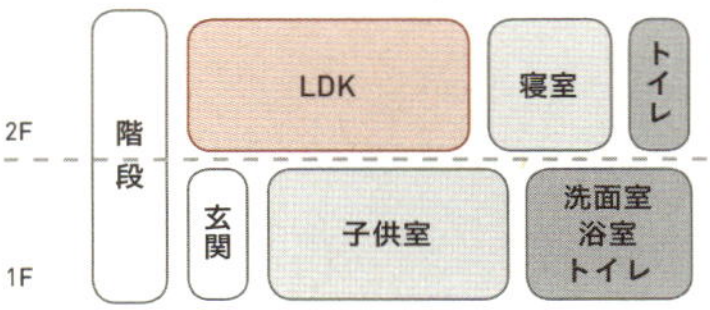

S=1:200

サニタリーは個室の近くに

サニタリーは、東側の2つの子供室の横にあります。ここは西側の子供室からは半階上がり、上階の寝室からは半階下がる位置になります。つまり各個室から、半階の移動でアクセスできる便利な場所に置かれているのです

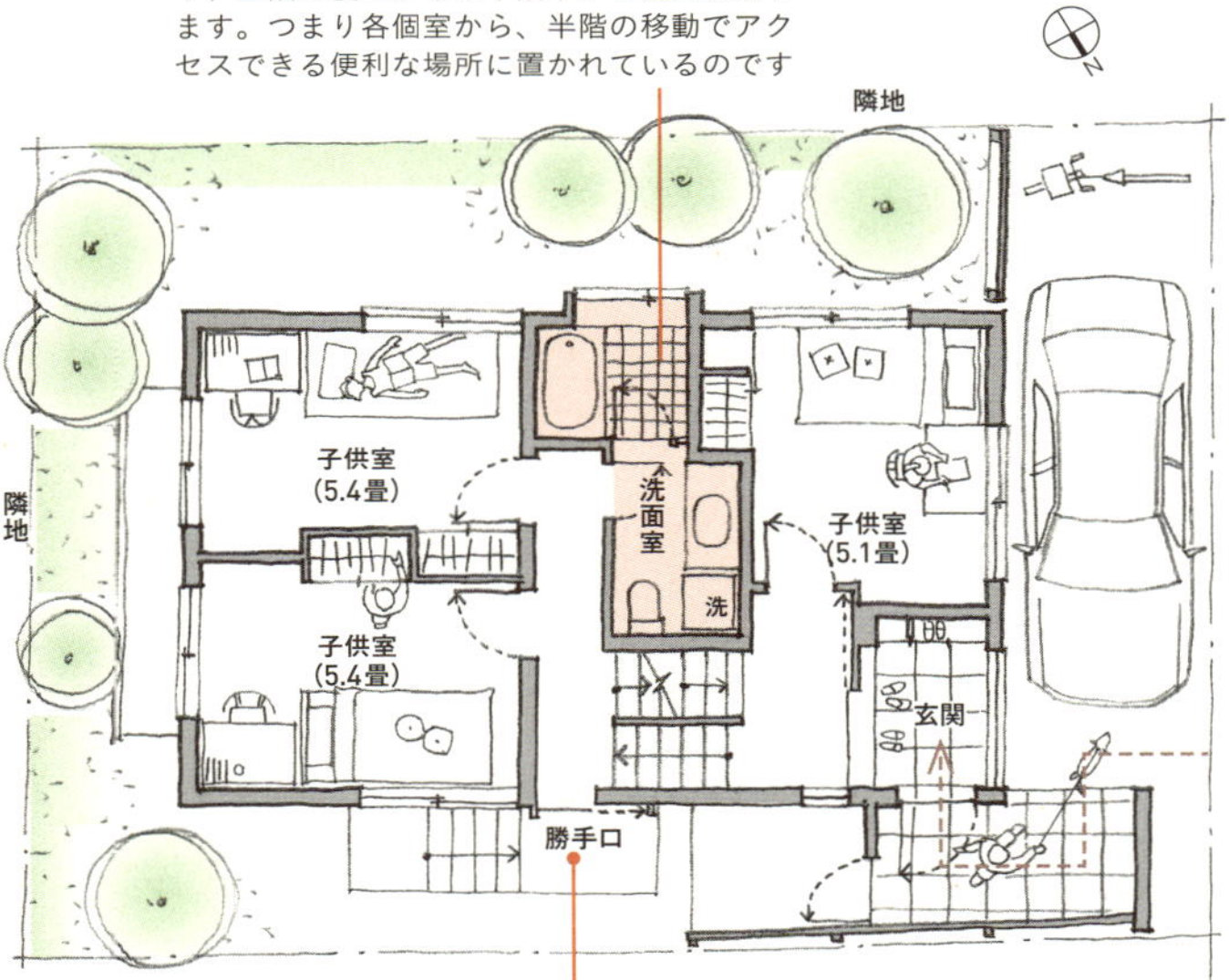

1F　S=1:150

廊下から外に出入りする

廊下から外に出る勝手口をつくりました。洗濯物を庭先に干す際、子供室を通らずに外に出られ、キッチンからのゴミ出しなども、ここから出入りすることができます

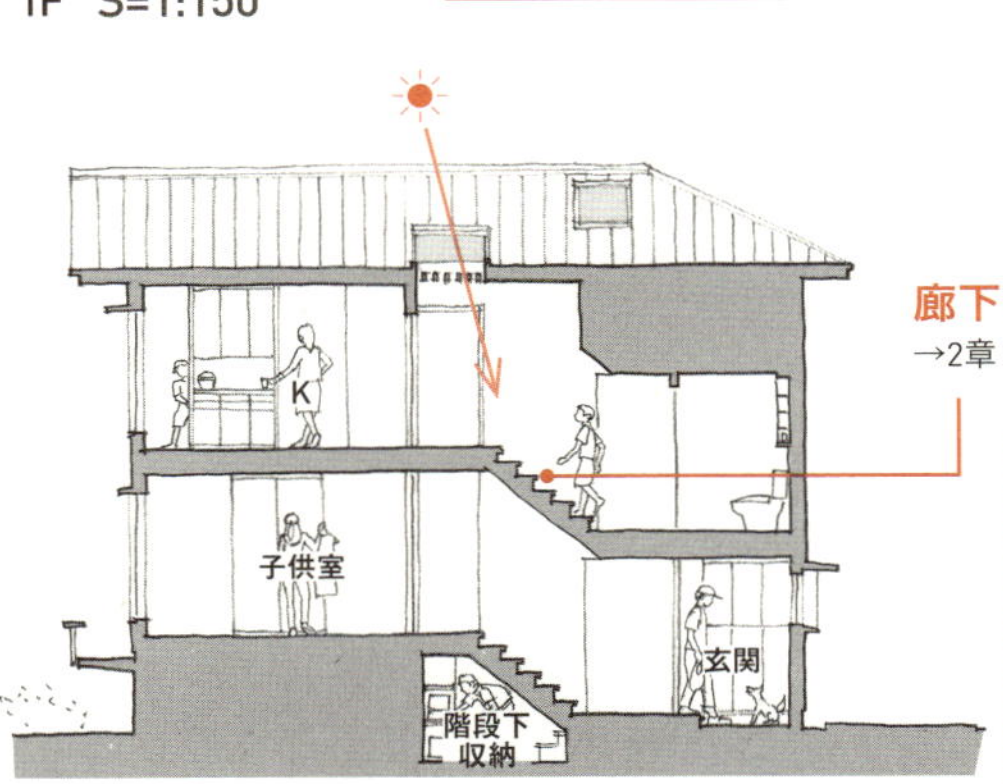

S=1:200

廊下を省くスキップフロア

→2章　P43へ

「吉祥寺の家」

所在地	東京都武蔵野市
家族構成	夫婦(40歳代)＋子供3人
敷地形状	整形(矩形で北道路)
敷地面積	114.89㎡(34.8坪)
延床面積	91.69㎡(27.7坪)＋小屋裏9.57㎡(2.9坪)
構造・階数	木造2階(スキップフロア)＋小屋裏

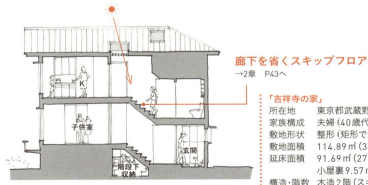

5人家族でも30坪以下で

「鎌倉の家」

所在地	神奈川県鎌倉市
家族構成	夫婦（40歳代）＋子供3人
敷地形状	変形（北道路）
敷地面積	130.80㎡（39.6坪）
延床面積	97.09㎡（29.4坪） ＋小屋裏19.44㎡（5.88坪）
構造・階数	木造2階＋小屋裏

屋根形状と室内の関係

居間・食堂は、三角屋根の形状に合わせた吹抜けの三角形の天井とし、寝室の上は三角屋根の懐を利用して小屋裏収納としました。キッチンの上には北側キッチンを明るくする、小さなトップライトがつけてあります

S=1:200

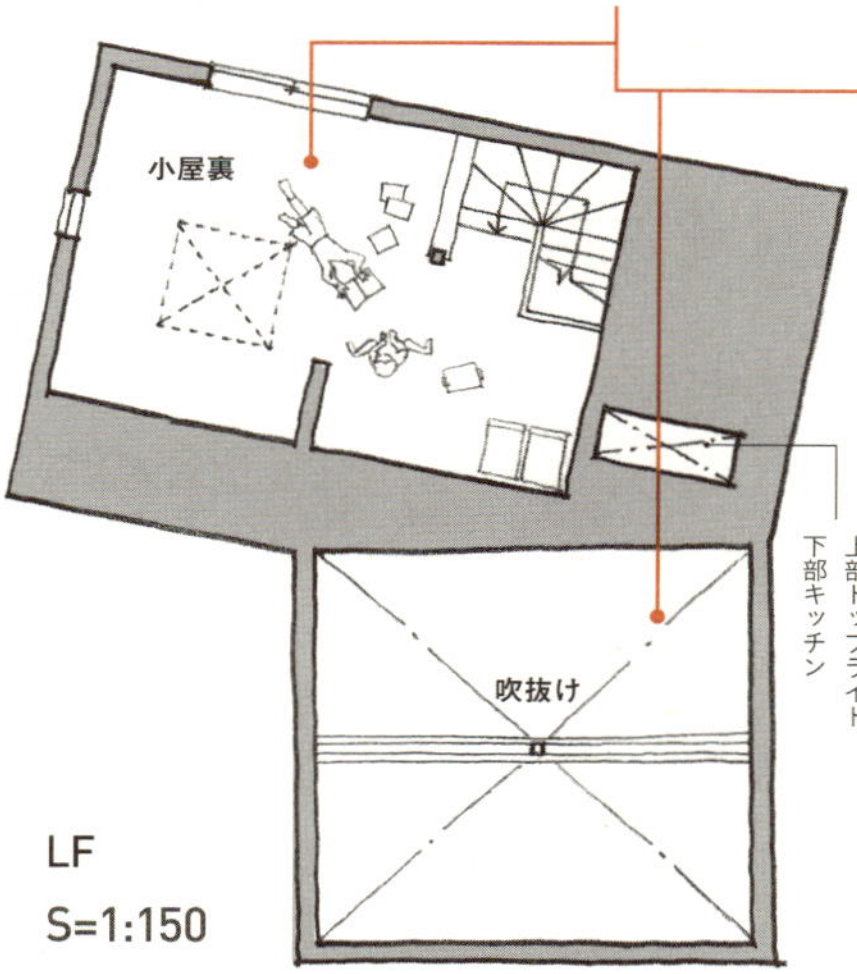

LF
S=1:150

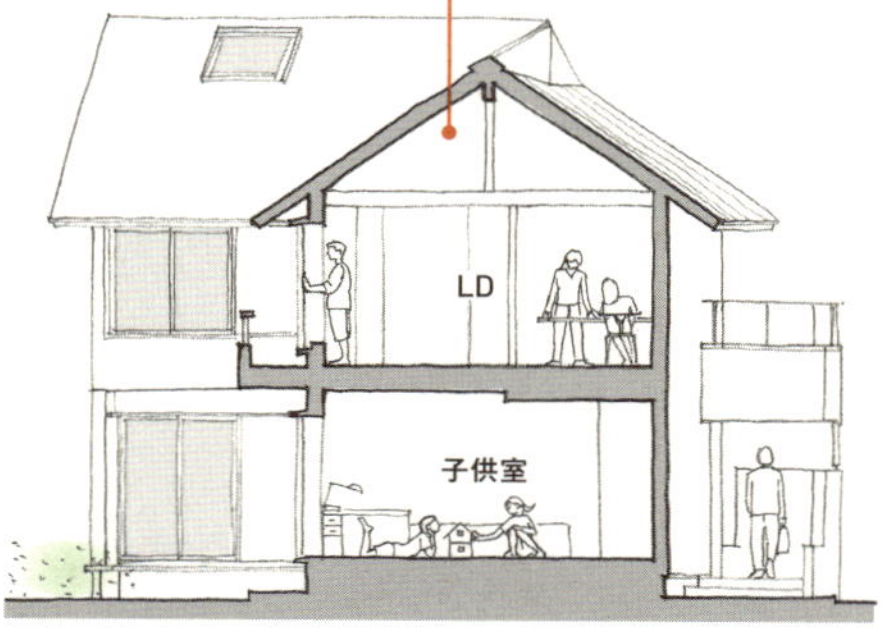

S=1:200

ＬＤＫ脇の寝室は和室にすると便利

1階には3人分の子供室とサニタリーを、2階にはＬＤＫと寝室をつくりました。寝室となる和室は、昼間は多目的に使えるため、ＬＤＫと同じ階に置く意味が生まれます。

5人家族だと個室の床面積が増えますが、その一部をＬＤＫに入れ込むことで、2階建ての場合、上下階の面積バランスがよくなり、30坪以下で納めることができます。

この家のように、各階に個室（寝室・子供室）がある場合には、トイレも各階に置きたいところですし、各個室からサニタリーへの生活動線についても、距離を縮めるようにしています。

プライベートな個室を1、2階に分ける

2階に勝手口をつくる

→2章　P87へ

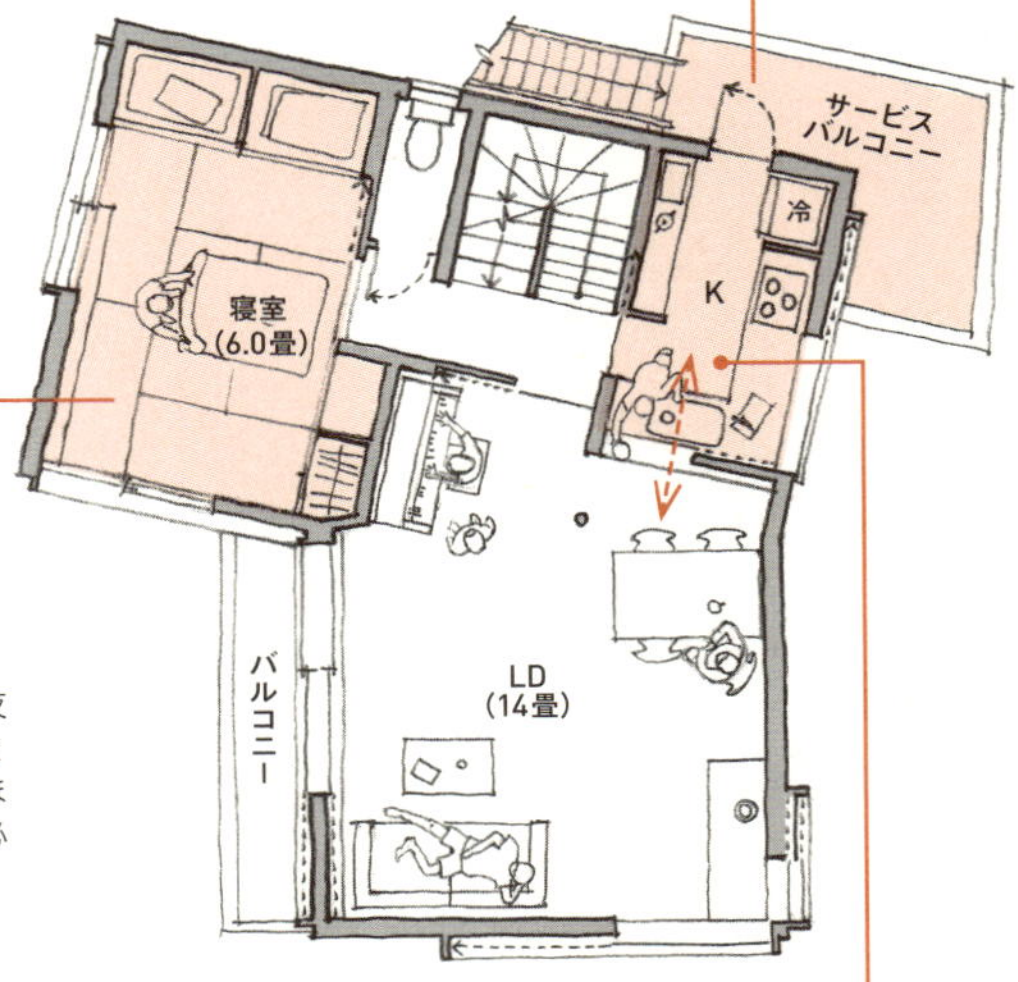

多目的に使う寝室

←2章　P60から

昼間、多目的に使える和室が、夜は寝室になります。和室を寝室として使う場合には、洋服収納のほかに寝具を収納するスペースが必要になります

クローズドキッチンの使い方

キッチンはクローズドキッチン。しかし、食堂からキッチンにいたる2か所の引戸を開け放しておけば、生活動線上の問題はありません。配膳のため、シンク前に開け閉めできる配膳口をつくってあります

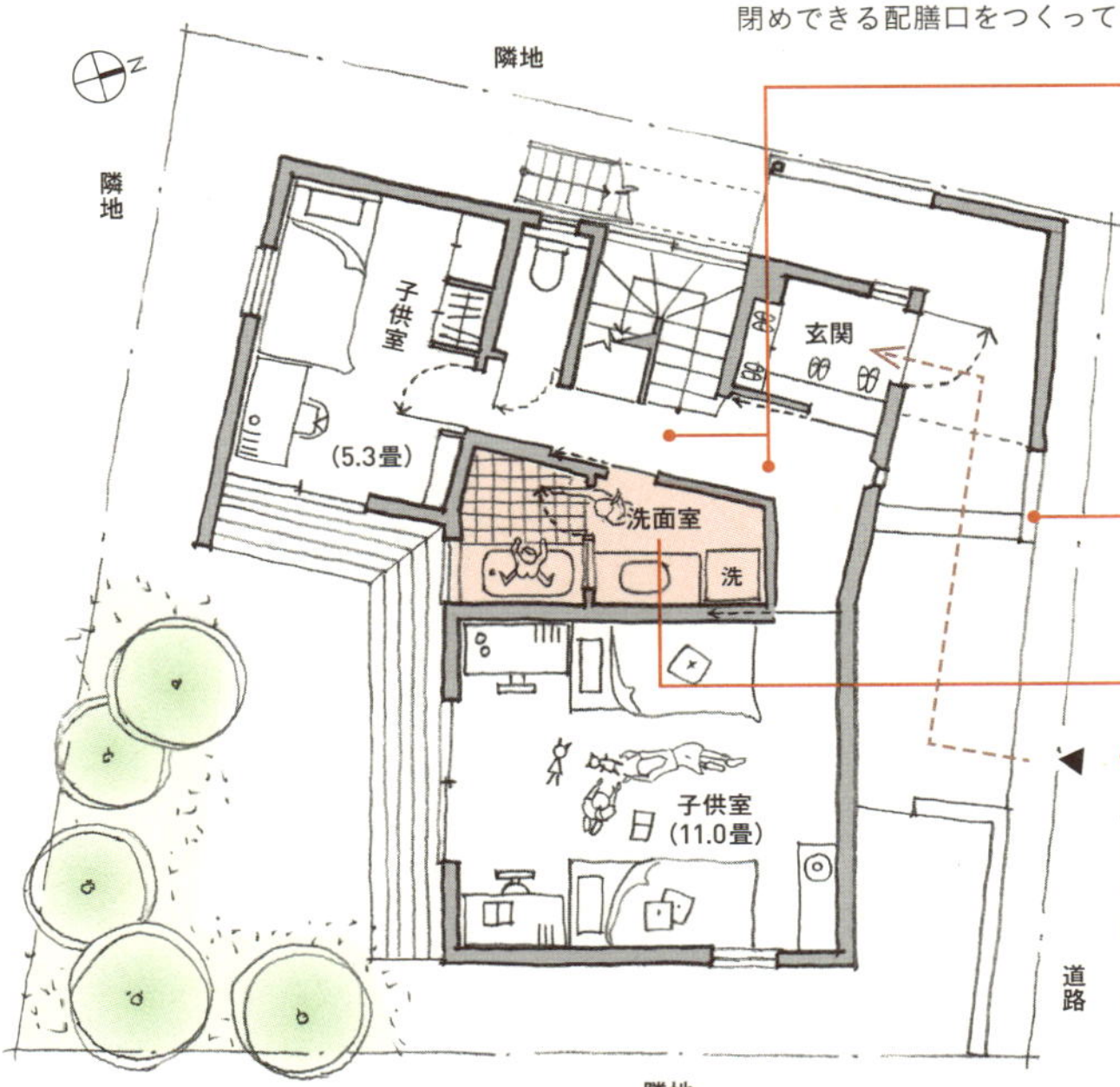

1F　S=1:150

廊下とホールを兼用する

図面では廊下に見えますが、玄関土間から入るところは玄関ホールに、階段前は階段ホールにもなります。つまり、廊下はそれぞれのホールと兼用され、実質の廊下スペースはそれほどありません

変形敷地は敷地形状に合わせる

→2章　P33へ

サニタリーは家の中心へ

各部屋からサニタリーへの動線を短縮するため、家の中心付近にサニタリーを配置しました。階段室との関係も考慮して、サニタリー出入り口は階段の近くにつくりました

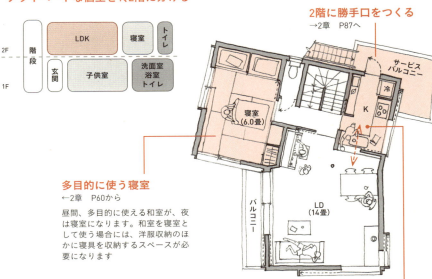

坪庭と高窓で採光と通風を得る

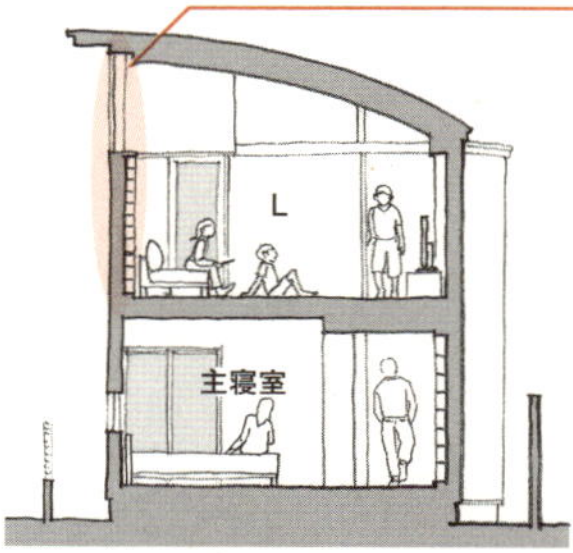

S=1:200

高窓の下は本棚←2章　P64から

南側の隣家が迫っているため、視線の抜ける高さには大きな窓を設けず、壁の上部の高窓から採光します。高窓の下の壁には本棚を造り付けています

坪庭の上をバルコニーに

坪庭上部のバルコニーをグレーチング（格子状）床にして、坪庭に自然光を落としています。また、2つの書斎が外を介してつながります

それぞれの「場」をもつ

→2章　P50へ

ワンルームのLDKですが、食堂はアルコーブ状に居間から飛び出し、コージーコーナーのような落ち着いたスペースになっています。キッチンもオープンキッチンでありながら、作業スペースの豊富なキッチンとなっています

便利なサービスバルコニー

1階玄関ポーチの庇の役目も果たすサービスバルコニー。キッチンから出入りでき、雨のかからない収納もついています

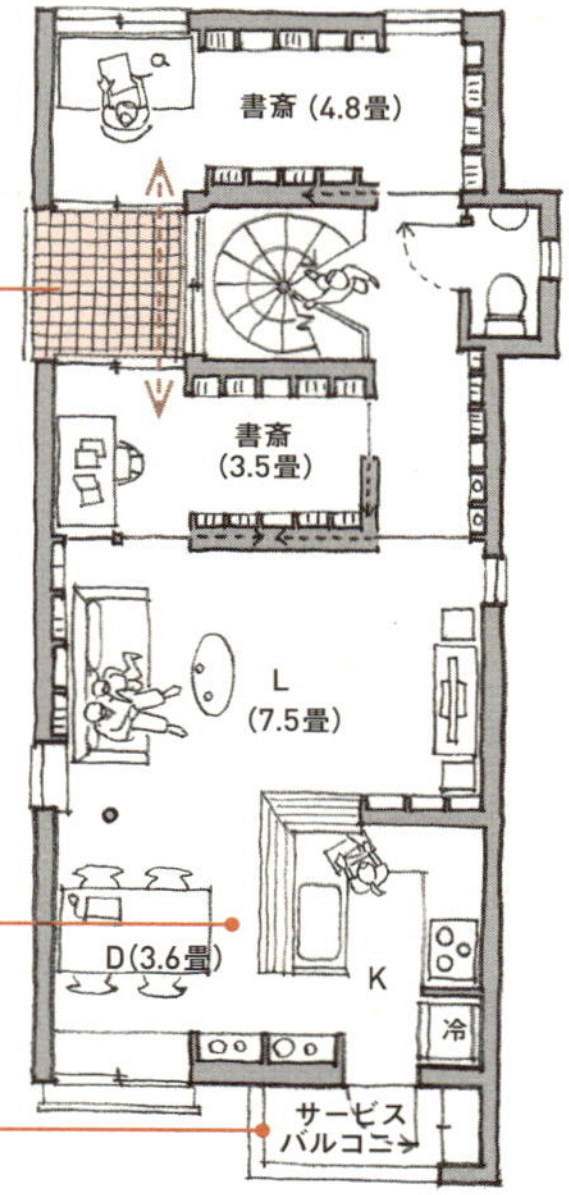

2F　S=1:150

4つの個室を坪庭でつなげる

東西に細長い敷地で、南側の敷地境界いっぱいに2階建ての隣家が迫っている環境でした。

1階には、寝室とサニタリーと、お客さんの宿泊室を兼ねた4畳の和室を置いています。

2階にはLDKのほかに、夫婦で別々に使う2つの書斎があります。書斎はプライベートスペースですが、そこで寝るわけではないので、LDKと同じ2階に置き、さらに居間側の書斎は引戸を開け放つことで、居間とつながるようにしてあります。2階の2つの書斎と1階の和室と主寝室は、上下階で坪庭を挟み、外との連続感をつくりだしています。

プライベートな個室を1、2階に分ける

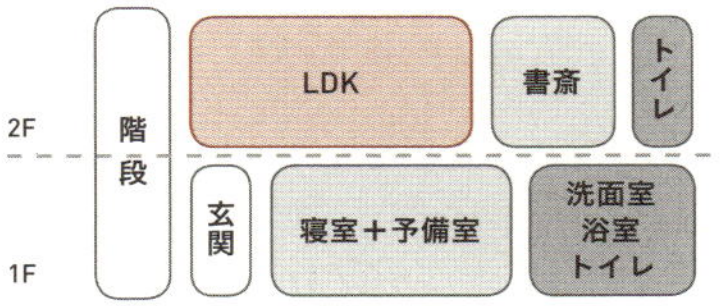

廊下の先を明るくする

玄関から細い廊下を奥に進み、階段にたどりつきます。階段室は、坪庭に面しているので自然光で明るい空間となります。玄関から見たとき、廊下の先が明るく、気持ちよく奥に誘い込まれるようになりました

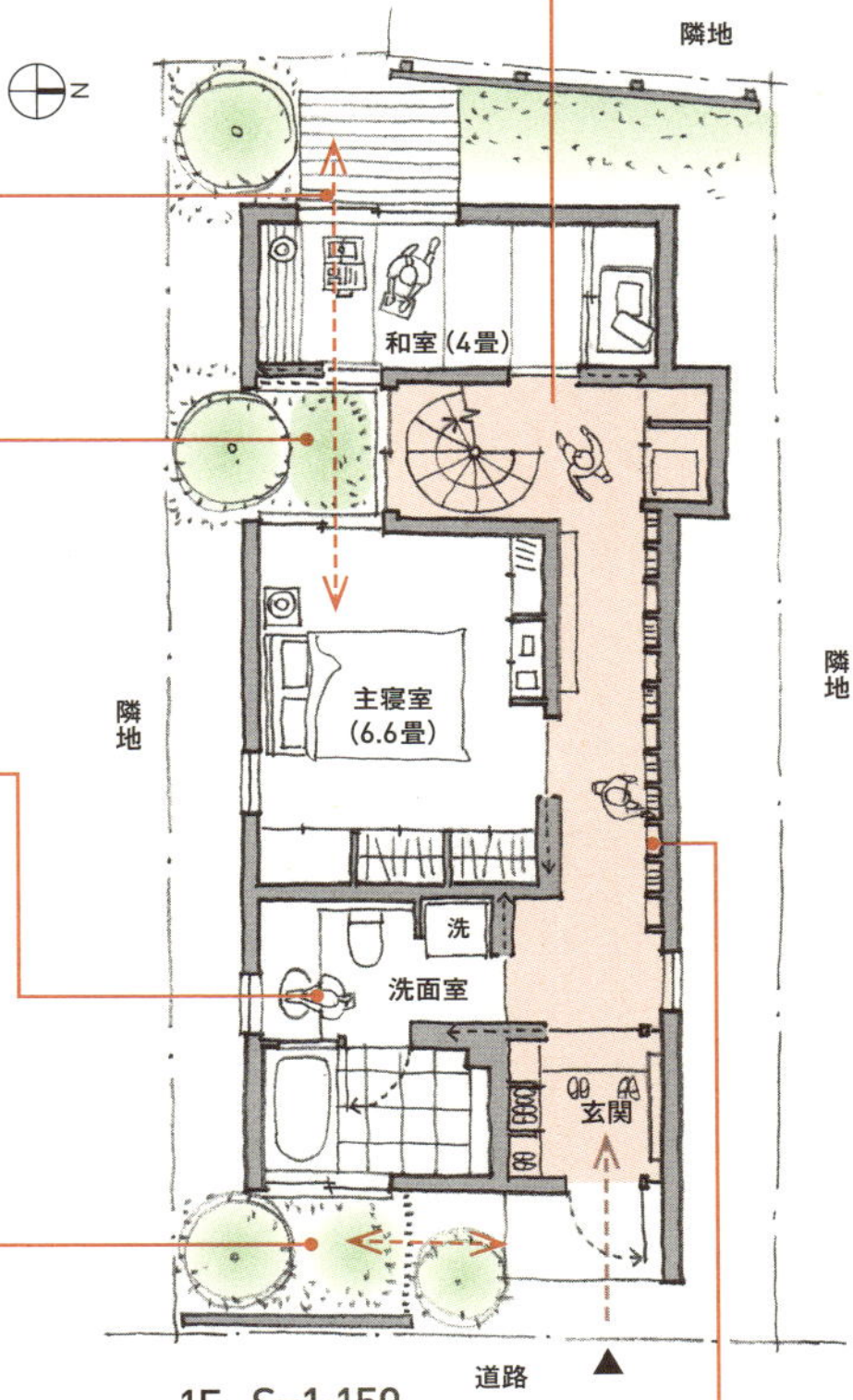

1F　S=1:150

内-外-内-外

→2章　P47へ

小さな坪庭の効果

←2章　P34、P65から

南側は隣家が迫っていますが、1階の主寝室と和室の間に小さな坪庭をつくることで、この2部屋に自然光が入るようにしています

立ち位置を重複させる

←2章　P51から

洗面、脱衣、洗濯、トイレと、4つの機能を2.5畳の広さの洗面室に入れ込みました。それぞれの行為の際の立ち位置を重複させることで、狭いスペースに多くの機能をもたせることができます

浴室から緑を楽しむ

道路際にある浴室ですが、目隠しの塀を立てて浴室から眺めることができる坪庭をつくりました。坪庭の緑は、玄関ポーチからも格子越しに眺められます

廊下も書庫になる

→2章　P57へ

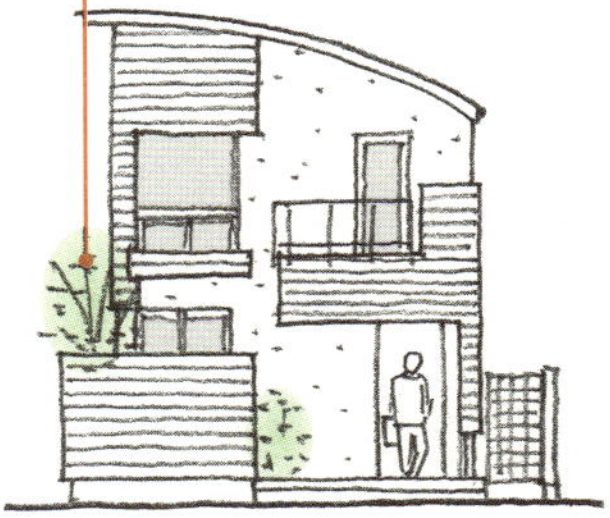

S=1:200

「奥沢の家」

所在地	東京都世田谷区
家族構成	夫婦（40歳代）
敷地形状	整形（矩形で東道路）
敷地面積	90.74㎡（27.5坪）
延床面積	90.71㎡（27.4坪）
構造・階数	木造2階

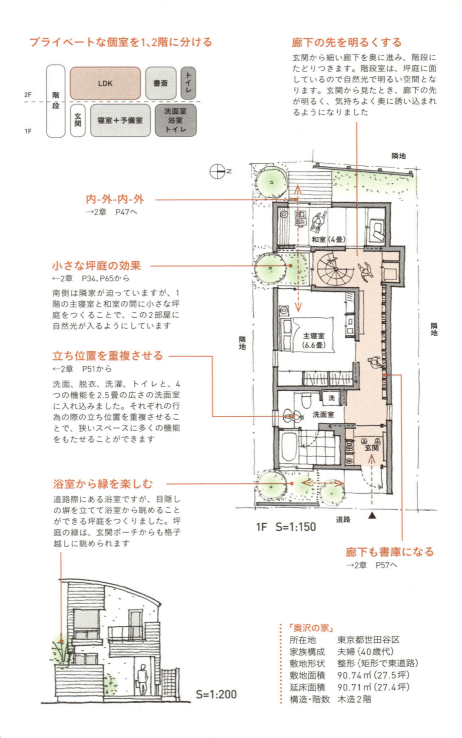

2つの階段がつくる多様な動線

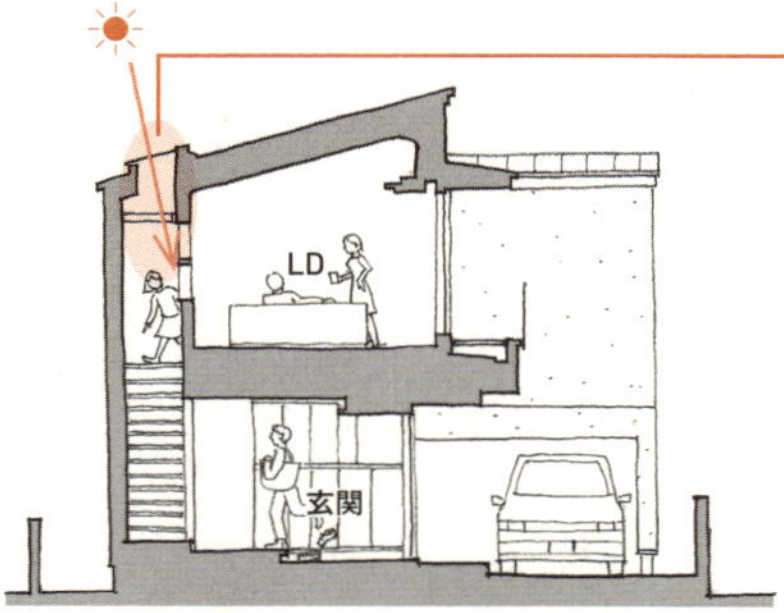

S=1:200

トップライトからの光

←2章　P63から

階段上のトップライトは、2階の居間・食堂に自然光を届けるとともに、階段の吹抜けを通して1階玄関ホールも明るくしてくれます

2F　S=1:150

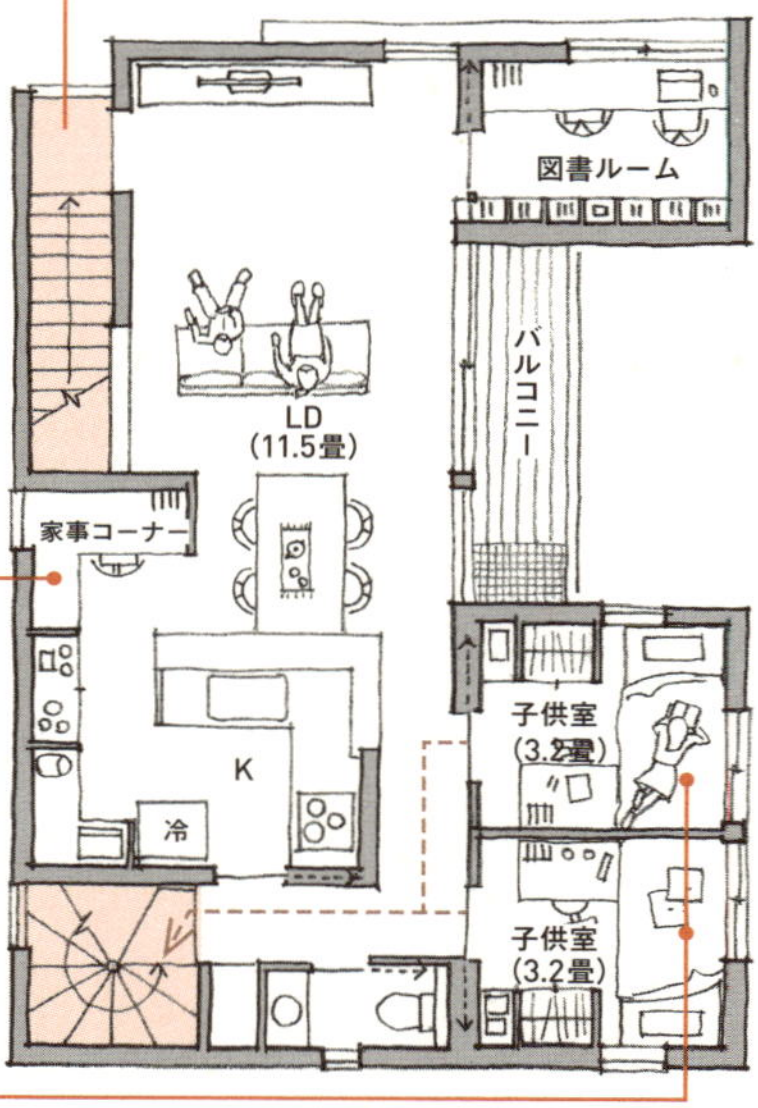

家事動線の一部を使う

キッチンから食堂へ向かう動線の一部に家事コーナーが置かれています。調理をしながら自分の仕事をし、かつ食卓で勉強する子供の世話もできます

最小限のスペースで

←2章　P54から

子供室の広さはそれぞれ約3.2畳。でも服とその他の収納をつくり、本棚を小窓の上に造り付け、ベッドと勉強机を置くと、この広さでも機能としては問題ありません。引戸を開け放しておくと、廊下を通してLDKと緩やかにつながります

縦・横ともに、生活動線の無駄をなくす

敷地の南東の角を駐車スペースとし、建物をL形平面にしています。L形平面の場合、玄関の位置をL形の入隅もしくは対角の出隅に置くことで、生活動線の無駄を減らすことができます。

この家は、1階に寝室、予備室、サニタリーがあり、入隅に置いた玄関を入ると、放射状にそれらのスペースおよび階段へとアクセスできます。

また、生活動線をスムーズにするために、玄関前のメイン階段のほかに、1階寝室から2階キッチンへ向かう2つ目の階段を設けました。2つの階段によって、縦方向の回遊動線が生まれます。

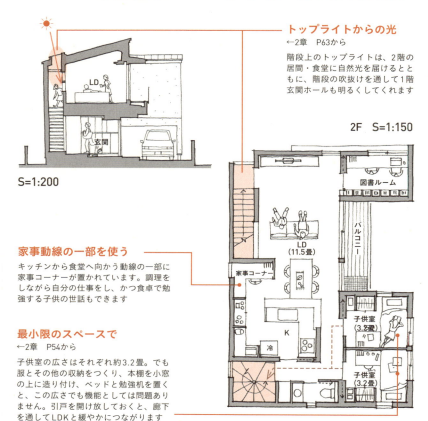

プライベートな個室を1、2階に分ける

階段室を仕切る

階段室と玄関ホールは、透明ガラスと引戸で仕切られており、1階と2階の空気の流れを遮断できます

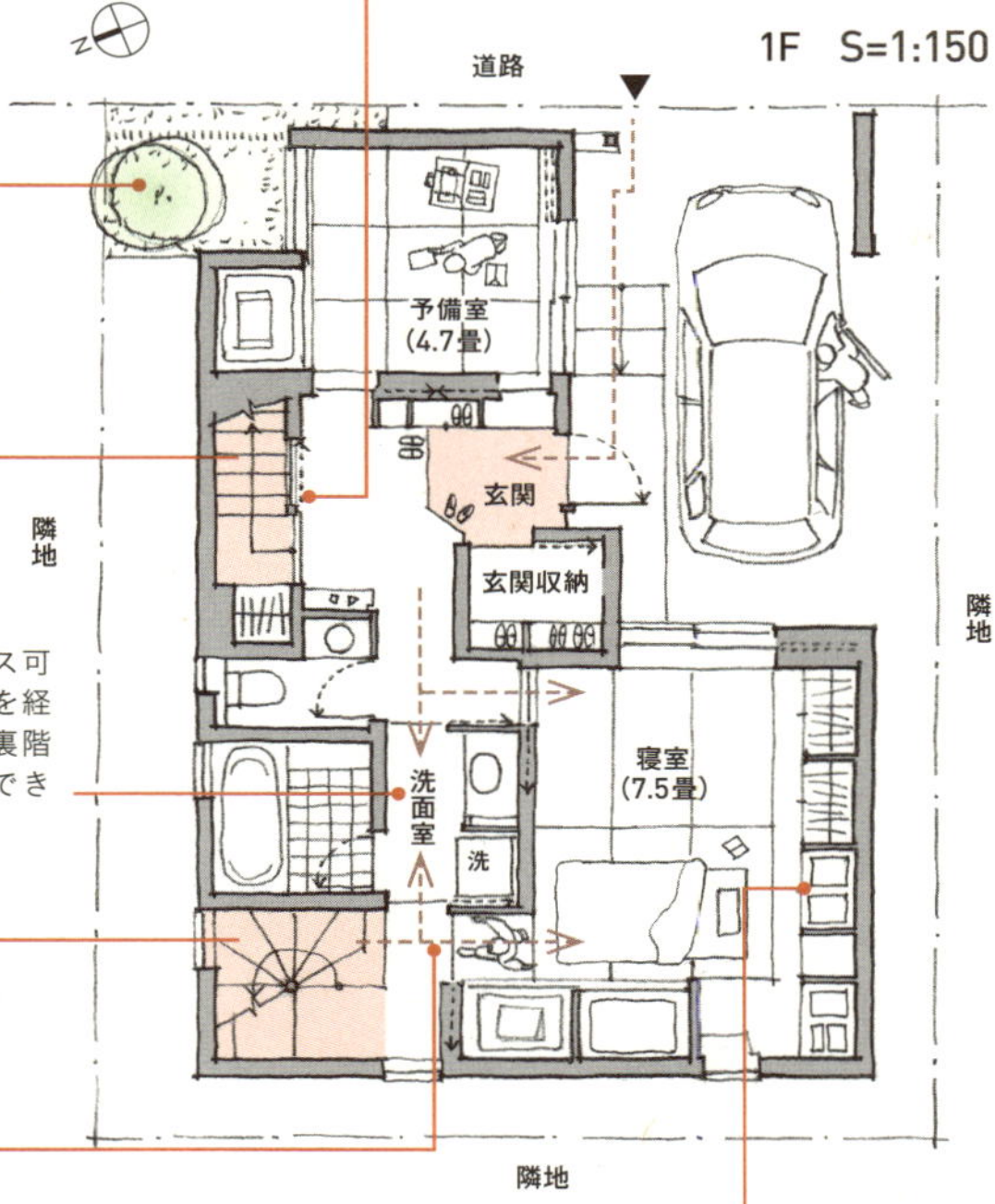

小さくても植栽の効果

和室の地窓から眺められる小さな坪庭をつくりました。この庭の緑は、道路からも格子越しに見ることができます

2つの階段をもつ

→2章　P42へ

洗面室を通過動線に

洗面室は2方向からアクセス可能で、帰宅時などは洗面室を経由して、そのまま裏動線（裏階段）で2階に上がることができます

裏動線でつながる

←2章　P86から

寝室とサニタリーは、玄関ホール前を通らずに行き来できます。裏階段を使えば、2階にある子供室からも、LDKを通らずにサニタリーに行けます

和室の寝室の収納計画

→2章　P60へ

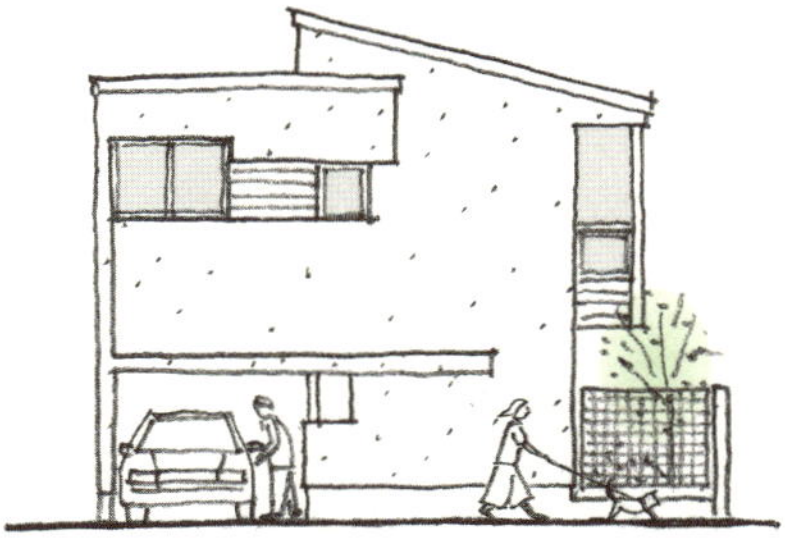

S=1:200

「梅ヶ丘の家」

所在地	東京都世田谷区
家族構成	夫婦（40歳代）＋子供2人
敷地形状	整形（矩形で東道路）
敷地面積	101.60㎡（30.73坪）
延床面積	113.77㎡（34.41坪）
構造・階数	木造2階

地上3階建てはサニタリーの位置が重要

地上3階建ての家が検討されるのは、敷地がとても狭いか、多少広くても隣地に3階建てが建っている（もしくは建つ可能性のある）ケースです。

狭い敷地の3階建てでは、各フロアの床面積も小さくなりますから、個室やサニタリーといったプライベートスペースは、異なる階に振り分けられることになります。3階建ての場合、3層にわたる上下階の行き来が日常的に必要になるので、サニタリーと個室の位置関係はより重要になり、サニタリーをどの階に置くかは慎重に検討しなければなりません。

3階建てが検討される敷地では、

2階にLDKとサニタリー（→P140〜）

（→P140〜）

2階への採光が十分に得られる場合、玄関からのアクセスのしやすさを考えるとLDKは2階に置かれます。サニタリーも2階に置くと、1階の個室、3階の個室、そして2階のLDK、すべてのスペースからサニタリーが近くなり、暮らしやすくなります。1階にインナーガレージをつくると1階の床面積がさらに限られることになるので、なおさらこの構成が現実的になります。

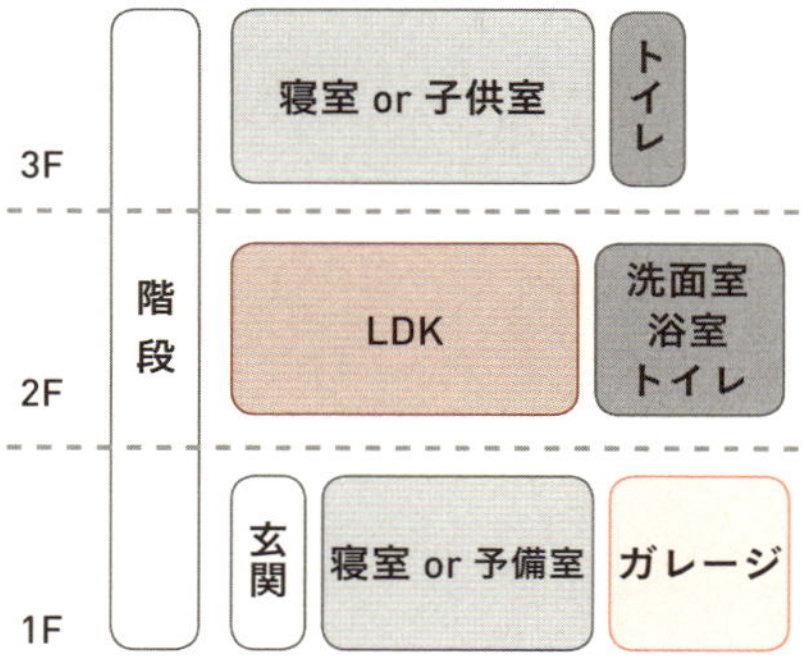

LDKを2階に、サニタリーを1階（→P142〜）

2階のLDKをできるだけ広くしようとすると、寝室、子供室とサニタリーは1、3階に振り分けられます。陽当たりのよい3階は、寝室か子供室としたくなりますので、サニタリーは1階になります。ただし寝室・子供室のすべてを3階に置くのは、高さ制限によって難しいことが多く、1階にはサニタリーと並んで寝室か子供室のどちらかを置くことになります。

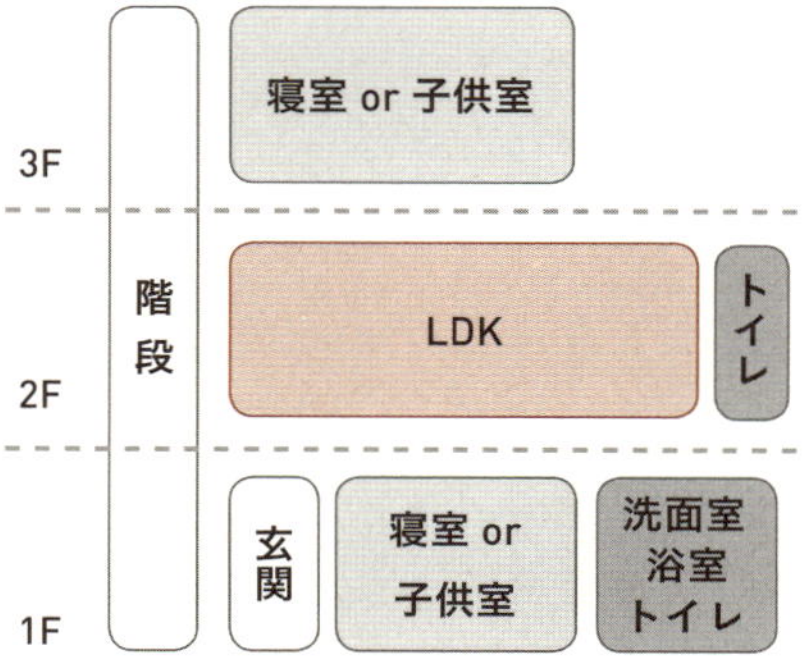

1階への採光は難しいことが多く、2階以上にLDKを置くケースがほとんどです。隣家が3階建て以上で迫っている場合などで、3階にLDKを置くこともあります。ただし、隣地や道路からの斜線制限によって、3階に十分な広さが取れない場合は、LDKは2階になります。

さらに、駐車スペースが必要とされると課題はさらに増えます。敷地面積が限られていると、建物の周りに駐車スペースを設けるのが難しく、建物の内部にガレージが侵食してくるのです。その侵食面積によって、1階で使える床面積はさらに減ります。その場合も、サニタリー（特に洗面室と浴室）をどの階に置くかで、生活動線は大きく変わってきます。

LDKを2階へ、サニタリー・ガレージは1階に（→P150～）

2階のLDKをできるだけ広くすることを考えると、サニタリーは1階になります。1階にはそのほかに、玄関や3階に収まり切らなかった個室、場合によってはガレージが全部または一部入り込むことも考えられます。しかし、その場合でも25坪以上の敷地面積があれば、暮らしに無理のないかたちで収めることができます。

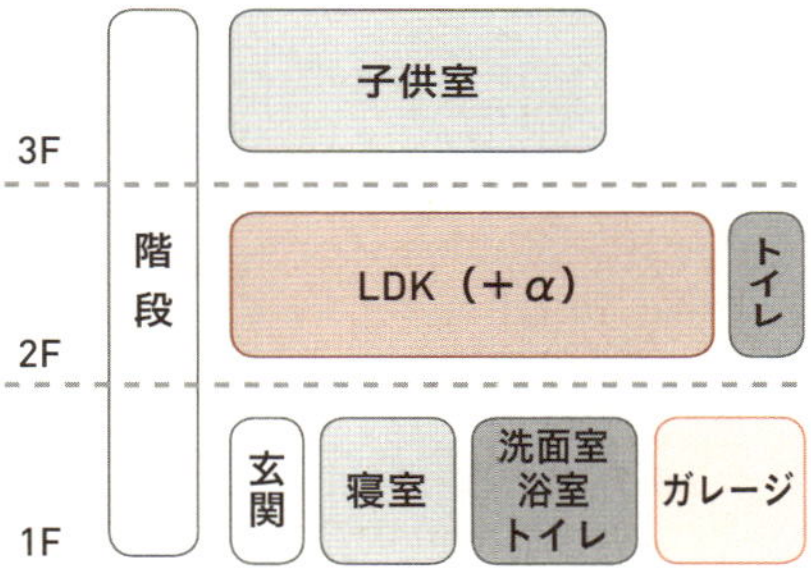

LDKを3階へ、サニタリーは2階へ（→P156～）

3階にLDKを置く場合、2階にサニタリーや個室といったプライベートスペースをできる限り配置し、2階と3階で日常の暮らしがほぼ完結するようにします。すると、1階に予備室やガレージをつくることができます。予備室やガレージが不要で、そこに寝室か子供室をつくる場合でも、サニタリーはそのまま2階に置くと、各スペースからアクセスしやすく、暮らしやすい家になります。

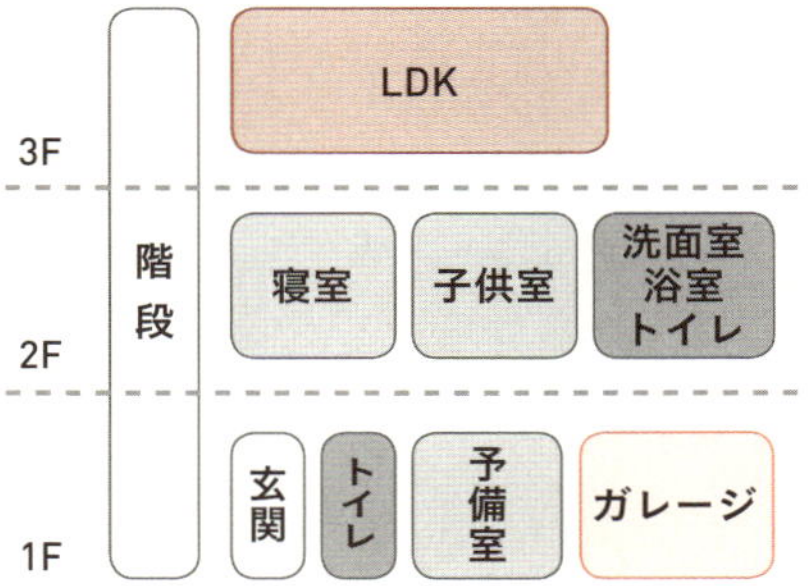

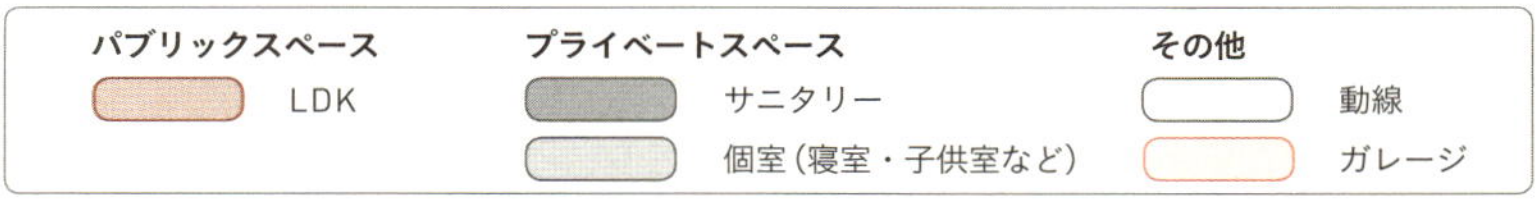

2、3階で生活行為を完結させる

いくつかの吹抜けで近づける

→2章　P72へ

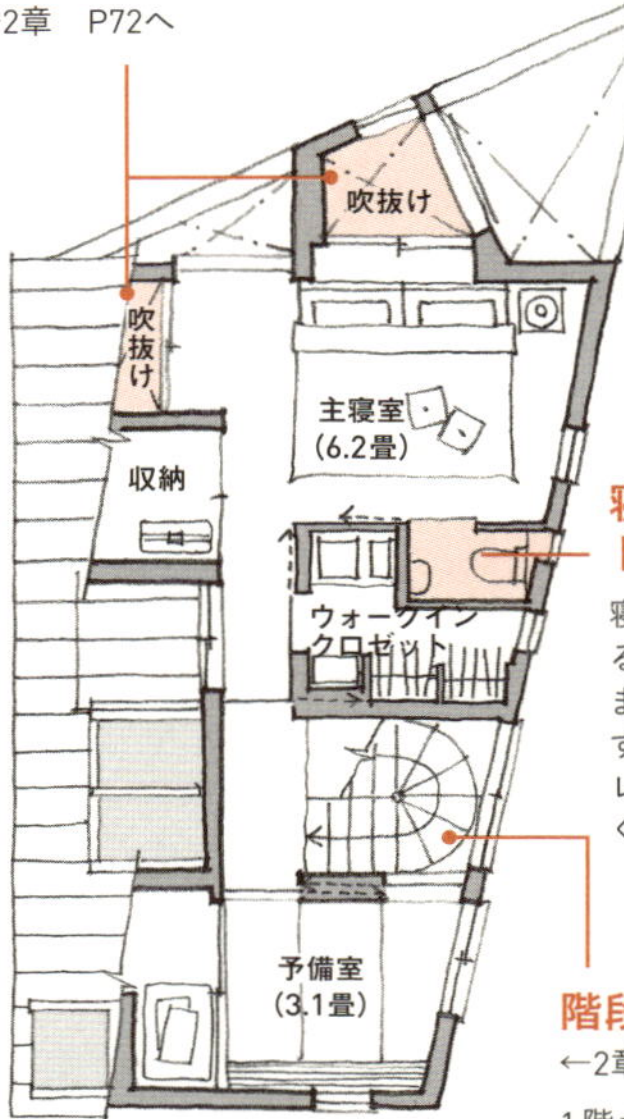

3F　S=1:150

寝室とセットのトイレ

寝室から直接出入りできる小さなトイレをつくりました。夫婦２人で暮らす家なので、寝室とトイレのこのような関係もつくれます

階段室から光を誘い込む

←2章　P40から

1階から3階へとつながる階段室を南側に配置し、階段室の3階部分に大きな窓を設けて階段室を通して下階まで光を届けています

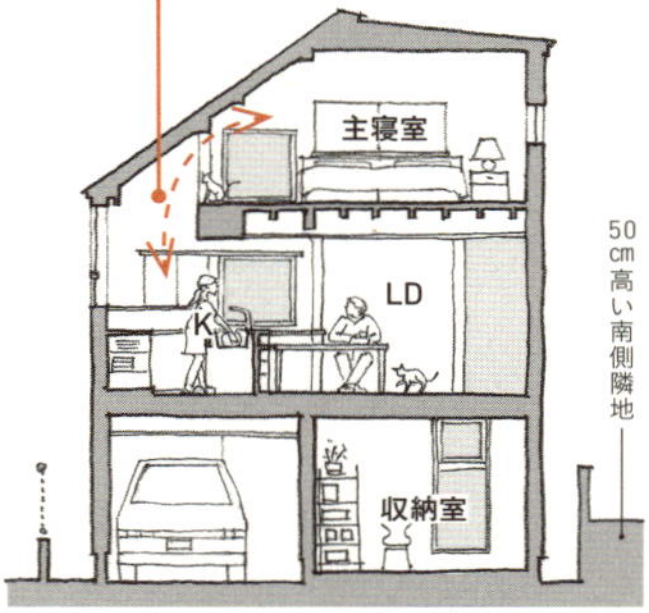

S=1:200

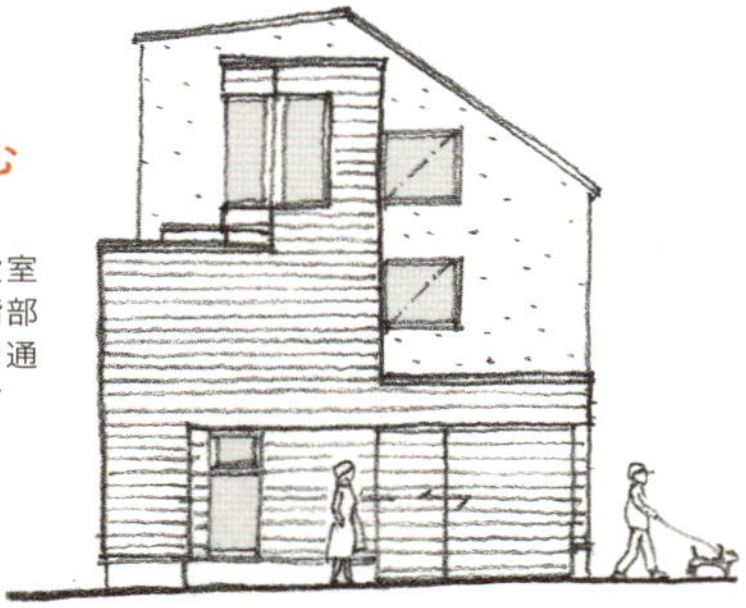

S=1:200

「経堂の家」

所在地	東京都世田谷区
家族構成	夫婦（30歳代）
敷地形状	変形（台形で東道路）
敷地面積	70.68㎡（21.38坪）
延床面積	95.25㎡（28.81坪）＋ ガレージ15.42㎡（4.67坪）
構造・階数	木造3階

家事作業は同一フロアで行えるように

車2台分の駐車スペースが必須条件。そのうえ南側隣地より50㎝ほど低い敷地で、隣家が迫っていたため、1階にはガレージのほかに、毎日は使わないホビールームと小さな予備室を置いています。

日常生活の場となるのは2・3階。家事作業を同一フロアで行えるように2階にLDKとサニタリーを配置。3階は寝室、クロゼット、和室（予備室）が並ぶ夫婦のプライベートゾーンとしました。

夫婦2人で暮らす家なので、2階と3階のつながりを強めるために小さな吹抜けをいくつかつくり、上下階の気配を伝え合えるようにしています。

2階にLDKとサニタリー

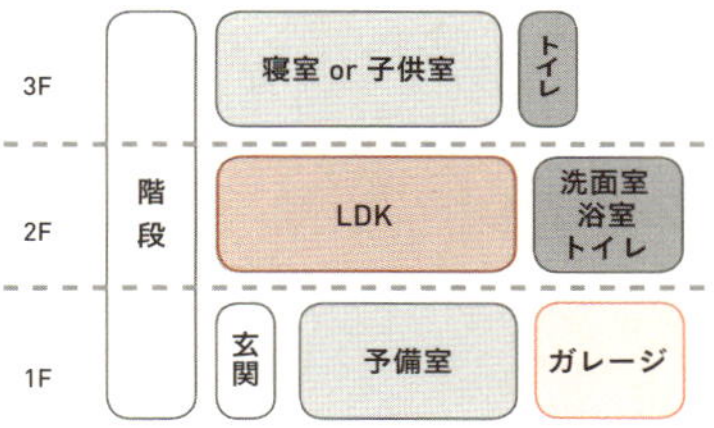

1台はインナーガレージ

←2章　P79から

自動車2台分の駐車スペースは、1台分を完全なインナーガレージとし、玄関までのエントランススペースも含めています。1階の3分の1のスペースをガレージが占めるので、暮らしに使う必要面積を確保するために3階建てになりました

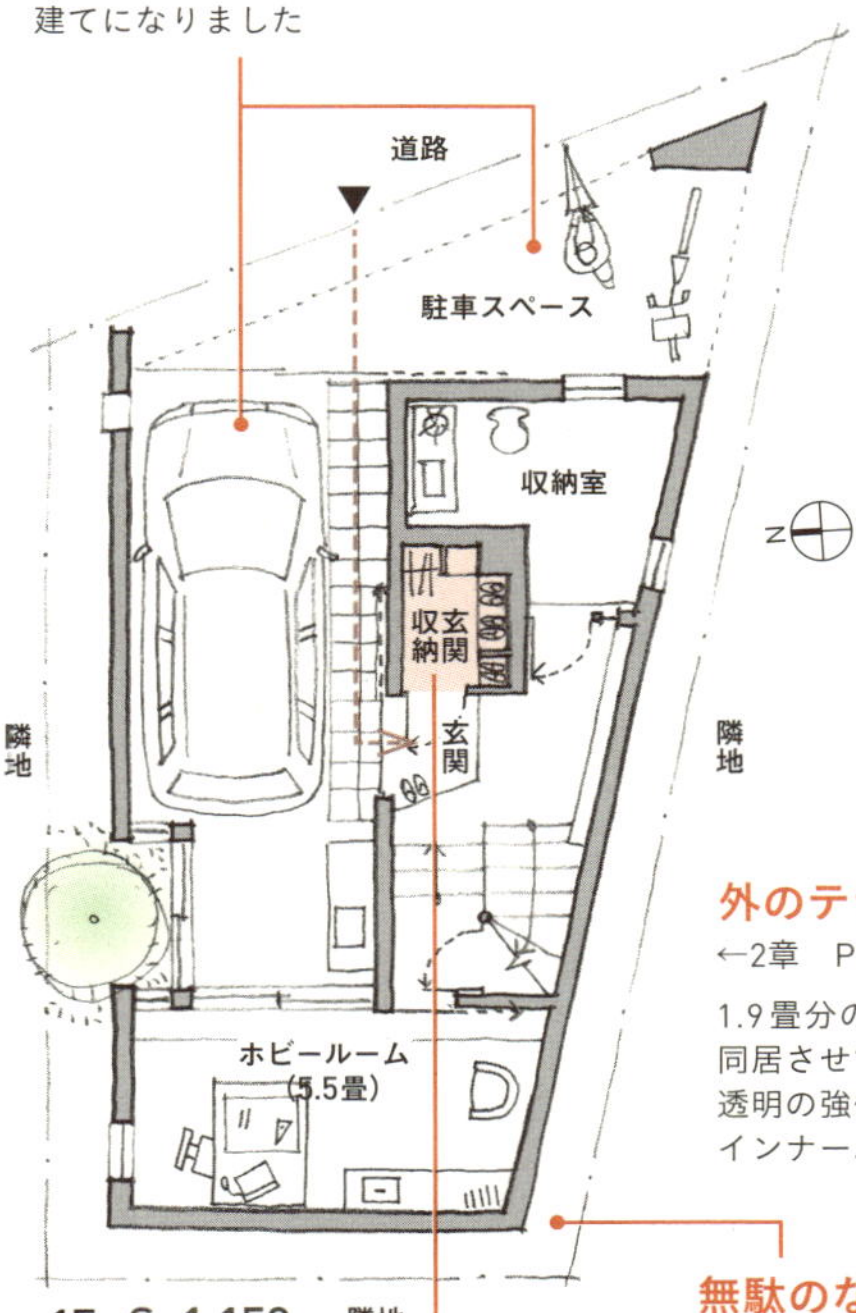

1F　S=1:150

玄関をきれいに保つ

←2章　P61から

1畳に満たない小さな玄関収納。靴、コートなどのほか、外廻りで使うものも収納し、玄関廻りをいつもきれいに保つことができます

あえてバルコニーにする

←2章　P66から

外からの視線をさえぎる壁によって囲まれた小さなバルコニー。ここをそのまま室内にするより、居間食堂の床面積を削ってでもバルコニーにしたほうが、自然光と風を部屋の奥まで誘い込むことができます

使いやすいコンパクトなキッチン

→2章　P50へ

キッチン作業と洗濯家事

→2章　P85へ

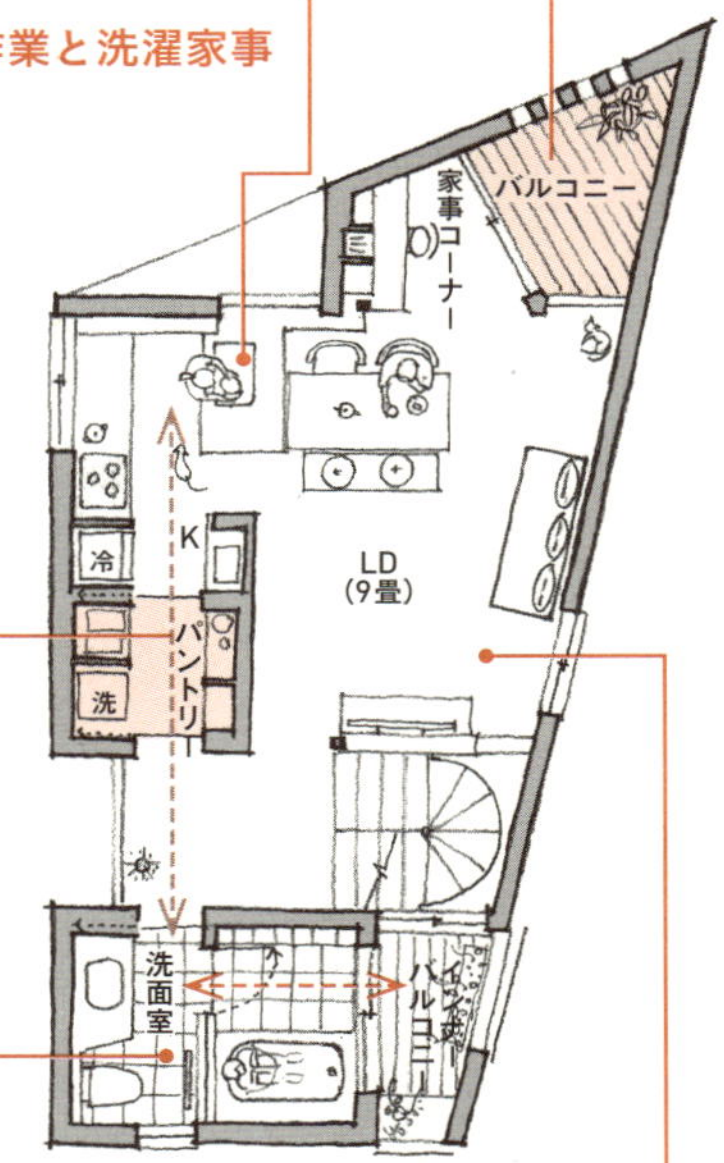

2F　S=1:150

外のテラスまでつながる

←2章　P51から

1.9畳分の広さの洗面脱衣室にはトイレも同居させています。浴室の扉と間仕切りを透明の強化ガラスとし、視覚的に浴室先のインナーバルコニーまでつなげています

無駄のない配置

←2章　P33から

敷地面積21坪の変形した土地で、自動車2台分の駐車スペースを含めた建て主の希望をかなえるためには、敷地を最大限に利用する必要がありました。そこで、敷地境界から民法の規定に従って50cmだけ離し、敷地形状に合わせて建物の平面形状を決めています

暮らしに則した広さ

←2章　P52から

居間・食堂は変形平面の9畳の広さ。ダイニングテーブルを中心に、家事コーナー、キッチンなどが配置されており、夫婦で過ごす普段の暮らしには、ちょうどよい広さといえます

夫婦の家なら寝室もオープンに

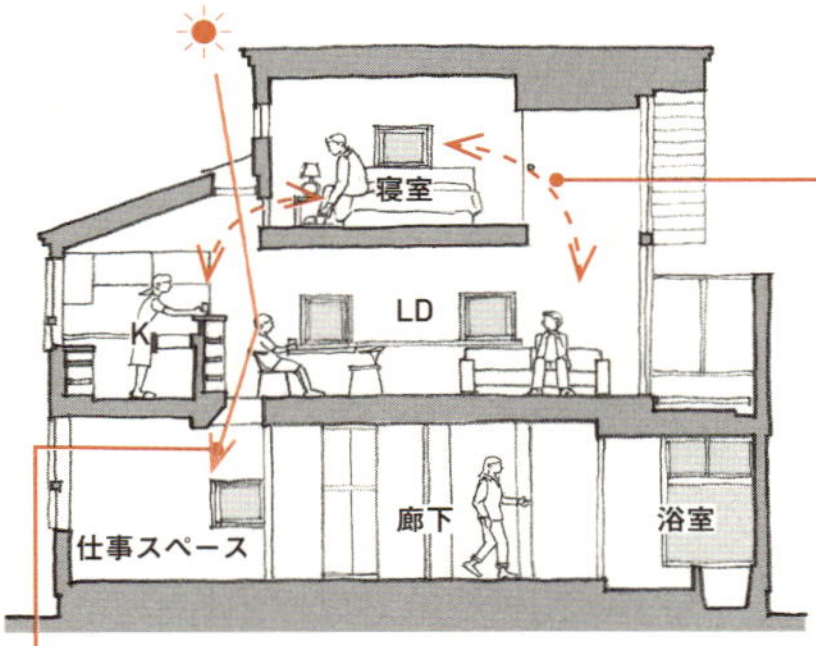

S=1:200

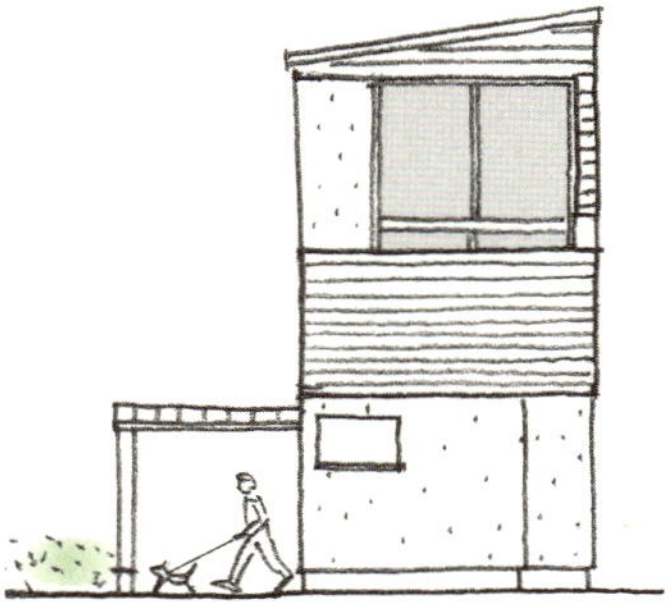

S=1:200

北側に向いたトップライト

2階のキッチンとその隣の食堂には、トップライトから光が落ちてきます。トップライトは北側にあるので、1日中安定した明るさを届けられます

縦につながる回遊空間

←2章　P48、P72、P73、P75から

夫婦2人の暮らしなので、寝室を2階のLDKと吹抜けで結びました。キッチンにも吹抜けをつくっているので、寝室とLDKは縦に回遊性のある空間になっています。居間の吹抜けには、南側に大きな開口があり、小さな家にも関わらず大きな広がりを感じることができます

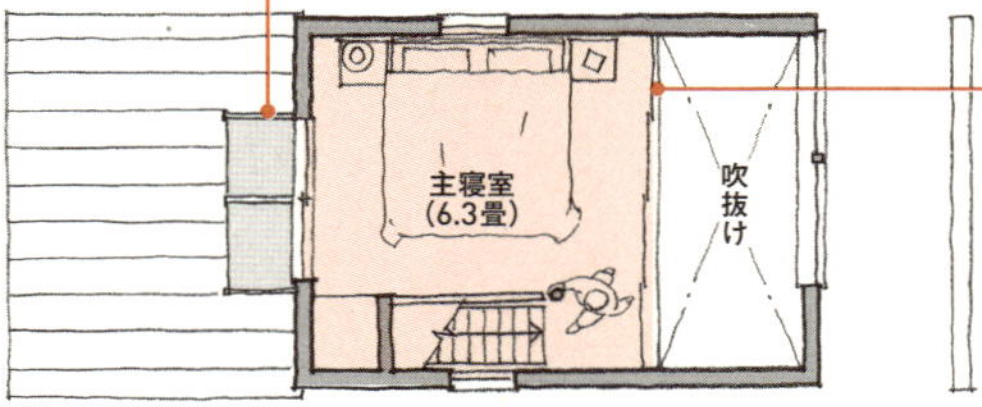

4枚の引戸で仕切る

3階寝室は引戸によって吹抜けと仕切ることができます。引戸をすべて片側に寄せると寝室と下階の居間は、吹抜けを介して一体の空間となります

3F　S=1:150

生活行為に則してスペースを分散させる

夫婦だけで暮らす家なので、家全体を2人のプライベートゾーンとして考えられます。そこで、3階の寝室も完全な個室にするのではなく、吹抜けを介して2階のLDKと関係がもてるような間取りとしています。1階にはサニタリーと仕事スペース、クロゼットがあり、主寝室の3階と離れてしまっていますが、帰宅時や外出時の着替えや洗顔、手洗いなど、1階で一連の作業をすべて行うことができます。

ワンフロアの床面積が9坪にも満たない小さな家の場合は、ときに生活行為を分散させることも必要になります。

2階にLDK、1階にサニタリー

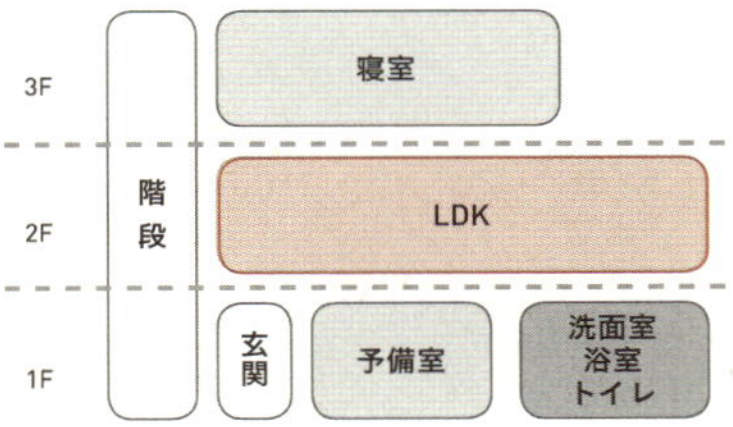

光と風だけを通すバルコニー

→2章　P66へ

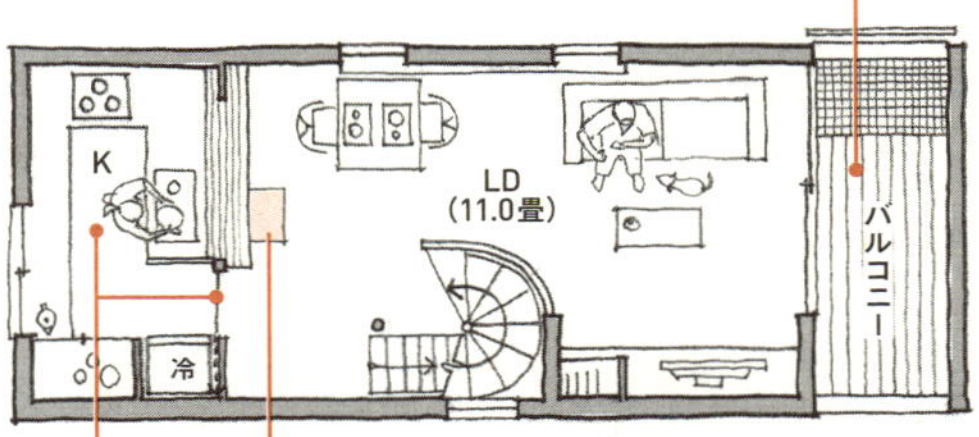

2F　S=1:150

隠せるオープンキッチン

→2章　P50へ

キッチンは収納を含め4畳分。オープンキッチンですが、シンク前を少し立ち上げ、引戸で食堂側と仕切ることができるので、冷蔵庫を含めキッチンの雑多な部分を居間・食堂側から隠せます

小さな穴の効果

←2章　P71から

床に小さな穴をあけ、強化透明ガラスを敷いています。トップライトからの自然光が、ここを通過して1階の仕事部屋まで届くので、北側の小さな部屋にありがちな孤立感を軽減します

居室へ採光を優先する

1階には、仕事スペース(衣服デザイン)、クロゼット、サニタリーを配置。浴室前には、閉塞感をなくすために小さな坪庭をつくりました

2つのプライベートゾーン

仕事スペースとクロゼットを1階に置きました。クロゼットは3階の主寝室と離れますが、3階は寝るだけのスペースと考え、洗面浴室などサニタリーが置かれている1階を、もう1つのプライベートゾーンとしました

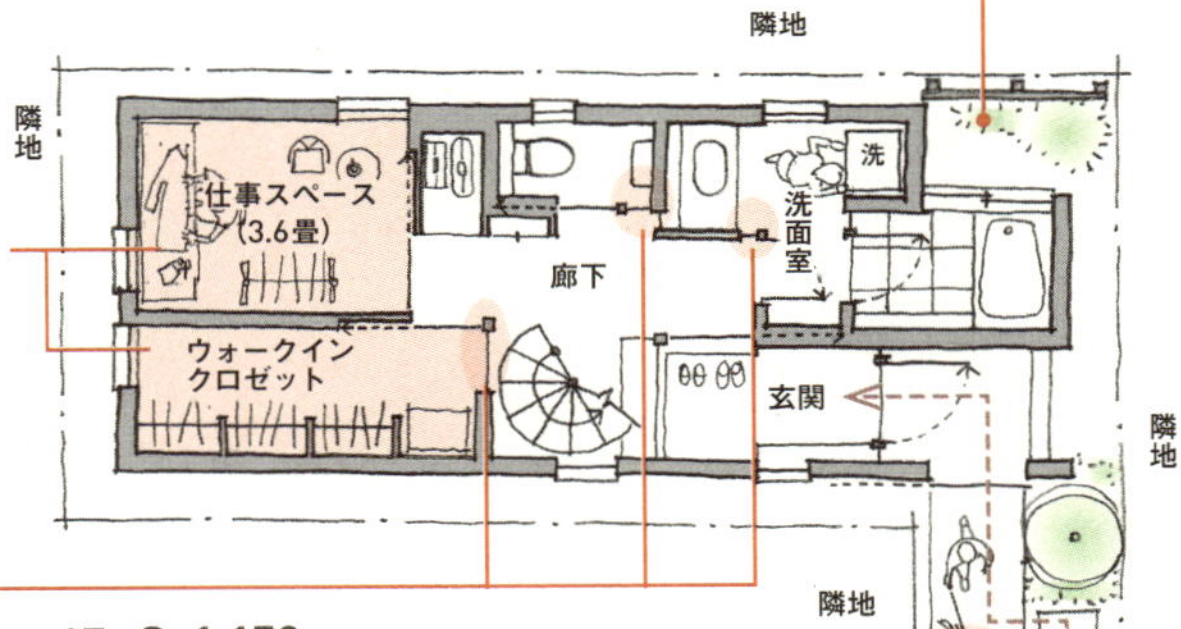

1F　S=1:150

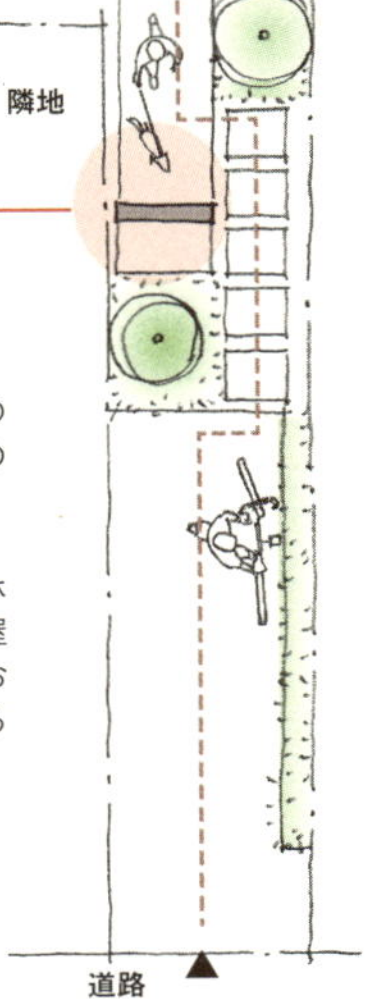

廊下とスリットでつなげる

トイレ、洗面室、クロゼットの扉の横に乳白色ガラスを入れたスリットを設けました。スリットを通して廊下と光が行き交うことで、各スペースは廊下と緩くつながります。廊下は建物の中心部にあると、生活動線に無駄がなくなります

来訪者をいったん止める

幅2m、奥行き10mの引込み通路のある旗竿敷地です。来訪者を敷地の奥まで一気に引き込むのではなく、壁をつくって途中でいったん止め、そこに表札、郵便受け、インターホンを組み込んでいます。その先は屋根がかかる玄関ポーチとなっており、エントランスに落ち着きのある奥行き感が生まれます

「下高井戸の家」

所在地	東京都杉並区
家族構成	夫婦(30歳代)
敷地形状	旗竿敷地(南西角に竿部分)
敷地面積	65.15㎡(19.7坪)
延床面積	69.17㎡(20.9坪)
構造・階数	木造3階

個室はLDKの近くに配置

S=1:200

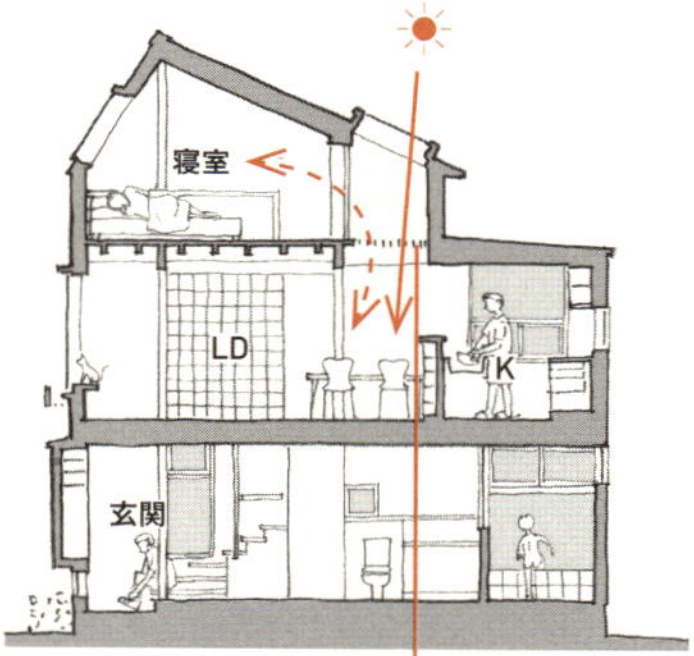

S=1:200

2つの吹抜け
←2章　P71から

夫婦2人の暮らしなので、3階寝室と2階の居間・食堂を2つの吹抜けでつなげています。1つは階段室を兼ねた吹抜けとして、もう1つはトップライトから入る光を2階に落とす格子の床となっています

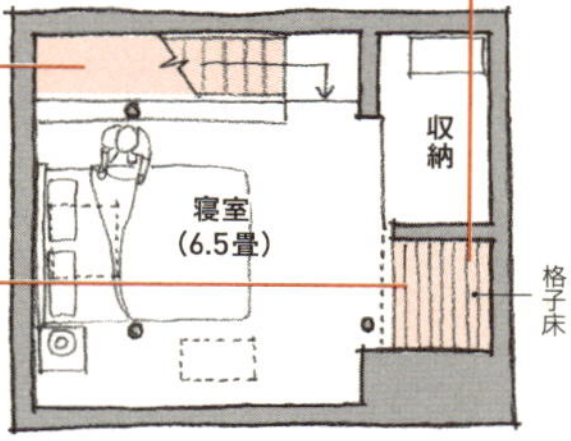

3F　S=1:150

プライベートスペースを1階と3階に振り分ける

建ぺい率いっぱいに建てたとしても、ワンフロア10・32坪にしかならない敷地です。そのなかでLDKをできるだけ広く確保するために、2階にはLDKのみを配置することにしました。おのずと、サニタリーは1階に置かれることになります。

計画時には家族は夫婦2人でしたが、将来、家族構成が変化しても対応できるように、寝室と予備室、2つの個室をつくっています。容積率150%を目いっぱい利用して3階をつくり、2階LDKを挟むかたちで1階と3階に個室を配置。2つの個室とLDKが離れすぎないようにしています。

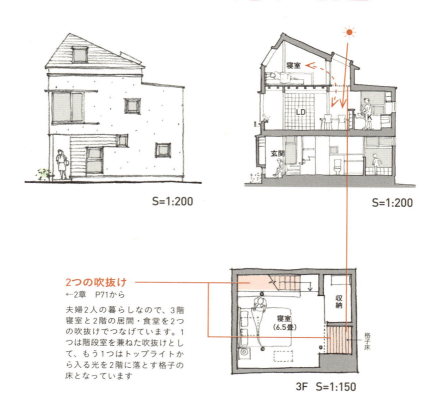

2階にLDK、1階にサニタリー

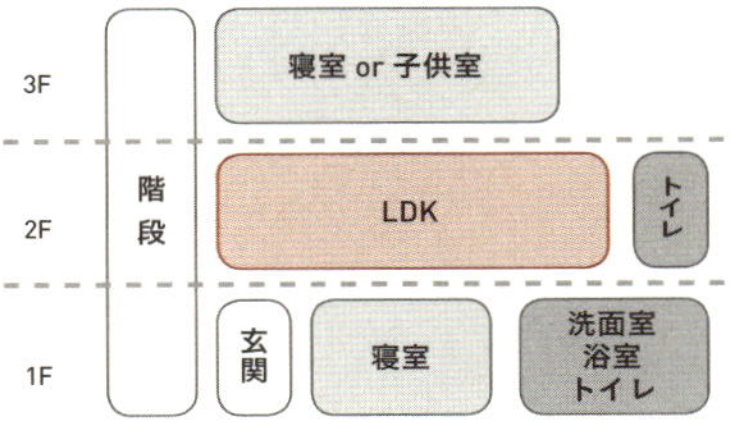

「祐天寺の家」

所在地	東京都目黒区
家族構成	夫婦（30歳代）
敷地形状	整形（矩形。南東角・西北角で接道）
敷地面積	56.97㎡（17.2坪）
延床面積	86.62㎡（26.2坪）
構造・階数	木造3階

田の字型プランが基本中の基本

→2章　P29へ

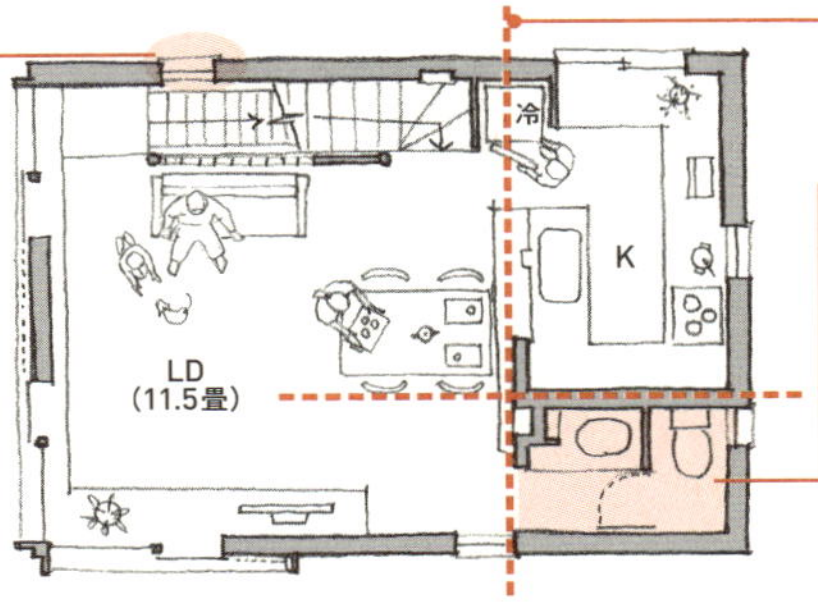

2F　S=1:150

隠れるような位置に

3階に寝室があるので、2階にもトイレをつくりました。トイレへの出入りが居間側から直接見えないよう、手前に手洗いスペースをつくり、その奥にトイレを置いています

片寄せ階段には縦長の窓

←2章　P31から

できる限り広い居間・食堂を確保するため、階段を片寄せ階段にしています。階段室は1階から3階までの吹抜け空間にもなり、縦長の窓をつくることで、上階に射し込む光が、下階にも伝わります

プライベートスペースと直結

洗面室には2つの出入り口があります。1つは2階LDKにも近い玄関ホールと、もう1つはウォークインクロゼットとつながっています。トイレを使うときなどは2か所の鍵を閉めなければなりませんが、夫婦2人の生活なので大きな問題はなく、1階を回遊できる動線にすることを優先しました

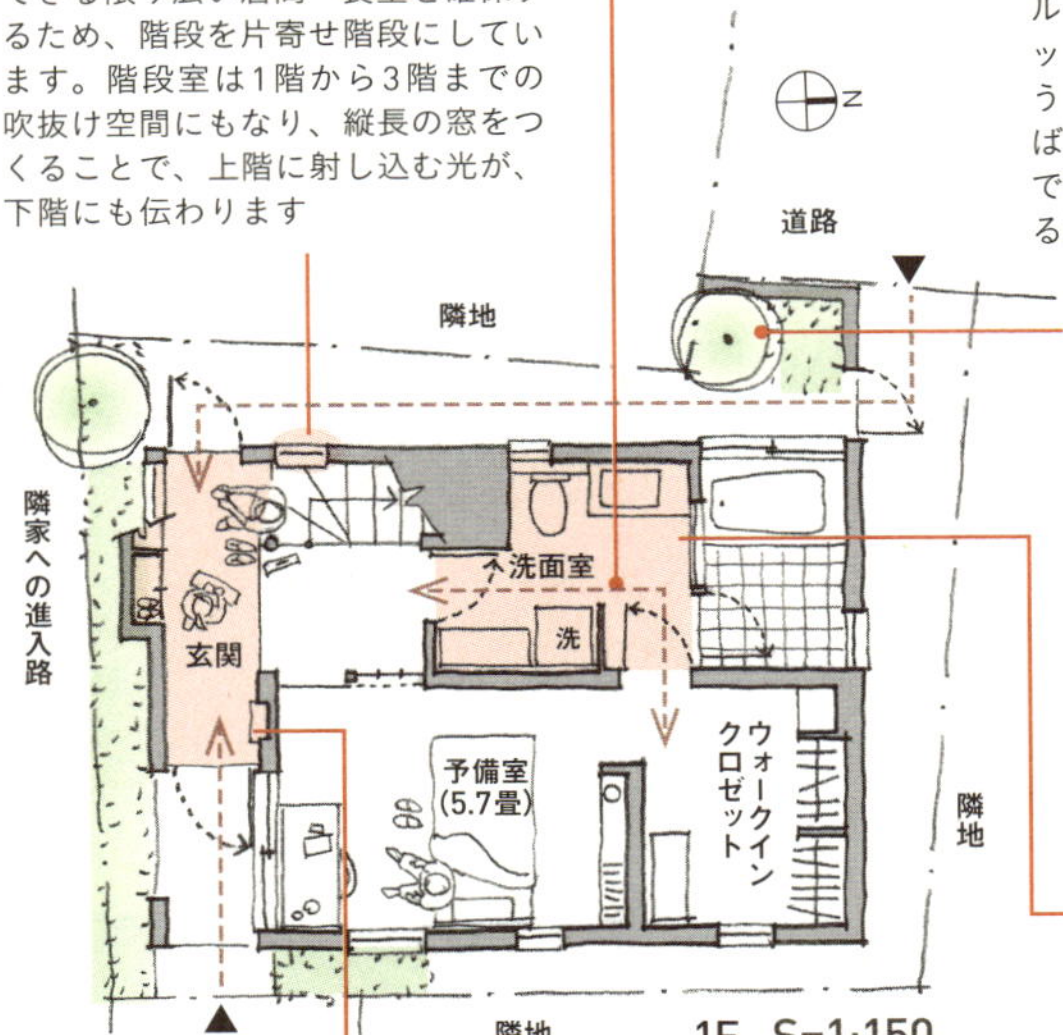

1F　S=1:150

敷地の余白を生かす

敷地の小さな余白を生かし、浴室から眺めることができる坪庭をつくりました。外からの視線をさえぎる塀を設けてあります

立ち位置が通路となる

←2章　P51から

洗面室は、洗面、洗濯、トイレ、脱衣の4つの機能を果たし、回遊動線の通路でもあります。それぞれの行為をする場が通路を兼ねるようにして、無駄なスペースを減らしています

玄関と裏玄関が1つになる

敷地の対角の位置2か所で道路と接しているため、両方から無駄のない動線で玄関にアクセスできるよう玄関にも2つの出入り口をつくってみました

個室5つ＋αを30坪に収める

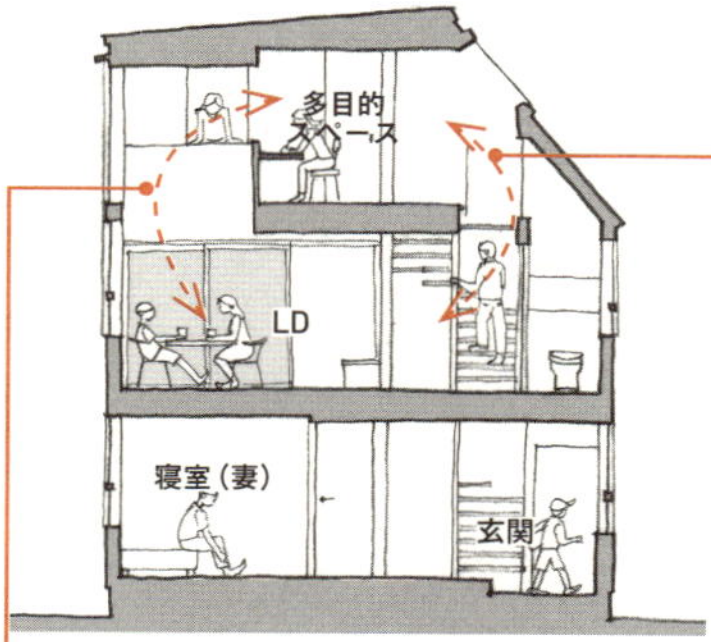

S=1:200

吹抜けで空間の回遊性をつくる
→2章　P48へ

上下階を近づける
←2章　P72、P75から

食堂上の吹抜けと、階段室からつながる廊下に小さな吹抜けをつくり、2つの吹抜けに挟まれるように多目的スペースをつくりました。2つの吹抜けとつながることで、縦方向に回遊性が生まれ、2階と3階の距離感が縮まります

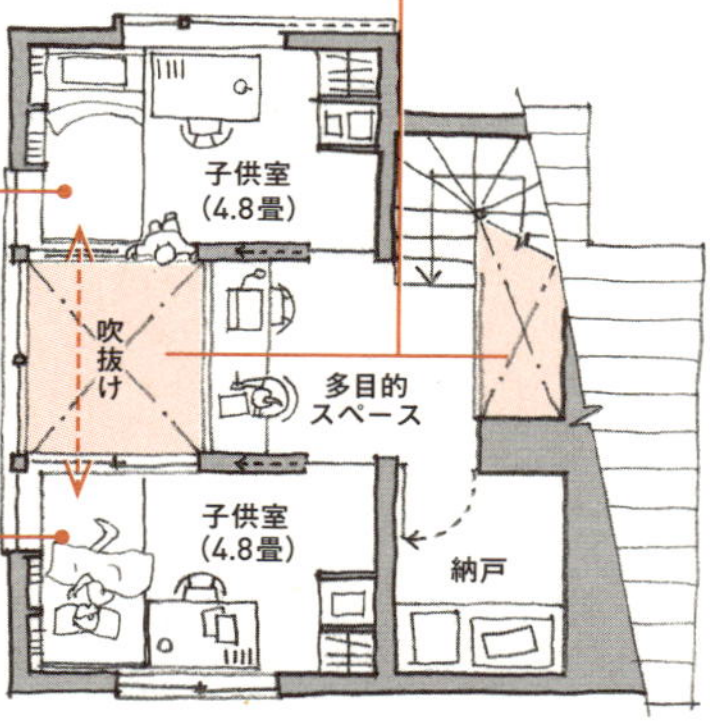

3F　S=1:150

広く感じさせる
←2章　P54から

2つの子供室は、収納スペース込みで4.8畳の広さ。でも食堂上の吹抜けで2階のLDKと視覚的につながります。また、出入り口の引戸を開ければ多目的スペースとつながり、さらに吹抜けを挟んで2つの子供室もつながるので、実際の床面積よりも広さを感じる子供室になっています

吹抜けと建具で広さをつくる

子供室2つ、夫婦別々の寝室、和室の予備室が求められたため、個室が5つの5ＬＤＫに。さらに小さな納戸と多目的スペースもつくり、これらをほぼ容積率いっぱいの31坪弱の広さに収めています。言うまでもなく、個室の大きさは限られます。

そこで3階の子供室と多目的スペースは、引戸を開け放すことで広がりがもてるようにしました。さらに吹抜けを介して、2階ＬＤＫとひとつながりの空間となるので、狭さを感じさせません。

また、2階ＬＤＫと廊下も、引戸を大きく開け放つと一体になり、広がりが得られます。

2階にLDK、1階にサニタリー

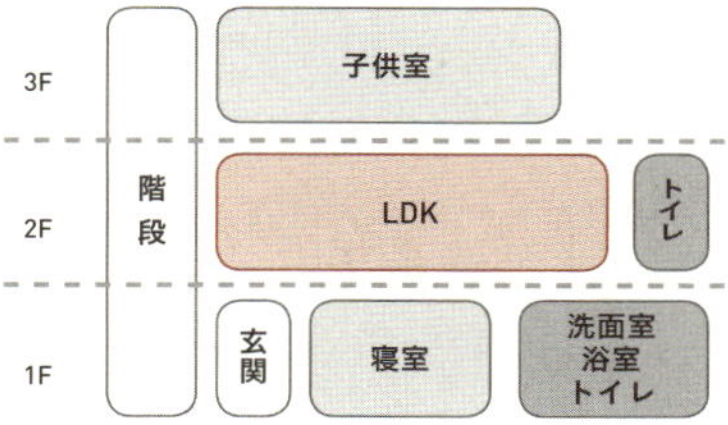

廊下も居間の一部に

←2章　P45から

廊下と居間・食堂は、2枚の両引き戸で仕切られており、この引戸を開け放つことで、廊下は居間の一部となり広がりが生まれます

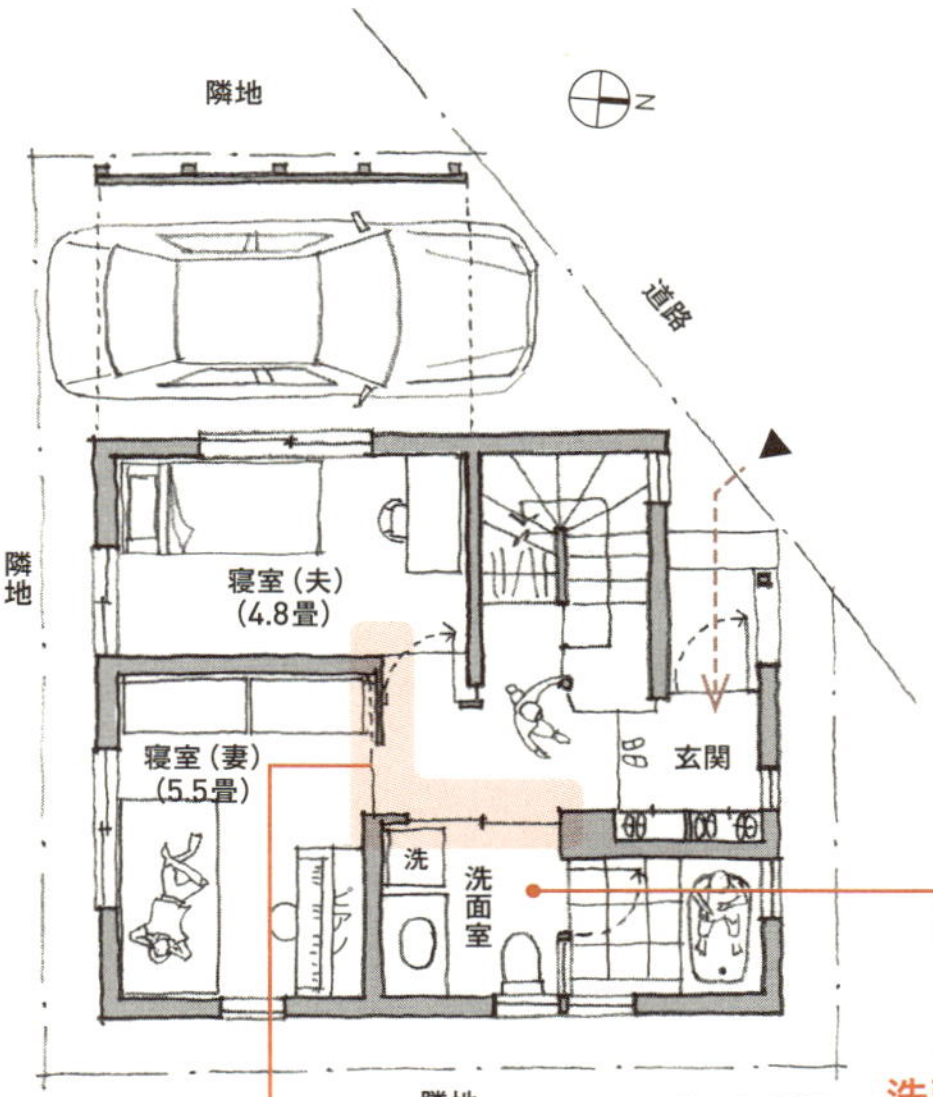

1F　S=1:150

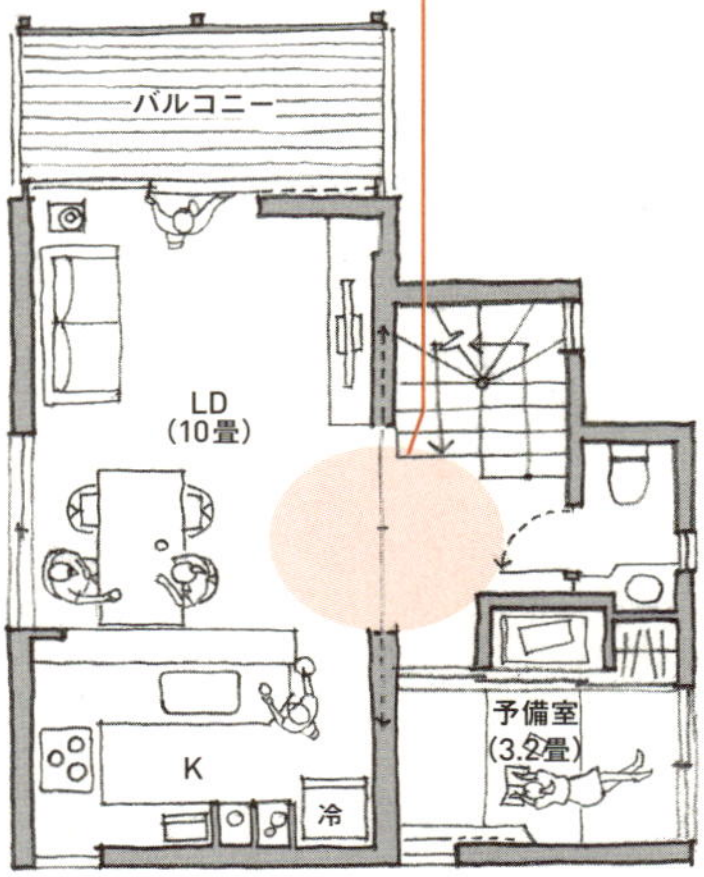

2F　S=1:150

洗面室を小さくする

→2章　P51へ

ピアノの搬入経路を考えて

人の出入りだけを考えれば洗面室は片引戸でよいのですが、ピアノの搬入経路を確保するために引違い戸にしています。ピアノの搬入は玄関からは難しく、駐車スペースからまず寝室（夫）に入れ、2枚の引戸を外した洗面室を使って回転させてから、寝室（妻）にまっすぐ入れ込みました

S=1:200

「高砂の家」

所在地	東京都葛飾区
家族構成	夫婦（40歳代）＋子供2人
敷地形状	変形（北西道路）
敷地面積	65.06㎡（19.7坪）
延床面積	101.73㎡（30.8坪）
構造・階数	木造3階

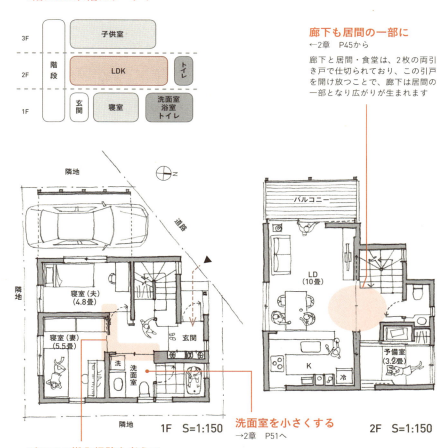

土間と吹抜けで広がりをつくる

上下階の緩やかな関係

←2章　P72、P75から

3階の子供室は、2階につながる吹抜けと接しています。1つの子供室は居間と、もう1つの子供室はキッチンと、縦方向に空間のつながりをもつことで、2階と3階にゆるやかな関係が生まれます

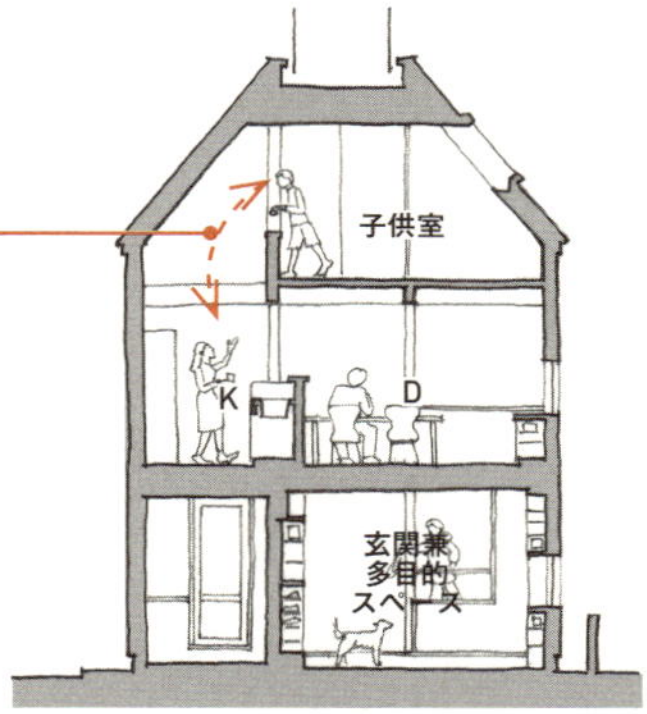

S=1:200

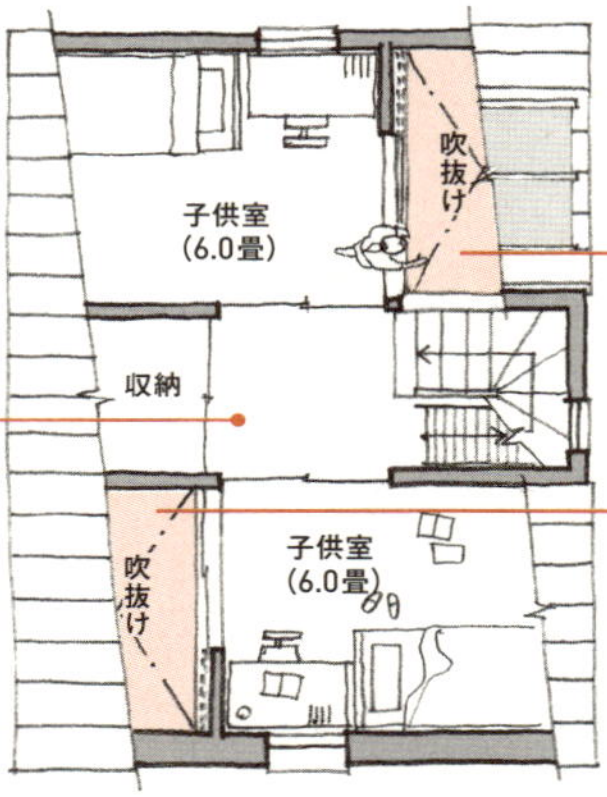

3F　S=1:150

S=1:200

子供室ともつながる

←2章　P45から

階段ホールを広さ2畳とし、両側の子供室とは引違いの引戸で仕切られています。状況に応じて、2畳分の階段ホールが子供室とつながり一体のスペースになります

2つの吹抜けで縦の回遊性をつくる

20坪弱の敷地に建つ、家族4人が暮らす家です。1階に玄関を兼ねた土間仕上げの多目的なスペースをつくることが必須条件で、それを前提に各階の部屋の配置を決めていくことになりました。2階にはLDKだけを置き、子供室、寝室、サニタリーを、1階と3階に振り分けています。

3階にある2つの子供室は孤立しないように、2階とつながる吹抜けにそれぞれ面しています。一方の子供室からは居間が、もう一方の子供室からはキッチンが見下ろせるのです。この2つの吹抜けによって、2階と3階に縦方向の回遊性も生まれました。

2階にLDK、1階にサニタリー

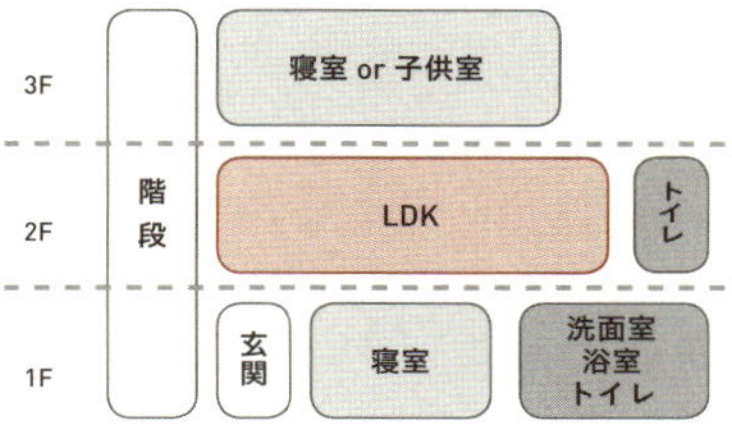

移動空間も居室に

←2章　P41から

居間、食堂ともに広くはありませんが、階段・廊下とひとつながりの空間として、視覚的な広さを確保しています

居間と食堂で階段を挟む

→2章　P31へ

洗濯室兼パントリー

キッチン横のパントリーに洗濯機とスロップシンクを置きました。2階バルコニーに洗濯物を干すので、移動の動線も短くなります

和室の寝室の収納計画

→2章　P60へ

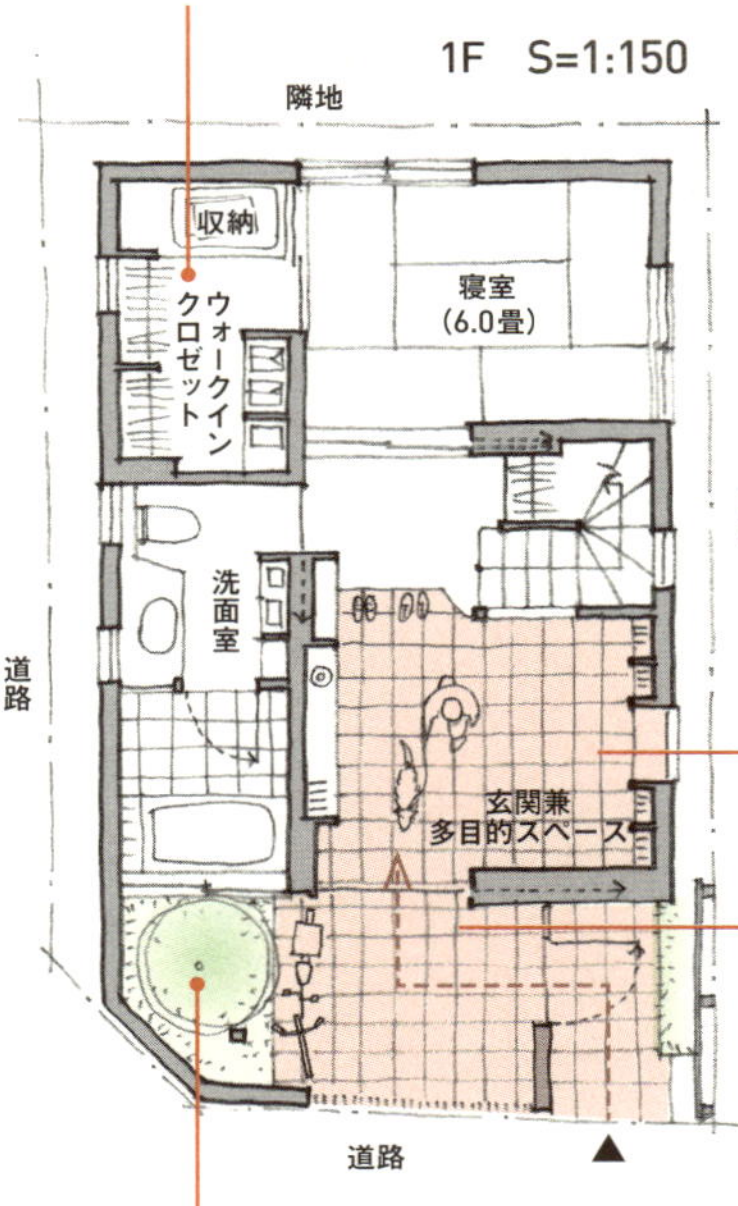

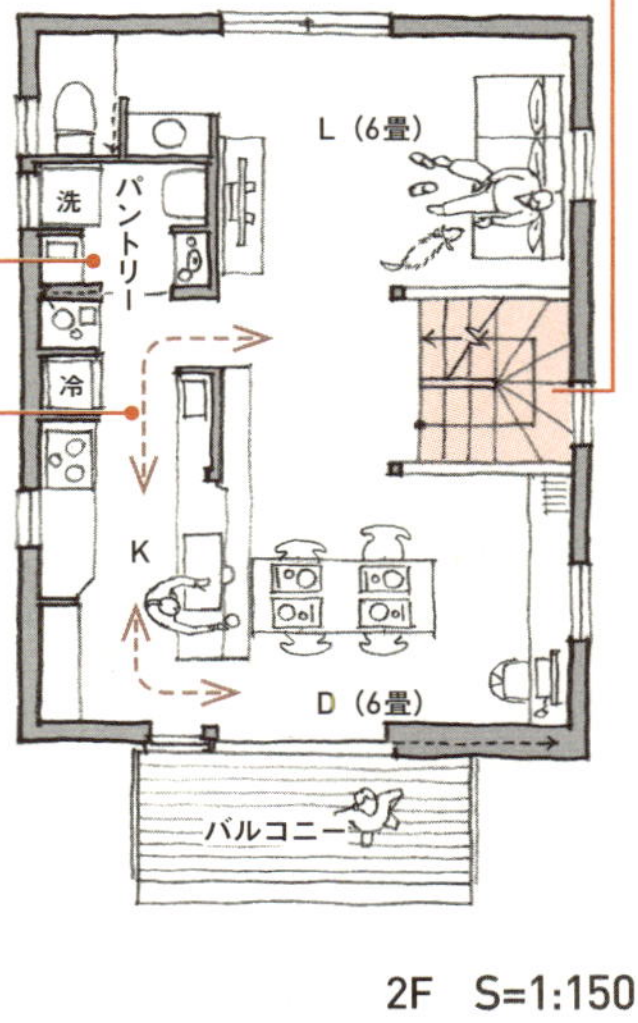

キッチンからの2ルート

←2章　P81から

食堂を通らずに居間に直接行けるルートをつくっています。キッチンから上下階に行き来するときにも、最短ルートになります

エントランスを有効に

エントランスを多目的スペースとつながる前庭とし、その一部に植栽して、浴室から眺めることができるようにしました

玄関は多目的スペース

玄関の土間を多目的に使える部屋としました。玄関扉を幅広の引戸とし、開け放つとエントランススペースと一体化して利用できます

「初台の家」

所在地	東京都渋谷区
家族構成	夫婦（40歳代）＋子供2人
敷地形状	整形（矩形　南・西道路）
敷地面積	65.33㎡（19.76坪）
延床面積	106.92㎡（32.34坪）
構造・階数	木造3階

吹抜けと坪庭でつながる

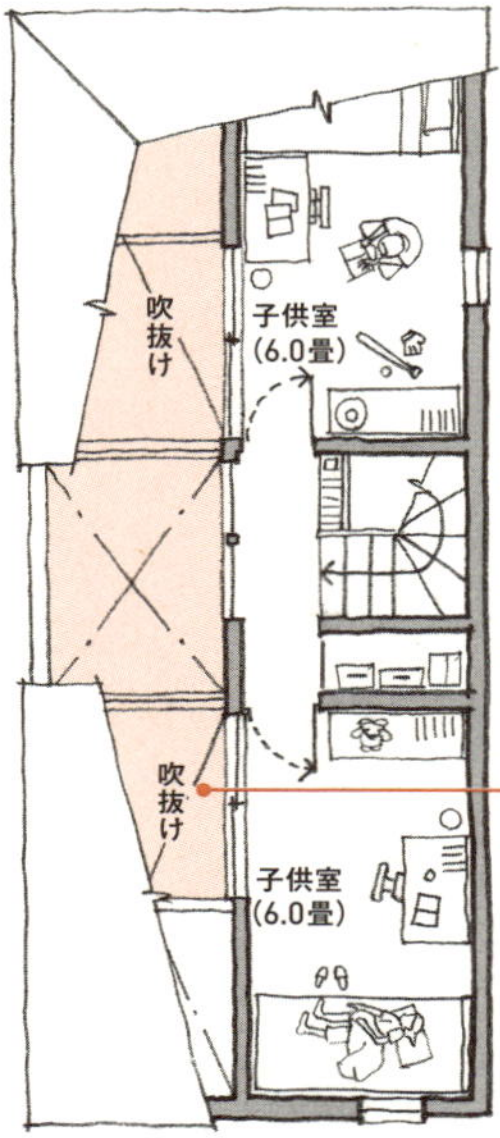

3F S=1:150

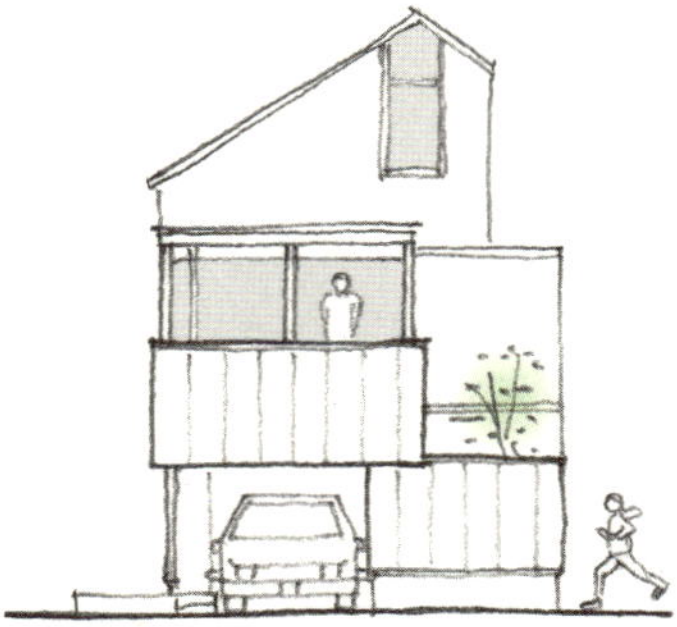

S=1:200

3階建てこそLDKに吹抜けを
→2章 P75へ

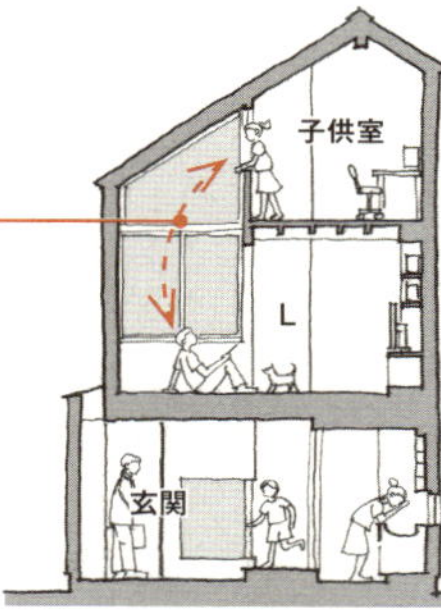

S=1:200

「小金井の家」

所在地	東京都小金井市
家族構成	夫婦(40代)+子供2人
敷地形状	整形(縦長の矩形で南道路)
敷地面積	81.48㎡(24.60坪)
延床面積	101.81㎡(30.80坪)+ガレージ12.79㎡(3.87坪)
構造・階数	木造3階

サニタリースペースを寝室と近づける

1階はガレージに面積が割かれ、3階は北側斜線の制約を受けるため、部屋として有効に使えるスペースに限りがありました。

もっとも広く取りたいLDKは2階に置くことにしたため、主寝室、子供室などは、2階のLDKを挟み1階と3階に振り分けることになります。

ではサニタリーをどこに置くか、思案のしどころです。ここではサニタリーのプライベート性を考えて、寝室と同じ階とし、1階に主寝室とサニタリーを、3階に2つの子供室を配置しました。その結果、2階のLDKは十分な広さを確保できました。

2階にLDK、1階にサニタリー・ガレージ

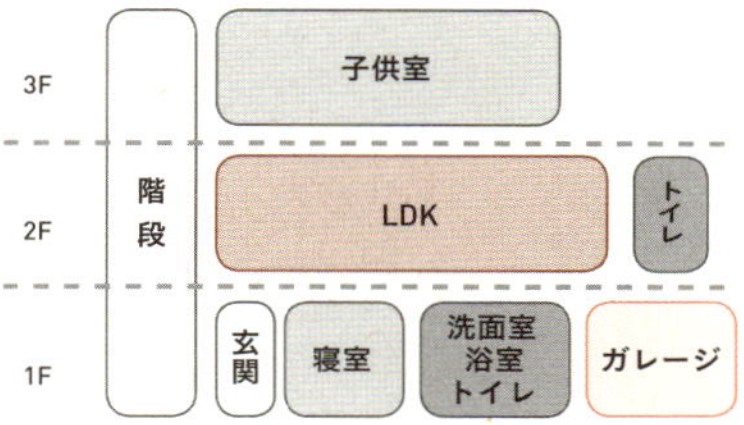

1つのスペースに3つの場

食堂とキッチンは近い場所に置かれるものですが、書斎兼家事コーナーも併せて同じスペース内につくりました。コンパクトでも、それぞれの場の役割をしっかりと果たしています

緩やかな関係をつくる

→2章　P65へ

食堂と居間は離れた位置にありますが、坪庭上部の吹抜けを介して視線で結ばれ、2つのスペースは緩やかにつながります

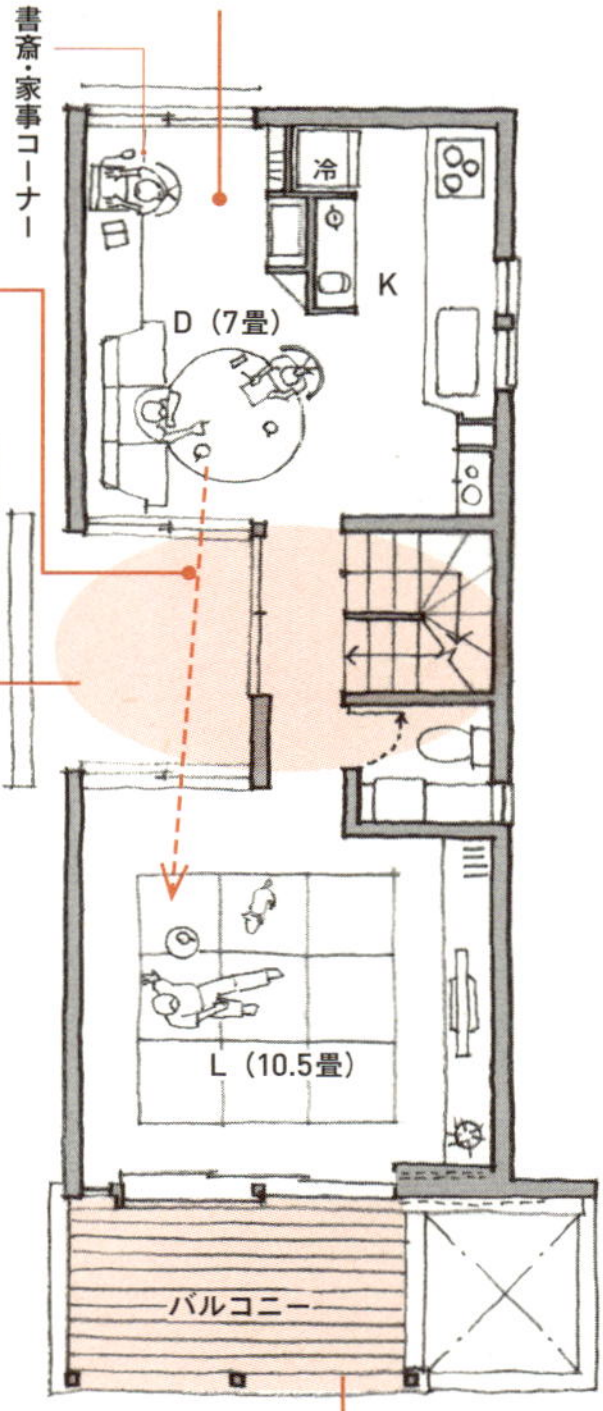

2F　S=1:150

階段、廊下、坪庭の相乗効果

←2章　P41から

建物の中央に階段室を置けば、生活動線の無駄を省けます。2、3階では、階段の左右に部屋を置くことで、階段ホールと廊下が一体となり、かつ坪庭からの採光と通風を階段室に誘い込むことができます

明るい生活動線

←2章　P34から

建物中央に坪庭をつくると、玄関、廊下、寝室の3つのスペースに自然光を届けられ、動線スペースに薄暗い場所がなくなります

坪庭につながる玄関

小さな玄関ですが、扉の外に玄関ポーチを確保し、玄関内部では坪庭とつながって、実際の面積より視覚的に広く感じさせます。坪庭の植栽が来客を出迎えてくれます

インナーガレージになる

←2章　P79から

限られた敷地面積で駐車スペースを確保すると、建物1階の一部がガレージとなります。結果として、生活に必要な床面積を得るためには、3階建てになるのです

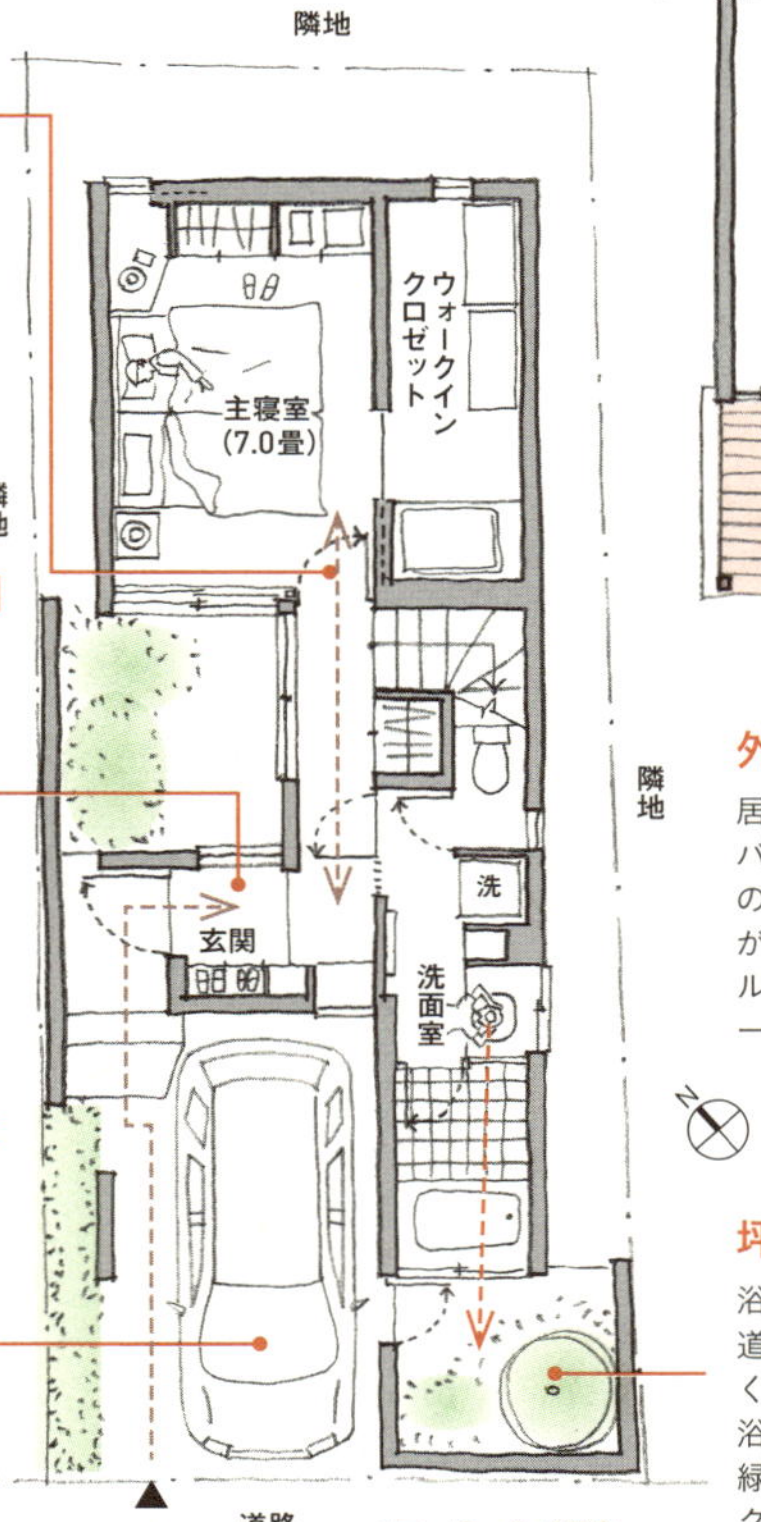

1F　S=1:150

外部と居間を一体化

居間が2階にあるため、庭に代わるバルコニーをつくっています。居間の窓はすべての建具を引き込むことができるので、開放時には居間とバルコニーがひとつながりの広いスペースになります

坪庭で広がりをつくる

浴室は道路側に置かれていますが、道路からのぞかれない高さの塀をつくり、植栽のある坪庭にしました。浴室を介して、洗面室からも坪庭の緑を眺めることができます。コンパクトなサニタリーでも、狭さを感じずに使用できます

テラス・坪庭・吹抜けで採光する

居間・食堂と近い関係

子供室だけが離れた位置にありますが、吹抜けに面して小さな開口をつくって2階の居間・食堂とつなげ、孤立させないようにしています

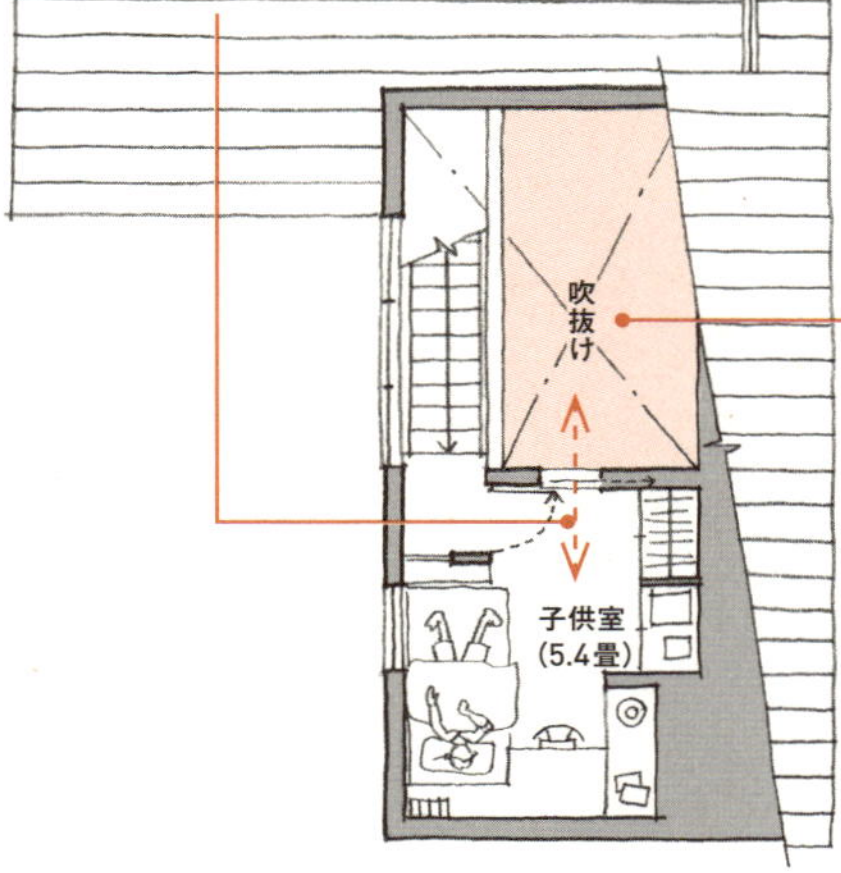

3F　S=1:150

S=1:200

階段室～吹抜けからの光

←2章　P40、P73、P75から

階段上部の高窓から入った光は、高さ4m40cmの吹抜けを抜けてLDK全体を明るくしてくれます

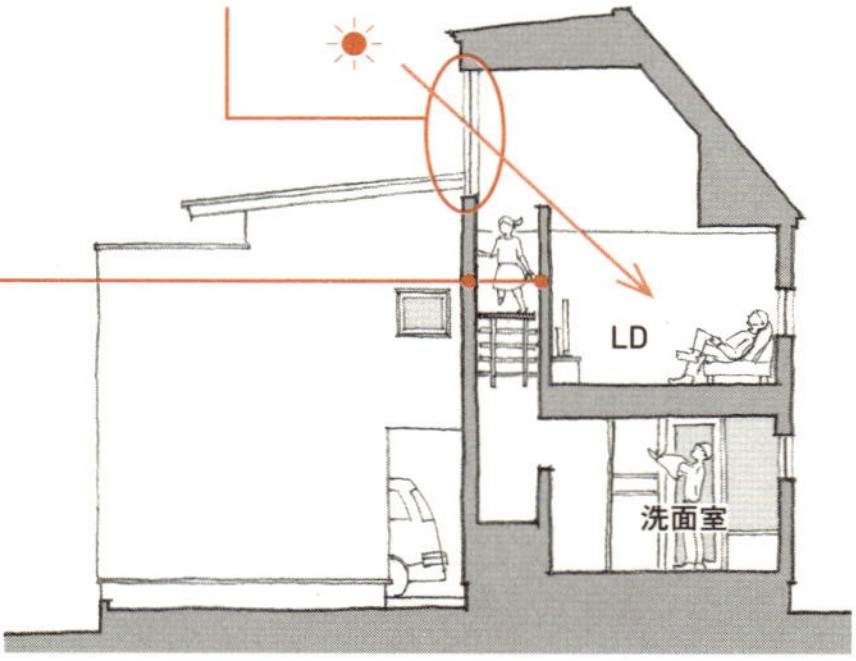

隣家を隠す2枚の壁

→2章　P64へ

S=1:200

家族の年齢でゾーニングする

敷地はL形で、南側は隣家が迫り、東側は人通りが多い道路に面しています。この条件下で、外からの視線をさえぎりつつも南から光を採り入れるため、LDKを2階に置き、1、3階に寝室とサニタリー、子供室を振り分けることにしました。

1階はガレージにより部屋として使える面積は限られ、サニタリーのほかに個室2つは置けません。ここでは子供は階段の昇り降りも楽しめるという理由で、子供室を3階に置くことにしました。この場合、2階のトイレは、3階の子供室から降りてすぐのところに置くのがポイントです。

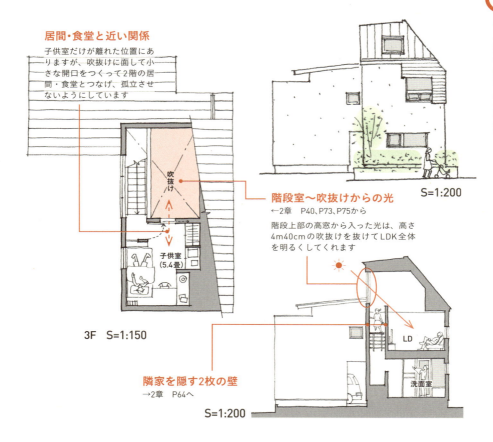

2階にLDK、1階にサニタリー、ガレージ

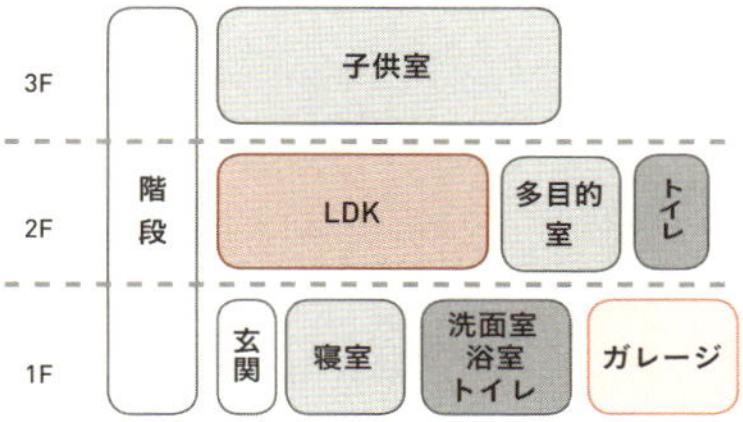

奥行きをつくりだす

窓より幅は狭くても、奥行きのあるバルコニー。この奥行きにより、4畳半の小さな部屋に広がりが生まれます

「宮坂2丁目の家」

所在地	東京都世田谷区
家族構成	夫婦(60歳代)＋子供1人
敷地形状	不整形(L形　東道路と北道路)
敷地面積	86.13㎡(26.05坪)
延床面積	100.5㎡(30.40坪)＋ ガレージ15.9㎡(4.81坪)
構造・階数	木造3階

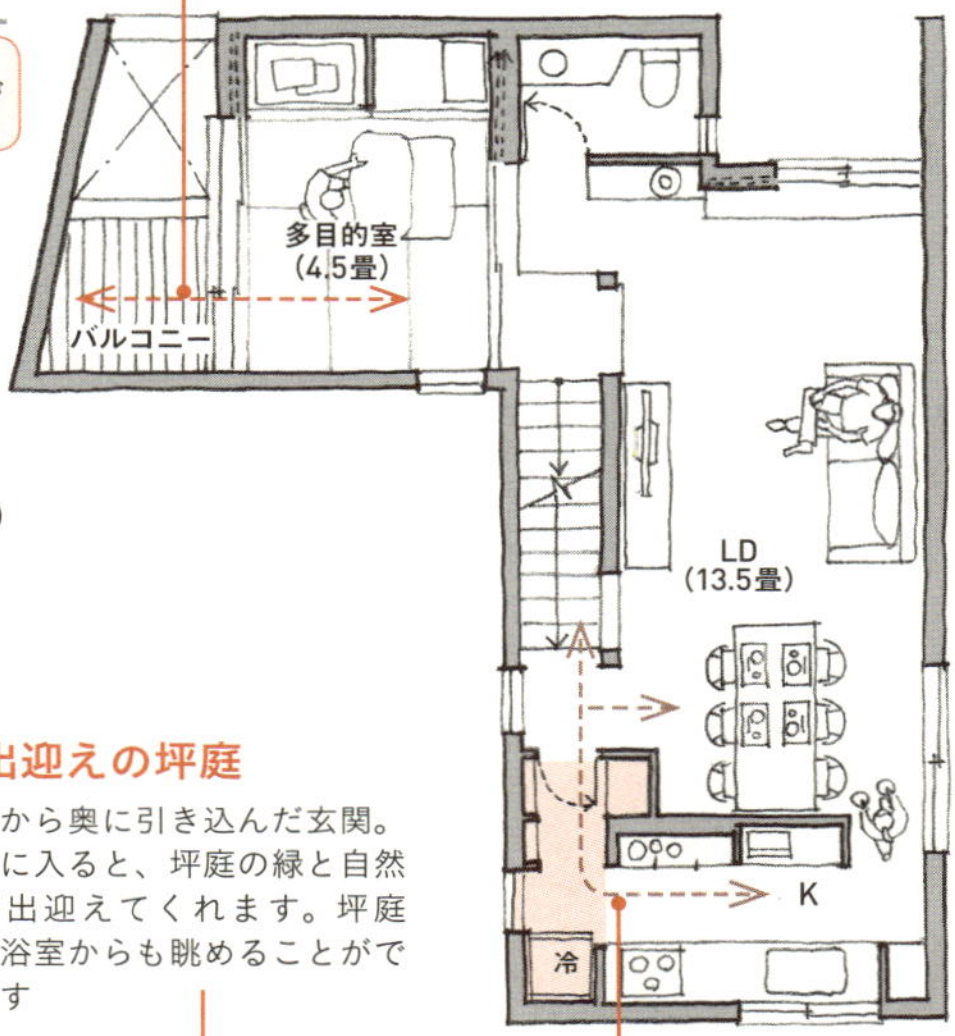

2F　S=1:150

お出迎えの坪庭

道路から奥に引き込んだ玄関。なかに入ると、坪庭の緑と自然光が出迎えてくれます。坪庭は、浴室からも眺めることができます

キッチンはパントリーが裏動線

→2章　P85へ

1F　S=1:150

3階建てになる

←2章　P79から

面積26坪の敷地に駐車スペースを入れ込もうとすると、ほとんどが3階建ての建物になります。その際、北側斜線や道路斜線の制限から、3階を部屋としてフルに使うことは難しく、天井が斜めにカットされていても使いこなせる子供室とすることが多くなります

寝室をサニタリーの近くに

2階がLDKで占められると、プライベートスペースは1階と3階に振り分けられます。しかしほとんどの場合、3階にサニタリーを配置することはありません。すると1階にサニタリーと個室を1部屋置くことになりますが、サニタリーのプライベート性を考慮すると、多くの場合、1階の個室には寝室が選ばれます

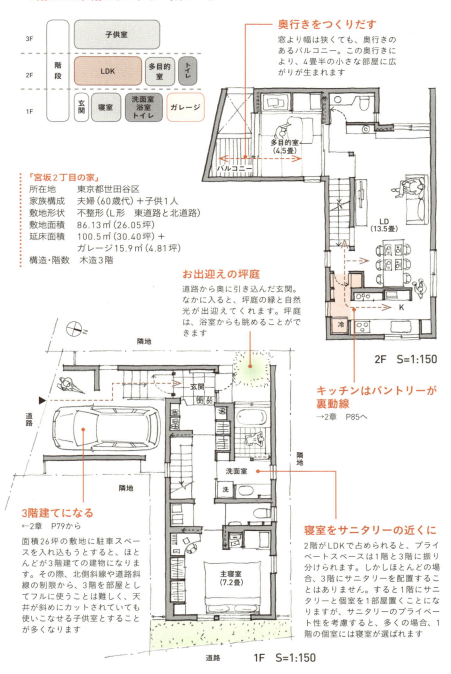

階段室やトップライトから光を落とす

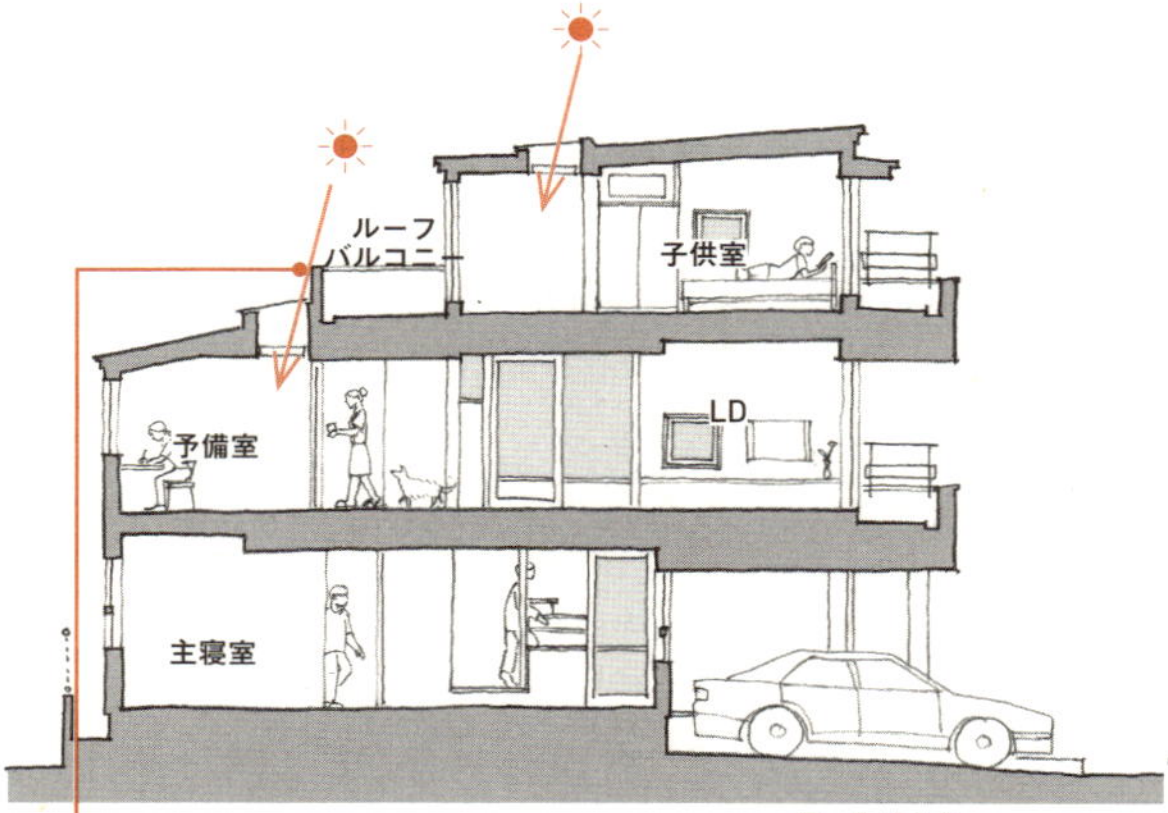

S=1:200

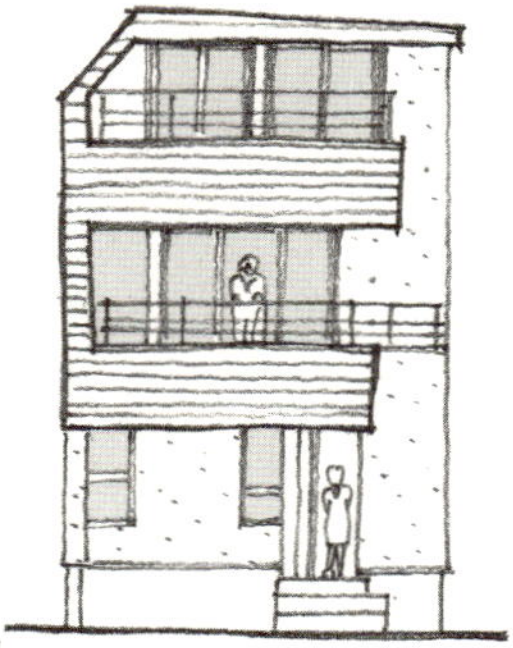

S=1:200

上からの光

2階屋根に小さなトップライトを設けて、2階の食堂と予備室に自然光を落としています

廊下やホールを部屋の一部に

→2章　P45へ

光を落とす筒にする

←2章　P63から

階段室の上にトップライトをつくり、螺旋階段の吹抜けを使って下の階まで自然光を落とします。暗くなりがちな1階の廊下と玄関ホールも明るくなります

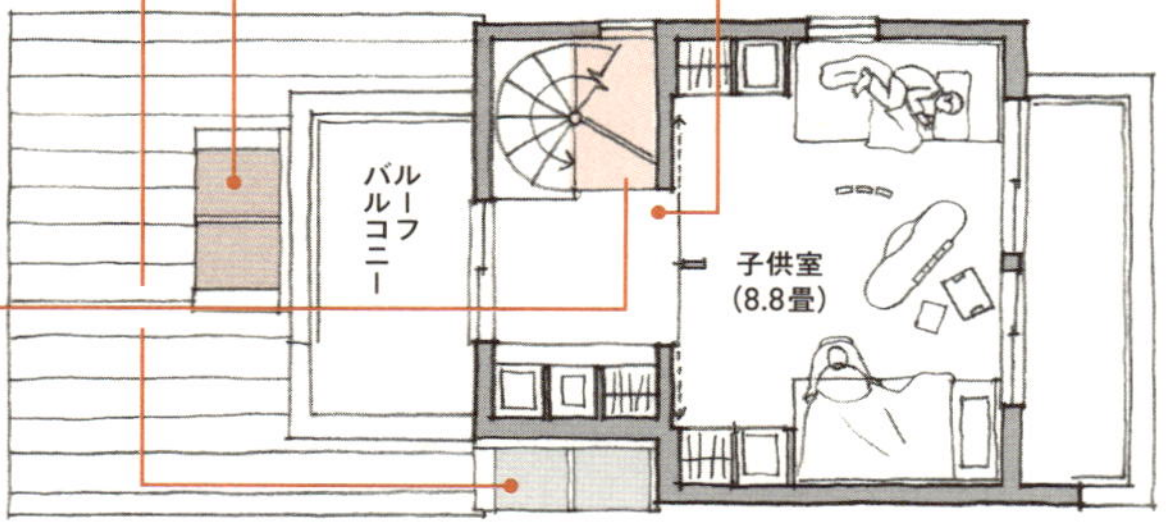

3F　S=1:150

食い込む駐車スペースを補う3階居室

25坪強の敷地に、建ぺい率60%いっぱいに建物を建てているので、駐車スペースは一部建物のなかに入り込んできてしまいます。これによって1階の床面積が削り取られる分、3階にも部屋をつくることになりました。

1階南側は玄関と駐車スペースが占めるので2階にLDKを置き、プライベートスペースは1階の寝室およびサニタリー、3階の子供室に分けています。3階は北側斜線制限の関係で、建物の南側半分にしか部屋をつくれませんが、その反面、北側が大きく空くので、2階屋根の一部をルーフバルコニーとしました。

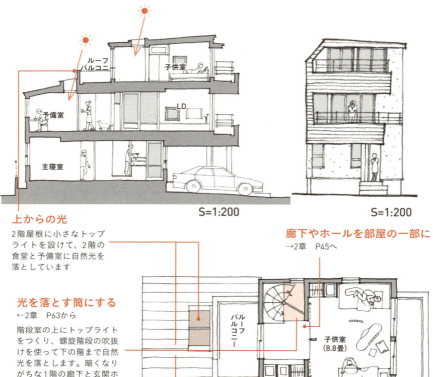

2階にLDK、1階にサニタリー・ガレージ

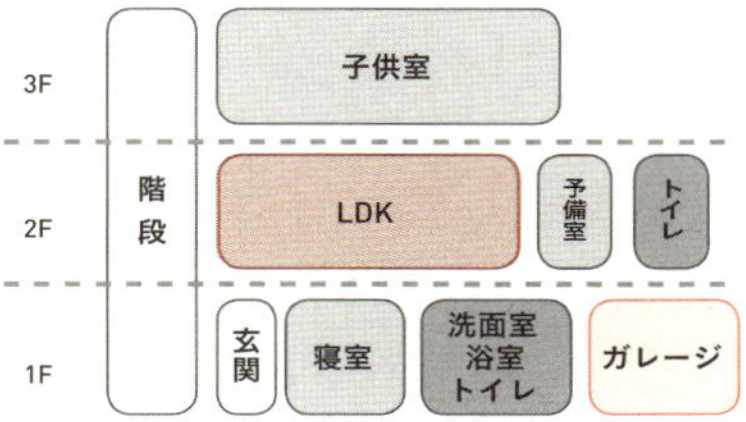

「赤堤2丁目の家」

所在地	東京都世田谷区
家族構成	夫婦（40歳代）＋子供2人
敷地形状	整形（矩形で南道路）
敷地面積	83.21㎡（25.17坪）
延床面積	118.24㎡（35.77坪）＋ガレージ6.75㎡（2.04坪）
構造・階数	木造3階

ユーティリティ機能

キッチンの奥には洗濯機とスロップシンクを置き、予備室へとつながるようにしています。予備室は室内干しやアイロン掛けができるようにしてあるので、キッチンとつながるユーティリティにもなっています

温熱環境に配慮する

階段室は1階から3階まで吹抜けになるので、2階では透明ガラスの引戸で仕切れるようにして、LDKの室温が不安定にならないようにしています

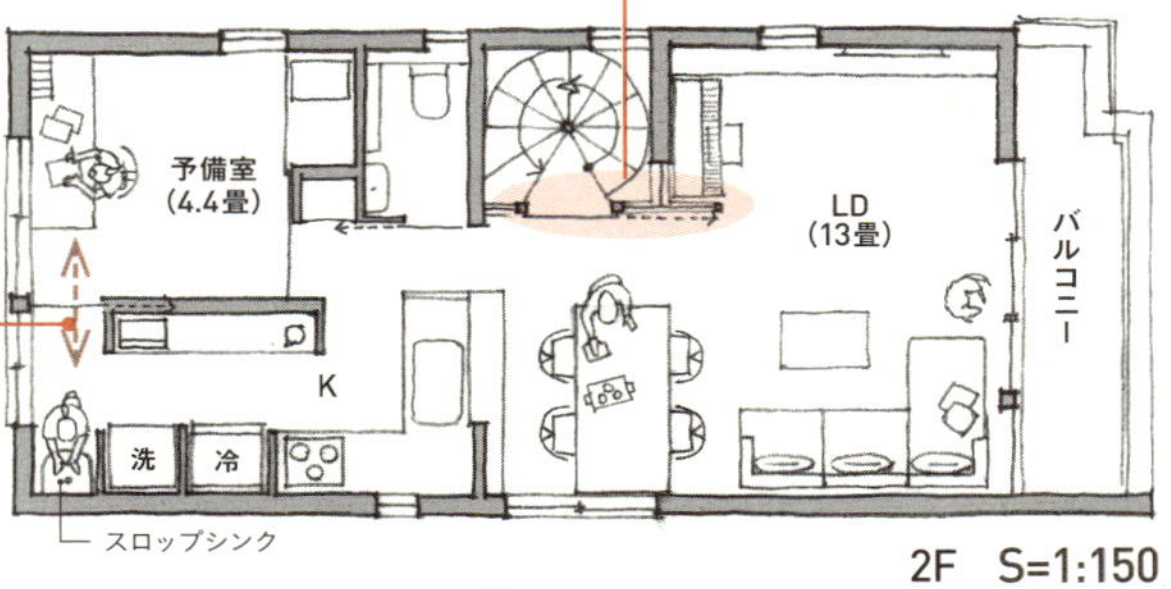

2F S=1:150

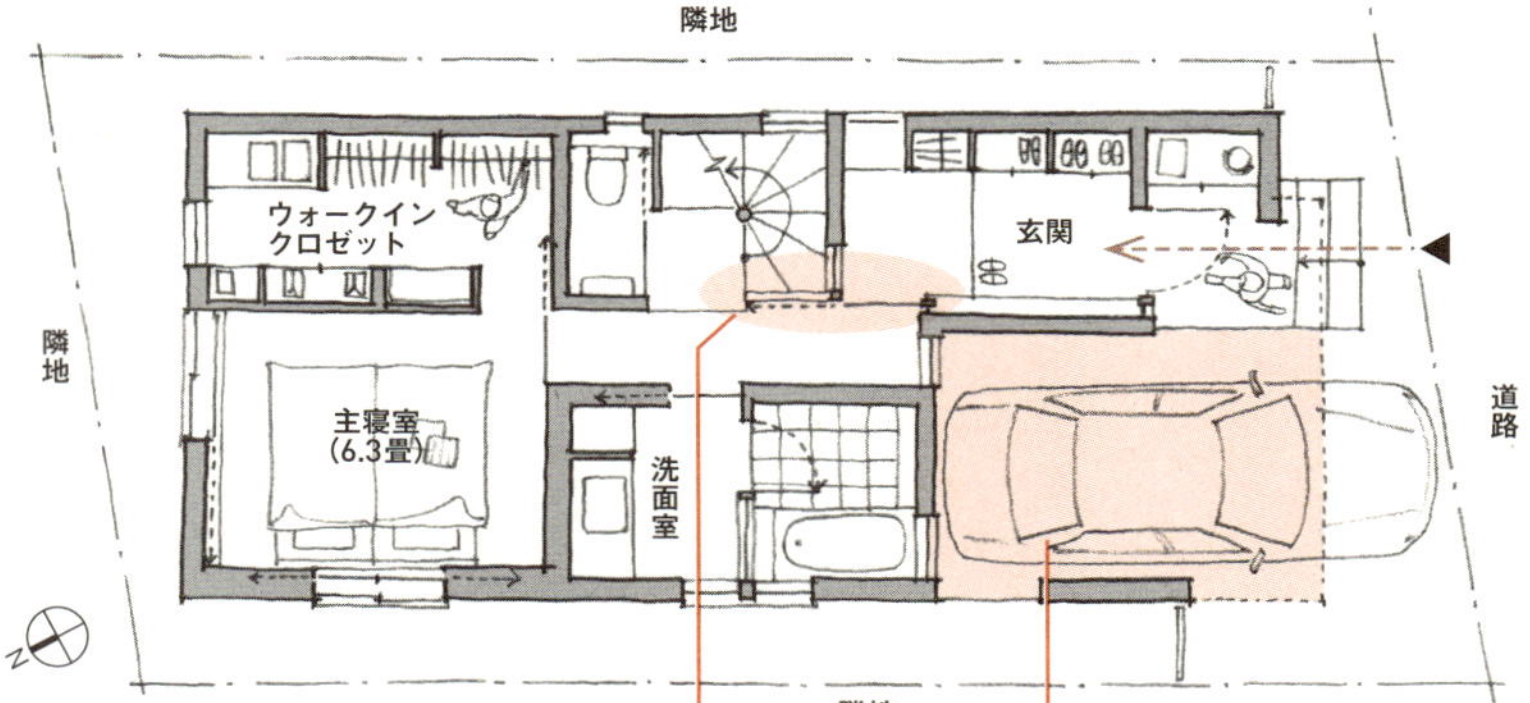

1F S=1:150

つながりつつ遮断する

玄関ホールと廊下は、透明ガラスの引戸で仕切れるようにしています。視覚的にはつながり、空気の流れは遮断できます

ガレージもいろいろ

←2章 P79から

敷地の広さが限られているのでインナーガレージを選択しました。必要な室内面積との調整から、自動車の一部が建物から飛び出すかたちになっています

2、3階で日常生活を完結

隠しつつ収納する

←2章　P50から

作業効率のよいU形のキッチンとしています。食堂側にはシンク手元が隠れる壁収納（食堂側から使える収納）、居間側には両サイドから使える収納棚をつくって仕切りとしています。キッチンをほどよく隠すことで収納量も増やすことができました

LDにつくる壁面収納

→2章　P58へ

階段で居間食堂を分ける

→2章　P41へ

中継地点として

食堂の前に小さなバルコニーをつくっています。道路に面したこのバルコニーは、キッチンのサービスバルコニーですが、3階に冷蔵庫や大きな家具を搬入する際、外から引き上げるための中継地点としても使うように考えました

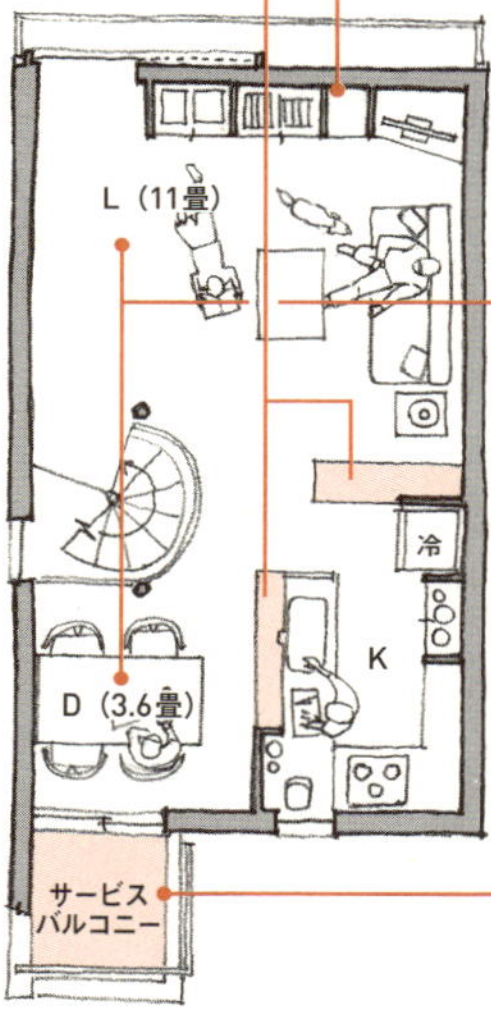

3F　S=1:150

S=1:200

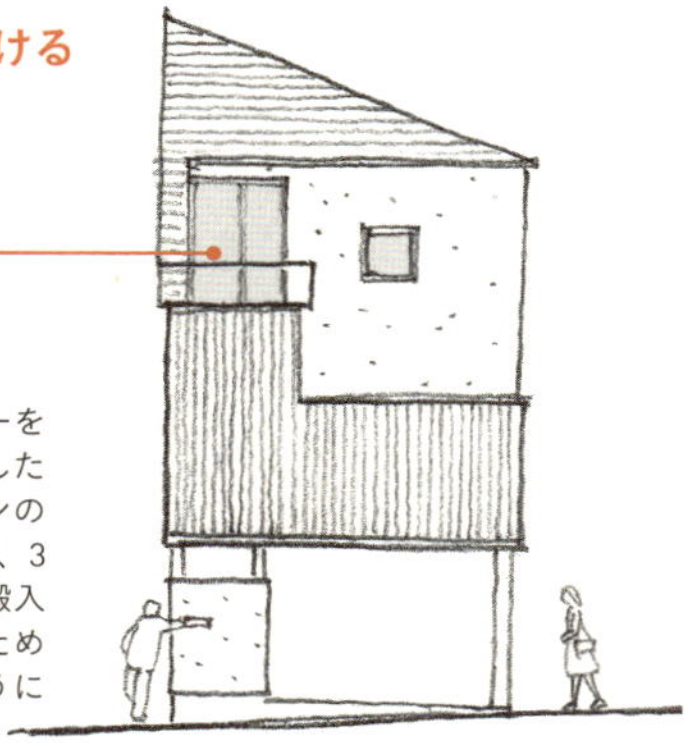

S=1:200

狭小敷地ではインナーガレージが必要

敷地面積18・7坪に建ぺい率60%いっぱいに建物を建てると、建物の周りに残る余白はわずかです。駐車スペースが必要であれば、どうしてもインナーガレージになってしまいます。その上、3階建てまで建てられる地域で、かつ隣家が迫っていると、陽当たりなどの条件により、3階にLDKを置くことになります。その結果、ほかの諸室は1、2階に配置されることになるのです。

3階LDKとの関係を考えると、個室（寝室・子供室）やサニタリーは2階に置くことが望ましく、1階は仕事部屋（防音室）となりました。

LDKを3階へ、サニタリーは2階へ

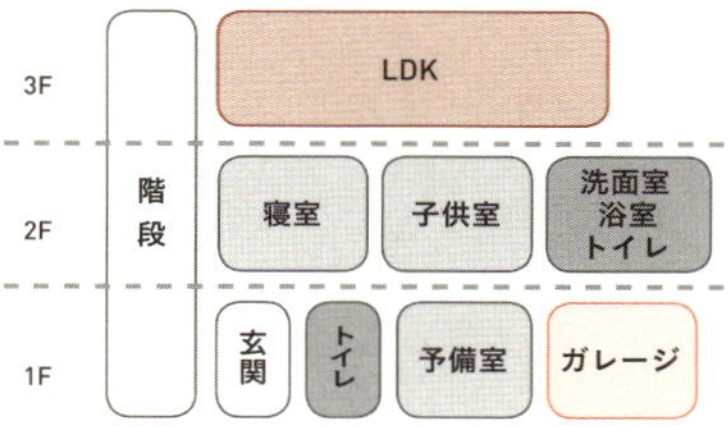

「上町の家」

所在地	東京都世田谷区
家族構成	夫婦(40歳代)+子供1人
敷地形状	整形(矩形で北道路)
敷地面積	61.71㎡(18.7坪)
延床面積	97.81㎡(29.64坪)+ガレージ15.5㎡(4.71坪)
構造・階数	木造3階

使い勝手と収納の位置

ここには仕事で使う重い機材を収納します。その機材を自動車に積み込むことを考えて、ガレージから直接出入りできるようにしています

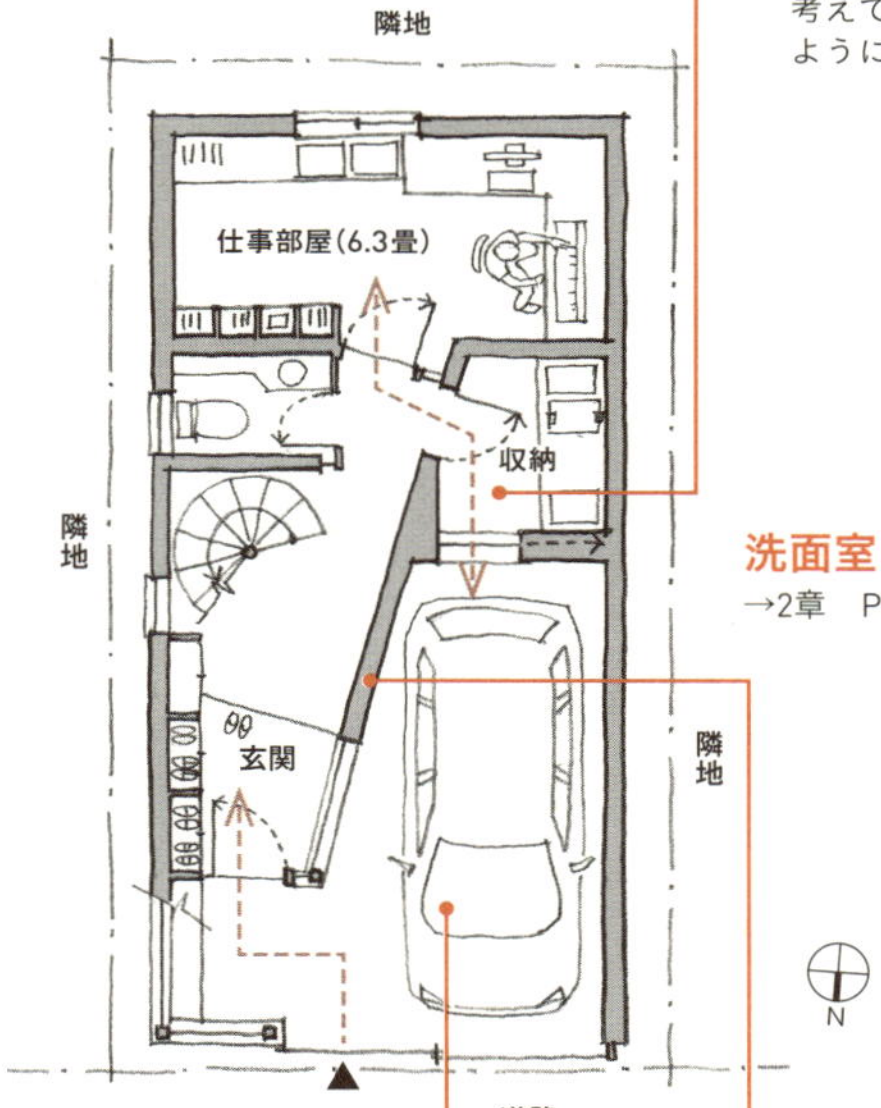

1F　S=1:150

洗面室は小さくする

→2章　P51へ

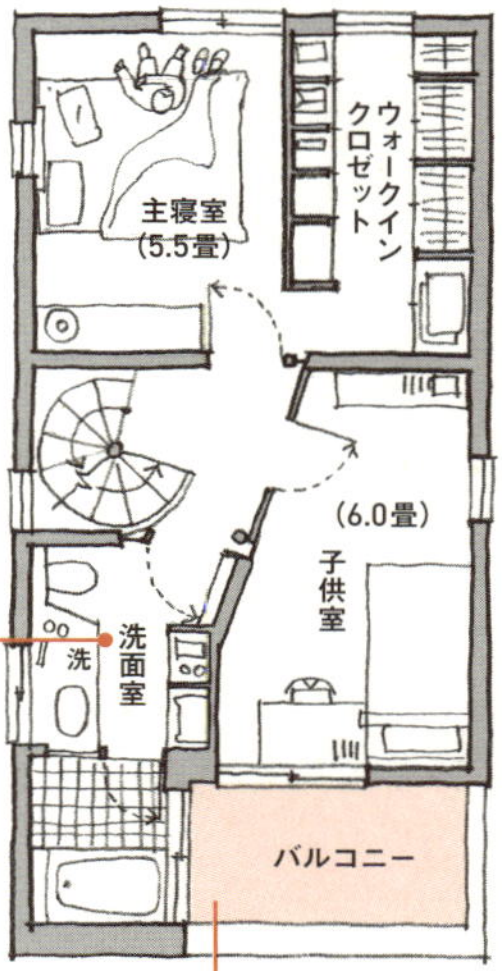

2F　S=1:150

壁を斜めにする

ガレージは自動車を入れることを考えれば、手前の幅を広くし、奥の幅は車幅+αの寸法があればよいことになります。そこで、ガレージと玄関を仕切る壁を斜めに。ガレージも玄関側も使いやすくなりました

生活に必要な諸室は2、3階へ

←2章　P79から

駐車スペースを建物の内部に入れたため、1階で使える面積は限られました。隣家が3方ともに迫っていたので、昼間の採光を考えてLDKを3階に置き、生活に必要な諸室はすべて2階に置くことになりました

囲われたバルコニー

2階のバルコニーの床をグレーチングとして、光が下のガレージに落ちるようにしています。バルコニーの壁は、向かいからの視線をさえぎるために高くしており、浴室前に広がりを与える外部空間としても機能します

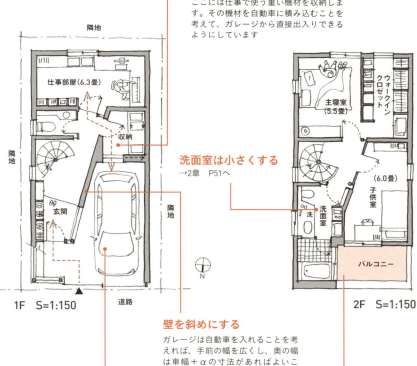

3階LDKでも快適な間取り

S=1:200

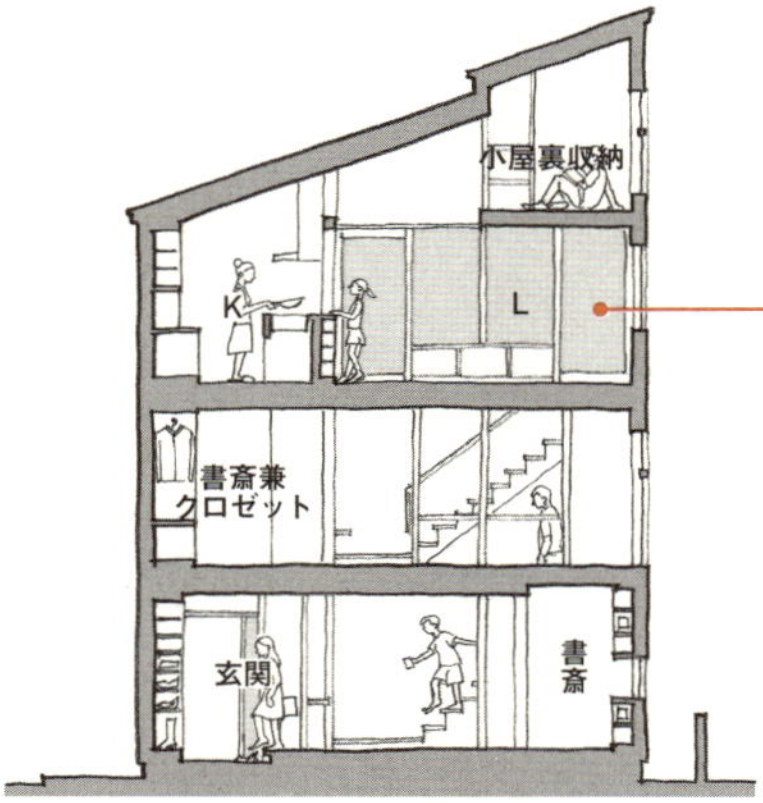

S=1:200

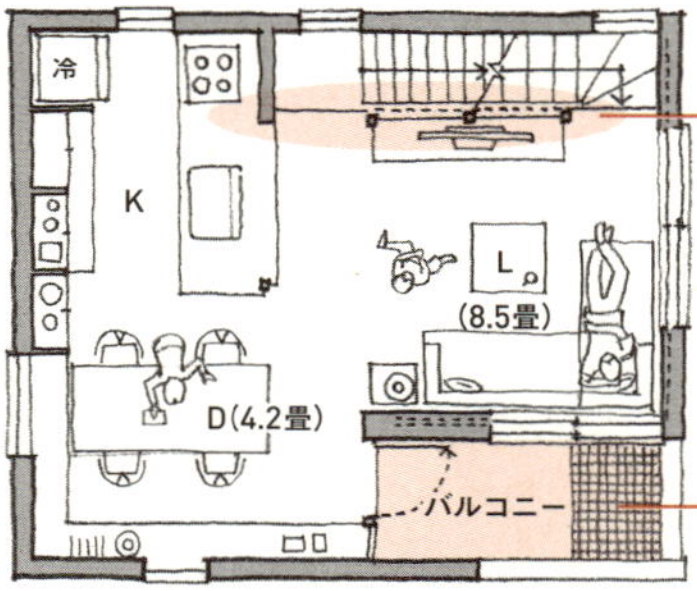

3F　S=1:150

階段室をガラスで仕切る

階段室は、1階から屋上まで4層を貫く吹抜け空間になっています。3階はLDKの温熱環境に配慮して居間と階段室の間にガラス張りの仕切りをつくり、引戸の開け閉めで居間と階段室を行き来できるようにしました

居間を削ってもバルコニー

あえて居間の床面積を削り、バルコニーをつくりました。上の階ほど、部屋から外に出られるスペースがあると広がりを強く感じられます

サニタリーは2階に置く

敷地面積が17・2坪で隣家も建て込んでおり、2階だと採光を期待できません。そこでLDKは3階に置くことになりました。

1階玄関から3階LDKまでの階段の昇り降りが大変そうですが、日常生活エリアを2階と3階に集約すれば、2階建ての家と大きくは変わりません。つまり、3階にLDKを配置する際には、サニタリーを含め寝室などの寝起きする部屋は、2階に配置することがベストなのです。

プライベートスペースすべてを2階にまとめるのが難しいときでも、サニタリーは2階に残し、1つの個室を1階に移すのがよいでしょう。

LDKを3階へ、サニタリーは2階へ

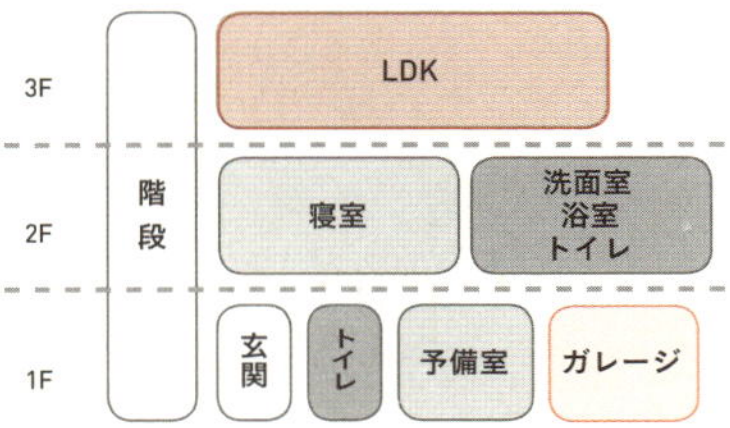

動線空間も明るく

1階から2階に上がる階段の正面に大きな窓があり、ここから射し込む南からの光によって、階段室と廊下に明るさがもたらされます

書斎兼クロゼット

寝室脇の、衣類を収納するウォークインクロゼットは、書斎を兼ねているので、廊下からも出入りできるようにしています

寝室を和室とする

←2章　P60から

和室を夫婦の寝室にしています。最小面積の4畳半ですが、廊下からの入り口に半畳の踏み込みスペースをつくることで、狭さを緩和しています。和室を寝室にする際には、寝具の収納スペースは必須条件になります

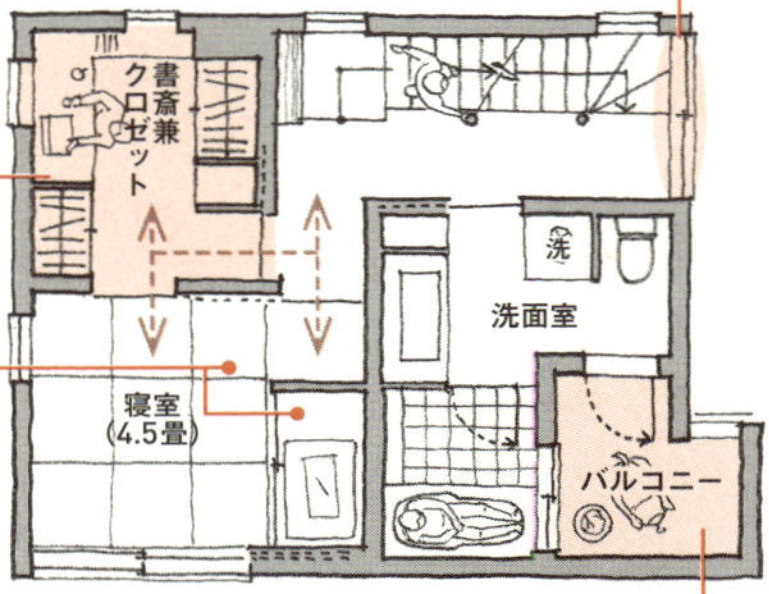

2F　S=1:150

サニタリーとつながる

←2章　P66から

サニタリーから出入りするバルコニーです。洗濯物も干しますし、浴室の窓もあるので、壁を立ち上げて隣家からのぞかれないようにしています

エントランス廻りのゆとり

各フロアは約9坪ですが、すべてのスペースが窮屈になることを避け、特に玄関廻りには余裕をもたせています。道路から玄関まで回り込みながらアクセスし、囲われた玄関ポーチに立ち、玄関扉を開けて玄関内部へと入ります。ガレージから直接玄関に入ることもできます

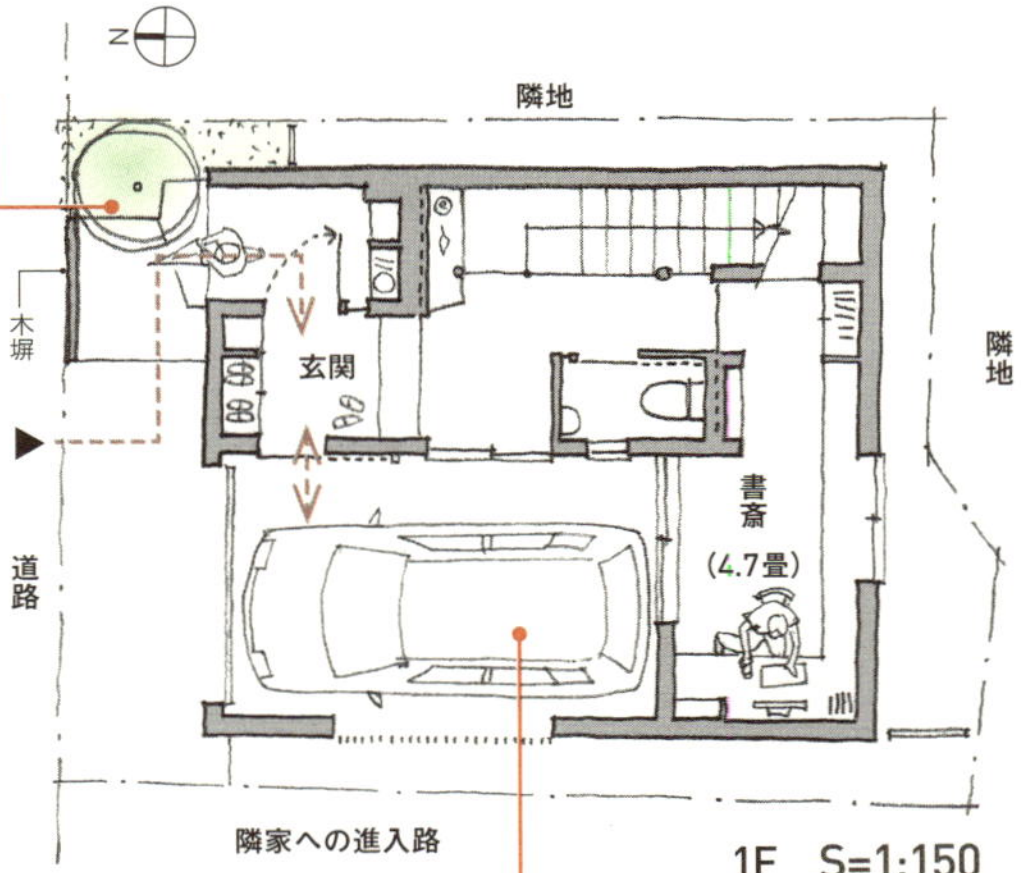

1F　S=1:150

狭小地のガレージは3階建てになる

→2章　P79へ

「白金台の家」

所在地	東京都港区
家族構成	夫婦(30歳代)
敷地形状	整形(矩形で北道路)
敷地面積	59.26㎡(17.2坪)
延床面積	88.94㎡(26.91坪)＋ガレージ12.68㎡(3.84坪)＋小屋裏収納4.37㎡(1.32坪)
構造・階数	木造3階＋小屋裏収納

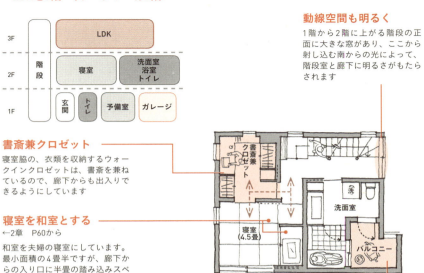

地下＋地上2階建ては地下の用途に注意

高さ制限や斜線制限により、3階建てが建てられない敷地もあります。2階建てで必要な床面積が確保できない場合には、地下室をつくることになります。つまり地下1階、地上2階の3層になるわけです。どのフロアにどの部屋を配置するかは悩みどころ。LDKを別々の階に置くことはできませんから、プライベートスペース（寝室、子供室）とサニタリーを、それぞれ別の階に振り分けることになります。

　LDKを1階に置くのか2階に置くのかが最初の選択となり、次にプライベートスペースを、地下を含めてどの階に置くのか検討し

1階LDK、2階サニタリー（→P162〜）

1階に玄関とLDKを置くと、プライベートスペースは2階と地下に分かれることになります。サニタリーは排水の問題があるので、地下ではなく2階に置かれますが、地下に個室を設けると、その個室から2階のサニタリーまでの上下間の距離が大きくなります。そこで、あえて2階にサニタリーと寝室、子供室を集約させ、地下は、書斎や納戸、予備室など、日常的には使用しないスペースにするとよいでしょう。

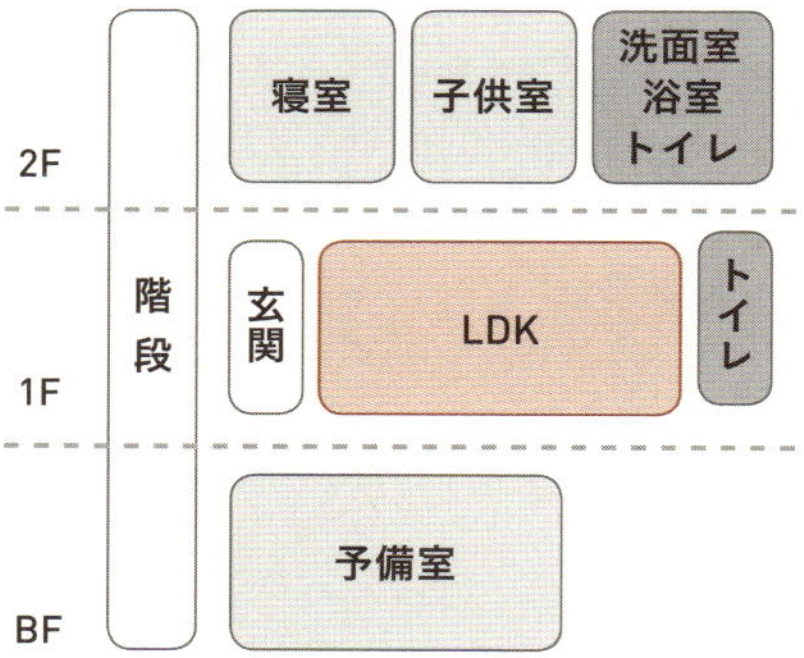

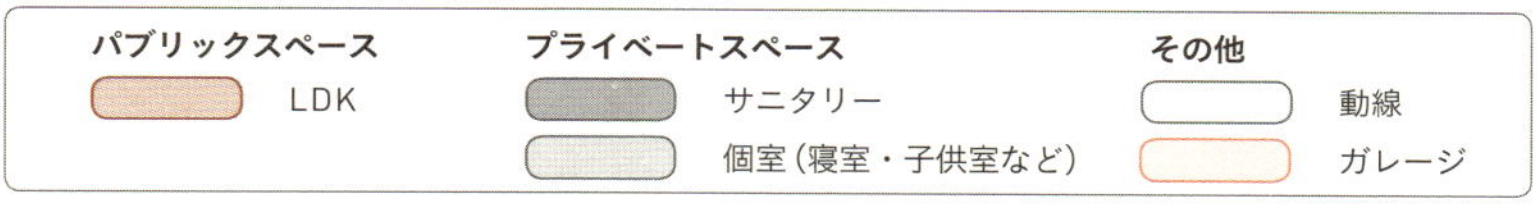

ます。サニタリーは排水設備が必要となるため、原則として地下には置かないように考えます。サニタリーが置かれる階（1階または2階）によっては、寝室や子供室とサニタリーの距離が離れてしまい、3層にわたってしまうこともあります。

また、地下に置く部屋を寝室にするか子供室にするか、もしくは予備室（書斎、ホビールーム、多目的室など）とするかについても、いくつかの選択肢がありますが、それらとサニタリーとの位置関係によって、暮らしやすさは大きく変わります。

生活動線が3層にわたるなかで、家族全員が必ず毎日行き来するサニタリーをどの階に置くか、十分に検討しなければなりません。

2階LDK、1階サニタリー（→P164～）

LDKを最上階の2階に置き、プライベートスペースを地下と1階にすると、プライベートスペースが3層に分かれることがなくなり、生活動線に不都合をきたすことはありません。サニタリーをどの階に置くか、ですが、地階に置いて排水の点で問題が生じるリスクを考えると、1階に設置するのが望ましいことになります。

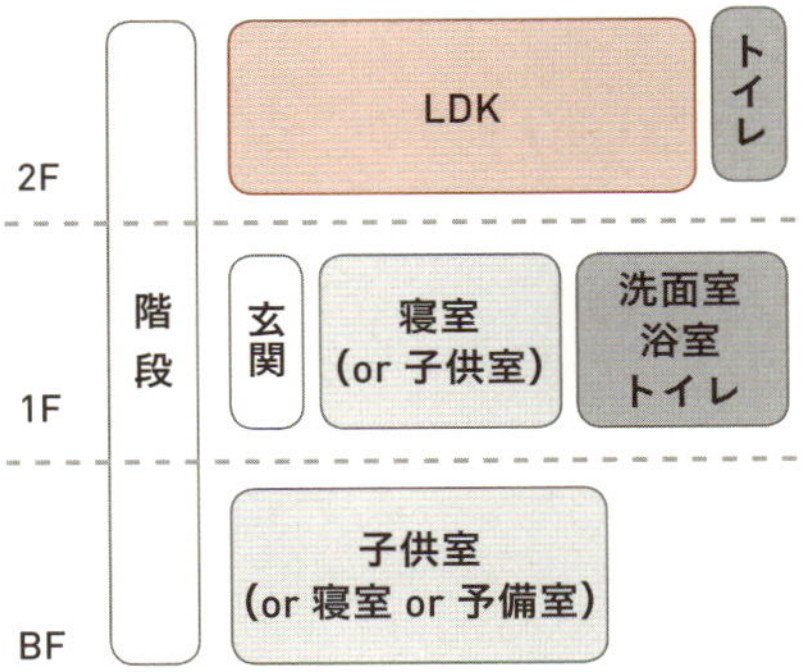

2階LDK、2階サニタリー（→P174～）

1階にインナーガレージをつくると、そのスペース分が2階か地下に追いやられます。1階に残された床面積を考えるとLDKは2階に置くことになります。サニタリーは、地下に置くのを避けると1階か2階となりますが、1階に置くと、寝室と子供室が1階を挟んで離れてしまいます。サニタリーを2階に置くと、地下の居室からサニタリーまで、スリーフロアの移動となりますが、子供室（1階）と寝室（地下）の距離は縮まり、かつ2階のキッチンとサニタリーが近くなるため家事動線は短縮されます。この場合、1階にトイレを置くことで、使い勝手が改善します。

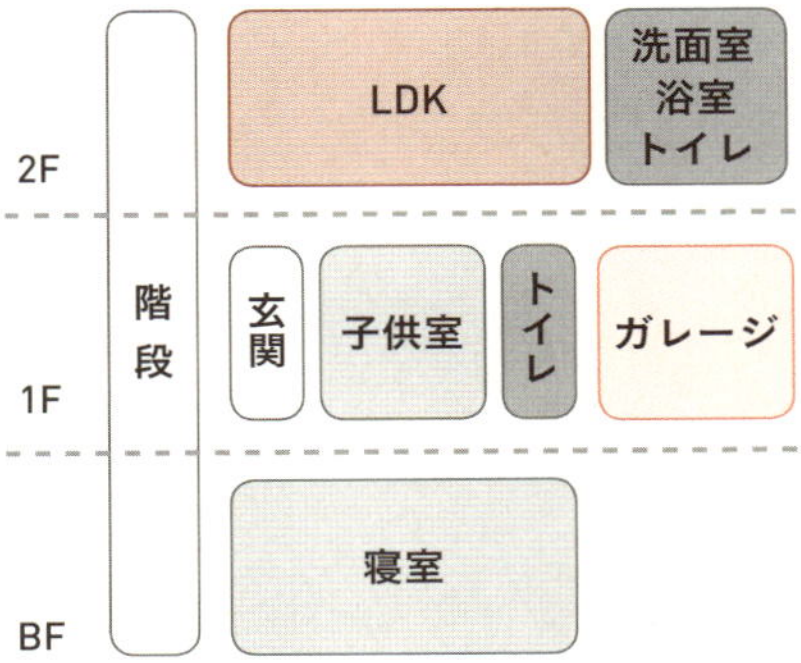

地下の部屋がつくるゆとり

「鵠沼桜が岡の家」

所在地　神奈川県藤沢市
家族構成　夫婦（40歳代）＋子供2人
敷地形状　整形（矩形で西道路）道路と敷地との高低差 0.8m
敷地面積　94.05㎡（28.45坪）
延床面積　103.65㎡（31.35坪）
構造・階数　地下1階　地上木造2階

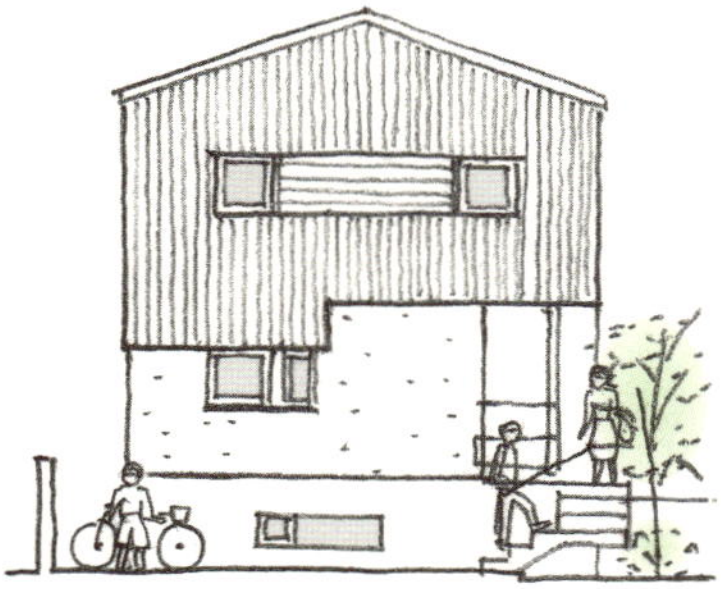

S=1:200

小さいからこそ落ち着く

→2章　P54へ

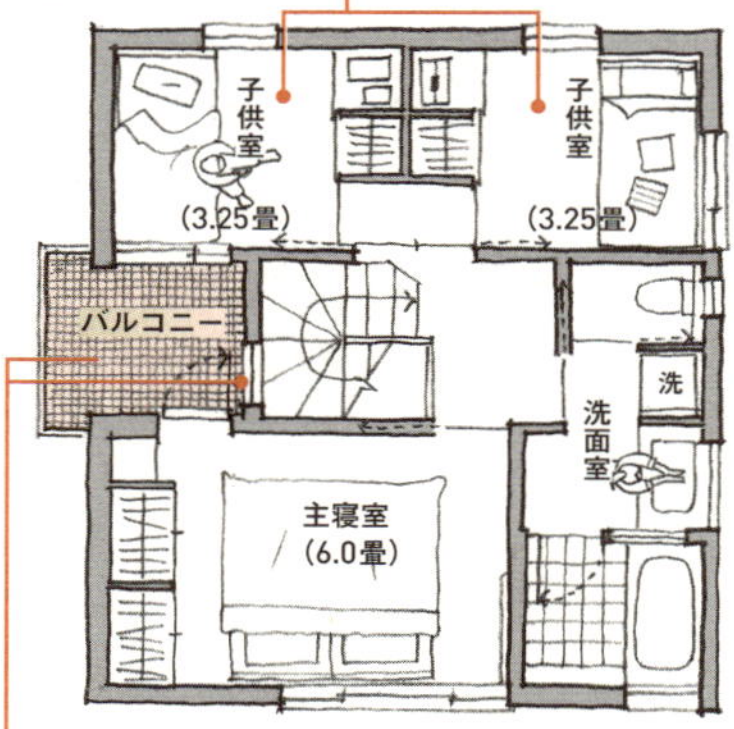

2F　S=1:150

バルコニー下にも光を

2階バルコニーの床をグレーチング（格子状のFRPの床材）としています。これによってバルコニー下のデッキスペースにも光が落ち、階段室の縦長の窓からまんべんなく光が射し込みます

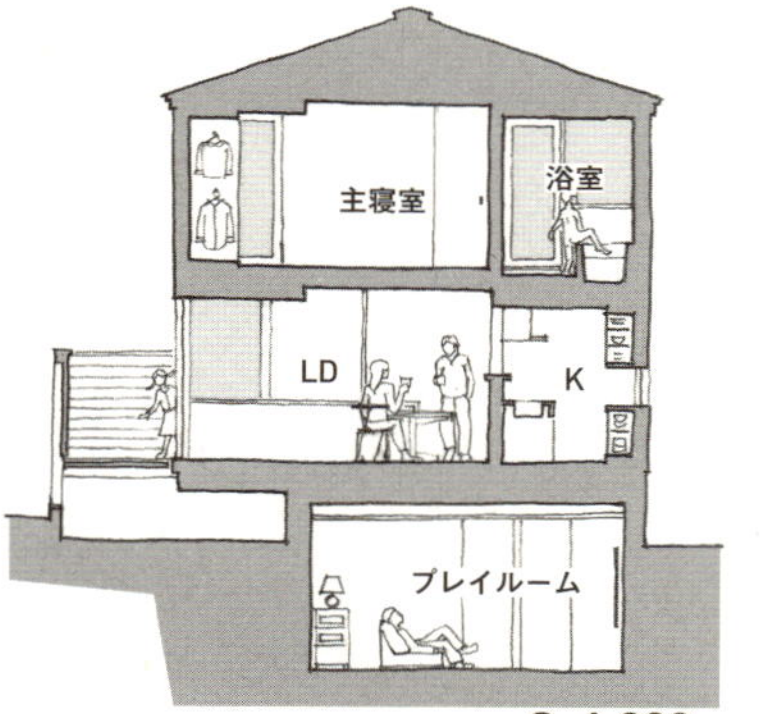

S=1:200

プライベートスペースを2階に集約する

地下には、書斎、プレイルーム、納戸と予備的な部屋を置き、1階をLDK、2階を寝室、子供室とサニタリーにしました。

限られた面積のなかで、少しでも居間・食堂が広く感じられるように、庭にウッドデッキを敷き詰めています。隣地との境には木の塀を立てて囲われ感をつくりだし、室内と屋外の一体感を生み出しました。

2階に、2つの子供室、主寝室と、3つの個室とサニタリーを配置したので、それぞれの部屋は狭めですが、プライベート感の強い空間を集約したことで使い勝手が向上しました。

1階LDK、2階サニタリー

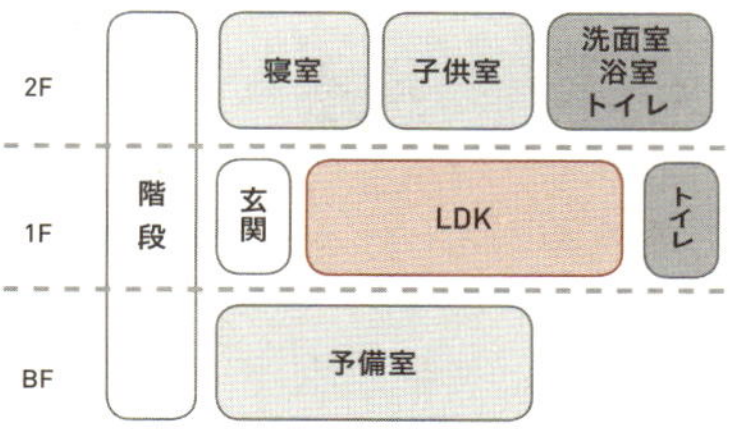

家族で同時に使える

家事コーナーとして使うとともに、子供たちもここで勉強することができるよう3人が同時に使える広さを確保しました

玄関からの裏動線でキッチンへ

→2章　P83へ

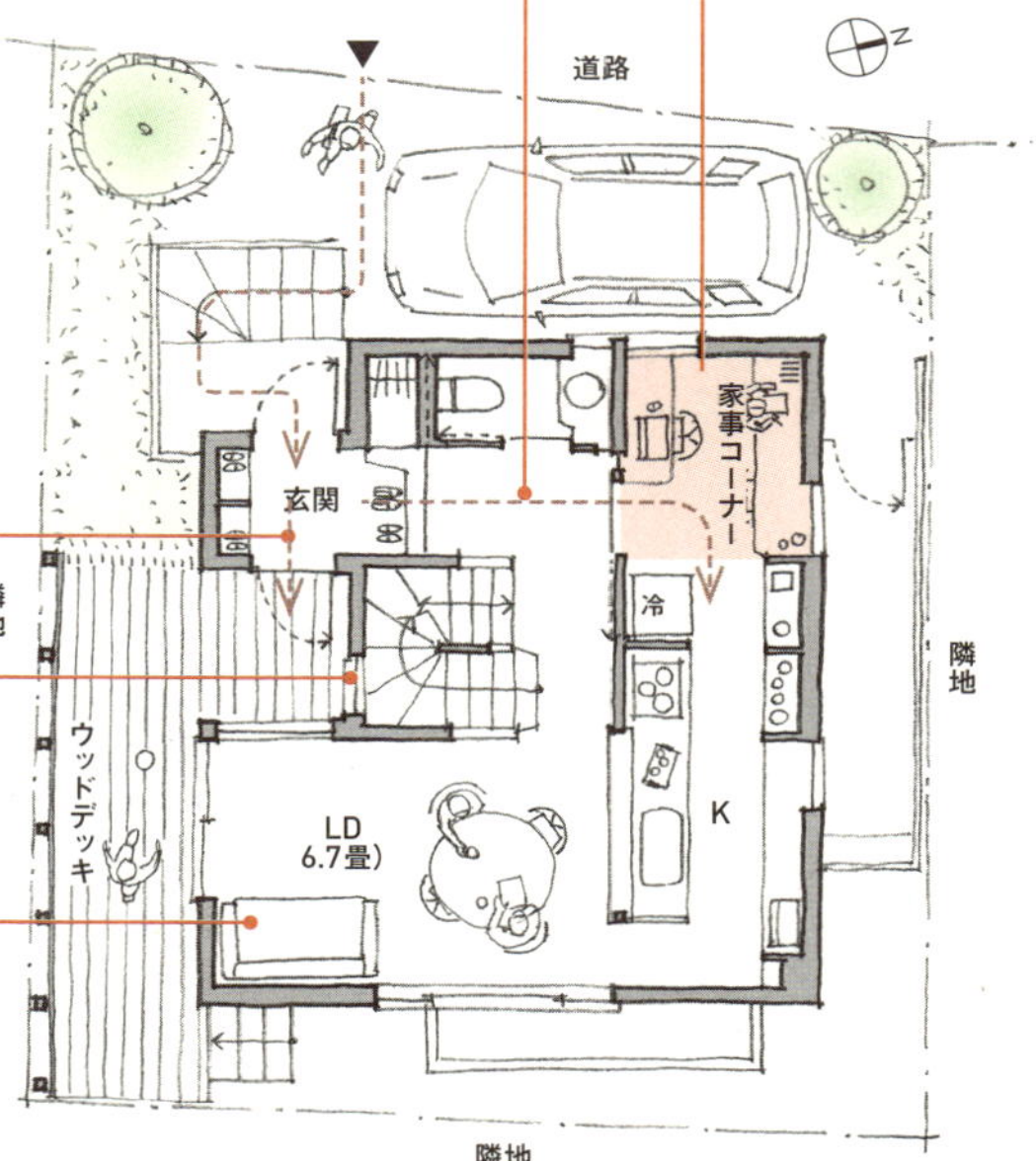

1F　S=1:150

外に抜けていく

←2章　P53から

玄関土間から、庭の代わりとなるデッキテラスに出ていくことができます。そのため、外・内・外の関係が生まれ、広くなくても閉塞感はありません

階段室に縦長の窓

←2章　P40から

3層を貫く階段室を南側に配置して、縦長の窓を付けました。この窓から入った光は地下まで届けられます

空気感がつながる

←2章　P52から

居間・食堂は、6.7畳と広くはありません。しかし、階段室を挟み玄関ホールとつながり、オープンキッチンともひとつながりの空間になっているので、数字以上の広がりが感じられます

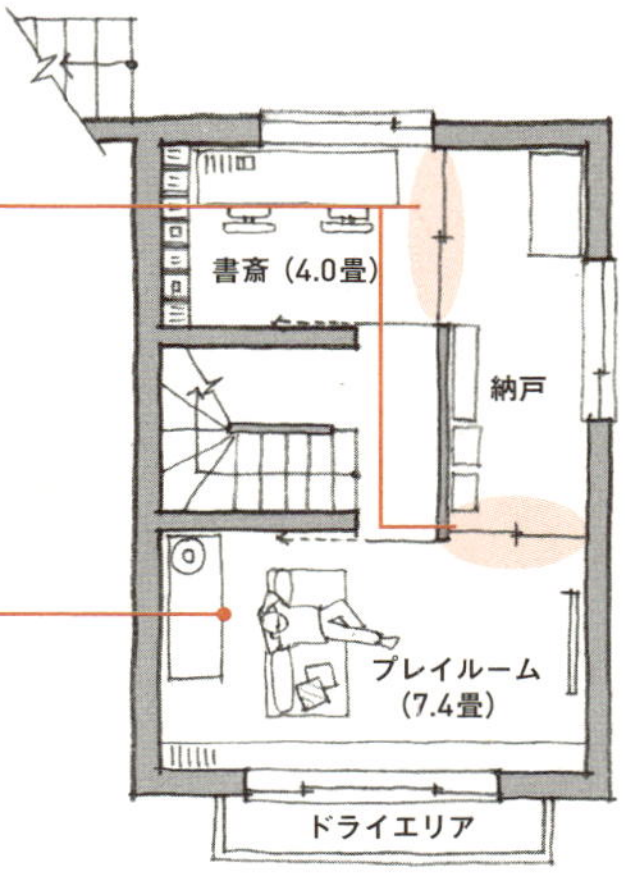

BF　S=1:150

空気に流れをつくる

地下は空気が淀んで湿気が溜まりやすいのがネック。納戸を書斎とプレイルームの2部屋とつなげ、空気を抜けやすくしています

半地下の利点

←2章　P36から
→2章　P78へ

道路と敷地の高低差約80cmを利用して半地下をつくっています。半地下はドライエリアがなくても地下室に窓を設けることができ、ドライエリアをつくっても、雨水を自然排水できます

地下は夫婦だけの憩いの場

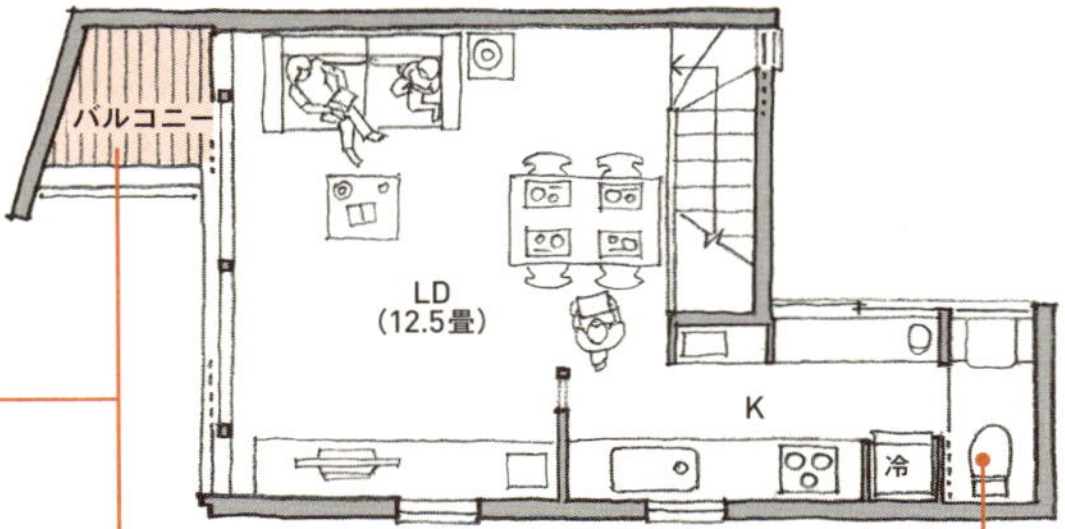

コージーコーナー

1階の屋根を利用して2階のバルコニーをつくりました。正方形に近いかたちとし、一部を壁で囲うことで、落ち着いたコージーコーナーとなりました

トイレの位置

キッチンを通過してトイレに行く動線です。日常生活を考え、居間食堂のすぐ近くではなく、少し奥まった位置に配置しています。トイレには小さなトップライトがあり、奥まった場所でも薄暗くはありません

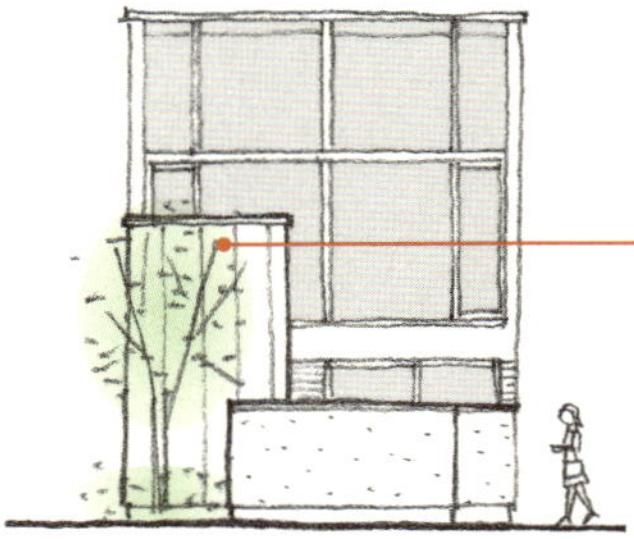

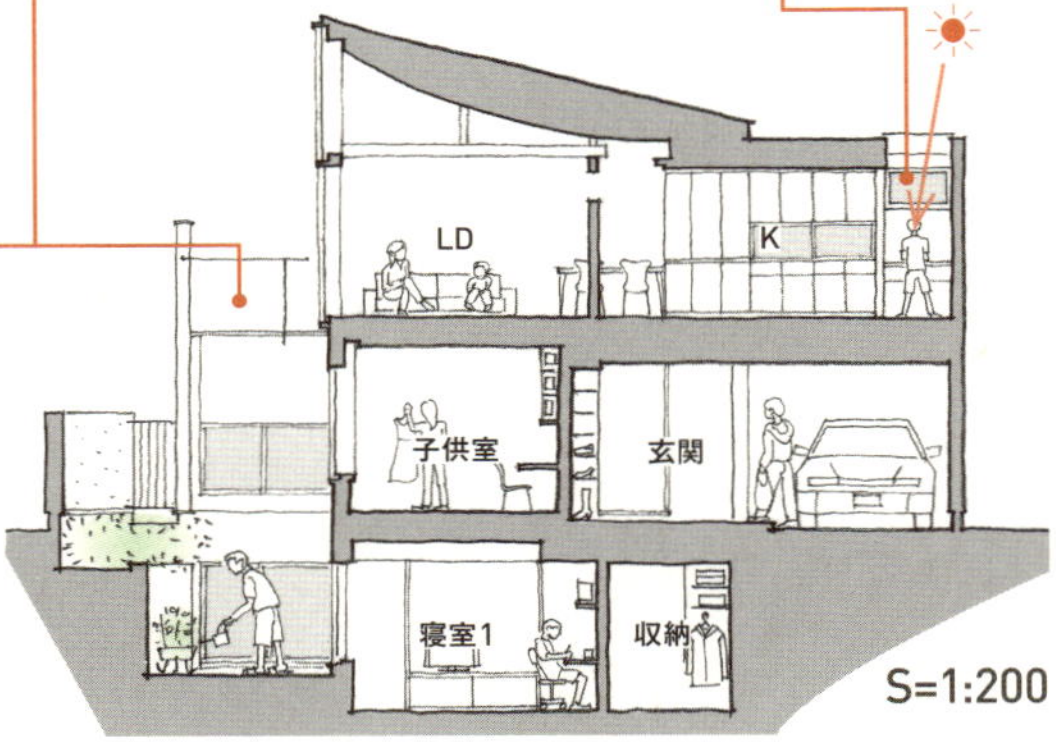

地下のメリットを享受する寝室

都市型住宅のセオリー通り、2階をまるごとLDKとし、地下と1階をプライベートスペースとしました。子供室が1室だけでよいことから、各階の面積バランスを考え、1階に子供室とサニタリーを、地下に夫婦の寝室と収納室を配置しました。

寝室は、サニタリーと別の階になりましたが、採光と通風のためのドライエリア（空堀《からぼり》）が庭の代わりとなり、隣家や道路からの視線とは無縁でありながら、外との関係をもつ寝室となりました。さらに、地下は外気温の影響を受けにくく、防音効果もあるので、静かで快適な環境となっています。

2階LDK、1階サニタリー

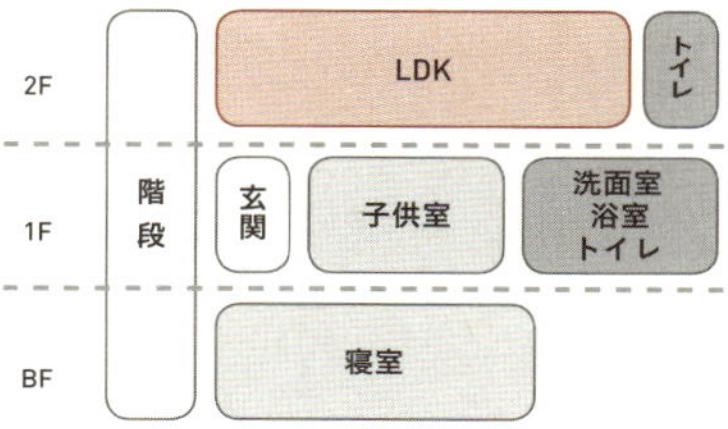

「瀬田2の家」

所在地	東京都世田谷区
家族構成	夫婦（50歳代）＋子供1人
敷地形状	整形（矩形で東・南道路）
敷地面積	75.36㎡（22.8坪）
延床面積	89.95㎡（27.2坪）
構造・階数	地上1階　地上木造2階

邪魔にならない納まり

洗面室は脱衣室も兼ねるので、着脱衣の際に邪魔にならないよう、壁を一部欠き込んでタオル掛けを設置しています

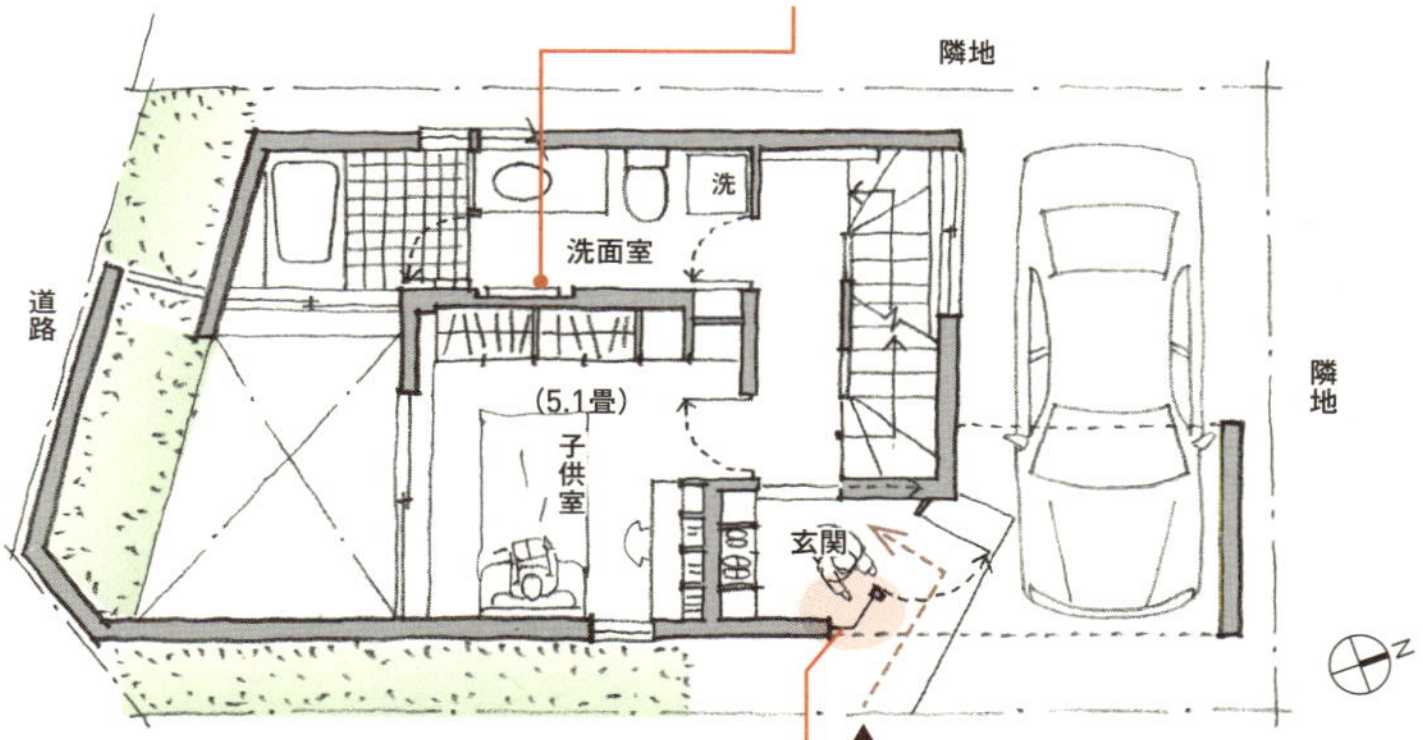

1F　S=1:150

自然光を利用する

←2章　P53から

自動車の出し入れを考慮して建物のコーナーをカットしたため、小さな玄関がさらに小さくなっています。しかし、一部を不透明ガラスとし、柔らかな光を入れることで、狭さを感じさせないようにしています

2つの寝室

寝室は夫婦別室ですが、部屋の広さが明らかに違い、寝室2は窮屈そうです。しかし引戸を開け放つと、外部空間であるドライエリアを含めてひとつながりの空間になり、圧迫感を感じることはありません

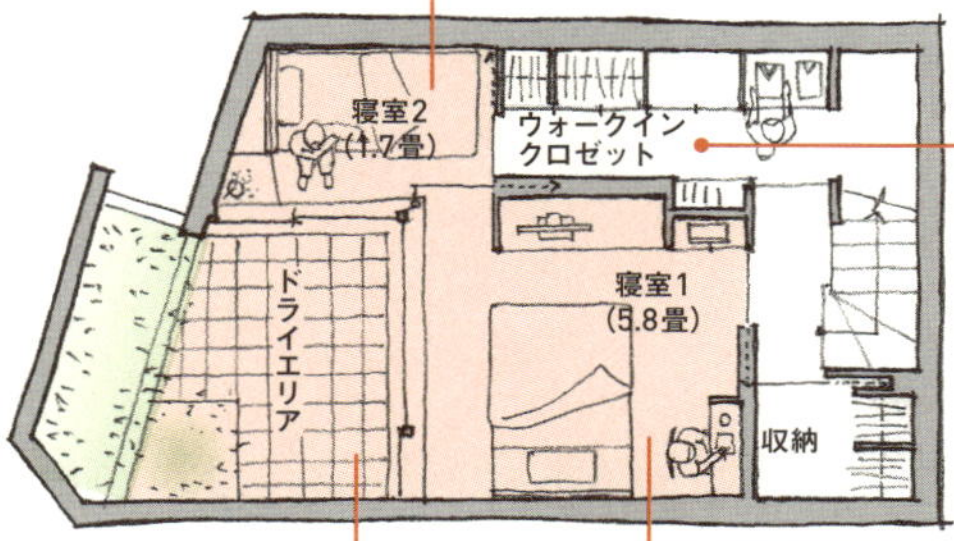

BF　S=1:150

小さくても納戸兼クロゼットをつくる

→2章　P59へ

夫婦だけの場所

←2章　P76から

地下は夫婦の寝室、クロゼット、収納だけを置いた、夫婦のプライベートスペースになっています

地下に採光と通風をもたらすドライエリア

→2章　P67へ

変形・狭小敷地だからこそできる家

「井の頭の家」

所在地	東京都三鷹市
家族構成	夫婦（40歳代）＋子供2人
敷地形状	変形（楔形で南・西・北道路）
敷地面積	73.26㎡（22.2坪）
延床面積	85.47㎡（25.90坪）
構造・階数	地下1階　地上木造2階

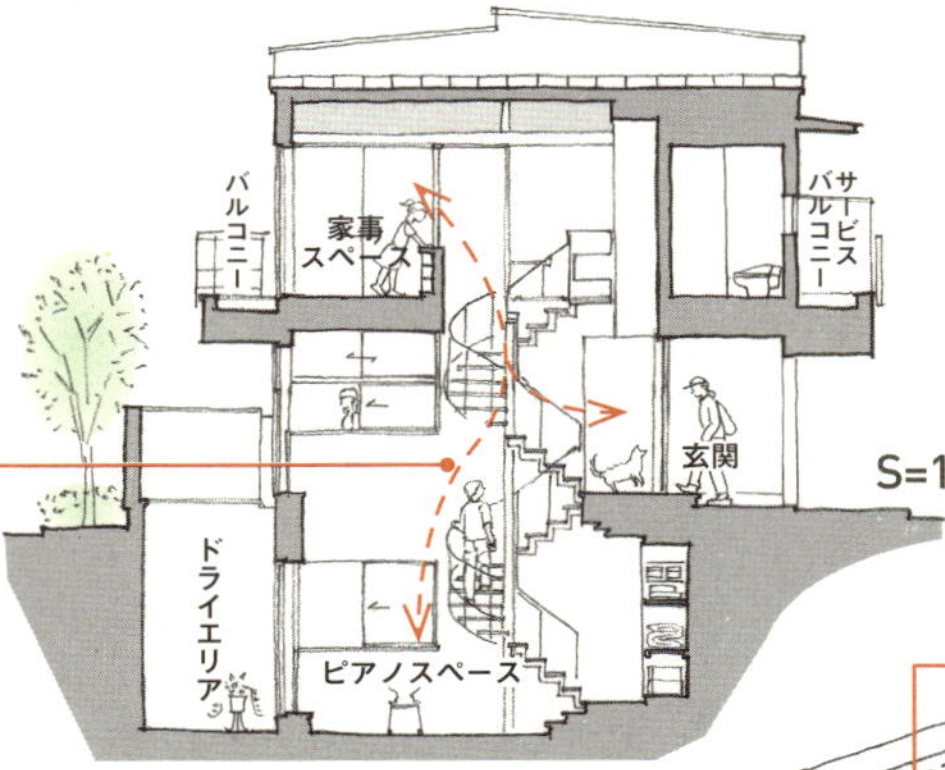

S=1:200

洗濯、干す、を同じ階で

←2章　P50から

シンク、コンロなどに囲まれたU形のキッチン。通路を挟んで冷蔵庫と洗濯機が置いてあります。サービスバルコニーに洗濯物を干すので、洗濯機をキッチンに置いて、家事効率を高めています

家事機能を集約させる

キッチンから出られるサービスバルコニーには、スロップシンクを設置しています。室内の洗濯機と合わせて、小さい床面積ながらも2階に家事機能を集約しています

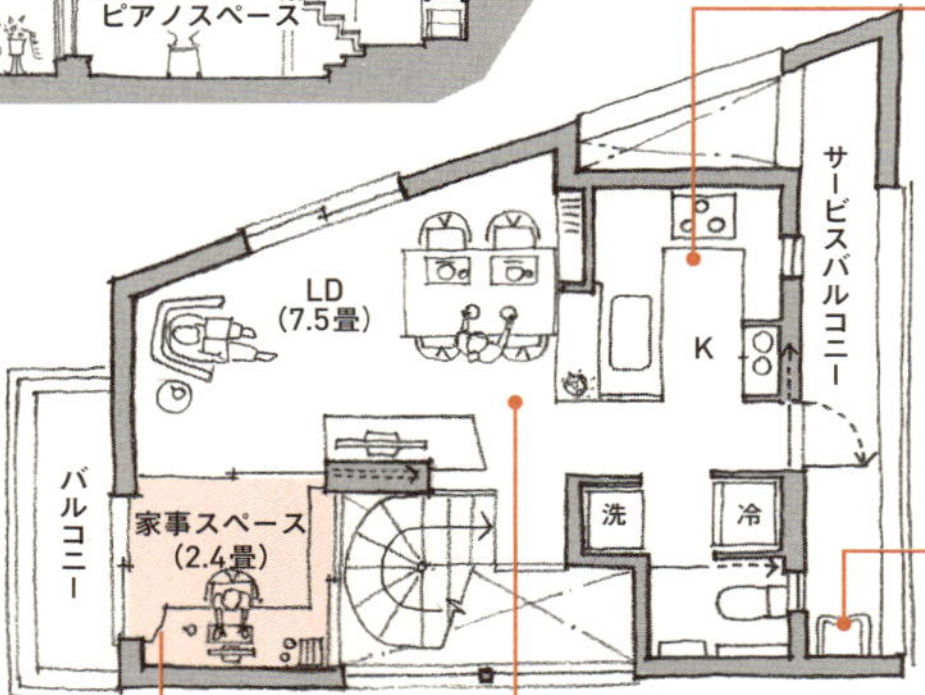

2F　S=1:150

乾燥室にもなる

家事スペースは、室内干しのスペースにもなります。普段は壁に引き込んである2枚の引戸で仕切って除湿器を置けば、簡易な乾燥室にもなります

視覚的な広がり

→2章　P52へ

吹抜けで地下から2階までつなぐ

2階はLDKだけとし、1階と地下がプライベートスペースになっています。子供が2人とも楽器を弾くため、地下に子供室とピアノのスペースをつくり、1階に主寝室とサニタリーを配置しました。各階とも、建築基準法上許される最大の床面積を確保しています。

地下のピアノスペースは、階段室の吹抜けとともに上部も吹抜けとなっていて、大きな吹抜けが、地下の子供室・ピアノスペース、1階の主寝室、2階の家事スペースと、各階をつなげています。地下にいる子供たちは、別の階にいる両親の気配をいつでも感じることができるのです。

2階LDK、1階サニタリー

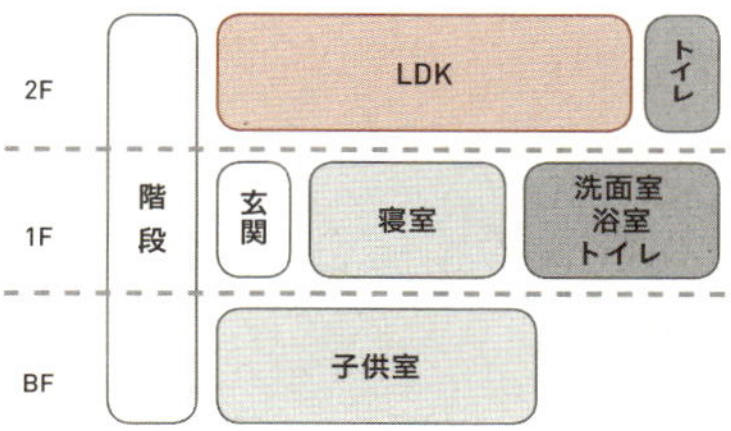

S=1:200

縦につなげる

←2章　P46、P70から

大きな吹抜けで3層をつなげています。各階は9坪以下の小さな床面積ですが、縦に空間をつなげることで、ゆとりのある家になりました

敷地形状に合わせる

←2章　P33から

敷地形状は、3方道路に囲まれた楔形です。楔の先端部分にドライエリアを置き、その後ろを敷地形状に合わせた台形平面の家とすることで、敷地全体を有効に活用しています。道路で囲まれていることを生かして、玄関へは2方向からアクセスできます

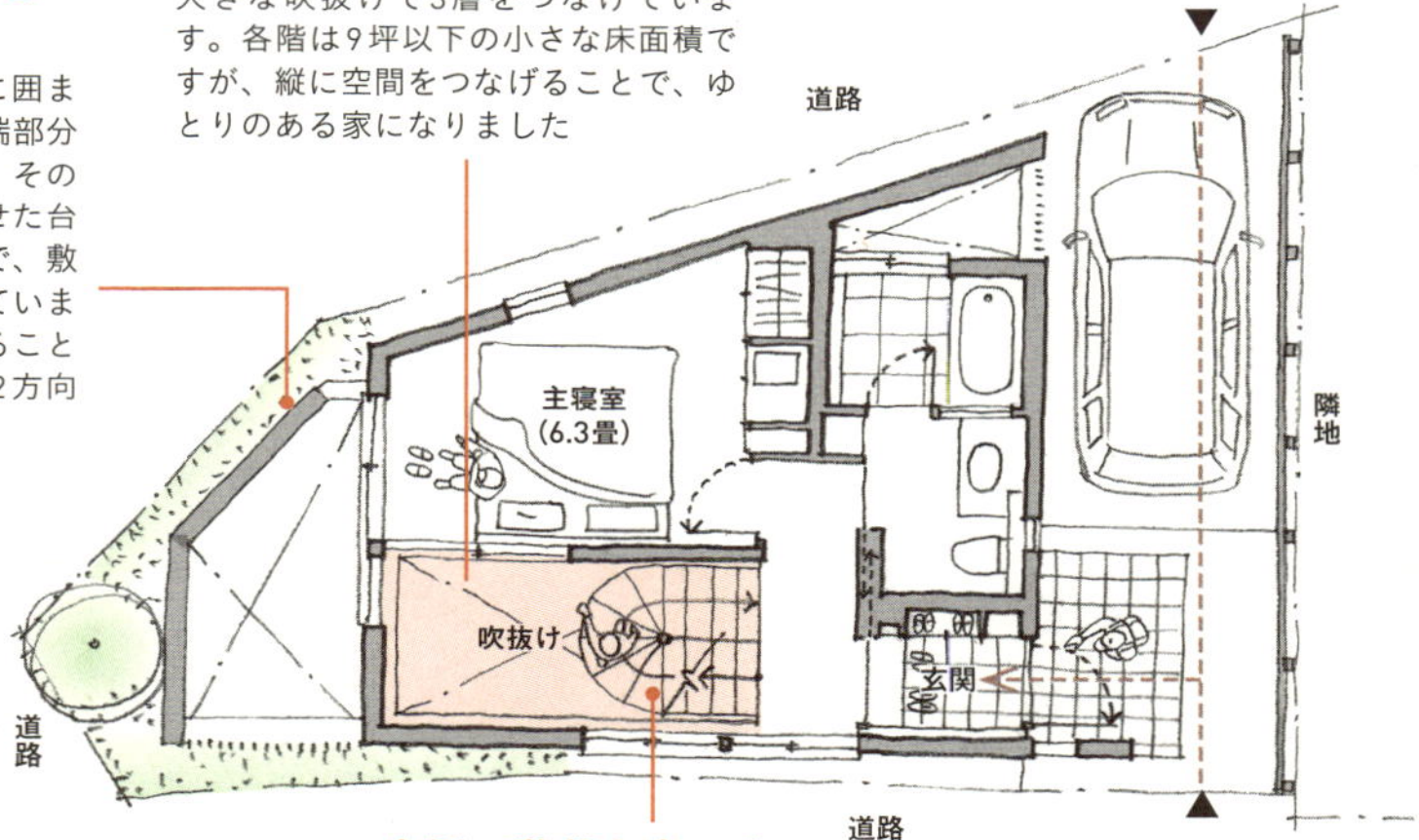

南側に階段を寄せる

→2章　P40へ

1F　S=1:150

造り付けとする

←2章　P54から

子供室は、収納を含めてもそれぞれ4.2畳、5.1畳の広さで、かつ変形しています。ベッド、机、収納をすべて造り付けとすることで、スペースを無駄なく利用できます

風が流れる地下

←2章　P67から

地下の2つの子供室が外気と接するように、2つのドライエリアをつくりました。それぞれのドライエリアから、ピアノスペースも含めた地下全体に風が流れます

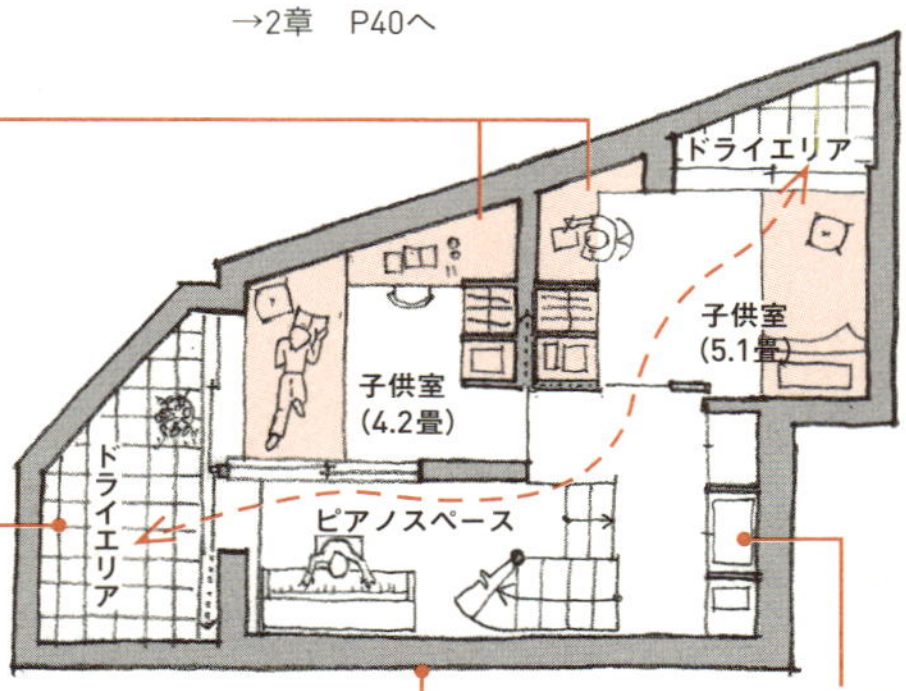

BF　S=1:150

地下に快適な居室をつくる

→2章　P76へ

動線スペースに収納

廊下の壁に収納をつくりました。収納室にすると一定の面積が必要ですが、動線スペースに収納を沿わせることで、床面積を極力少なくしています

将来に備える居室のあり方

S=1:200

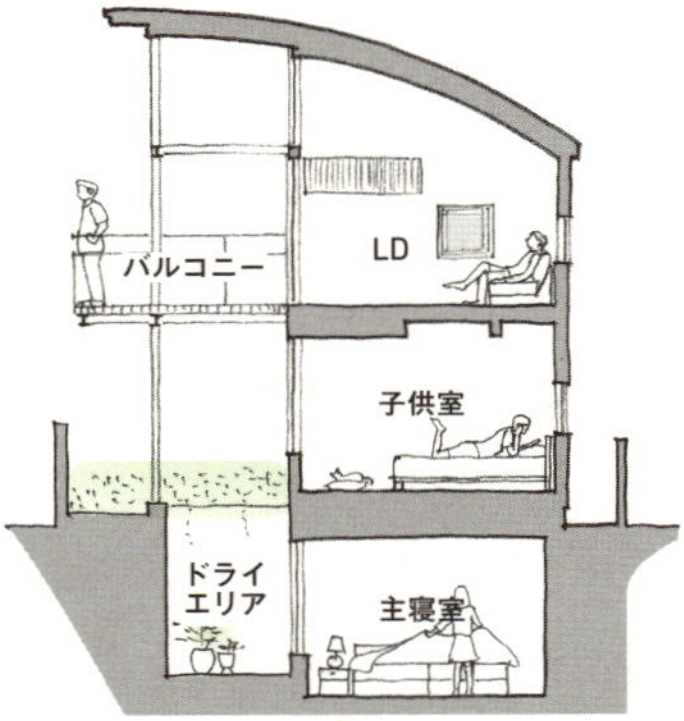

S=1:200

階段室の吹抜けで上下階をつなぐ

→2章　P70へ

光を運ぶ階段室

←2章　P40から

南隣家が迫っており、冬場の陽射しが室内に入りにくいため、階段を南寄せとし、階段室のハイサイドライトから光を採り込みます。ここから入った光は、階段室を通して地下まで届けられます

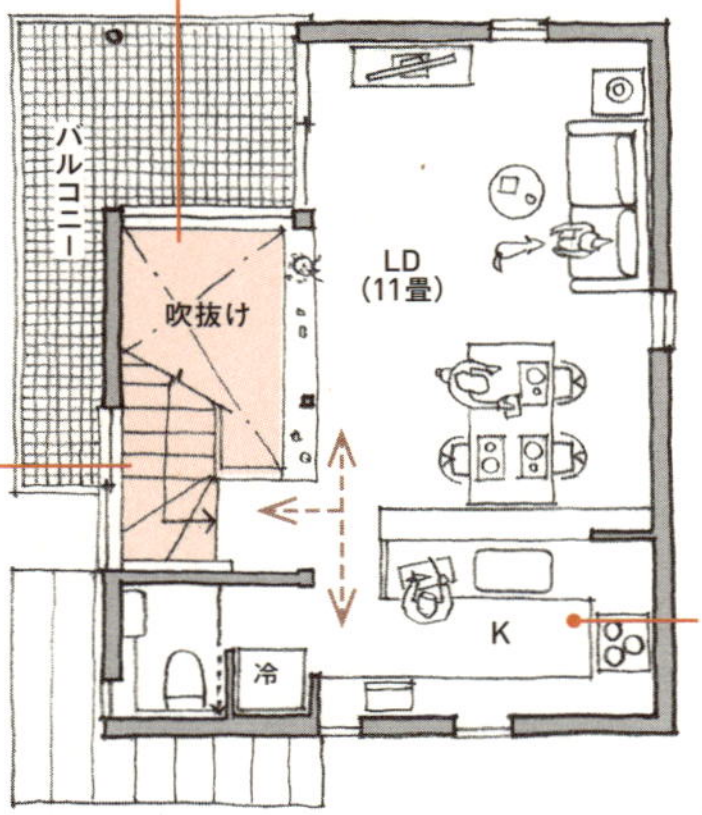

2F　S=1:150

機能をはっきりさせる

←2章　P50から

2階に上がると、左が居間・食堂、右がキッチンになります。キッチンはU形で、シンク作業および調理作業を行う面、レンジで煮炊きをする面、調理機器や食器を収納する面、と場所ごとに明確に機能を分け、コンパクトでも使いやすいキッチンにしています

2つのドライエリアで地下を快適な居室に

2階にLDK、1階に子供室とサニタリー、地下に主寝室と予備室をつくりました。地下にある2つの部屋それぞれに採光と通風ができるように、ドライエリアも2つ設けています。

1階の子供室は、出入り口の引戸を引き込めば階段室の吹抜けを介してLDKとつながり、2階の気配が感じることができます。9畳しかないので、2人で使う部屋としては小さいと思われるでしょうが、子供が成長して個室が必要になった際には、ここを夫婦の主寝室として、地下の2つの部屋（現・主寝室と予備室）が子供室となるように想定しています。

2階LDK、1階サニタリー

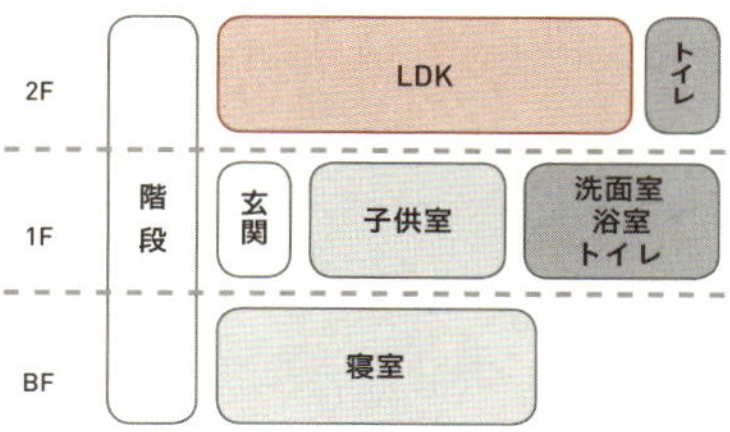

「武蔵小金井の家」

所在地	東京都小金井市
家族構成	夫婦（30歳代）＋子供2人
敷地形状	整形（矩形で東道路）
敷地面積	82.05㎡（24.8坪）
延床面積	98.45㎡（29.8坪）
構造・階数	地下1階　地上木造2階

地下の居室

←2章　P76から

地下に、主寝室と予備室を配置しています。自然採光と通風が得られるよう、それぞれの部屋にドライエリアをつくりました

部屋を交換する

2人姉妹が使う子供室は新築当初は2人一部屋で使います。大きくなって別々の部屋を必要とした時点で、地下の主寝室・予備室が2人の子供室となり、1階の子供室が夫婦の寝室となります。子供の成長とともに、部屋を交換する方法もあるのです

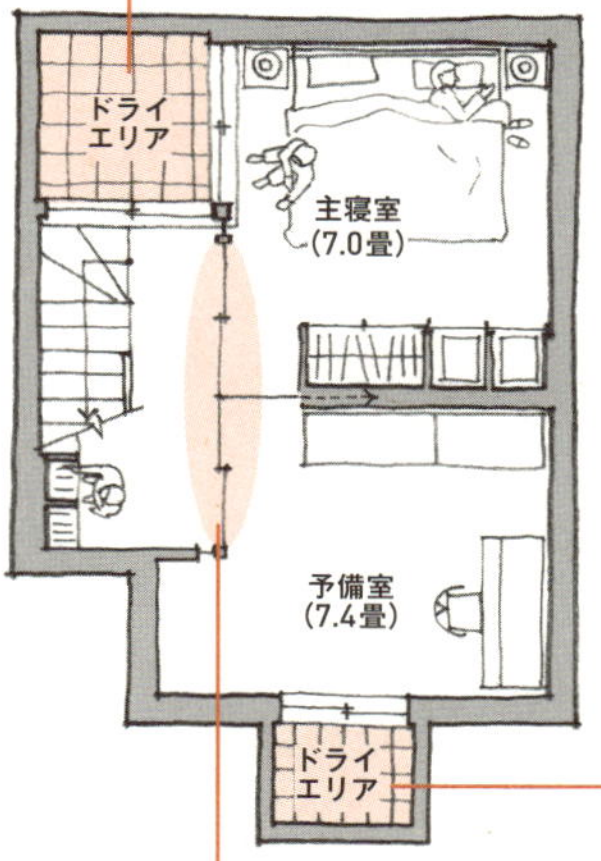

BF　S=1:150

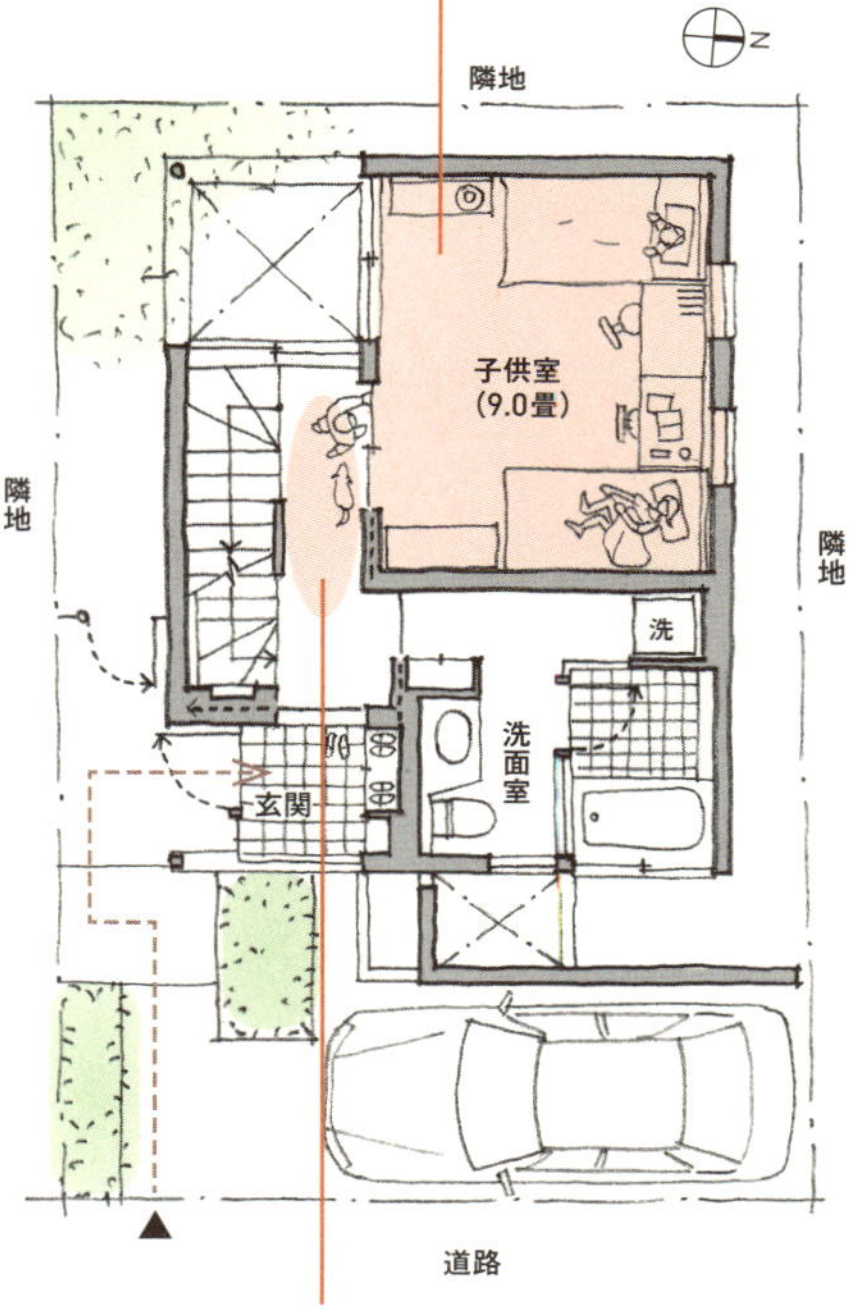

1F　S=1:150

閉塞感をなくす

←2章　P45から

地下の廊下には、閉塞感が生まれがちです。そこで、廊下と個室の境をすべて引戸としました。引戸の動かし方で、廊下と部屋のつながりが変化し、廊下はときによって部屋となります

地下に採光と通風をもたらすドライエリア

→2章　P67へ

廊下も部屋の一部

←2章　P45から

子供室への出入り口は壁に引き込める引違い戸。開け放てば子供室は廊下・階段とつながり、広がりを得られます

半地下で考えることのメリット

ちょっとした抜け

家事コーナーは、囲われた落ち着く場所にしました。デスクの前に小さな開口（穴）をつくり、引戸を開けると階段室越しに居間が見え、下の玄関ホール廻りともつながります

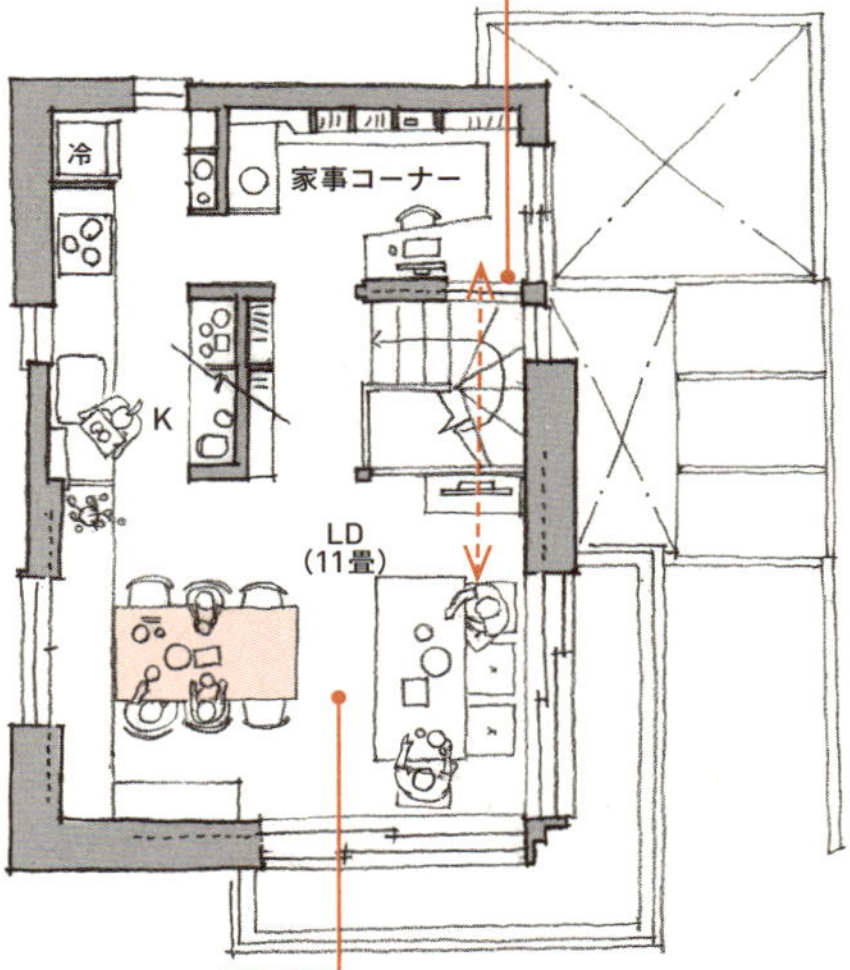

2F　S=1:150

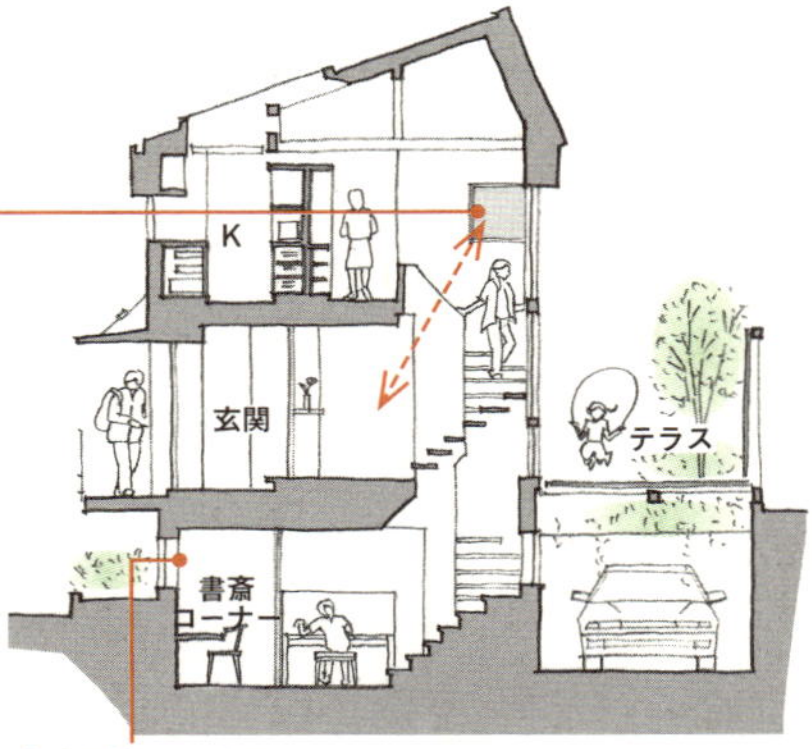

S=1:200

高低差を利用して半地下をつくる

→2章　P36へ

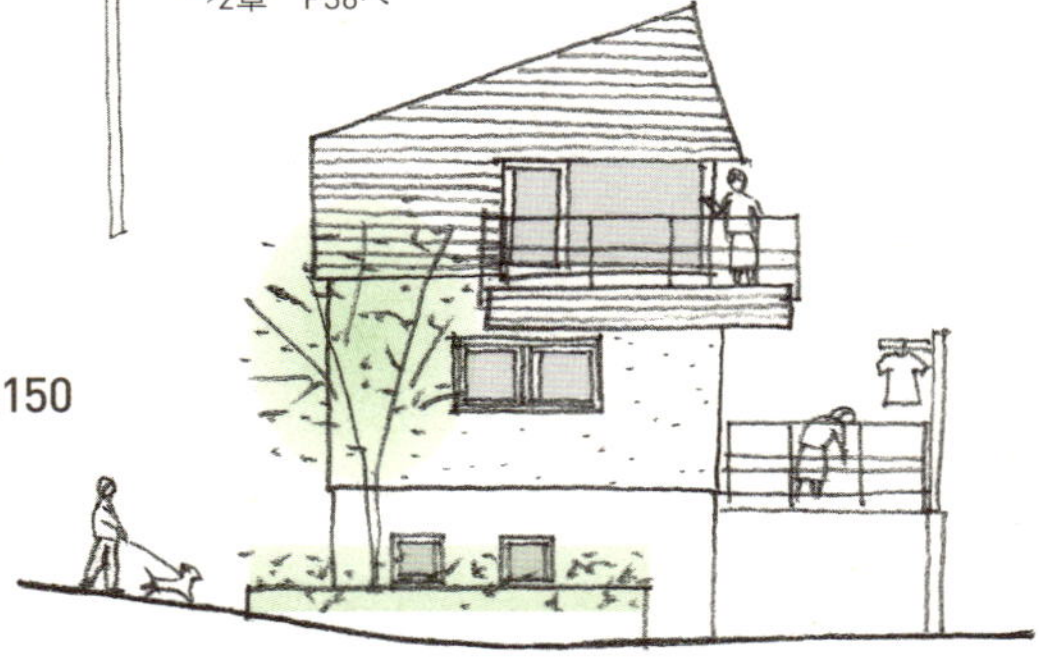

S=1:200

椅子座と床座

11畳のスペースは居間と食堂に分かれているわけではありません。普段の生活では椅子座でテーブルを囲み、特別な日などはテーブルが低くなって座卓に早変わり。床座の生活が楽しめるようになっています

どの階も、階段室廻りが間取りの要

半地下には寝室とクロゼット、さらに小さいながらも書斎コーナーをつくっています。1階は動線スペース（玄関、廊下、階段室）を挟むように子供室とサニタリーを配置し、地下と1階をプライベートスペースにしています。2階は、LDKのほかに階段室を挟んで、家族みんなが使える家事コーナーを設けました。

階段室と階段につながる廊下は、各階ともに要のスペースです。地下では狭いながらもピアノを練習する場所となり、1階では子供室や玄関とつながるゆとりの空間に、さらに2階では回遊できる間取りをつくり出しています。

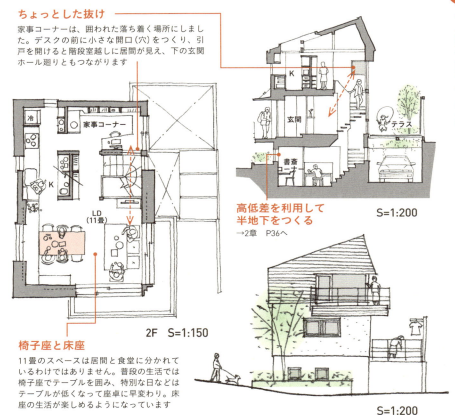

2階LDK、1階サニタリー

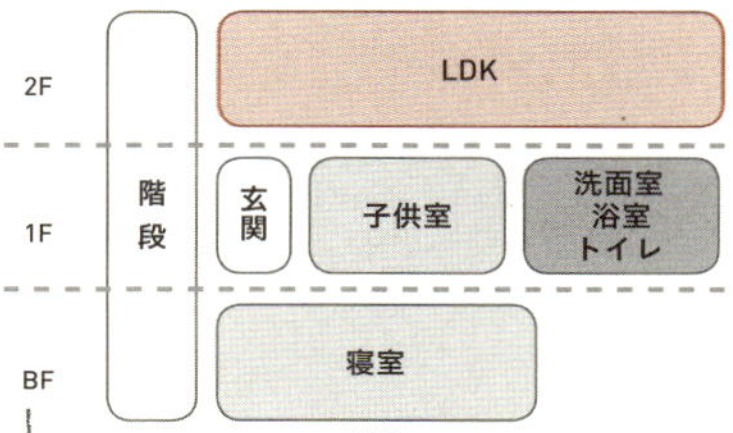

「桜ヶ丘の家」

所在地	東京都多摩市
家族構成	夫婦〔40歳代〕＋子供2人
敷地形状	整形（矩形で北・西道路）、道路との高低差1m
敷地面積	91.94㎡（27.8坪）
延床面積	100.69㎡（30.5坪）
構造・階数	地下1階　地上木造2階

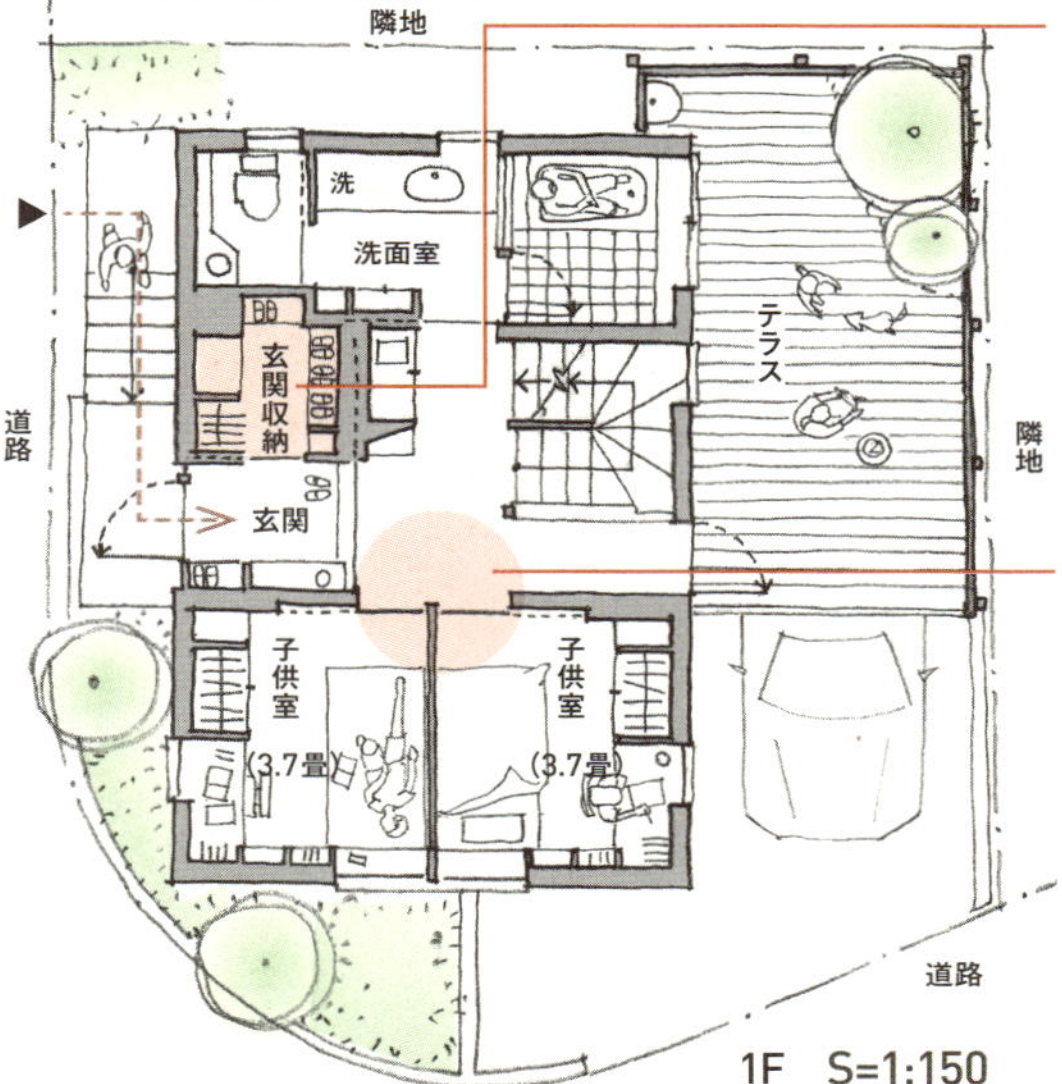

1F　S=1:150

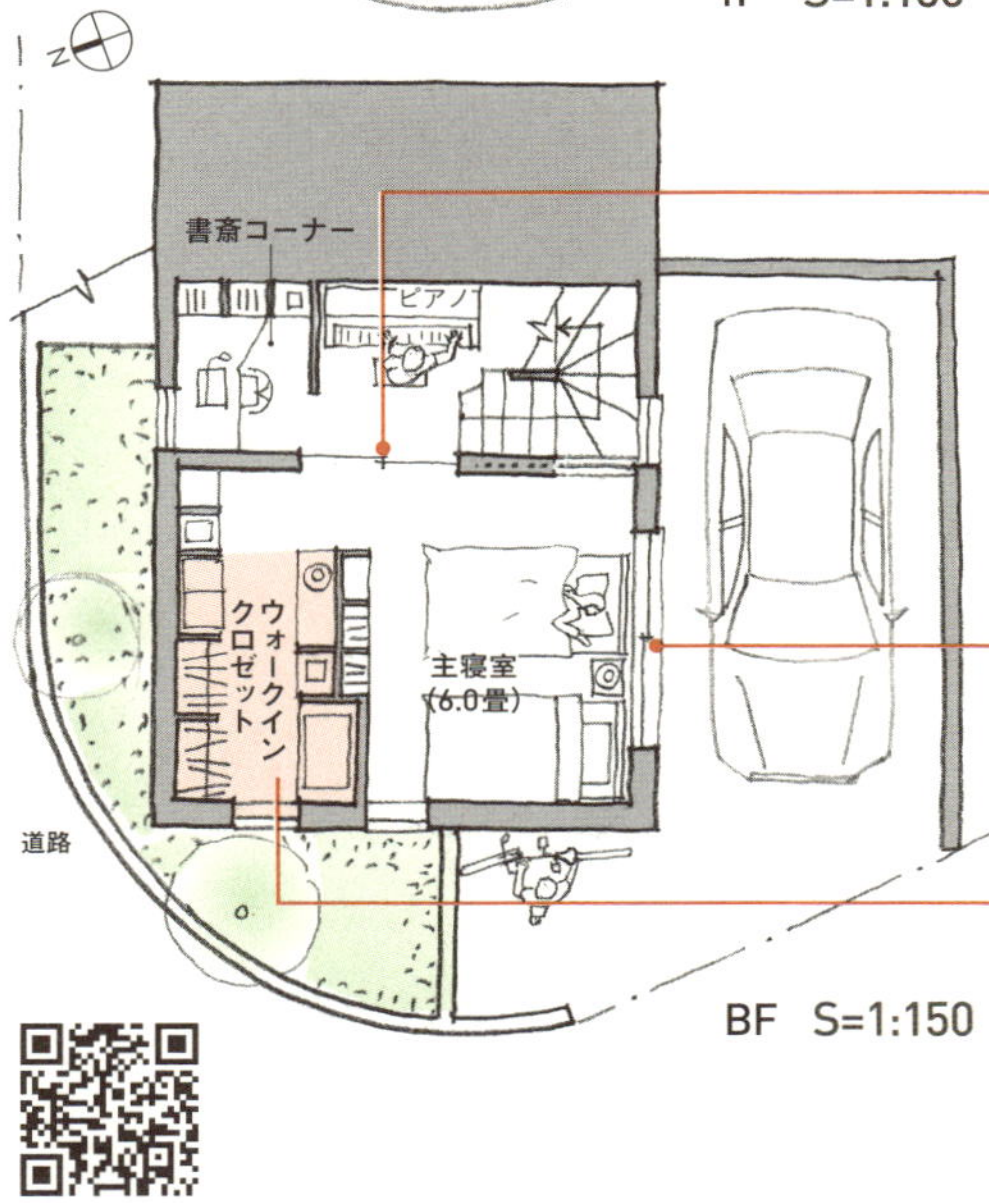

BF　S=1:150

土間の一部が玄関収納

←2章　P61から

玄関土間をコンパクトにした分、玄関収納をつくりました。玄関土間は、広めにつくった玄関ホールとつながって狭さを感じることはありません。風除けのための引戸でホールと玄関を仕切ることもできます

つながりで広くする

←2章　P45、P54から

廊下は階段室も含め広くつくり、子供室の出入り口を引戸としました。引戸を開け放つと、廊下と子供室はひとつながりのスペースとなり、3.7畳の子供室に視覚的な広がりをもたらしてくれます

ピアノの置き場と搬入経路

使う頻度を考えて、地下の階段下にピアノを置いています。ピアノを地下に置く場合は、搬入経路を考えておかなければなりません。ここでは、主寝室の窓から室内に入れ、階段下まで運びました。寝室の出入り口は引違い戸としてあり、搬入時には2枚の引戸が外せるようになっています

半地下には窓が付く

←2章　P78から

半地下にすることで、ドライエリアではなく窓から採光することができます。窓からの採光で室内を明るくするほか、風が流れるように計画して、室内の湿気を少なくすることが大切です

ゆとりのある収納スペース

←2章　P59から

寝室脇の収納スペースをできるだけ広くとり、衣類とその他雑物を収納できるようにしています

＋αの防音室を半地下に置く

視線で玄関と居間をつなぐ

変則的なスキップフロアを利用して玄関の天井を高くし、玄関から階段室へ、さらに2階の居間へと視線が抜けていきます。閉塞感のない、明るく伸びやかな玄関となりました

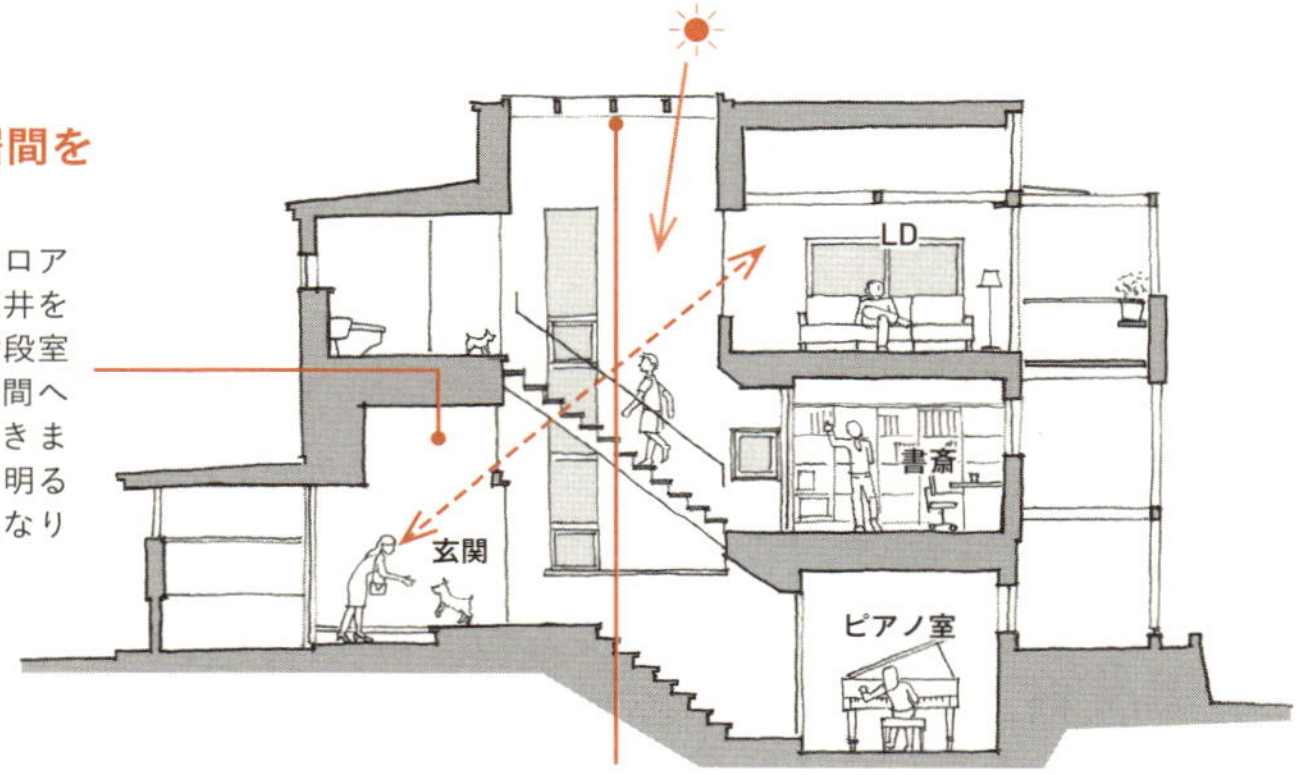

トップライトは階段の上へ

→2章　P63へ

S=1:200

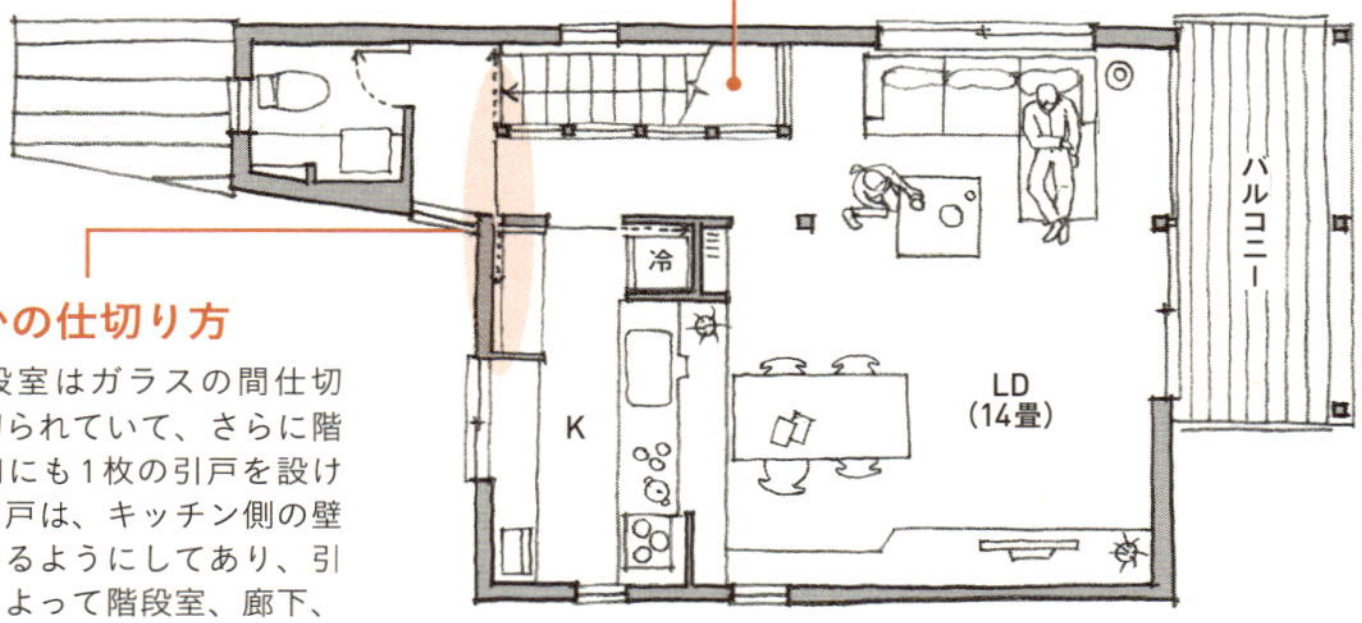

いくつかの仕切り方

LDKと階段室はガラスの間仕切り壁で仕切られていて、さらに階段の降り口にも1枚の引戸を設けました。引戸は、キッチン側の壁に引き込めるようにしてあり、引戸の位置によって階段室、廊下、LDKのつながり方を変えることができます

2F　S=1:150

変則のスキップフロアで上下階をつなぐ

北側道路に面して2台分の駐車スペースを確保したため、建物は南側に寄せることになりました。南からの採光を考えて2階をLDKとし、1階がプライベートスペースになっています。

ピアノのレッスン室を半地下にしたため、1階はスキップフロアとしています。しかし、2階は段差によってLDKが分断されるのを避け、フラットな床のワンルームとしました。そのことで、玄関と階段室廻りに余裕が生まれ、上下階のつながりが強くなりました。また、階段室上部のトップライトからの光が、余裕のある玄関廻りも明るくしてくれます。

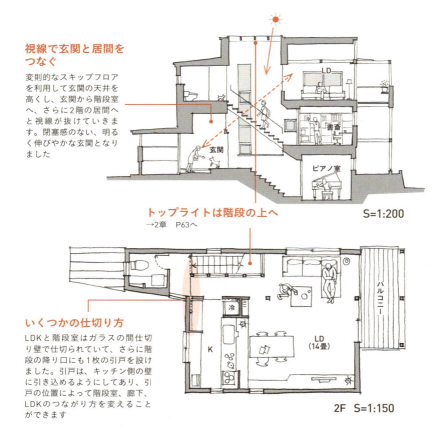

2階LDK、1階サニタリー

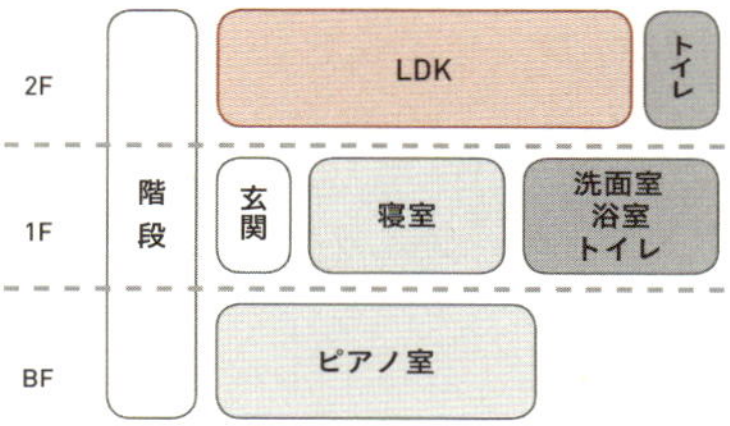

寝室からの使い勝手を優先する

衣類の収納は寝室側から使えるようにしています。その裏に納戸も兼ねた季節替えの衣類を収めるスペースをつくっています

自由度をもたせる

寝室の広さにゆとりをもたせ、書斎やくつろぎのスペースなど、自由にアレンジできるようにしています

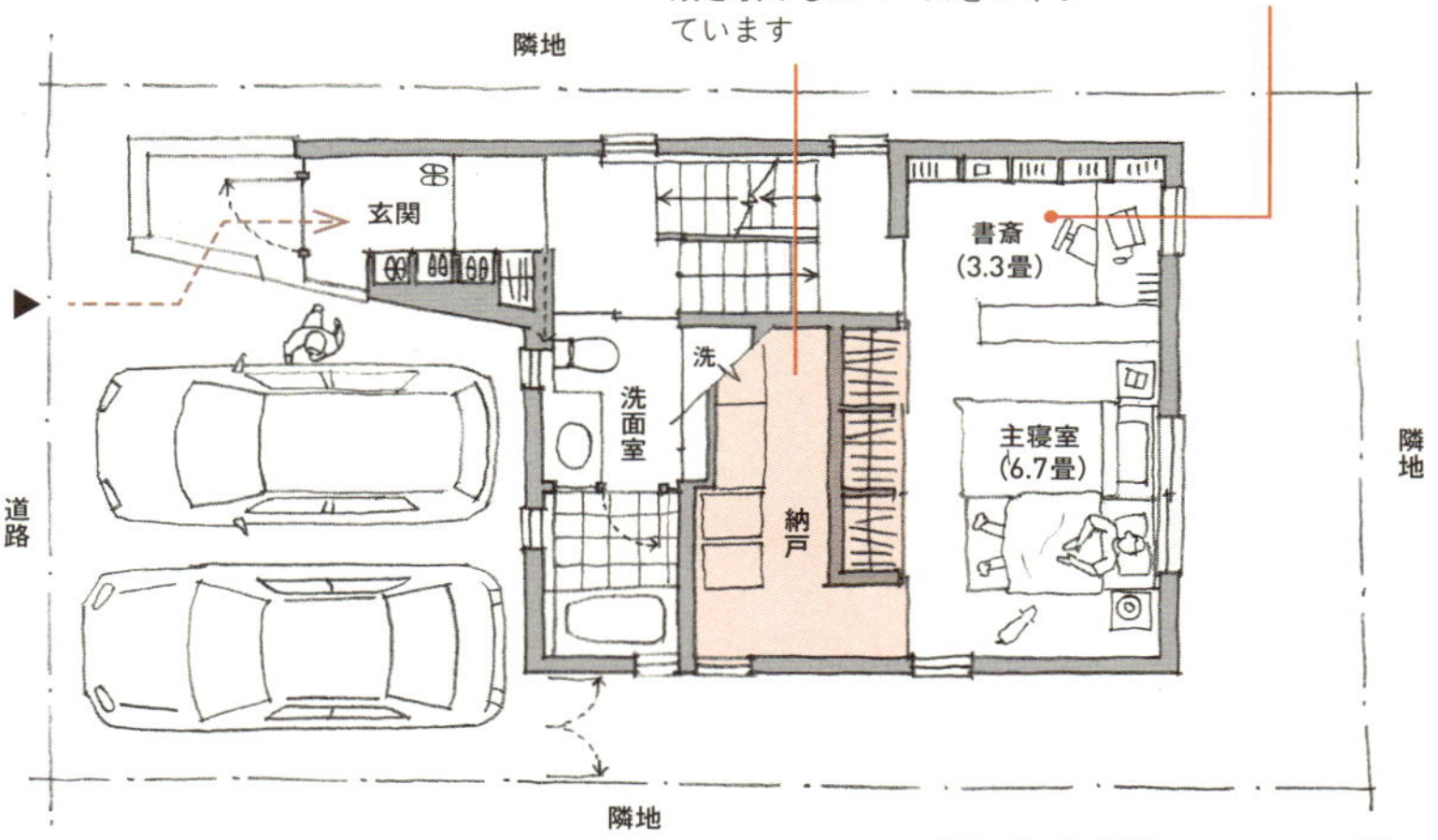

1F　S=1:150

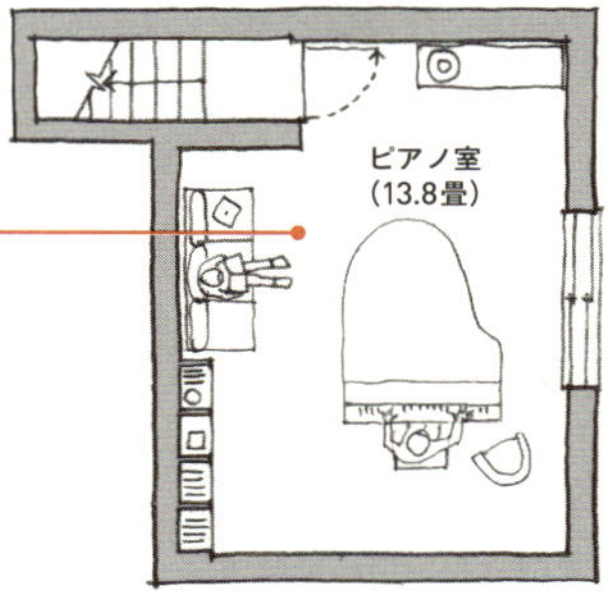

BF　S=1:150

3階建てと地下室の狭間で

→2章　P78へ

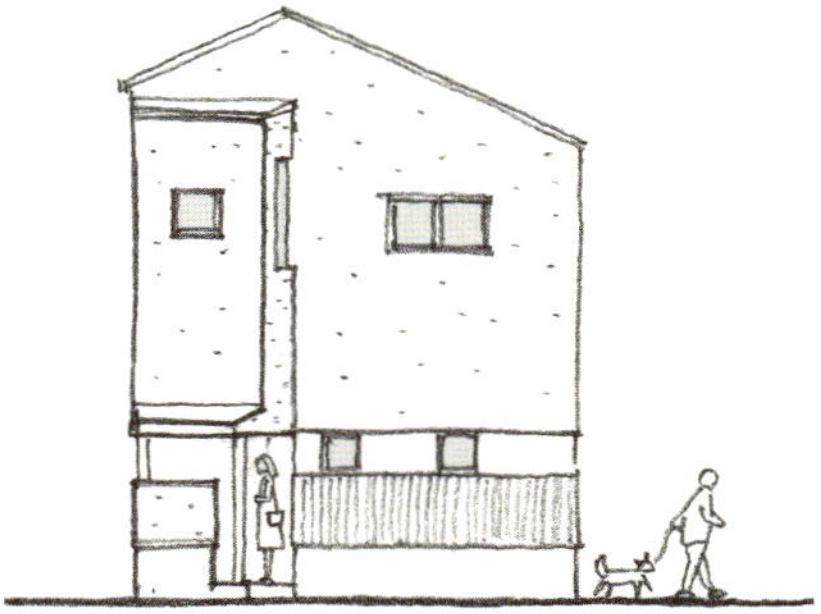

S=1:200

「つつじヶ丘の家」

所在地	東京都調布市
家族構成	夫婦（40歳代）
敷地形状	整形（矩形で北道路）
敷地面積	105.78㎡（32.00坪）
延床面積	110.25㎡（33.35坪）
構造・階数	地下1階　地上 木造2階

斜線制限が厳しい敷地の3層建て

洗面室は小さくできる

←2章　P51から

LDKをできるだけ広くする意味からも、サニタリーはトイレ、洗濯機まで置きながら、2.5畳とコンパクトです。直接ベランダに出られるので洗濯物を干すときにも使いやすくなっています

高窓から採光する

←2章　P64から

2階の居間・食堂は天井の高さを3m85cmとし、南面の高窓から、隣家の屋根越しの光が射し込むようにしています

2階に集める

→2章　P84へ

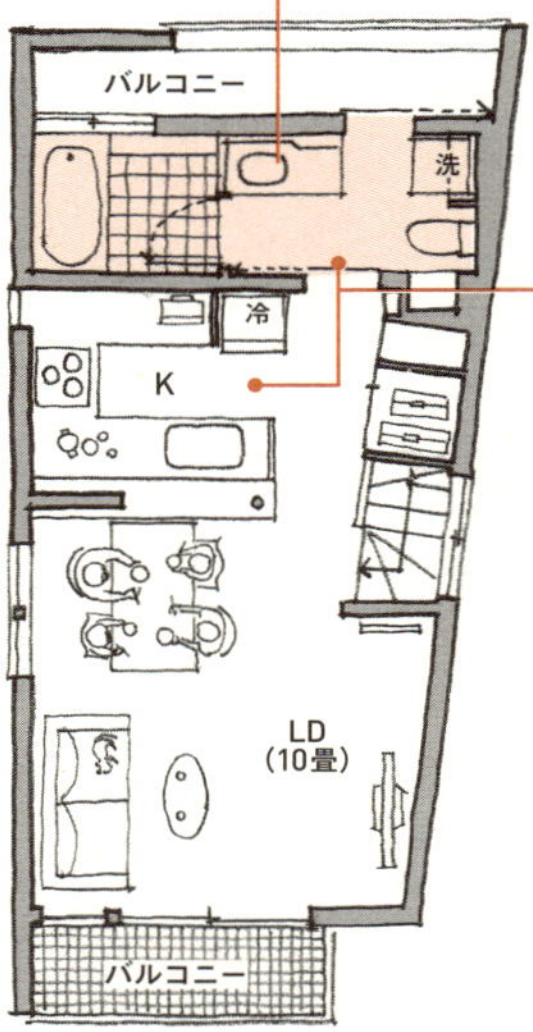

2F　S=1:150

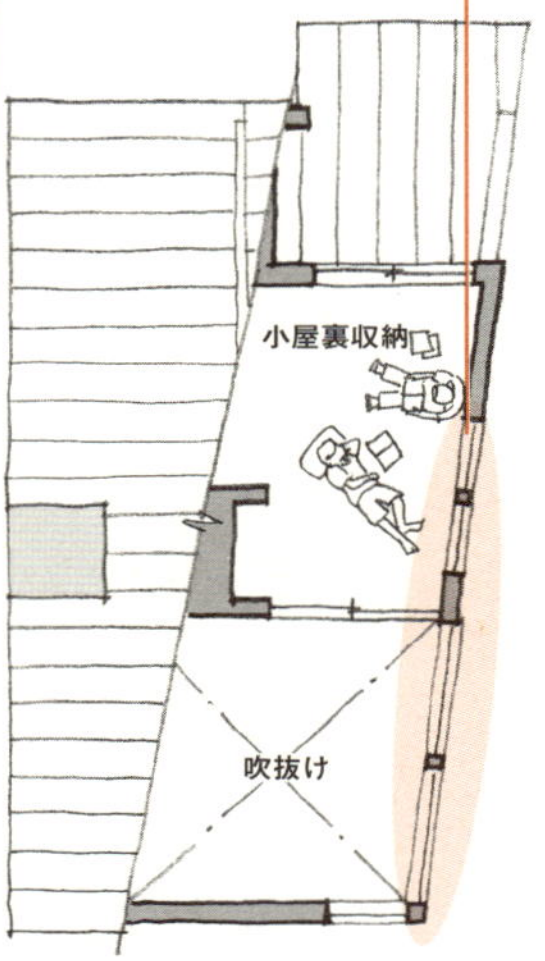

LF　S=1:150

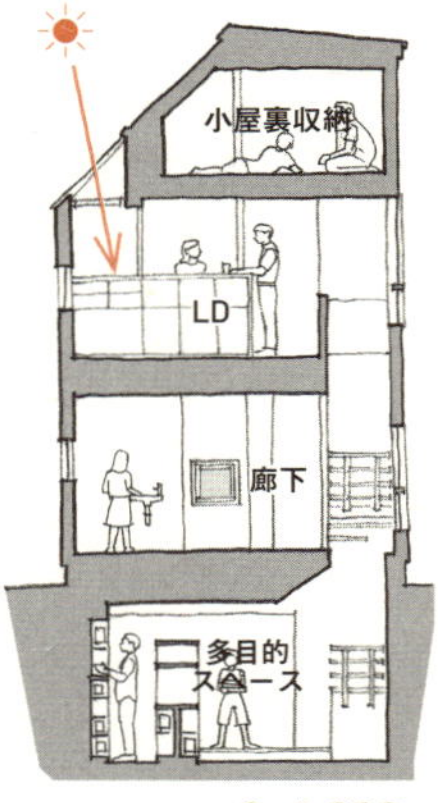

S=1:200

S=1:200

小さな敷地でもたくさんのスペース

18坪余の敷地に、駐車スペースを確保しながら4人家族の家を建てるとなると、3階建てにするのが一般的な解答です。

しかしここでは、北側斜線の制限がかかることから、3階部分は天井高さ1m40cmの小屋裏とし、地下に部屋をつくることになりました。1階はガレージが一部建物に食い込んで広さが限られるため、LDKとサニタリーを2階に置き、1階に子供室、地下に寝室と多目的スペースを配置しています。地下でも、地上階と同じような居住環境が保てるように2つのドライエリアをつくり、自然に風が流れるようにしています。

2階LDK、2階サニタリー

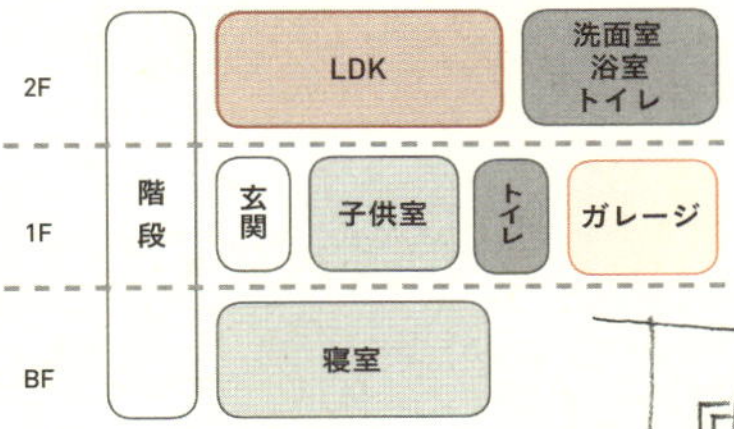

「上原の家」

所在地　東京都渋谷区
家族構成　夫婦（40歳代）＋子供2人
敷地形状　変形（台形　東道路）
敷地面積　61.63㎡（18.64坪）
延床面積　93.45㎡（28.26坪）
＋ガレージ9.7㎡（2.93坪）
＋小屋裏収納11.44㎡（3.46坪）
構造・階数　地下1階　地上木造2階

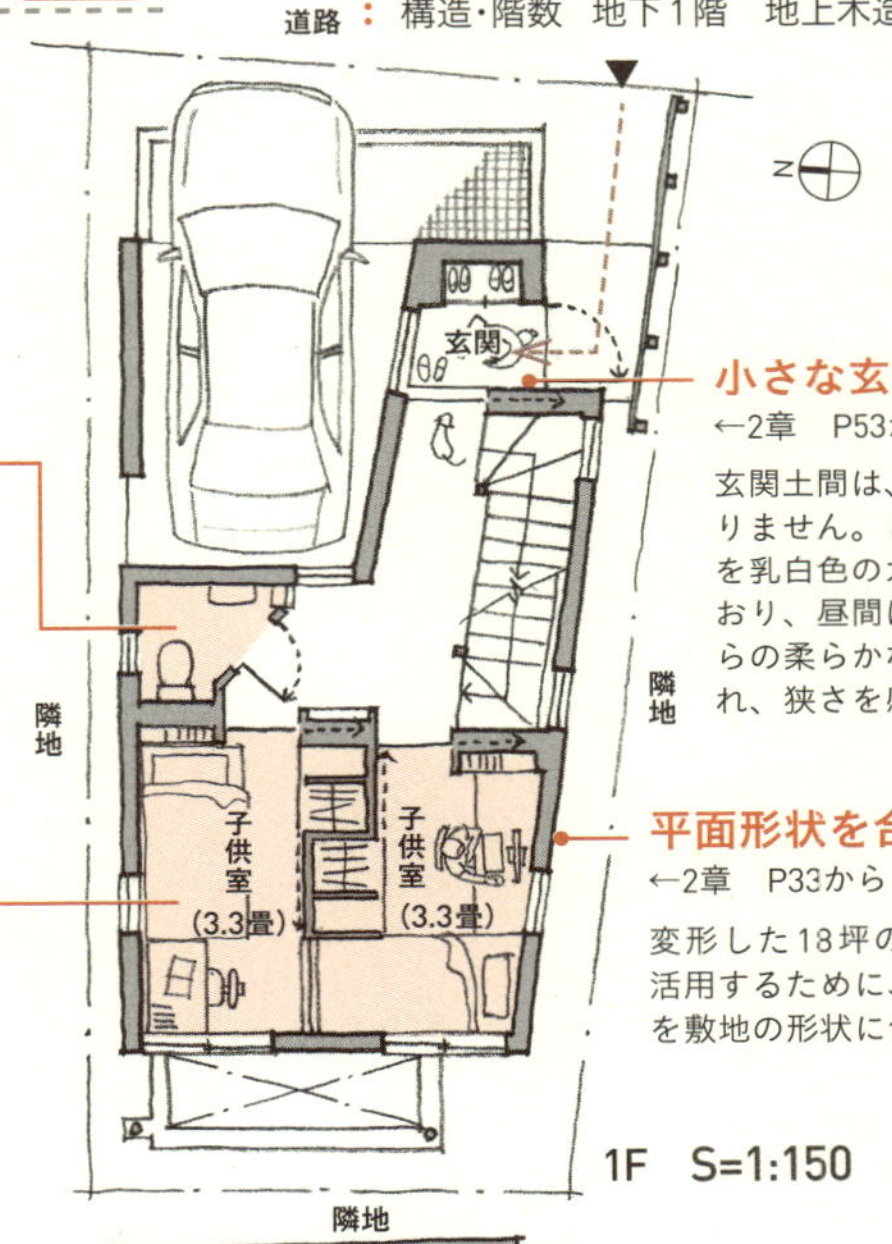

小さな玄関でもOK

←2章　P53から

玄関土間は、半畳強しかありません。しかし正面の壁を乳白色のガラス窓としており、昼間はガレージ側からの柔らかな明るさに包まれ、狭さを感じさせません

小さくても手洗い

小さなトイレですが、廊下側に壁を斜めに膨らませることで、手洗いスペースをつくりました

平面形状を合わせる

←2章　P33から

変形した18坪の敷地を最大限活用するために、建物のかたちを敷地の形状に合わせています

必要な機能を満たす

←2章　P54から

2つの子供室の有効広さは、それぞれ3.3畳です。この広さでも、寝ることと勉強することについては、十分に機能が果たせています。平面が変形している南側の子供室は、ベッドとデスクを造り付けにして、スペースに無駄が出ないようにしています

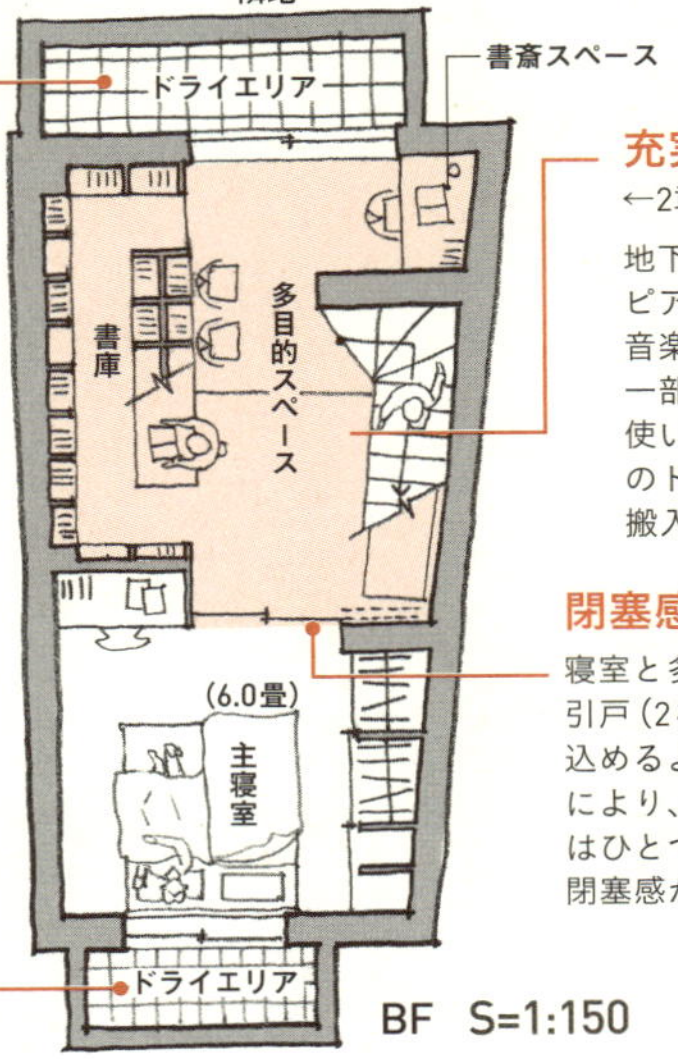

充実した使い方

←2章　P76から

地下の多目的スペースは、ピアノとオーディオのある音楽を楽しむ部屋ですが、一部を書斎や書庫としても使います。ピアノは道路際のドライエリアから室内に搬入しました

2つのドライエリア

←2章　P67から

採光と通風のために、建物の両サイドにドライエリアをつくりました。多目的スペース側のドライエリアの上はガレージで、床にグレーチング（格子状のスチール材）を敷いています

閉塞感を減らす

寝室と多目的スペースを仕切る引戸（2枚の引違い）を壁に引き込めるようにしています。これにより、寝室と多目的スペースはひとつながりの空間となり、閉塞感が軽減できます

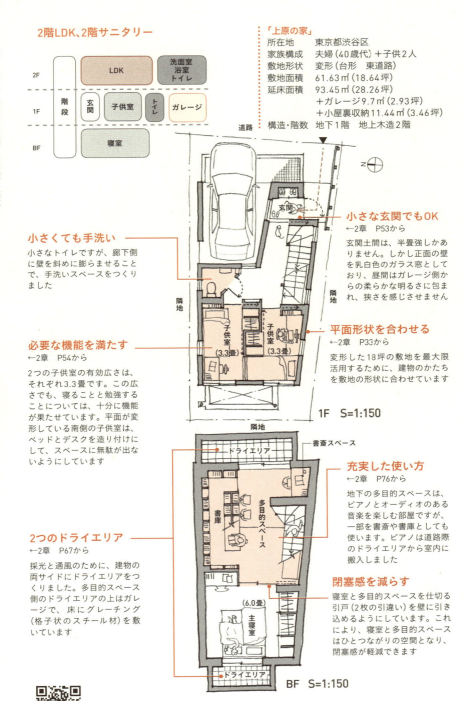

4層は中間階にサニタリーを置く

敷地面積が23坪前後あれば、地上3階建てにせよ、地下1階地上2階建てにせよ、3層に重ねて建てることで、どうにか暮らしに必要な床面積を確保できます。しかし敷地が15坪くらいまで小さくなると、3層では必要な床面積を確保するのが難しく、4層に重ねることになります。

敷地には、地域で決められた高さ制限があり、制限によって地上4階建てが建てられないときには、地下1階地上3階建ての建物になります。

いずれにせよ、暮らしのなかでの上下移動の距離は長くなりますが、室内の起点となる玄関が4層

地下＋地上3階建て（→P176〜）

地域によっては、高さ制限により地下1階地上3階建ての4層になることがあります。間取りを見た場合、室内の起点となる1階玄関とその他居室との関係は、3階建ての家と大きくは変わりません。各フロアの床面積が小さくなることで、プライベートスペースは各階に分散することになります。

パブリックスペース
- LDK

プライベートスペース
- サニタリー
- 個室（寝室・子供室など）

その他
- 動線

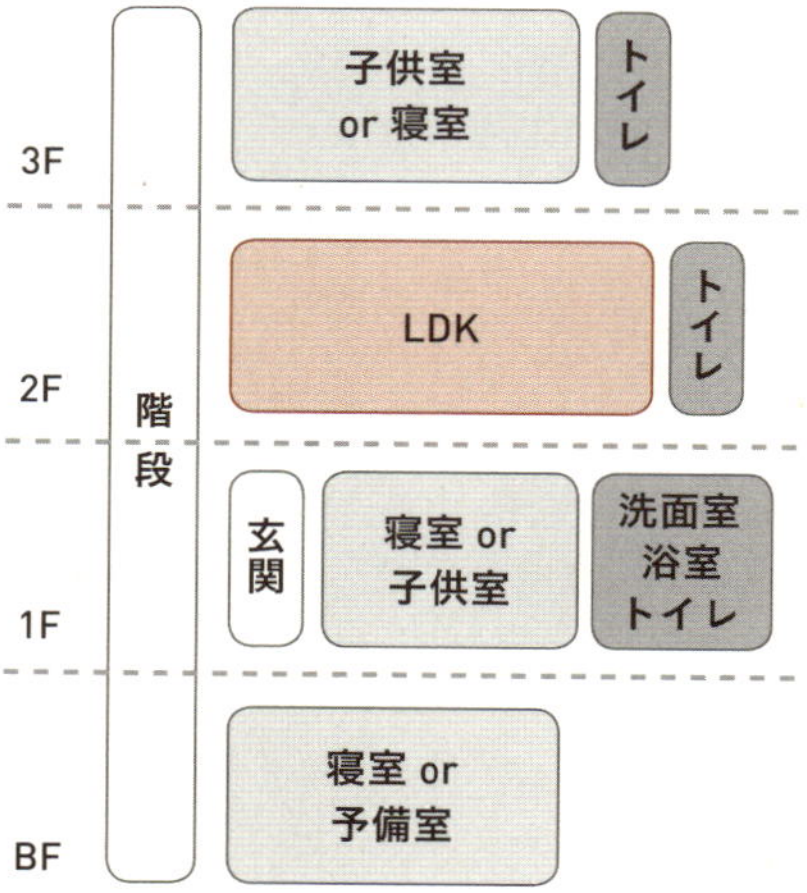

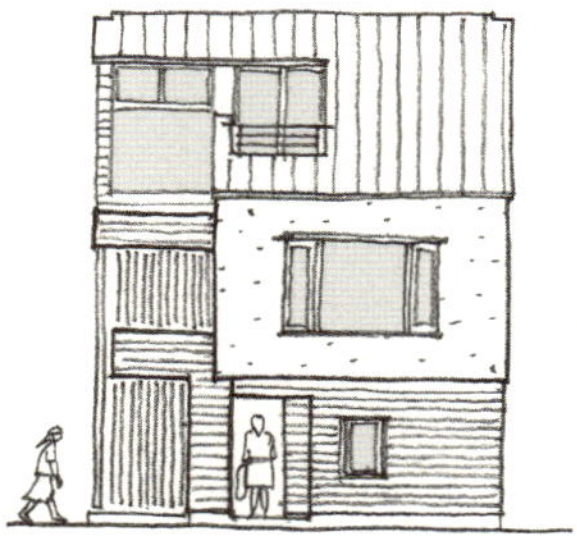

の最下層になるか2層目になるかによって、各部屋の位置関係は変わることになります。

ただ、サニタリーは汚水雑排水処理の観点から地下に置くことは避けたいものです。地上4階建ての場合、給水圧の点から見て4階に配置することも避けるべきでしょう。ワンフロアの面積には限りがあるので、ＬＤＫと同じフロアに置くこともできません。

となるとサニタリーは地下と4階を除いたフロアに置くこととなります。そして、別フロアに振り分けられる寝室や子供室、予備室などとの関係を考えながら、それぞれの配置を考えていくことになります。当然のことながら、ＬＤＫは景色のよい上層階に置きたいものです。

地上4階建て（→P180～）

高さ制限が緩く、階数を上に伸ばせるのであれば、コストのかかる地下をつくらず、地上4階建てにする選択肢があります。地上4階建ての場合、1階の玄関から最上階の居室まで、上下移動の距離は長くなってしまいますが、ひとまずLDKとその他個室およびサニタリーの関係だけを考えます。LDKスペースをどの階に置き、そこからほかの階に置く居室とサニタリーとの関係について考えることが、小さな敷地に建てる4階建て住宅の間取りづくりになります。

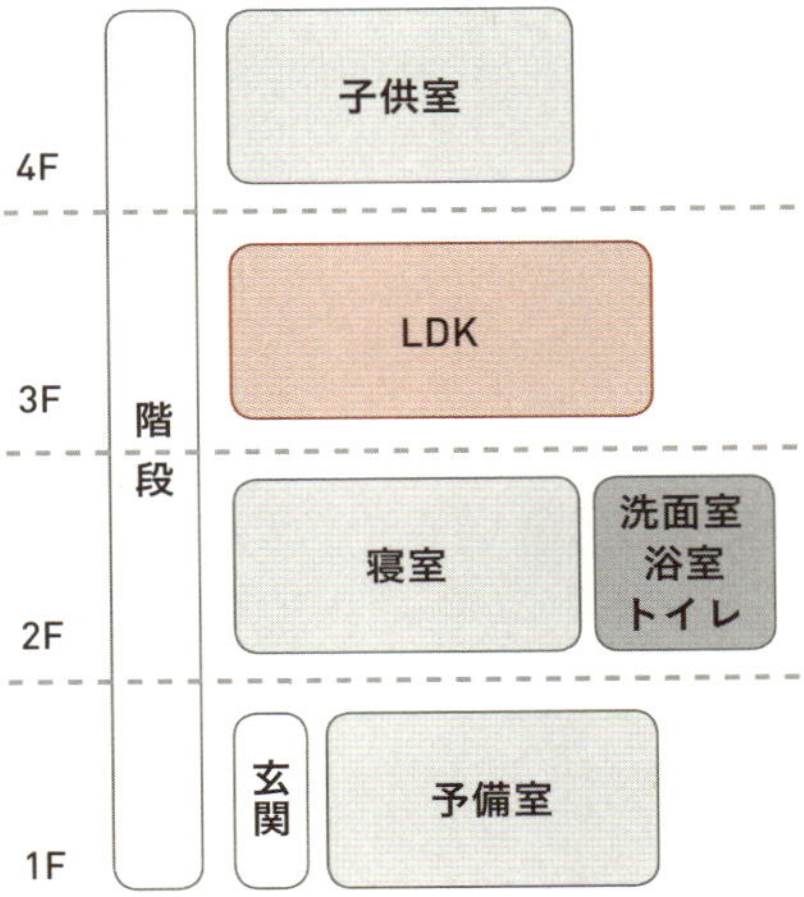

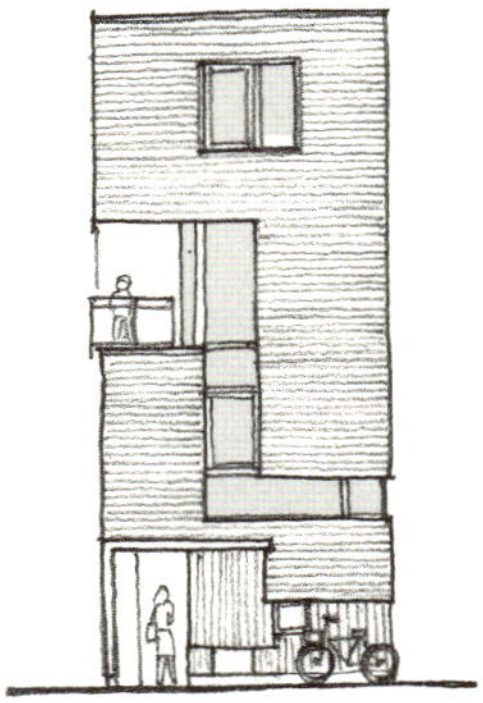

14坪弱に1フロア1機能の4層

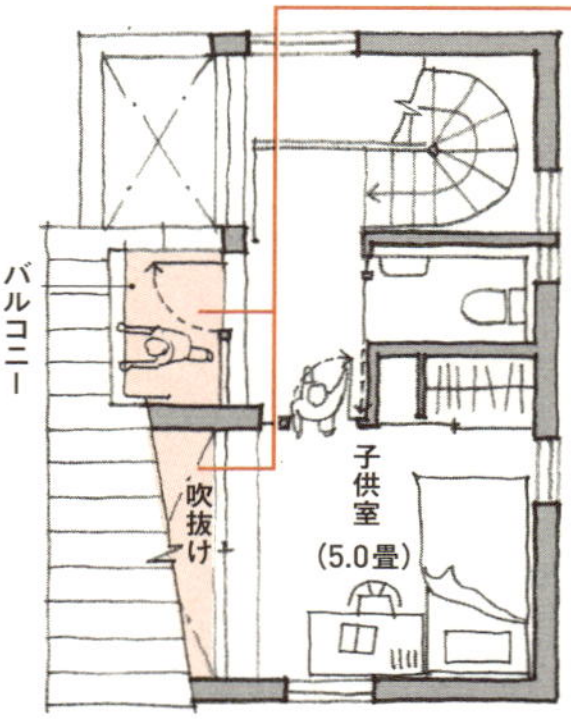

3F S=1:150

斜線制限を利用する

道路斜線の制限により、建物が斜めにカットされています。室内ではそれを利用して、2階居間・食堂から3階子供室へつながる吹抜けとし、さらに小さなバルコニーを3階につくっています。このバルコニーは3階建て以上の住宅に求められる、非常用進入口にもなっています

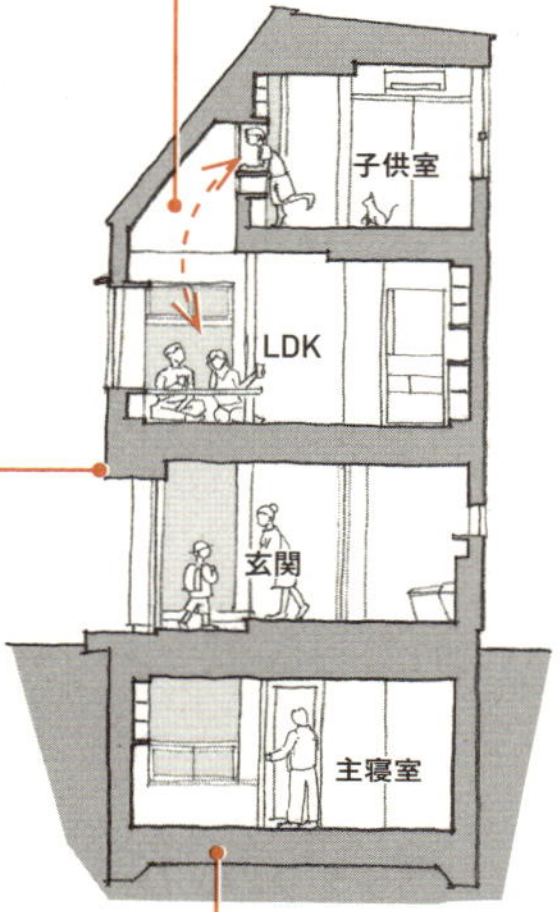

S=1:200

1フロア1機能

←2章 P37から

パブリックスペースのLDKは2階に配置、一方プライベートスペースをワンフロアにまとめるには面積不足。そこで階ごとに、子供室のゾーン、寝室のゾーンなど、1フロア1機能を基本としています

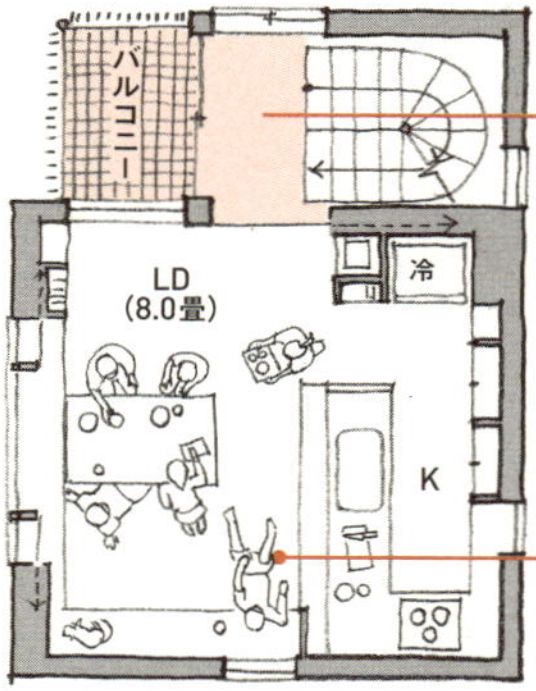

2F S=1:150

階段室も部屋にする

居間・食堂と階段室を仕切る建具は引戸とし、幅も広くしています。建具を壁に引き込むと、バルコニーも含めて階段室が居間・食堂の一部となって広がりが感じられます

4層に重ねる選択肢もある

→2章 P77へ

広さにとらわれない居間兼食堂

→2章 P52へ

条件のよい2階にLDKを置いてほかを割り振る

14坪弱の敷地で必要な床面積を確保するには、4層にする必要がありました。そして道路斜線の制限から、地下1階、地上3階の建物となりました。

各階とも床面積は8坪前後。どうがんばってもワンフロアに1つか2つの機能しか入れ込めません。採光、玄関からの動線、広さの確保などの条件が一番よいのが2階となったため、LDKを2階に置きました。

サニタリーは、排水処理の観点から地下を避けて1階に置き、寝室、子供室、予備室といった個室を、LDKのある2階以外の階に振り分けました。

地下＋地上3階建て

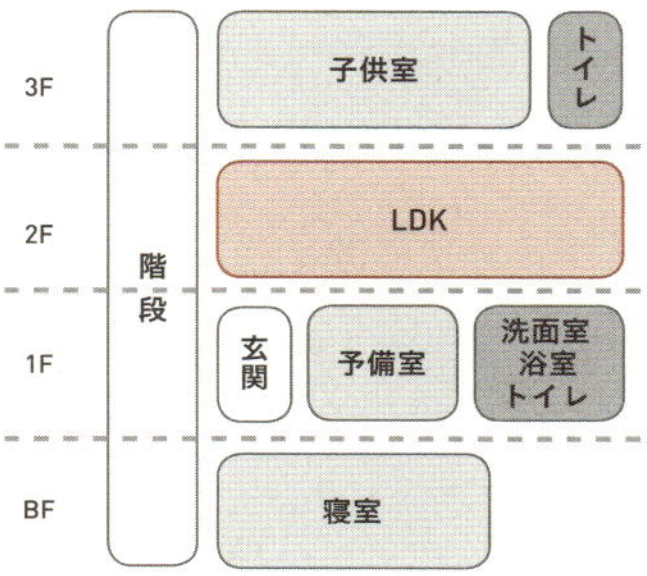

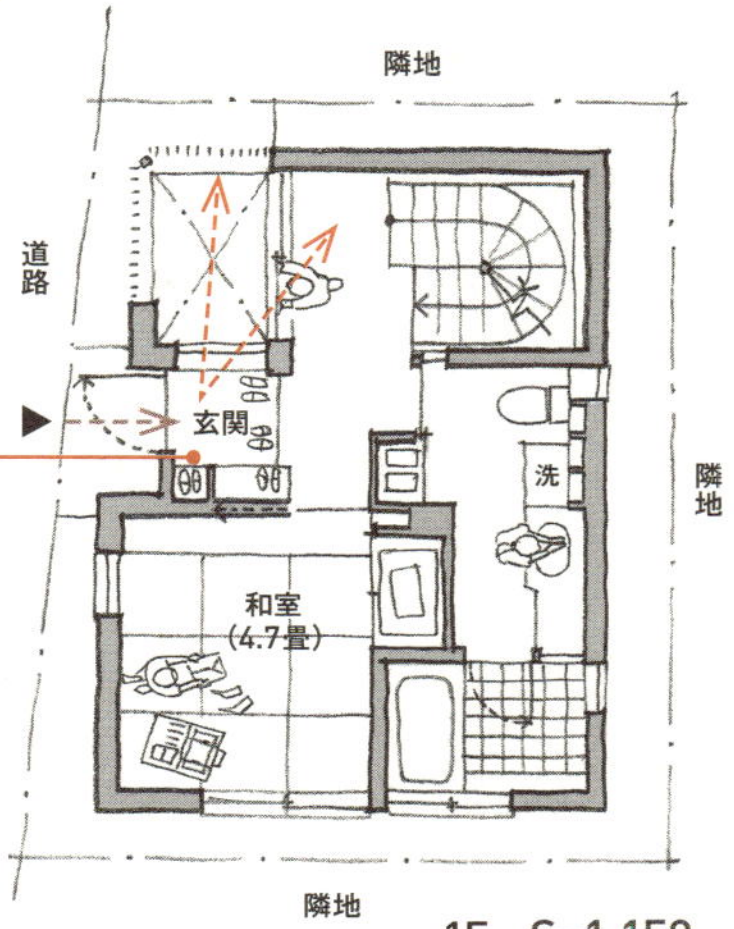

1F　S=1:150

広く見せる

小さな玄関ですが、内部に入るとドライエリア上部の吹抜けスペースが横にあり、階段室も含め、広がりが感じられます

どこでも自然光を感じる

←2章　P67から

広さ2畳にも満たないドライエリアですが、建物のコーナーに置くことで、階段室、寝室、書斎とすべての場所で、自然光を感じるようになりました

孤立させない

仕事柄、夫婦ともに書斎が必要で、2人並んで作業ができるようにしています。地下ということもあり、孤立感や圧迫感を軽減させるため寝室との仕切りは1m50cm程度の高さの間仕切り壁とし、上部で空間をつないでいます

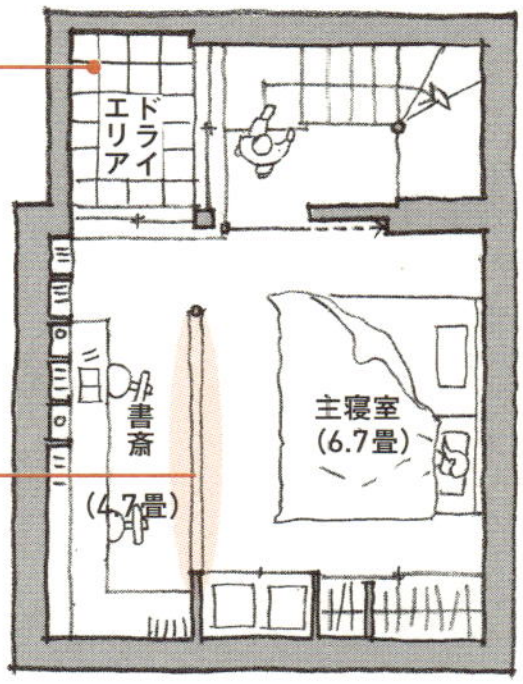

BF　S=1:150

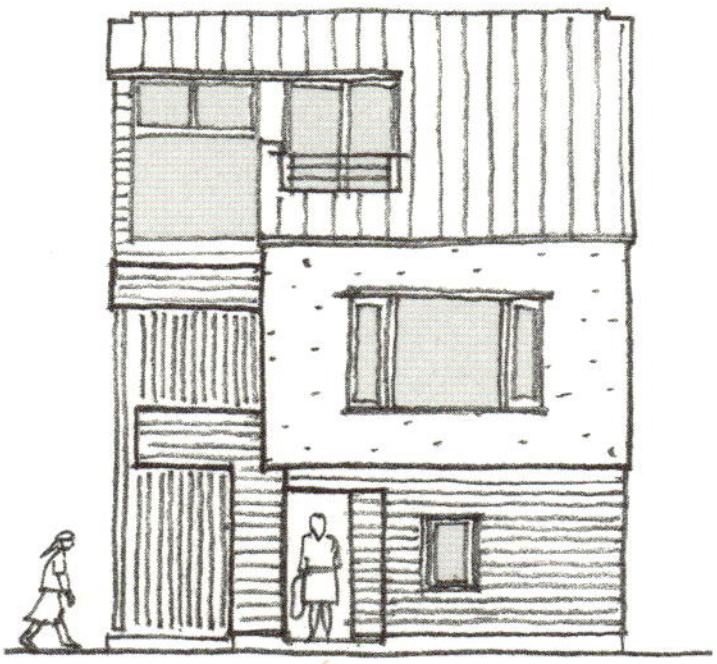

S=1:200

「千駄木2の家」

所在地　東京都文京区
家族構成　夫婦(40歳代)＋子供1人
敷地形状　整形(東道路)
敷地面積　40.06㎡(13.93坪)
延床面積　100.35㎡(30.35坪)
構造・階数　地下1階　地上鉄骨造3階

地下は本と書斎のために

バルコニーが玄関庇

キッチンから出られるサービスバルコニー。バルコニーは1階玄関ポーチの庇にもなっています

無駄なスペースを省く

←2章　P50から

キッチンは約3畳の広さ。もっとも作業効率のよいU形のキッチンカウンターを設置しました。家事コーナーは、サービスバルコニーに出る通路も兼ねており、極力、無駄なスペースをつくらないようにしています

2F　S=1:150

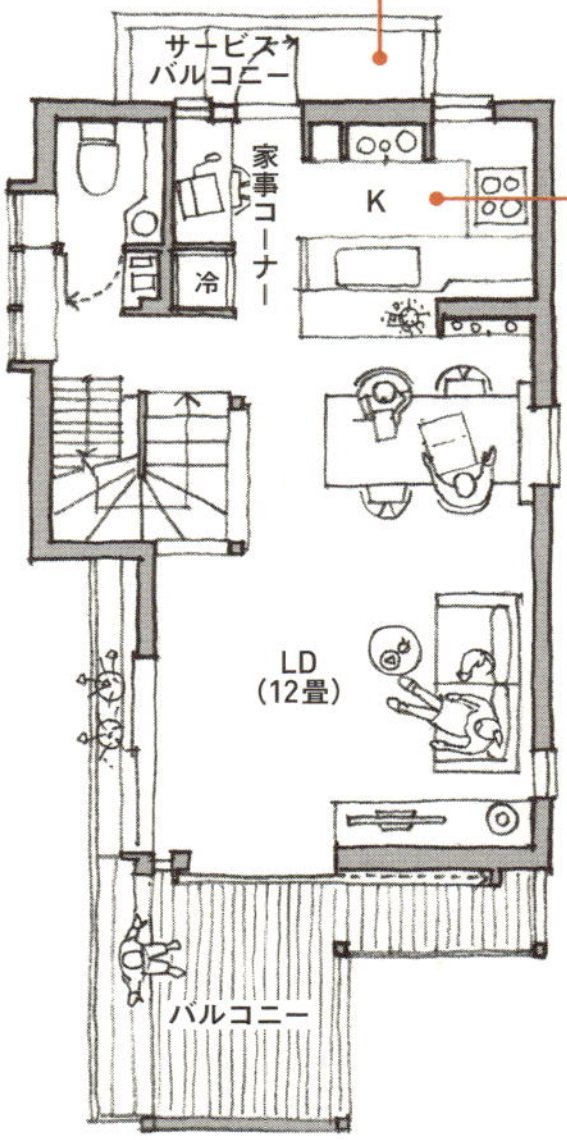

小さな穴でつながる

机の前の小さな開口は吹抜けに面し、食堂にいる家族を見下ろせます。吹抜け上部の小さなトップライトからの光は、その開口を通して子供室にも届けられます

視線が抜ける

←2章　P73から

大きな吹抜けの南側の壁に高窓をつくりました。3階の子供室からは、吹抜け越しに外の景色を望めます

3F　S=1:150

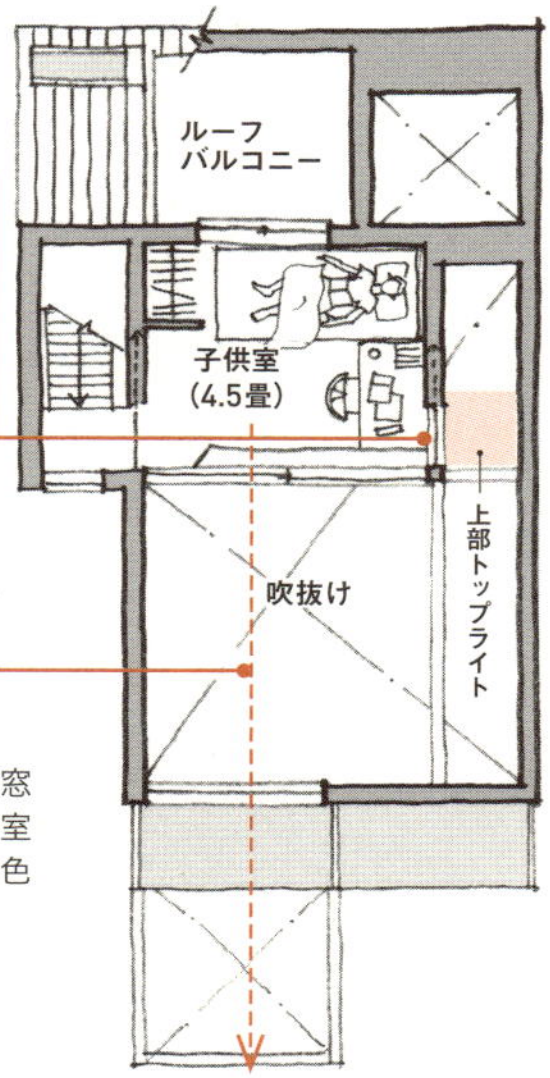

各階、違ったかたちで外とつながる

敷地南側の駐車スペースの上に2階居間からつながるバルコニーをつくって庭代わりとしています。地下には2つの書斎と書庫を配置し、どちらの書斎からもドライエリアに出られます。1階には寝室とサニタリーがあって、浴室からは坪庭を、寝室からはテラス越しに地下のドライエリアに植えた樹木の緑を楽しむことができます。3階の子供室もルーフバルコニーに出ることができます。

このように、どの階においてもそれぞれが外とつながる関係をもっており、限られた広さのなかでもゆとりを感じられるようになっています。

地下＋地上3階建て

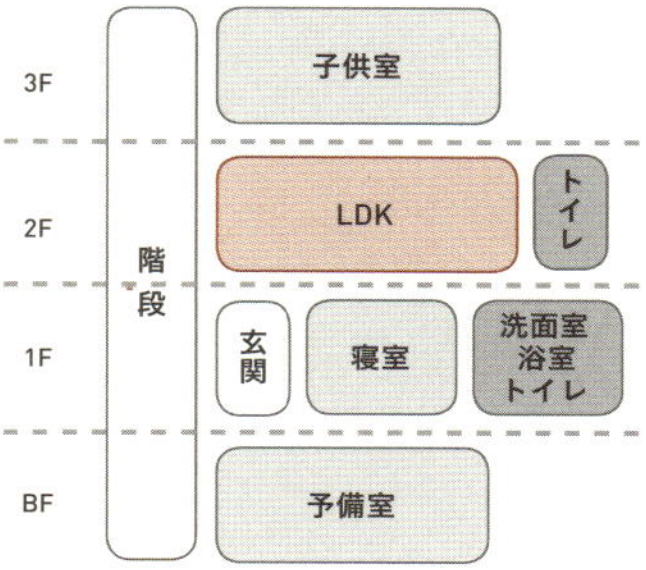

「日野の家」

所在地	東京都日野市
家族構成	夫婦（40歳代）＋子供1人
敷地形状	整形（矩形で西・北道路）
敷地面積	74.70㎡（22.59坪）
延床面積	106.33㎡（32.16坪）
構造・階数	地下1階　地上木造3階

1F　S=1:150

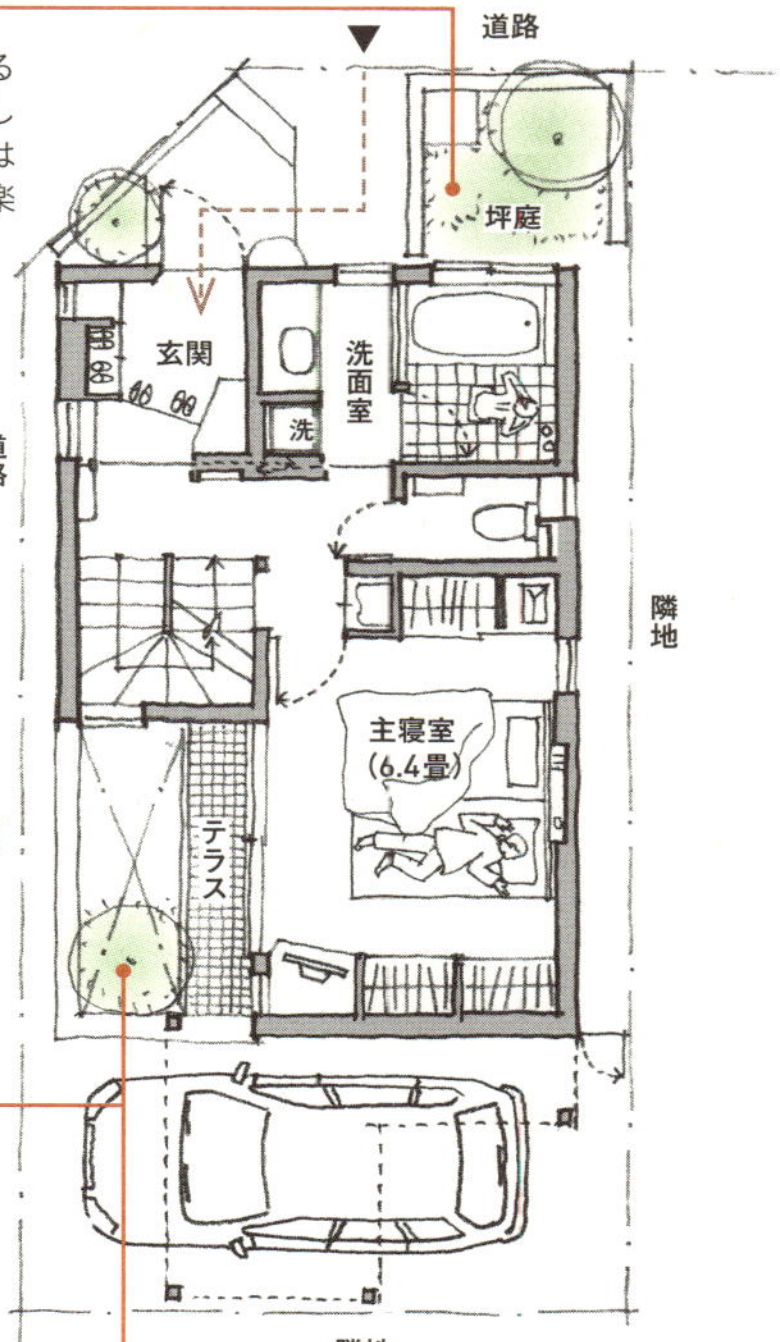

浴室からの緑

浴室の窓が道路側にあるので、高めの塀で目隠ししています。塀の内側は坪庭で、浴室から緑を楽しめます

BF　S=1:150

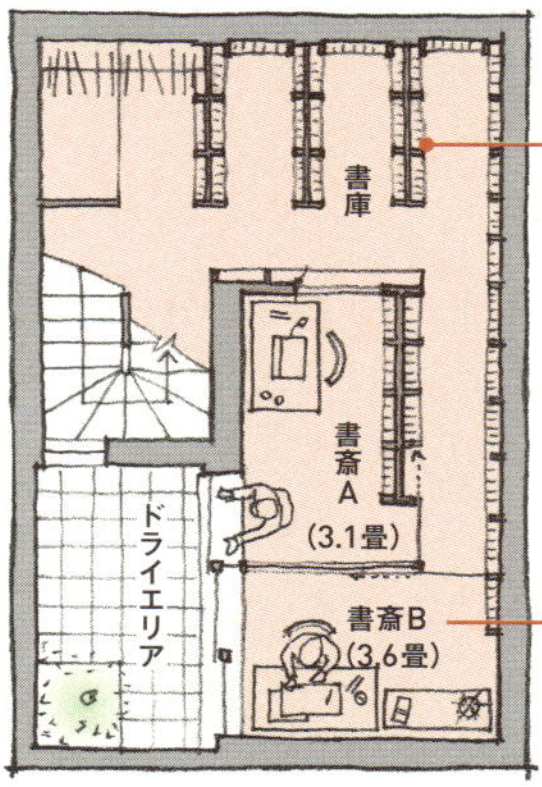

1万冊以上

地下の書庫には1万数千冊の本が収納できるように本棚を配置しています

地下に快適な居室をつくる

→2章　P76へ

外からの視線をカット

寝室の窓先はドライエリア上部となる吹抜けになっています。塀で囲って道路からの視線をカットしつつ、外部に抜けのある開放的な寝室となっています

S=1:200

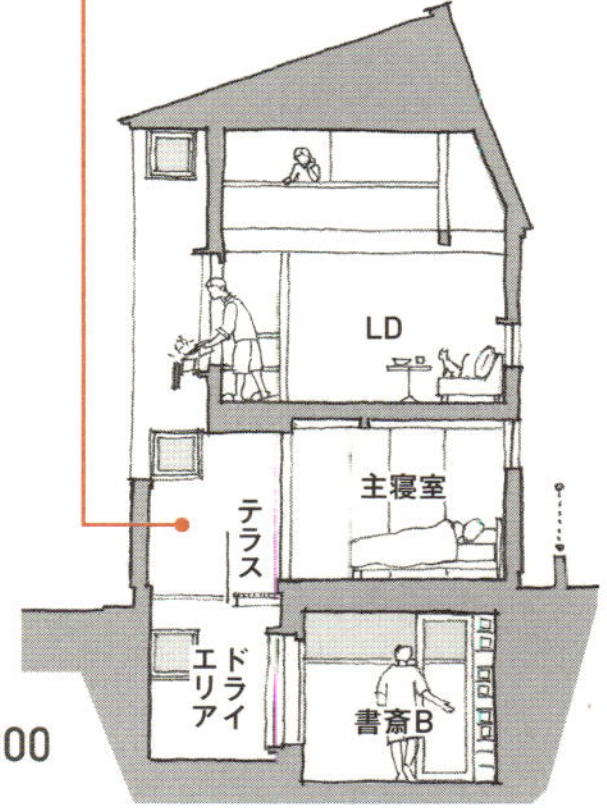

S=1:200

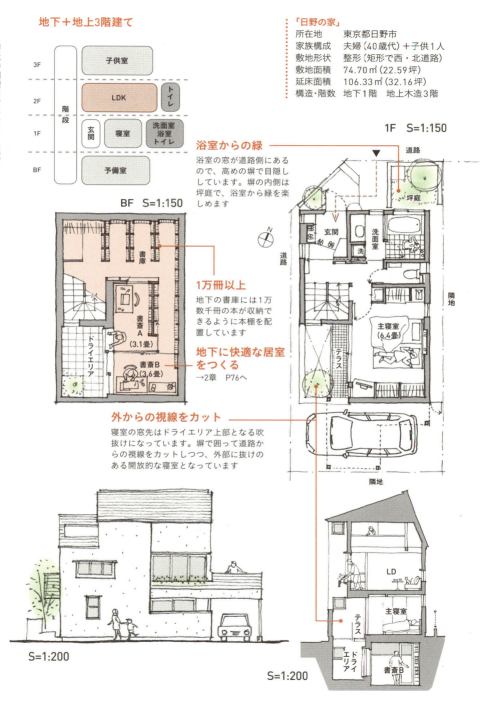

1フロアにつき1機能主義

茶の間使いとする
←2章　P52から

広さ7.2畳で居間と食堂を兼ねています。ダイニングテーブルを置いてしまうと、イスで居場所が固定されてしまうので、座卓を置いて昔ながらの茶の間使いのスペースとしました。キッチンは対面式ですが、キッチン内部、特にキッチンの足下はLD側からはまったく見えません

子供室は4畳で十分
←2章　P54から

1部屋の広さは正味4畳程度。勉強机を置くだけなら、十分な広さです。ベッドは2段ベッドとして2部屋の中央に置いていますが、上下別々にそれぞれの部屋から使用するようになっており、個室としてプライバシーは守られています

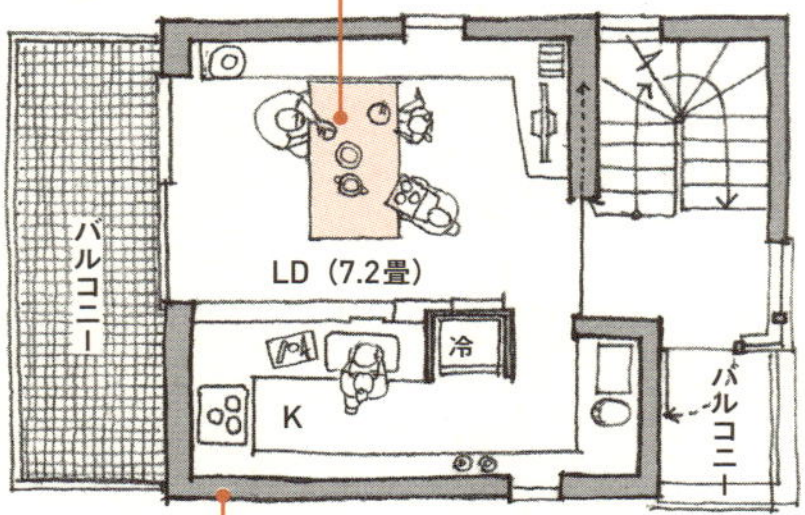

3F　S=1:150

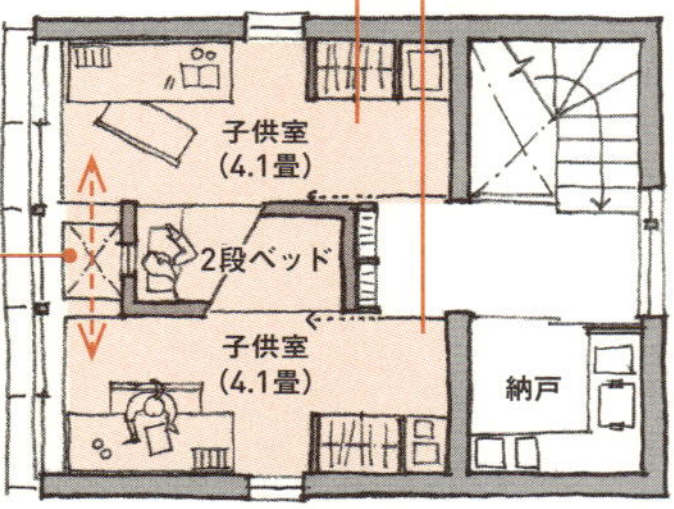

4F　S=1:150

1フロア1機能
←2章　P77から
→2章　P37へ

各フロア約8坪なので、使い勝手を考慮しながら機能を各フロアに分散させ1フロア1機能に。3階はLDKに特化しています

小さくつながる
←2章　P71から

4階の子供室と3階のLDKは、小さな吹抜けでつながっており、気配を伝え合うことができます。子供室どうしも、互いの開き戸を開ければつながります

それぞれの個室でLDKを挟み込む

14坪に満たない敷地に60%の建ぺい率で家を建てると、ワンフロアの床面積はわずか8.4坪にしかなりません。延べ床面積30坪前後の家を建てるのであれば、4階建てにする必要があります。この家は4人家族が暮らせる生活スペースに加えて、書庫兼音楽室が求められました。

そこで、陽当たりの悪い1階を書庫兼音楽室とし、その上の3フロアを基本的な生活スペースとしました。3階のLDKを4階の子供室と2階の寝室で挟み込むことにより、家族が集まる場所とそれぞれの個室の距離が縮まり、使い勝手もよくなっています。

地上4階建て

4層は中間階にサニタリーを置く

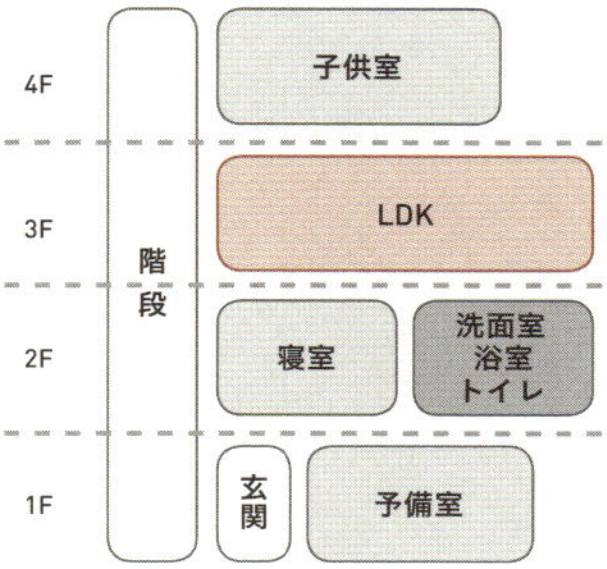

「赤堤通りの家」

所在地	東京都世田谷区
家族構成	夫婦(40歳代)+子供2人
敷地形状	整形(矩形で北道路)、道路との高低差1m
敷地面積	45.90㎡(13.88坪)
延床面積	105.40㎡(31.88坪)
構造・階数	鉄骨造4階

収納は開き戸か引戸か

←2章　P60から

寝室が和室なので、洋服収納と布団をしまう押入れが必要となります。使い勝手のよい寸法などが異なるので別々につくり、洋服収納は開き戸としました。開いた際、布団を敷いていても邪魔にならないように扉の幅を決めています

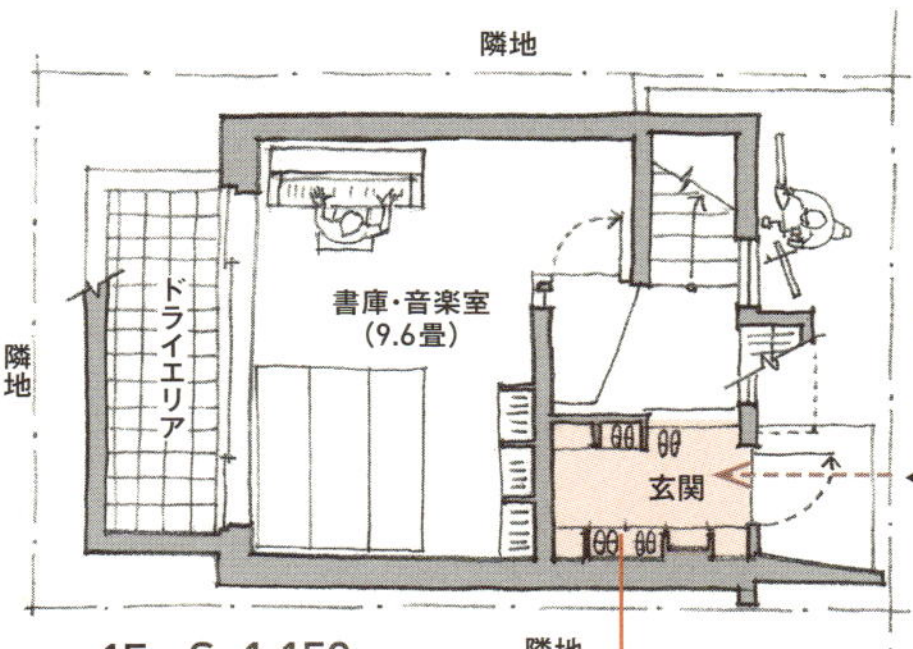

1F　S=1:150

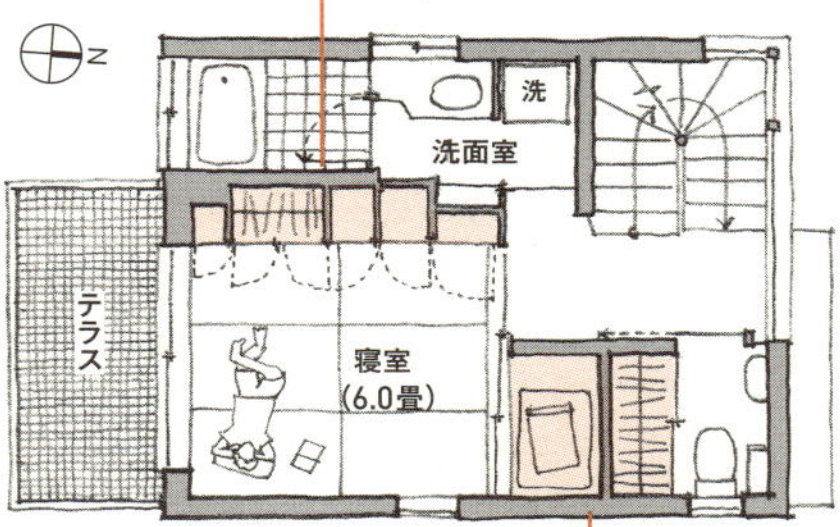

2F　S=1:150

収納スペース

←2章　P53から

玄関土間の奥行きを利用して小さな収納をつくり、玄関土間がもので散らからないようにしています

使い勝手から考える

寝室(和室)側からは布団を収納する押入れ。奥はトイレ側から使う雑収納としています

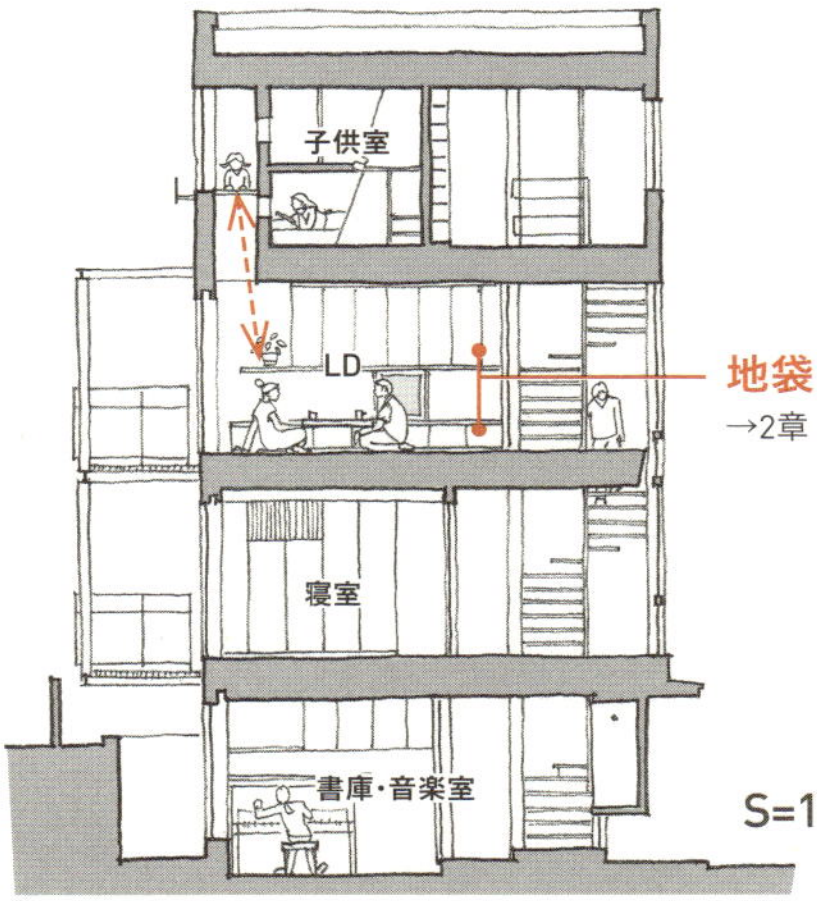

地袋と天袋の収納

→2章　P58へ

S=1:200

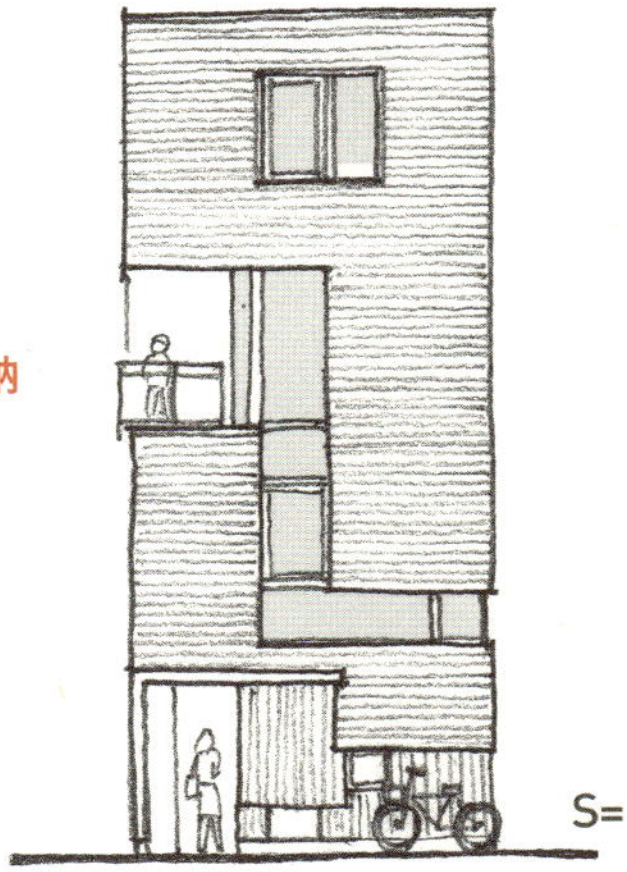

S=1:200

謝辞

いつものことながら武蔵野編集室の市川幹朗氏には、編集作業のすべてを担っていただきました。そして、事務所の元スタッフの清木緑さんは、図面のなかに人などの添景を入れ、そこに暮らしの息吹を吹き込んでくれました。お二方の力によってこの本がかたちとなりましたこと、この場を借りて心よりお礼申し上げます。また、何よりも限られた敷地面積の中で、前向きな気持ちを持ち続け、家づくりに挑戦していただいた実例41軒の建て主の皆様に、心よりお礼申し上げます。家づくりの過程の中で色々な事柄を取捨選択しつつ、それでも夢のある我が家の実現に向けて、共に頑張っていただきました。私たちを家づくりのパートナーとして選んでいただいたことに深く感謝致します。

2017年8月　本間 至

Profile

本間 至

ほんま・いたる●1956年東京生まれ、1979年日本大学理工学部建築学科卒業、一級建築士。卒業後1986年まで林寛治設計事務所で実務を通し住宅設計を学ぶ。独立後、東京で設計事務所　本間至／ブライシュティフト（一級建築士事務所）を設立し、今までに150軒以上の住宅の設計を手掛け、暮らしやすい間取りをつくる住宅設計者として高い評価を得ている。
1995年よりNPO法人家づくりの会理事（2006～08年代表理事）を勤め、2009年よりNPO法人家づくりの会（家づくり学校）の開校に参加し住宅設計の実務を若手住宅設計者に教える。
2010年から6年間、日本大学理工学部建築学科で非常勤講師を勤める。

主な著書に「最高の住宅をデザインする方法」「最高に楽しい［間取り］の図鑑」、「本間至のデザインノート」「いつまでも快適に暮らす住まいのセオリー101」（すべて小社刊）など。

著者事務所
ブライシュティフト　web：http://bleistift.jp/

小さな家の間取り解剖図鑑

2017年9月 1 日　初版第1刷発行
2022年4月27日　　　　第4刷発行

著者　本間 至

発行者　澤井聖一

発行所　株式会社エクスナレッジ
〒106-0032
東京都港区六本木7-2-26
https://www.xknowledge.co.jp/

問合せ先　編集　Tel：03-3403-1381
Fax：03-3403-1345
info@xknowledge.co.jp
販売　Tel：03-3403-1321
Fax：03-3403-1829